文化研究丛书(第二辑)

基于马克思及其文化的文学研究

李志雄 著

河南大学出版社
中国·郑州

图书在版编目(CIP)数据

基于马克思及其文化的文学研究/李志雄著.—郑州:河南大学出版社,2017.12
ISBN 978-7-5649-3179-7

Ⅰ.①基⋯ Ⅱ.①李⋯ Ⅲ.①马克思主义—文学理论—研究 Ⅳ.①A811.691

中国版本图书馆 CIP 数据核字(2017)第 326278 号

书　　名	基于马克思及其文化的文学研究
著作责任者	李志雄
责任编辑	张　珊
责任校对	邵　昊
封面设计	翟森森
出版发行	河南大学出版社有限责任公司
	地址:郑州市郑东新区商务外环中华大厦 2401 号　邮编:450046
	电话:0371-86059701(营销部)　网址:www.hupress.com
排　　版	郑州市今日文教印制有限公司
印　　刷	河南瑞之光印刷股份有限公司
版　　次	2017 年 12 月第 1 版　印次 2017 年 12 月第 1 次印刷
开　　本	787mm×1092mm　1/16　印张 20.25
字　　数	330 千字　定价 45.00 元

未经许可,不得以任何方式复制或抄袭本书之部分或全部内容。

版权所有,侵权必究

(本书如有印装质量问题,请与河南大学出版社营销部联系调换)

目　录

丛书总序……………………………………………………（Ⅰ）
　　——国外文化研究的理论路径和研究趋向值得关注

序………………………………………………克里斯托夫·罗兰（Ⅶ）

Foreword ……………………………… Christopher Rowland（Ⅸ）

前言…………………………………………………………（Ⅻ）

绪论　普罗米修斯的战歌

第一节　问题的缘起和提出…………………………（ 1 ）
　　一、马克思与宗教　………………………………（ 1 ）
　　二、马克思与基督教………………………………（ 36 ）
　　三、文学、马克思与基督教………………………（ 44 ）

第二节　马克思与基督教关系的文学研究之背景………（ 51 ）
　　一、文化根源性……………………………………（ 51 ）
　　二、全球化思潮……………………………………（ 53 ）
　　三、和谐社会与现实………………………………（ 56 ）

第三节　文学研究中马克思与基督教的四重关系………（ 59 ）

一、显在冲突……………………………………（59）
　　二、潜在融合……………………………………（62）
　　三、互补互助……………………………………（68）
　　四、交织深入……………………………………（72）

第一章　显在冲突：马克思与基督教关系的文学本体论研究
　第一节　马克思的文学反映论与基督教的文学反映论…（76）
　　一、马克思的文学反映论………………………（76）
　　二、基督教的文学反映论………………………（78）
　　三、马克思与基督教关系的文学反映论………（83）
　第二节　马克思的文学历史观与基督教的文学历史观…（86）
　　一、马克思的文学历史观………………………（86）
　　二、基督教的文学历史观………………………（92）
　　三、马克思与基督教关系的文学历史观………（102）
　第三节　马克思的文学真理观与基督教的文学真理观…（105）
　　一、马克思的文学真理观………………………（105）
　　二、基督教的文学真理观………………………（109）
　　三、马克思与基督教关系的文学真理观………（113）

第二章　潜在融合：马克思与基督教关系的文学创作论研究
　第一节　马克思与基督教关系的文学创作奇迹………（115）
　　一、马克思的文学创作奇迹……………………（115）
　　二、基督教的文学创作奇迹……………………（121）
　　三、马克思与基督教关系的文学创作奇迹……（122）
　第二节　马克思与基督教关系的文学创作激情………（126）
　　一、哲学/宗教的文学创作激情…………………（126）
　　二、政治/宗教的文学创作激情…………………（131）
　　三、跨学科与文学创作激情……………………（135）
　第三节　马克思与基督教关系的文学审美情感………（138）
　　一、马克思的宗教批判与文学审美情感………（138）

二、基督教的宗教辩护与文学审美情感……………………(149)
　　三、跨意识形态与文学审美情感…………………………(152)

第三章　互补互助：马克思与基督教关系的文学价值论研究
　第一节　马克思与基督教关系的文学倾向性……………(157)
　　一、无产阶级文学……………………………………………(157)
　　二、子民文学…………………………………………………(162)
　　三、文学倾向性之互补………………………………………(165)
　第二节　马克思与基督教关系的文学功能性……………(170)
　　一、文学与人类解放…………………………………………(170)
　　二、文学与子民救赎…………………………………………(173)
　　三、文学功能性之互补………………………………………(178)
　第三节　马克思与基督教关系的文学理想性……………(186)
　　一、马克思与文学的理想性…………………………………(186)
　　二、基督教与文学的理想性…………………………………(206)
　　三、文学理想性之互补互助…………………………………(211)

第四章　交织深入：马克思与基督教关系的文学接受论研究
　第一节　马克思与基督教关系的文学阐释………………(216)
　　一、马克思与文学阐释………………………………………(216)
　　二、基督教与文学阐释………………………………………(220)
　　三、马克思与基督教关系的文学阐释………………………(222)
　第二节　马克思与基督教关系的文学批评………………(229)
　　一、马克思与文学批评………………………………………(229)
　　二、基督教与文学批评………………………………………(243)
　　三、马克思与基督教关系的文学批评………………………(247)
　第三节　马克思与基督教关系的文学鉴赏………………(251)
　　一、马克思与文学鉴赏………………………………………(251)
　　二、基督教与文学鉴赏………………………………………(256)
　　三、马克思与基督教关系的文学鉴赏………………………(260)

第五章　余论：马克思与基督教关系的未来文学研究

第一节　新生之旅 ……………………………………（265）

　　一、文学理论范畴拓展 ……………………………（265）

　　二、文艺学思维模式转变 …………………………（275）

第二节　锦绣之程 ……………………………………（279）

　　一、文学研究的前程 ………………………………（279）

　　二、思想交融的未来 ………………………………（284）

参考文献 ………………………………………………（288）

后记 ……………………………………………………（295）

Table of Contents

General Introduction of Series of Books ……………………… (I)
　　——A Worthy Attention to Theoretical Methods and
　　　　Research Trends of Cultural Studies Abroad

Foreword ………………………………… Christopher Rowland (IX)

Preface …………………………………………………………… (XII)

Introduction   The Battle Songs of Prometheus
　　I　The Start of the Research and the Questions Raised　(1)
　　　　1　Marx and Religion ………………………………… (1)
　　　　2　Marx and Christianity ………………………… (36)
　　　　3　Literature, Marx and Christianity ……………… (44)
　　II　The Background of Literally Studying the
　　　　Relationships of Marx and Christianity …………… (51)
　　　　1　Cultural Sources ………………………………… (51)
　　　　2　Trends of Globalization ………………………… (53)
　　　　3　Harmonious Society and Reality ……………… (56)
　　III　The Four Relationships of A Literary Study of
　　　　Marx and Christianity ……………………………… (59)
　　　　1　Overtly Contradictory …………………………… (59)
　　　　2　Covertly Integrated ……………………………… (62)
　　　　3　Mutually Complementary and Helpful ………… (68)
　　　　4　Deeply Interlocking and Synthesized ………… (72)

Chapter One Overtly Contradictory: A Literary Ontological Study via the Relationships of Marx and Christianity

Ⅰ　Literary Theories of Reflection of Marx and
　　Christianity ……………………………………………… (76)
　　1　Marx's Literary Theory of Reflection …………… (76)
　　2　Christian Literary Theory of Refection ………… (78)
　　3　Literary Theory of Refection via the
　　　　Relationships of Marx and Christianity ………… (83)
Ⅱ　Literary Historical Views of Marx and Christianity (86)
　　1　Marx's Literary Historical View ………………… (86)
　　2　Christian Literary Historical View ……………… (92)
　　3　Literary Historical View via the Relationships
　　　　of Marx and Christianity ………………………… (102)
Ⅲ　Literary Views of Truth of Marx and Christianity (105)
　　1　Marx's Literary Views of Truth ………………… (105)
　　2　Christian Literary Views of Truth ……………… (109)
　　3　Literary Views of Truth Based on the
　　　　Relationships of Marx and Christianity ………… (113)

Chapter Two Covertly Integrated: A Study of Literary Creation Theory via the Relationships of Marx and Christianity

Ⅰ　Literary Creation Miracles via the Relationships
　　of Marx and Christianity ………………………………… (115)
　　1　Marx's Literary Creation Miracle ………………… (115)
　　2　Christian Literary Creation Miracle ……………… (121)
　　3　Literary Creation Miracles via the Relationships
　　　　of Marx and Christianity ………………………… (122)
Ⅱ　Enthusiasm of Literary Creation via the
　　Relationships of Marx and Christianity ……………… (126)
　　1　Enthusiasm of Literary Creation Related to
　　　　Philosophy or Religion …………………………… (126)
　　2　Enthusiasm of Literary Creation Related to
　　　　Politics or Religion ……………………………… (131)
　　3　Inter-discipline and Enthusiasm of Literary

    Creation ································ (135)
 Ⅲ Literary Aesthetic Emotion via the Relationships
   of Marx and Christianity ···················· (138)
  1 Marx's Religious Critique and Aesthetic Emotion (138)
  2 Christian Apologetics and Aesthetic Emotion ··· (149)
  3 Trans-Ideology and Aesthetic Emotion ············ (152)

Chapter Three Mutually Complemented and Helpful: A Study of Literary Axiology via the Relationships of Marx and Christianity
 Ⅰ Literary Tendencies via the Relationships of
   Marx and Christianity ······················ (157)
  1 Proletarian Literature ······················· (157)
  2 Literature of the Subjects of a Kingdom ············ (162)
  3 Complement of Literary Tendencies ············· (165)
 Ⅱ Literary Functions via the Relationships of Marx
   and Christianity ·························· (170)
  1 Literature and Liberation of Mankind ············· (170)
  2 Literature and Salvation of the Subjects of a
   Kingdom ····························· (173)
  3 Complement of Literary Functions ·············· (178)
 Ⅲ Literary Ideals via the Relationships of Marx
   and Christianity ·························· (186)
  1 Marx's Literary Ideals ······················· (186)
  2 Christian Literary Ideals ····················· (206)
  3 Complement and Helpfulness of Literary Ideals (211)

Chapter Four Deeply Interlocking and Synthesized: A Study of Literary Reception Theories via the Relationships of Marx and Christianity
 Ⅰ Literary Hermeneutics via the Relationships of
   Marx and Christianity ······················ (216)
  1 Marx and Literary Hermeneutics ················ (216)
  2 Christian Literary Hermeneutics ················ (220)
  3 Literary Hermeneutics via the Relationships of

　　　　　Marx and Christianity ………………… (222)
Ⅱ　Literary Criticism via the Relationships of
　　Marx and Christianity ………………… (229)
　1　Marx and Literary Criticism ……………… (229)
　2　Christian Literary Criticism ……………… (243)
　3　Literary Criticism via the Relationships of
　　Marx and Christianity ………………… (247)
Ⅲ　Literary Appreciation via the Relationships of
　　Marx and Christianity ………………… (251)
　1　Marx and Literary Appreciation ………… (251)
　2　Christian Literary Appreciation ………… (256)
　3　Literary Appreciation via the Relationships of
　　Marx and Christianity ………………… (260)

Chapter Five　Conclusion: A Study of Futuristic Literature via the Relationships of Marx and Christianity
　Ⅰ　Journey of Rebirth ……………………… (265)
　　1　Expansion of Literary Theoretical Category …… (265)
　　2　Transformation of Thinking Model of Literature
　　　and Art …………………………… (275)
　Ⅱ　Bright Prospect ………………………… (279)
　　1　Prospect of Literary Study ……………… (279)
　　2　Future of Blend of Thought …………… (284)

Bibliography ……………………………… (288)

Postscript ………………………………… (295)

丛书总序
—— 国外文化研究的理论路径和研究趋向值得关注

早在20世纪70年代,佩里·安德森在《西方马克思主义探讨》一书中就指出,西方马克思主义理论和经典马克思主义理论的不同就在于,它把研究的重心越来越转向了文化和意识形态问题,把理论批判的锋芒指向了第二国际的马克思主义理论。通过这种批判,他们建构了一种文化哲学形态的马克思主义哲学理论体系,并将哲学研究的主题转向了文化和意识形态问题研究。

"二战"后,由于科学技术的迅猛发展,极大地提高了生产力,社会物质财富迅速增加,工人阶级的工作条件和物质生活水平都有较大的改善和提高,西方社会结构出现了分化,出现了蓝领工人和白领工人之分。工人阶级和整个社会在资本主义的高生产、高工资和高消费的引导下,朝着消费主义的方向发展,产生了非政治化的倾向。对于这一现象,马尔库塞在《单向度的人》一书中指出,发达资本主义社会由于科学技术的进步呈现出了两种发展趋势,一方面由于技术的进步带来了物质财富的增加和人们物质生活水平的提高;另一方面则是社会对人的控制不断加强,人们丧失了内心的真实需求、批判和否定能力,成为只知道追求物质商品享受的"单向度的人",整个社会则成为无对立面的社会。可以说当代西方社会对人、人性的压抑在深度和广度上已经到了无以复加的程度,法兰克福学派在此基础上提出了他们的"支配理论"。法兰克福学派指出,在资产阶级意识形态和大众文化的双重作用下,当代西方人被以广告等大众媒体为主导的大众文化不断制造的"虚假需求"所控制和支配,进而把生存的全部希望和热情放在追求物质商品消费上,同时人们的这种对物质商品的追求并非是自愿的,而是为了满足资本追求利润的需要,由社会制造出来的"虚假需求"。更为可悲的是,当代西方人对这种异化的状态不仅不反抗,反而还沉溺于预期之中,这突出地表现在当代西方社会盛行的消费主义文化和消费主义生存方式中。对此,生态学马克思主义认为,这正是当代资本主义新型的统治方式。当代西方资产阶级统治的合法性就是通过向人们许诺提供越来越多、越来越新的商品实现的。但是,生态系统的有限性必然使这些许诺最终落空,生态学马克思主义称之为"期望破灭的辩证法",这一辩证法促使人们反思消费主义生存方式的危害,使人从被商品的牵引中摆脱出来。针对当代西方资本主义社会的上述变化,霍克海默、阿多诺在《启蒙的辩证法》一书中,集中批判了"启蒙理性"。他们认为,正是由于"启蒙理性"使得技术合理性思想盛行于西方,从而使得曾经使人们从神话的束缚中摆脱出来的"启蒙理性"变成了极权主义的神话,并造就了完全充当当代西方社会统治工具的"文化工业";生态学马克思主义理论家威廉·莱易斯在《自然的控制》一书中则考察了西方"控制自然"的哲学世界观的发展及其当代危害;此外,阿尔都塞、弗洛姆则详细研究了西方资产阶级是如何使资产阶级意识形态转变为大众的社会心理的。可以说,这些理论路径和研究趋向直接导致日后文化哲学和"文化热"的兴起。

西方马克思主义和"新马克思主义"者们朝文化哲学的转向具有深刻的社会及文化根源。首先,西方马克思主义文化哲学的转向和20世纪西方哲学运动之间存在着密切的联系。其次,西方马克思主义文化哲学的转向也和马克思主义哲学发展过程中内部的谱系密切相关。西方马克思主义文化哲学的转向实际在某种意义上就是突破知识论谱系的马克思主义解读模式,承接马克思主义文化哲学传统的必然结果。另外,西方马克思主义理论家所处的历史文化传统对西方马克思主义文化哲学转向起了很大的作用。早期西方马克思主义理论家则是把这种历史主义的文化哲学同马克思早期的思想学说结合起来,对当代资本主义社会进行文化和意识形态批判。而法兰克福学派则是在西方古典人道主义的理论趣旨的引导下,结合弗洛伊德的精神分析学、青年马克思和卢卡奇的批判理论,建构出他们的社会批判理论。

不过,从伯明翰学派诞生以降,这种转向又有了新的发展趋向,特别是活跃在欧美理论界的"新马克思主义"者们,他们一直与20世纪整个社会历史进程同呼吸、共命运,关注着人类的精神状况和文化境遇,关注着发达社会条件下人的解放和自由。而这些正是20世纪人类社会演进的核心问题。如果说早期西方马克思主义者们更多的是关心"文化革命",那么"新马克思主义"者们更多的是关心"文化批判",包括意识形态批判、技术理性批判、大众文化批判、性格结构与心理机制批判、现代国家批判、现代性批判等等。由于他们的研究紧贴社会实际,因此新一代的学者们的研究领域已不仅仅局限在哲学、社会学、美学或文学艺术,电影、电视、新闻、广告、互联网、流行音乐乃至语言、时尚、习俗、信仰……文化生活的各个领域都留下了他们的声音。总之,从美学的革命、从审美乌托邦向更广阔的文化领域的转向,确实是20世纪后期西方马克思主义理论研究者们的一个共同点。20世纪90年代以来,这些"新马克思主义"者们更加潜心于研究现实生活问题。他们的研究动向值得我们密切关注。因为,他们抓住了当今人类精神生活的各个领域的核心范畴,他们的研究会为我们全面理解20世纪后期至当今全球性文化危机和文化批判理论提供一个有价值的范例。

如今,在全球范围内活跃的一些西方马克思主义理论家、欧美新左派中已经产生了一大批国际著名学者,他们的研究成果几乎涵盖了文化领域的各种问题,这些研究对我国知识界产生了广泛的影响。我们知道,文化研究在西方被作为一个准学科,有具体所指,包括文化诗学、文化批评,还有文化唯物主义等等。这种新理论的特点首先是对于文本中心主义的超越。在21世纪西方理论界,文本中心主义与形式研究盛行了相当长的时期,作为对此的一种反驳、改造和容纳,文化研究应运而生。但是,文化研究一方面是对20世纪文本中心的反驳,另一方面又是对20世纪60年代以来的理论成果进行保留、改造后的新理论。同时它也是对学术中心主义的改造与超越。西方长期以来学术化、专门化的发展方向在20世纪90年代走向文化研究时,实际上已从学术中心主义转向政治思想、政治文化。

近20多年来,我国学术界围绕文化研究的历史、特征,特别是西方马克思主义文化研究的理论路径展开了深入的探讨。通过研究、讨论,学术界的基本共识是:文化研究是探讨普遍社会问题的特殊途径,而不是属于少数人的或专门化的研究领域。文化是不同群体或民族乃至国家的象征行为的空间,文化研究必须考虑各个社会群体之间的关系。中国理论界也普遍接受哈贝马斯的观点,认为各群体之间总是存在着某种张力,既相互排斥又相互吸引,孤立的文化是不存在的。我们今天从事文化研究应强调当前所在的语境,要从世界格局和地缘政治及文化关系来考虑问题,必须关注社会文本与国际化的大背景。理论界已经意识到,在我们今天的理论视野中,文化研究已经不是对精英文化的研究,而是特指当今西方(主要是英语世界)的一种反精英意识的文化理论思潮和研究方法。文化研究有着鲜明的反建制和反理论倾向,并有着跨学科研究的特色。虽然文化研究至今仍是一门界定含糊的准学科批评话语,它却有着强烈的批判精神。尽管它的政治性并不能达到对文学艺术现象的美学批评和分析,但作为一门正在形成中的准学科,文化研究的这些局限已经得到一些著名学者和理论家的重视,他们中的一些有着良好文学修养和理论功力的人正试图把文学研究的范围扩大,将之置于一个广阔的文化语境下进行观照。

当然,20世纪90年代在我国理论界兴起的"文化热",说到底是当今中国本土社会文化语境的产物,它也应当在自己的语境中形成自己的问题意识、价值取向与研究方法。西方文化批评,特别是西方马克思主义文化批评,作为一种批判话语,产生于西方的语境中,它的主流具有强烈的反思与批判西方资本主义现代性倾向;而在中国,由于社会环境的不同,我们不能原样照搬。中西方文化背景既有相似也有错位,理论界普遍意识到了,要在这种复杂的环境下,建构我们自己的文化研究与文化批评,意义与难度同样巨大。同时,理论界还注意到了中国文学研究中的文化研究方法的适用性。有学者结合新文学的发展指出,新文学是在新文化运动中产生的,现在看来,新文化运动的中心就是文学革命。中国古代文学与艺术的特征是社会意识和个人意识分离,它受到传统的政治体制、意识形态的压制,停留在个体才能或私人情感单向交流的层面。这样的文学不具有整体的社会性,用现在的话说,不是国民文学,而是知识分子这个特殊阶层的文学。"五四"时期的新文化运动把个体人和整体社会结合在一起,感受的是整体的社会,形成了朦胧的、不自觉的公民意识。这样,他们的文学活动就和他们的公民意识紧紧结合起来,在独立知识分子中产生了个人与社会沟通的文学。但是这种文学受到两方面的压制:一是大众的功利主义的阅读态度;另一个是政治权力,现代文学就是夹在两者之间。文学界最近的研究吸收了文化研究的方法,解决了一些过去很难解决或不被重视的问题。这种研究在现当代文学研究中产生了有意义的影响,扩大了文学研究的空间。

　　同时我们也得承认,对"新马克思主义"者们的研究成果,有些我们已经了解,有些还比较陌生。我们知道,文化研究的重要奠基者、伯明翰学派的代表雷蒙德·威廉斯的《关键词》一书与词典的本质差别在于对词汇"内在关联性"的重视。为了呈现这种关联性,威廉斯精心编排词汇,在按照字母排序的同时,用"互相参照"的方式提醒读者注意词汇重要的关联,即在阐释词条时威廉斯有意识地将词语与其相关词语进行比照,并把该词放到不同观点中进行展示。与此同时,他在词条后列出"参照"词汇,这种回到词语使用的情境和与其他词语相互对应的特点,极大地影响了他那个时代之后的文化研究。很多学术后人继承了他的研究方法和理论路径。其中安德鲁·埃德加和彼得·赛奇维克著《文化理论:关键概念》正是威廉斯的研究方法和理论路径的延续,是一部不可多得的工具书。由于文化研究的综合性特点,也由于我们的知识储备的局限,在文化研究中,我们经常会面对诸多所谓核心话题感到茫然不知所措。西蒙·杜林著《文化研究:批评导论》正是由一系列关于这门学科核心话题的短文组成,从电视到多元文化主义,从文化遗产到酷儿政治,作者几乎都有所论述。我们当今生活中的手机、笔记本电脑、掌上电脑……这些快捷的信息和交流技术,领先其他所有相关技术,加速了21世纪的生活节奏,增加了人们的期望值,也使家庭和私人生活作为安全的避风港最终破灭。这些现代化工具抢占我们的时间,迫使我们无论什么时候、无论处于什么地点都要成为工作的奴隶,本·阿格与贝丝·安妮·谢尔顿在《快速家庭,虚拟孩子》中对这些所谓当代社会病给予了猛烈的批判。在西方,牛顿和笛卡尔出现后,21世纪的科学家们接踵而至,与"天"相关的真理被抛弃,只有相对知识被保留下来。许多关于物质世界的全新发现相继出现,思想家们在这些新发现面前成了怀疑论者和无神论者。宇宙成了无需造物主和精神观念的进化物。科学作为新的标志代替了东方"天"的地位,同时也取代了西方上帝的位置。这个知识系统在未来应该是怎样的呢?奥洛夫·李丁著《从道教到爱因斯坦》给了我们一个别样的哲学解读……这些也是本丛书奉献给读者们的"热点"和"看点"。

　　不难看出,与20乃至30多年前的文化研究迥然不同的是,当今欧美学者的文化研究已经超越了经院哲学式的研究方法。他们不再把文化研究仅仅看做是一种研究方法或研究形式,更脱离了无休止的概念界定的窠臼。正如本·阿格在《作为批评理论的文化研究》中所提出,文化研究的中心见解之一就是没有单一的文化研究形式。在某种意义上,没有程序化的文化研究,没有固定的方法论和明确的批评话题。高雅文化和流行文化的区别日渐削减的晚期资本主义社会里,文化无处不在。因此,文化研究拒绝对其关注的文化产品经典化,从科学到科幻,没有经典,只有异质文化形态。这股强大的力量能够帮助扭转把文化研究变成一门独立于其他学科的趋势。去经典、去学科、去单一的文化研究方法与模式,同时去挑战忽视其他文化形式存在的主流文化,恰恰是本·阿格等学者竭力倡导的研究路径,这个研究路径值得中国学术界关注。这种看似激进的研究路径并不是说文化研究只探询文化的差异,不再关心文化的共性,恰恰相反,他强调的只是文化研究"没有先决的方法论",他显然已经预料到会有人指责说文化研究只不过是一种没有严格理由的文化阐释混杂方式。但他更希望人们认识到,文化研究的学院化能使文化研究致命地偏离政治参与,这是他所不愿意看到的。本·阿格无意于讨论什么是文化这样一个亘古的、带有经院哲学意味的古老话题,而是通过梳理文化研究中应当关注的各种共性问题,全面论述了什么是文化研究这个核心问题。

呈现在读者面前的《文化研究丛书》(第二辑)中的著作,虽研究视阈有所不同,但大都体现出去经典、去学科、去单一的文化研究的理论路径和研究方法。愿这套丛书为国内学术界打开另一扇新的窗口。

丛书总编写在《文化研究丛书》(第二辑)付梓之际

序

克里斯托夫·罗兰

李志雄,文学博士,是中国湖南省湘潭大学文学与新闻学院文艺学与比较文学专业的副教授,博士生导师。2007年从浙江大学博士毕业,2009年出版了其博士论文《亚里士多德古典叙事理论》。他还是中国马克思-列宁主义文学理论研究会、中国宗教协会及湖南省比较文学与世界文学研究会理事。自2004年始,其大学教学与科研涵盖了马克思主义文学理论、比较文学以及近来的马克思主义与基督教文化的研究。

作为一位精通英语的学者,他发现对马克思主义与基督教的历史与文化的探讨能促使学生关注此类研究问题。于是他着手为中国读者探求马克思与基督教的深刻关系,特别是立足于西方的社会环境中,而他们中的大多数人不是成长于其中。为开展此项工作,他于2010年获得了中国教育部人文社会科学一般项目的立项,即《马克思与基督教关系的文学研究》。

自2012年2月到2013年1月,我担当了他在牛津大学访学期间的指导教师。他是神学与宗教系的访问学者,摄政王公园学院公共室的高级成员。在他访学年内,我们进行了多次见面、讨论和共同合写文章。在我的指导下,他精读了基督教神学,特别是解放神学。经过精心细致的规划、写作和修改,我们合著的论文《希望:马克思主义与解放神学的聚合与分离》发表于2013年7月的《今日神学》第70卷第2期上。在他的研究和写作中,凭着他对马克思主义传统的学识和他对基督教政治神学传统的投入研究,反映了他深刻的洞察力和深入的创新能力。这个被忽视的研究课题早在几十年前曾是一个热门的话题,然则随着资本主义全球化的出现,在欧洲的学术圈里它却变成了一个少有直接兴趣的话题。但是我相信时机已经来临,使我感到欣慰的是,李志雄博士将有能力把这个具有重大意义的课题重新投入当今世界的学术领域中。

在他离开牛津的这些年里,我们一直保持联系。今值其著作付梓之际,欣而作此序。我为他书中所揭示的马克思与基督教的四重关系所吸引,即显在冲突、潜在融合、互补互助和交织深入。李博士力图用此四重关系为他的著作构建起支撑框架,而它们分别对应于文学的本质、过程、价值和功能。

特别有吸引力的是,他在研究中探究了一系列的话题,适合于采用政治、哲学和神学的资源,也适用于文学的问题。本书全然是跨学科的研究。他所建构的文学理论是与非文学问题相互作用的,而非文学问题常被传统文学理论研究所低估。然则,非文学问题是比较文学跨学科研究中有价值的资源。进而,他的文学理论是实践性的,是针对中国处境而提出的真正问题。对由意识形态所引发的马克思主义者与基督徒之间的纷争,李博士重构了文学研究,目的在于应对此瓶颈问题。他探究了文学与审美,以期突破此阻碍。从实践上来讲,他的文学研究对推进中国和谐社会的发展具有重大意义,而马克思主义与基督教之间的意识形态纷争则阻碍了社会发展。他以丰富的参考资料和辅助性的文献来支撑此观点,其结果是具有逻辑性的建构。我认为,他成功地向中国读者阐释了马克思自身的犹太-基督教传统,而他们可能并不了解此文化背景。建立在对马克思的"非宗教性"而不是变得"反宗教性"的论述上,李博士又向中国学界介绍了解放神学,它是马克思主义与基督教神学融合的积极产物。总之,他另辟了一条渠道即文学和美学来详解马克思与基督教之间的关系。

我热诚欢迎李志雄博士的研究。他展现了作为研究者的创新力和胜任力,以及作为对话者的实效和诚恳。我向他介绍了这个话题中他可能没有意识到的那些方面,指出了它被忽略的层面,即多数主流神学和宗教研究,也确实是人文研究更普遍倾向于忽视的东西。我毫无保留地举荐李志雄博士,作为一名学者,以他良好的语言和智力资质,能够推动英语和汉语学术机构之间的联系。

克里斯托夫·罗兰
牛津大学荣誉退休爱尔兰院长圣经释经学教授

Foreword
Christopher Rowland

Li Zhixiong is a doctor of literature, associate professor of comparative literature and literary theory, doctoral supervisor, at College of Literature and Journalism, Xiangtan University, Human Province, China. In 2007, he graduated from Zhejiang University, Zhejiang Province, China. And in 2009, he published his doctorial dissertation *Aristotle's Classical Narrative Theory*. He is also a council member of China Marxist & Leninist Literary Theory Association, China Religion Association, and of Hunan Association of Comparative Literature and World Literature. His university teaching career since 2004 has included courses on Marxist literary theory, comparative literature, and more recently the study of Marxism and Christian culture.

As a scholar proficient in English language, he has found that a historical or cultural exploration of Marxism and Christianity has enabled students to pay attention to this issue. Hence he has set out to explore the depth of the relationships between Marx and Christianity for the Chinese readers, particularly in the occidental milieus where most Chinese readers do not grow up themselves. In pursuit of this task, he secured a general project of humanities and social sciences granted by China Education Ministry in 2010, namely: *A Literary Study on the Relationships of Marx and Christianity*.

From February 2012 to January 2013, I acted as his adviser when he had his academic visit in University of Oxford. He was an academic visitor, in the Faculty of Theology and Religion; and a member of the Senior Common Room Member, Regent's Park College. During his visiting year, we had numerous meetings, discussions and paper working together. He had an intensive reading of Christian theology, especially liberation theology under my guidance. After careful planning, writing and revising, we co-authored an article, 'Hope: The Convergence and Divergence of Marxism and Liberation Theology' which appeared in *Theology Today*, Volume 70, Number 2, July 2013. His knowledge of the Marxist tradition and his engagement with the Christian political theological tradition has always reflected a deep insight and creativity in both his research and writing. This neglected subject was a live issue several decades ago but with the emergence of global capitalism it has been of less immediate interest in scholarly circles in Europe. But I believe that its time has come, and I am glad that Dr Li Zhixiong will be able to put a subject of great importance in the contemporary world once again in the scholarly map.

In the years since his departure from Oxford, we have kept in touch. Now his book is published. And I am very glad to write a foreword for it. I am struck by the four relationships of Marx and Christianity suggested in this study, namely, overtly contradictory, covertly integrated, mutually complemented and helpful, and deeply interlocking and synthesized. Dr Li attempts to establish a framework for his monograph by using four relationships which correspond with the essence, process, value and function of literature.

What is particularly interesting is that he has explored in his study a range of subjects, appropriately taking in the political, philosophical or theological resources as well as literary issues. In his book he has been thoroughly interdisciplinary. The literary theory he has proposed is a dynamic one related to non-literary issues which are often underestimated in traditional literary studies. However, the non-literary issues are significant resources for an interdisciplinary comparative literature study. What is more, his literary theory is a practical one regard to real questions raised in Chinese situation. Dr Li has reformulated a literary study which aims to deal with the bottleneck in debates between Marxists and Christians caused by the subject of ideology. He has explored the literary and aesthetic to break through this blockage. Practically, his literary study is significant for the development of a more harmonious situation in China where ideological disputes between Marxism and Christianity have hindered social developments. The result is logically structured with plentiful reference to secondary literature to support the argument. I consider that he has been successful in explaining Marx's own Judeo-Christian inheritance for Chinese readers, who may not be aware of this cultural background. Based on a discussion of Marx's "irreligiosity" rather than him being "anti-religion", Dr Li then introduces liberation theology which is a positive result of integration of Marxism with Christian theology to Chinese academia. In sum, he opens up a different road to expound the relationships of Marx and Christianity, namely, literature and aesthetics.

I warmly welcome Dr Li Zhixiong's study. He has shown himself a creative and competent researcher as well as an effective and cordial dialogue partner. I have introduced him to those aspects of the subject of which he may not have been aware and to indicate neglected dimensions of the subject, which much mainstream Theology and Religious Studies research, and indeed the Humanities more generally, tends to ignore. I recommend without reservation Dr Li Zhixiong as a scholar who is well equipped linguistically and intellectually to promote relationships between English and Chinese academic institutions.

Christopher Rowland is Emeritus Dean Ireland's Professor of the Holy Scripture, University of Oxford.

前　言

本著作的研究缘起可以回溯到 2004 年,自那年始,我在湘潭大学讲授《马列文论》课程。众所周知,这样的课程,可被称为"硬骨头"。一方面,我国的大学或研究生教育体制把"马列文论""马克思主义文艺理论"或"马克思、恩格斯文学论著选读"等名称的课程划为文学类专业的主干或基础课程;另一方面,由于存在着以马克思主义灌输学生思想的偏颇做法,使得学生对马克思主义产生了一种抵触情绪,这样的课是很不好教授的。进一步说,马克思主义本身以及它的文艺理论思想可说是汪洋浩瀚、博大精深、渊源绵长乃至桀骜难懂,譬如,它的脚在 19 世纪的德国,但它的头却在公元前 12 世纪的古希腊;它唱的白脸是"反宗教",但它的一颗红心与"犹太－基督教"的历史文化传承不可分离。由此,教者亦难,学生亦苦。这其中特别令我焦躁不安的是:当马克思讲"宗教是人民的鸦片",作为当代中国人、作为东方儒家文化所浸染的研究者、作为自觉不自觉肩负"文以载道"的人民教师,我们是否真正弄懂了马克思论述这个问题时的历史语境和文化语境?

推动以上困惑性或反思性学术研究的直接动因却是在 2008 年,那年我连续参加了中国人民大学自 2004 年以来持续主办的"人文学与神学"暑期国际研讨班,这样的暑期班与一般的学术会议或培训不同的是,一是它的国际性,邀请了一些国外的知名专家来华讲座,提供了中国学者直接与国外专家对话的良好通道;二是它的专业性,它的学术问题总是围绕"宗教"特别是基督教文化的主题来开展,具有启发性和前沿性。正是在此次暑期班闭幕式上,杨慧林教授倡议下一届(第六届人文学与神学)的主题为"马克思主义与神学"。我当时听了很振奋,因这正是我想要探究的问题,也希望知道其他的学者和专家是怎样来看待这个问题的;另一方面还是困惑,因按照一般通俗的理解,马克思主义与神学是对立冲突的,这两个水火不相容的东西怎么能融合在一起呢?

接下来是两年的摸索期和初步行动期,构成了本研究的初步试验。2010年7月底到8月初,经过一年多的磋商和合议,我作为联系人和组织者之一,促成了第六届人文学与神学暑期国际研讨班在湘潭大学举办,合作双方是湘潭大学文学与新闻学院与中国人民大学文学院和基督教文化研究所。此次研讨班会议的主题确定为"马克思主义、人文学和神学问题",虽然一些学者把西方马克思主义融入了马克思主义的大范围来讨论,但我为参会所提供的论文《剑与十字架:人文视域下马克思主义与基督教之比较》所谈的马克思主义还是指传统意义上的马克思主义。就马克思主义与神学问题,我与来自美国贝勒大学的谢大卫(Daivd Jeffrey)和丹尼尔·威廉斯(Daniel Williams)教授有过多次交流和探讨,因为他们为参会所提供的论文分别是探讨"马克思主义与基督教的交锋"和"重新认识考茨基对马克思主义的意义"的问题,这使我看到了西方学者在他们本身的历史文化语境中如何把握马克思主义与基督教的真实处境和微妙关系,他们的见解,对中国学者来说,如果不是还原到马克思或恩格斯当时或背后的历史文化处境,则可能是诧异的、困惑的甚至是误解的。之前,在湘潭大学的韶峰博士论坛上,我就这个主题为师生做过讲座,引起了关注、兴趣乃至不解。但这本身就是好事情,如果对这一问题大家都理解了,则没有必要再探讨。

如果说一个深奥而复杂的学术问题是必定要费尽辛苦的话,那么接下来的两年成了我探究这个问题的深入期和逐步收获期。2011年7月到8月,我利用暑假参加第28届马列文论年会和第七届人文学与神学暑假班的空隙,在国家图书馆呆了近两周的时间,复印了囊括所有关于"马克思主义与基督教、神学"方面外文原著26本。使我感到惊喜的是,对西方世界而言,马克思主义与基督教关系的问题并不是一个备受争议和排斥的问题;使我失望的是,这些现有的论著中存在着一些大而空的泛论,没有落到实处。而2012年对我来说,则是一个突破性和实质性的转变期,使我对这个问题有了全新的发现和落实。这年2月初到2013年1月底,我受国家留学基金委派遣到英国访学一年。经过近10个月的反复联系和商议,我的访学单位最终确定为牛津大学神学与宗教系。选择牛津大学,并不是看重它的名气,关键是,这座有着1200年历史的古老大学,其源远流长的宗教研究和神学资源是其他大学和研究机构所难以企及的;更重要的是,我在牛津大学的合作导师是克里斯托夫·罗兰(Christopher Rowland)教授,一位在国际上享有盛誉的"解放神学"研究专家。解放神学融合和借用马克思主义,挑战传统的基督教神学理论,在西方特别是在拉美地区造成很大的影响,这其中,马克思主义功不可没。接下来的一年的访学期间,既漫长又短暂。漫长的是痛苦的思索和探究,短暂的是快乐的投入和专注,回想昨日,时不我待,无论是与合作导师的磋商和探讨,还是会议与课堂上的发言、提问和争论;或是在图书馆漫长的学习时日;或是清晨读书的连页笔记。忘不了初春时节在伦敦寻觅马克思当年的故居和瞻仰他远落郊野的墓地;忘不了盛夏时节在曼彻斯特工人运动纪念馆的流连忘返;忘不了仲秋时节在柏林大学和特里尔寻访马克思的足迹;忘不了在隆冬时节我带着这份长年的思考和收获回到祖国……

  人们禁不住要问,马克思主义与基督教之间到底有着什么神秘的关系。现在看来,实事求是地说,要说清楚这个问题,可能是我这本薄著所难以回答完全的。因而,我有意把这个问题具体化,确定为马克思与基督教之间的关系的探讨,也即探询一位哲学家、思想家、理论家、革命家、诗人、文艺批评家与他生活其中的作为文化处境的基督教之间的复杂而微妙的关系,大而概之,则是探询人与文化之间的关系。虽然依据常识,西方文明源自"两希文明"。古希腊文明对马克思的影响众所周知,而希伯来文明与马克思的关系对大多数国人来说可能还不太清楚。文明是社会发展到较高阶段或具有较高文化才形成的,因而破解一个复杂问题宜从较低形态入手,所以本研究就从基督教文化入手。尚且,古老高雅的希腊文明并不处在马克思所生活的19世纪,马克思生活其中且现实地要打交道的是基督教文化,因而毋宁说,马克思作为19世纪的西方人,其实际意义的文化是基督教文化。问题的纠结是:人与实际意义、生活性或平常性的文化的关系往往是看似简单而明白,但却复杂而微妙。

  进而,人们还会禁不住要问,既然是复杂而微妙的问题,你是如何来探讨的? 我要说的是,与前人和他人所不同的是,我要从一个简易而实在的维度——文学来探询这个问题,道理也很简单,较之其他学类,文学极具情感性、通融性和宽泛性,由此探询,就可避免陷入僵局和死角。马克思为之终生奋斗的人类理想是什么? 是共产主义。但我们要意识到的是,共产主义美好理想的萌芽却是在原始基督教里早就有的,割离了其文化血脉是找不出新生婴儿的基因的。马克思最为痛恨而要彻底批判的是什么？是资本主义。但我们要理解的是,资本主义私有制与以前一切的私有制所不同的是,把一切包括人自身都变成了可买卖和交易的商品。由此,新教伦理所宣扬的"天职、自由和奉献"等实质上是美化这种私有制,使得人人都具有成为商品和拥有商品的天赋法权。马克思最敬仰和赞美的古希腊神灵是谁？是普罗米修斯。正如他在自己的博士论文的序言中写道:"普罗米修斯是哲学日历中最高尚的圣者和殉道者。"难道马克思不是在终生学习和追求普罗米修斯而要成为人间的普罗米修斯吗？普罗米修斯是为人类盗火而不是为自己牟利,因而是圣者;普罗米修斯是为人类的正义而受苦受难,因而是殉道者。马克思对资本主义的批判,对基督教的揭露,对共产主义的向往,不也是为了人类的正义和幸福吗？由此,马克思与基督教关系的文学研究则构成一曲曲普罗米修斯的战歌。

我要感谢这么多年来我所讲授《马列文论》课程的学生们,他们虽是我的授课对象,是我学术思想的直接消费者,但反过来也正是他们构成了我学术研究和教学的实际评判者。我所欣慰的是,学生们对《马列文论》的学习和兴趣有着不断增长趋势。我要感谢马克思主义、基督教神学、解放神学和宗教学方面的众多专家,从湖南到全国各地、从中国到英国,此外还有美国、加拿大、澳大利亚等国家的学者,恕不能一一列举他们的名字,但都有过直接见面或长期联系,他们都是我本学术研究的见证人、协助者和裁判员,以为是言。

绪论　普罗米修斯的战歌

第一节　问题的缘起和提出

一、马克思与宗教

1841年3月,马克思在自己的博士论文《德谟克利特的自然哲学和伊壁鸠鲁的自然哲学的差别》的序言末尾深含痛斥更是满怀豪情地大声疾呼,如一道道闪电,如一阵阵惊雷,如一排排骤雨,古希腊神话中的高加索悬崖开始震裂崩溃,众神开始惊栗颤抖,人间却荡漾起了欢腾……他的言辞犀利,他的态度凛傲,他的理想高昂,如此如斯,简直就是普罗米修斯的战歌,现摘录如下:

> 对于那些以为哲学在社会中的地位似乎已经恶化因而感到欢欣鼓舞的懦夫们,哲学再度以普罗米修斯对众神的侍者海尔梅斯所说的话来回答他们:
> 你好好听着,我绝不会用自己的痛苦
> 去换取奴隶的服役;
> 我宁肯被缚在崖石上,
> 也不愿作宙斯的忠顺奴仆。
> 普罗米修斯是哲学日历中最高尚的圣者和殉道者。①

---

① 《马克思恩格斯全集》(第四十卷),北京:人民出版社,1982年,第190页。

马克思在这里所言的"哲学",也是他为之终生奋斗的革命理想,表现出的是不屈不挠、不畏权威、不惜生命的英雄气概。当历史碾过了170多年以后,世界风云的格局早已经与青年马克思当年所处的历史境遇大相径庭了。当柏林墙被推倒时,有人嘲弄马克思主义已经结束;当苏联和东欧社会主义瓦解后,更有人高唱社会主义的挽歌。但历史毕竟是历史,历史的规律总是出人意料,"辩证法"的逻辑更是在曲折之中,马克思的幽灵又在徘徊。不是吗?华尔街的金融风暴使资本主义再次颤栗,中国作为政治经济文化大国的崛起使世界刮目相看,经济全球化的势不可挡和资本主义的悄然转型等,这一切无不表明马克思主义作为诞生在19世纪的伟大的人文思想、深刻的哲学体系和不可阻挡的历史潮流,历史的辩证法不是因某人某地某时而转移的,马克思主义的生命只能用历史事实说话,马克思主义的真理只能用社会实践来验证。

人,必须面对社会现实;理论,必须经受实践的考验;思想意识,必须扎根于社会生活的土壤。社会生活是矛盾的,是活跃的,是变化的,如何来判断人的思想意识?正如马克思《〈政治经济学批判〉序言》中所指出的:"我们判断一个人不能以他对自己的看法为根据,同样,我们判断这样一个变革时代也不能以它的意识为根据,相反,这个意识必须从物质生活的矛盾中,从社会生产力和生产关系的现存冲突中去解释。"①自然,马克思主义本身也是符合这个规律的,作为思想意识的马克思主义也必须从物质生活的矛盾中,而不是从精神王国的玄想中去做出解释;必须从社会发展所体现的生产力与生产关系的现存冲突中,而不是从社会发展中已经解决的矛盾中去寻求现成的答案。所以,马克思主义的真理何在,并不是马克思、恩格斯或者马克思主义者所说了算的,而是应由实践来做出回答;马克思主义的理论的有效性,也不是由马克思主义的理论家来考证就可证明的,而是要由运用到现实生活中去检验的;马克思主义的意识形态性,其中重要的包括对宗教的意识形态性的认识,也要从社会结构和阶级层次的实际状态中去阐释,而不是进行人为的思想批判所能解决的。

鉴此,关于马克思主义的辩论、争持、阐释等活动,在当今社会,无论是东方还是西方、中国还是欧美或其他地方,最引人注目的,也

---

① 《马克思恩格斯选集》(第二卷),北京:人民出版社,1995年,第33页。

是最受争议的是"马克思主义与宗教的关系"。从东方特别是中国来看,至少在改革开放以前,由于长期的"极左"路线和片面意识形态化的影响,认为马克思主义与宗教是水火不容、敌我矛盾、你死我活的对立关系,由此形成了对马克思主义宗教观的错误认识和极端理解,最能拿出来作证据的观点,人们常引用马克思在《黑格尔法哲学批判导言》中的论述:

> 反宗教的批判的根据是:人创造了宗教,而不是宗教创造了人。就是说,宗教是还没有获得自己或已经再度丧失自身的人的自我意识和自我感觉。……人就是人的世界,就是国家、社会。这个国家、社会产生了宗教,一种颠倒的世界意识,因为它们是颠倒的世界。……宗教是人的本质在幻想中的现实,因为人的本质不具有真正的现实性。……宗教里的苦难既是现实的苦难的表现,又是对这种现实苦难的抗议。宗教是被压迫生灵的叹息,是无情世界的心境,正像它是无精神活力的制度的精神一样。宗教是人民的鸦片。废除作为人民的虚幻幸福的宗教,就是要求人民的现实幸福。……因此,真理的彼岸世界消失以后,历史的任务就是确立此岸世界的真理。……于是,对天国的批判变成对尘世的批判,对宗教的批判变成对法的批判,对神学的批判变成对政治的批判。①

当我们在汉语的语境中惊叹马克思的华美言词、敏捷才思和睿智哲理的时候,似乎他对宗教的批判和对宗教的仇视是已经该成定论了,但我们对这个问题的反思的触发点源自对这段精彩论述的英文版和德文版的仔细品味和解读,现对应中文版一一摘录如下:

> The basis of irreligious criticism is: *Man makes religion*, religion does not make man. Religion is the self-consciousness and self-esteem of man who has either not yet found himself or has already lost himself again… Man is *the world of man*, the state, society. This state, this society, produce religion, an *inverted world-consciousness*, because they are an *inverted*

---

① 《马克思恩格斯选集》(第一卷),北京:人民出版社 1995 年,第 1~2 页。

world ... It is the *fantastic realisation* of the human essence because the *human essence* has no true reality ... *Religious* distress is at the same time the *expression* of real distress and also the *protest* against real distress. Religion is the sigh of the oppressed creature, the heart of a heartless world, just as it is the spirit of spiritless conditions. It is the *opium* of the people. To abolish religion as the *illusory* happiness of the people is to demand their *real* happiness .... The *task of history*, therefore, once the *world beyond the truth* has disappeared, is to establish the *truth of this world*.... Thus the criticism of heaven turns into the criticism of the earth, the *criticism of religion* into the *criticism of law* and the *criticism of theology* into the *criticism of politics*.①

斜体字的地方是编者和译者有意强调和需要引起注意的地方,就整段译文来说,与汉语的意思大致没有很大的区别,但关键的是,一些英文用词的选择,在不经意中显露了中西文化语境中不同用词用法的不同内在关系和隐含意义,现有四点不同意义阐释如下:

第一点:irreligious 等于"反宗教的"吗? 我们知道,irreligious 的基本含义是"无宗教的或无宗教信仰的",不能和"反宗教的"严格对等起来。无宗教的也就是不信仰宗教神灵的,简言之就是"无神论的",它反映的是人的一种世界观,是对世界终极内容的一种认识和理解;而"反宗教的"则是对宗教及其理论、信仰、组织、活动、教派、教徒等的一种敌对和仇视的态度,它与"无宗教的或无宗教信仰的"是不同的东西和意义,不能对等起来。如果将它们对等起来,则一方面将无神论者推向了仇视、憎恨有神论者的极端,因为无神论者还可以友善地对待乃至敬重有神论者,推而言之,马克思主义是尊重宗教的,不是天生与宗教为敌的,特别是与基督教,因为马克思主义本身也是诞生在基督教的文化母胎中。反之亦然,有神论者对待无神论者,宗教对待马克思主义,人道主义的基督教对待人道主义的马克思主义等。有证据吗? 我们可查阅马克思的德文原版对"无宗教的或

---

① Karl Marx Frederic Engels Collected Works (Volume 3). London: Lawrence & Wishart 1975, pp. 175-6.

无宗教信仰的"一词语境出处,现摘录如下:

> Das Fundament der irreligiösen Kritik ist: Der Mensch macht die Religion, die Religion macht nicht den Menschen. Und zwar ist die Religion das Selbstbewusstsein und das Selbstgefühl des Menschen, der sich selbst entweder noch nicht erworben, oder schon wieder verloren hat. ①

明显地从翻译的角度来看,德文的"无宗教的或无宗教信仰的"一词 irreligiösen 是英文的 irreligious 一词的原词,两者实质上是同源词。本来德语和英语同属于日耳曼语族的西日耳曼语支,是近亲语种,很多词的意义相同,构词相似,再加之英文的翻译者是懂德语的,所以英文的翻译是可靠的。

第二点:*the world of man* 等于"人的世界"吗? 英文编译者特意将 *the world of man* 变成斜体,也就是要引起读者的注意。很明显,*the world of man* 是要理解并翻译成为"世界的人"的,从语法逻辑来讲也才讲得通,人是世界的人,而不是人的世界,人和世界是两个不同的实体,相差很大,无论是从对象来看,还是从内容来看等都完全不一样,但马克思为什么要把人说成是"世界的"人呢? 从紧接着的英文译文并对它的确切阐释我们就可以理解了,"人是世界的人,国家的人,社会的人。这个国家、社会产生了宗教,一种颠倒世界的意识,因为它们是一种颠倒的世界"。明显的是,马克思在这里所讲的"世界",并不是指实在的外部的物理世界,而是指人的内在的精神世界,即一个有思维意识和心灵意识的内在世界,而这个内在世界是对外在世界的能动而活跃地反映和表现。人不可能根本上颠倒外在的物理世界,如要河水倒流、太阳西出等,但人是一个能动的主体,他(她)却可以颠倒内在的精神世界,如黑白颠倒、本末倒置等。问题是一个人去故意颠倒这样的内在精神世界是没有意义的,而是要一个国家的人、一个社会的人都去这样做的话(当然是指很多的人,群体的人、社会的人),宗教就产生了。所以,马克思在这里揭示了宗教产生的社会基础,并不是一个孤立的行为或是单独的个体意义。同时,从这里也可以看出人的存在依赖于两重世界,一者是外在世界,

---

① Marx Engels Werke (MEW) Band 1. Berlin/DDR: Dietz Verlag 1976, s. 71.

人与人结合成为国家的人和社会的人的联合体;二者是内在世界,是一个有意识的世界乃至可以颠倒和"反向处理"的世界,人的历史便是在这样的交互活动中产生,进而,马克思主义对基督教产生和发展予以历史性尊重。

第三点:real distress 等于"现实的苦难"吗? 从确切的字面意义来理解,real distress 应该翻译成"真实的苦难",它的反面是"虚假的或假装的苦难"。如果把宗教的苦难误解为只是"现实的苦难"的话,那么无形中就不承认那已经过去的苦难或是尚未到来的苦难,前者如犹太人在埃及受压迫和剥削的困难历史,正是犹太人牢记了这段苦难史,才有他们在《圣经》中反复告诫后人不可欺压外国人和弱势人群的箴言。后者如基督徒想象世界末日来临,个人在地狱中所经受的煎熬,由此警告世人在今生今世要好好做人,多做善事,不可行恶等,虽然这重苦难还没来临,但对他们来说都是"真实的苦难"而非仅是"现实的苦难"。由此,马克思洞察了宗教苦难意义的深远性,它不但指向当今,而且囊括过去和未来。就基督教而言,它的苦难是"真实的苦难",如摩西率众在荒野40年的辗转流浪,真实地反映了游牧民族寻找家园绿地的艰苦历史;耶稣在十字架上的流血和被钉死,真实地反映了基督徒与罗马统治者不屈不挠的斗争。这些在马克思看来,体现出宗教都是一定历史的社会生活的"真实"反映,尽管这个"真实"可能穿上一件"虚假或是想象"的外衣,如耶稣的复活等。在这里,可以略见马克思关于宗教文化功用观的萌芽。即当人们把不是现实的东西当作"真实"来对待,如"圣诞节",宗教的内容成为类似于"艺术的真实"的东西,它是情感的真实、想象的真实和审美的真实,由此形成了它的文化功用。

第四点:如何理解"Religion is the *opium* of the people"? 我们知道,这句话通常被翻译成"宗教是人民的鸦片",也是人们常引为经典的马克思主义宗教观的"鸦片说"的出处。问题是,无论中文还是英文的翻译,其意思是很确切的,即宗教是"人民的鸦片"(我在这里特意斜体"的"字),英文的"的"是用"of"来表示,那么为什么马克思会认为宗教是人民的鸦片? 换言之,为什么他认为宗教是人民自身所应有或本有的东西呢? 如果我们不仔细琢磨这个"人民的",很可能我们会偏误地理解为"宗教对人民来说是鸦片"。因为马克思在这里批判的是宗教意识的虚幻性,宗教作为真理的荒谬性(它是颠倒了的世界观),那么当我们到达这样的理论认识高度,自然我们能认识到"宗教对人民来说是鸦片"。但关键的是马克思在这里并不是对"我们"来说的,而是对"人民"来论述的。我们不能期盼"人民"人人都有我们这样的认识,尽管他们的认识会一步步地提高。同时,我们也不是要以马克思主义理论家的"高姿态"来启迪他人,问题的实质是马克思论述的是"宗教与人民的关系",而不是"宗教与马克思主义者的关系",由此,我们可能并没有深刻理解和有效掌握马克思主义宗教观。马克思的早年思想主要来源于黑格尔,但他后来批判和超越了黑格尔主义,特别是对黑格尔主义的"辩证法"进行了唯物历史观和实践论的改造和提升,于是我们才说"辩证法"是马克思主义的活的灵魂,即用联系的、发展的、全面的观点和方法来看待世界上的一切事物。那么,关于宗教到底有什么作用,宗教的功用何在的问题,马克思主义宗教功用论本身也是"辩证法"的体现,可以这样说:"在马克思主义宗教理论体系中,宗教既可判定为麻醉人民的鸦片,也可提升为人们掌握世界的一种方式,还可以概括为满足人们自己信仰的需要。对宗教可能产生的消极性、中立性和积极性的功用判断,要具体联系宗教与当时的政治经济和历史文化之关系来估量,不能采取一种静止孤立的方式来片面决断,因而马克思主义宗教功用论是一种动态的和发展的观点,说到底,是一种辩证法的宗教功用论。"①

有了这个辩证法的宗教功用论,我们就不难理解为什么马克思对宗教的论述会显现出"矛盾甚至是冲突性"的观点或结论。他在1857年所写的《〈政治经济学批判〉导言》中论述道:"整体,当它在头脑中作为思想整体出现时,是思维着的头脑的产物,这个头脑用它专有的方式掌握世界,而这种方式是不同于对世界的艺术精神的、宗教精神的、实践精神的掌握方式。"②实质上,这个"精神"的译词有些令人迷惑,在汉语的理解中,精神一般是相对于"物质"或"肉体"等的思想性或情感性的东西,将它与哲学、艺术、宗教和实践联系起来而类化为人们掌握世界的方式,有些玄乎而不确切。因为就作为思想意识或观念形式而言,哲学、艺术和宗教都是"精神"的表现,这样的同义重复不是啰嗦繁复吗?我们要辨明的是,谁的"精神"?这样不同

---

① 李志雄:《麻醉剂与滋补剂:马克思主义宗教功用论之辩证法及其启示》,《黑龙江社会科学》2011(2),第12页。

② 《马克思恩格斯选集》(第二卷),北京:人民出版社,1995年,第19页。

的"精神"有何区别?为此,我展示一下对应的英文版的翻译则可看出一些端倪。

> The totality as a conceptual totality seen by the mind is a product of the thinking mind, which assimilates the world in the only way open to it, a way which differs from the artistic-, religious- and practical-intellectual assimilation of this world.①

这里,有两处值得与中文版翻译商榷:一处是"思想总体"还是"观念总体"更合理?笔者以为是"观念总体"更合理,但并不是因为英文版中的是 conceptual(观念)这个词。从论述的内容来看,马克思讨论的是人类掌握世界的方式,正因为强调的是"方式"而不是"内容",所以指涉内容的"思想"一词是不恰当的译词;从论述的上下文语境来看,前段谈到了黑格尔哲学掌握世界方式(method)的错误,即把抽象转换或上升到具体而认为这就是具体活动本身;而后段从"简单范畴"开始论述,揭示人类的抽象思维从最简单到复杂的历史发展过程,也不是谈的思维"内容",而是说的"方式",因而"观念总体"是更合理的译名。二处是,从英文版来看,确实在"艺术的"和"宗教的"后有一短"-",而在"实践的"后这一短"-"所连接的是"intellectual"(理智或智慧)一词,由此笔者发现翻译成为"艺术理智的""宗教理智的"和"实践理智的"更能令人理解马克思关于人类掌握世界方式的科学性。因为"理智"是关于人理解和认识万事万物的能力或水平,由此,主体是"人"的问题解决了,也符合论述对象的一致性和连贯性。试想,哲学以抽象方式来掌握世界,但并不是人人都能成为哲学家;艺术以情感的方式来掌握世界,但并不是人人都能成为艺术家;宗教以信仰的方式来掌握世界,但并不是人人都能成为信徒;实践以行动的方式来掌握世界,但并不是人人都能成为实践者。但是反过来,人人也都可能成为哲学家、艺术家、信徒和实践者,关键在于人的努力和志向。就宗教家、神学家和信徒来说,他们由于自身的努力、投入和志向等,恰能以宗教的方式来掌握世界,在马克思看

---

① Karl Marx Frederic Engels Collected Works (Volume 28). London: Lawrence & Wishart 1986, p.38.

来,这是可能的、应该的和自然的,就此,马克思对宗教是不持偏见的,如同对哲学、艺术和实践一样,认为它们都是人类掌握世界的必然组成部分,世界是多样而丰富的,人们掌握世界的方式也是多样而独特的,至少,马克思对宗教的认识是客观的,马克思是从认识论的角度来阐释宗教的内涵,而不是一开始就从价值论的角度来评价宗教,就此,他对宗教的态度也是中性而不偏颇的。

进一步看,马克思对宗教的看法还有着正面和积极的评价和判断,他的认识已经超越了一般的唯物主义者的理论层次,他的气度已经超出一般的无神论者的胸襟。在《哥达纲领批判》中,马克思论述道:"'信仰自由'!如果现在,进行文化斗争的时候,要提醒自由主义者记住他们的旧口号,那么只有采取下面这样的形式才行:每一个人都应当有可能满足自己的宗教需要,就像满足自己的肉体需要一样,不受警察干涉。"①此处,马克思把人的信仰自由与人的肉体的需要相类比,突出了宗教作为信仰的必要性,如同增进人身体健康的滋补剂一般,认定宗教的功用是积极的,对宗教的评价明显是肯定的。我们知道,《哥达纲领批判》是马克思对科学共产主义理论的根本问题的纲领性文献,是对机会主义进行不可调和斗争的典范。那么,在马克思看来,即使在共产主义社会中,尊重宗教信仰自由仍然是一种历史的必然要求和共产党人的自我觉悟,尽管在共产主义社会中最终会要取缔宗教,但宗教的消亡是一个漫长的历史过程。信仰需要是人的自由权利,正如人的肉体需要,也即人作为一种生物性存在所必然需要的东西,是基本而不可缺少的东西。马克思在这里并没有说哪种宗教信仰更重要,乃至无神论的信仰,甚至共产党员的信仰是否比别的信仰更重要。就如同在一个餐馆内,有人吃青菜,有人吃萝卜,有人吃牛肉,尽管青菜、萝卜和牛肉的营养和成分各不相同,但它们对人来说都是必要的物质性需要,不能因为有人喜欢吃青菜而强行要求其他人都只能吃青菜,以此类推。那么,信仰自由也是如此,作为马克思主义者,对宗教信仰应该有宽宏容忍的大量,这既是基于自然主义和人道主义相结合的必然要求,同是马克思主义者高超的理论境界的必然表现。

以上四点,受到的启发和引发的思索是:第一点仔细辨别马克思在考察宗教问题上的态度,从而揭示了在对待人的问题和人类社会

---

① 《马克思恩格斯选集》(第三卷),北京:人民出版社,1995年,第317页。

的问题上马克思主义与宗教并不一定是势不两立、你死我活的敌对关系;第二点揭示了马克思对宗教意识产生规律的科学认识;第三点揭示了马克思对宗教真理观的历史形成及其意义的科学认识;第四点揭示了马克思考察宗教功用论的辩证法。由此,在如何科学而全面地看待马克思与宗教的问题上,确实还有相当多未被揭示的"秘密",这还仅是我们质疑在过去中国极端意识形态环境中马克思的"宗教鸦片论"掩盖的"真理"所引发的问题。如果把"马克思与宗教"的问题放到西方自19世纪以来的历史环境和文化背景中,那么这个问题则更复杂,乃至是扑朔迷离了。

简单地讲,自马克思去世后的西方思想界和理论界,关于"马克思与宗教"乃至"马克思主义与宗教"的问题大致形成了以下六种不同流派的阐释,有些成了影响时代的理论观点,它们之间认识意见可能是不一致的,甚至是对立的和冲突的,但这些话题本身就是值得探索的,完成了这样的探索会对我们很有启发。

第一种是从马克思本人及其对宗教的认识和批判来阐释。这里具体涉及马克思对宗教尤其是基督教的批判,其批判语境和他早年的基督教思想等相关。例如由赫伯特·阿普瑟卡尔(Herbert Aptheker)编辑的论文集《马克思主义和基督教》(*Marxism and Christianity*),由艾伦·斯卡夫(Alan Scarfe)和帕特里克·索克赫托(Patrick Sookhdeo)编辑的论文集《马克思主义和基督教》(*Marxism and Christianity*),艾拉斯德尔·麦金泰尔(Alasdair Macintyre)所著的《马克思主义和基督教》(*Marxism and Christianity*),陈荣富著的《马克思主义宗教观研究》,卓新平著的《马克思主义理论体系中的"宗教"理解》等。自然,要对这个问题进行系统的研究,少不了对马克思本人一生中对宗教论述的收集和整理。于其中,1955年由苏联外语出版社出版的《马克思和恩格斯论宗教》(后被根据原文翻译成英文)算是代表。在出版前言中编者强调:"由马克思和恩格斯所创立的世界观是建立在对自然和社会发展的客观规律基础上的。它是以科学所提供的事实为根据并激进地反宗教(radically opposed to religion)……马克思-列宁主义克服宗教的观点的观念性方式的正确性是由苏联社会主义国家的经验所证实。在苏联由于社会主义胜利的结果,废除阶级剥削,国内不协调,文化水平的提高,宗教作为永久性社会意识形态的根蒂被拔除,这就使人民中的大多数从宗教偏见（religious prejudices）中被解放出来。"①当然，我们知道在国内后来也出版过类似的关于"马克思和恩格斯论宗教"方面的文集，但一个很明显的问题是，它们都受当时"极左"意识形态的影响，简单地把马克思或是恩格斯对宗教的批判理解为他们作为在西方宗教文化中成长起来的哲学家、政治家、文学家和理论家等与宗教的复杂而深刻的内在关系。关于马克思与宗教的关系，即使是西方研究马克思的权威人士，如麦克莱伦（McLellan），几十年后他对马克思与宗教的关系的认识都是不断提升和改进的。在他的2006年版《卡尔·马克思传》②比1973年版的《卡尔·马克思的生活和思想》多出了第十章"马克思的遗产"，在本章也是全书快要结束时，他总结出这样的认识和观点："一个多世纪以来马克思主义成了成千上万人表达他们向往更公正社会的希望的语言。作为一种抗议的工具，马克思对宗教的描述中使用了同等的力量，由此使很多人从中看到了他本人的音信：'被压迫生灵的叹息，无情世界的激情，无灵魂境况的灵魂（soul）。'科学程式的简约化和这些志向（aspirations）的体制化导致了这样的困境。"③也就是说，简单地否定宗教并不科学，宗教也是人对世界的一种认识和阐释，尽管在马克思看来是一种颠倒了的认识，但它却间接性地或是反向性地反映了人间的苦难。对革命理想的体制化实质上灭杀了革命理想的信仰，而宗教的信仰却是它对马克思主义的重要参照。

第二种是西方教会的阐释和批判。因为涉及宗教，所以自然是离不开对教会这个庞大而复杂的宗教组织的关注、认识、分析和批判等。站在中国的出发点，能间接反映西方教会组织在20世纪20~40年代对马克思主义的认识、阐释和应用等，从来华教会人士如何看待马克思及其倡导的共产主义运动的特定视角和社会实践，生动地反映了西方教会对马克思主义的包容、吸收、利用和防卫等复杂而

---

① K. Marx and F. Engels on Religion (Second Impression), Moscow: Foreign Languages Publishing House, 1955, pp. 7—10.

② 实质上是1973年版的改进版，尽管书名有些不同。两书的前面九章的内容完全相同，作者提示只有少数地方做了修改，但2006年出版的第十章是1973年出版中所没有的，因而1973年的版本也被称为第一版，2006年的版本称为第四版，其余的版次年份分别为1995年和1996年。

③ David McLellan, *Karl Marx: A Biograohy*. Basingstoke and New York: Palgrave Macmillan 2006, p. 438. 同时可比较1973年版：David McLellan, *Karl Marx: His Life and Thought*. London and Basingstoke: The Macmillan Press Ltd, 2006.。

实际的态度,读者可参阅杨卫华的《来华新教传教士话语中的共产主义——对〈教务杂志〉有关观点的剖析》一文和现在珍藏于上海图书馆徐家汇藏书楼(西洋善本)的《教务杂志》(*The Chinese Recorder*),作为来华的西方传教士,面对当时中国社会的现实和矛盾,他们的一些观点和解决问题的方案竟然颇具前瞻性和先期性。例如,在涉及关于共产主义与基督教的思想渊源关系时,"传教士普遍认为共产主义汲取了不少基督教的思想资源,它们分享着不少思想因子。1932年9月的评论指出:'实际上,它(共产主义)的许多观念是基督教思想的产物。'史密斯也认为'马克思的太平盛世,很大程度上来自基督教。'曾宝荪也撰文说:'毫无疑问,共产主义的许多观念来自早期教会。平等、共同体生活、财产私有制的取消、掌管整个世界作为它的最终目标,几乎和基督教的教诲一致。'"①。将共产主义的思想渊源追溯到早期的基督教的思想,这种观点并不是教会人士最先提出的,早在1894年,恩格斯在《论原始基督教的历史》中就有指出,他说:"原始基督教的历史与现代工人运动有着值得注意的共同点。基督教和后者一样,在产生时也是被压迫者的运动:……这两个伟大的运动都不是由领袖们和先知们创造出来的(虽然两者都拥有相当多的先知),两者都是群众运动。"②应该说,恩格斯的比较更实际地考察了原始基督教和现代工人运动的实际内容和群众基础,比教会人士笼统的说法更有说服力。但问题是,教会人士能有这样的勇气和大度来看待共产主义,来具体应用分析中国问题的对策,这本身就是一种进步的表现。试想当时的中国,深受帝国主义和殖民主义的凌辱和欺压,当时的中国革命,深受反共产主义思潮的排挤和冲击,但中国共产党所领导的社会革命却如雨后春笋,发展前景势不可挡,那么,外国传教士能有这样的认识,是实事求是的。更进一步的是,这其中还有想要与共产党人合作和共谋发展的,如来华的社会福音派就很重视基督教与共产主义的关系,力图寻找两者的共同语言。他们认为:"'中国共产主义者和社会福音者分享着同一目标','共产主

---

① 杨卫华:《来华新教传教士话语中的共产主义——对〈教务杂志〉有关观点的剖析》,载《基督教思想评论》(总第八辑),上海:世纪出版集团,上海人民出版社,2008年,第265页。

② 《马克思恩格斯选集》(第四卷),北京:人民出版社,1995年,第457~469页。

义在中国扮演了社会福音助产士和护士的角色'。"①应该说,这样的理论观点在当今中国建设和谐社会的现实中仍具有实践性的意义,可催发不可小觑的"和谐"功效。

值得注意的是,20世纪60年代至八九十年代以来,在西方基督教会中,以罗马天主教会对马克思主义的关注研究以及他们积极与社会主义阵营的对话和交流最为显目,这就是著名的"梵二会议"(The Second Vatican Council),它是罗马天主教历史上的第21次主教大公会议,会议时间从1962年的10月11日开始,中间分成四个阶段,延续之久,至1965年的12月8日才正式结束。本次主教大公会议的背景是天主教面对世界范围内社会、政治、经济和技术的急速变化所形成的现实挑战,他们力图构建出应对这些变化和挑战的对策和方案。其中,马克思主义、社会主义和共产主义是他们重点思考和讨论的对象,关于罗马天主教改变对社会主义阵营的态度并力图与马克思主义者进行对话交流的论述可参见卓新平的《当代西方天主教神学》。但关于翔实的内容,还是要看罗马天主教的官方文件集,其中反映的问题既矛盾又令人鼓舞,更是令人思索。例如,一方面他们试图要保持经济体制等的公正,另一方面他们又顽固地维护资本主义的私有制,于是就有了这种实质上矛盾的论说:"……所有形式经济事业都应以社会公正和慈善的原则来管理……在这一切的经济活动中不仅是谋取私人利益,还要收获公德利益。"②这种说法与社会现实相矛盾是显然的,在资本主义所有制的条件下,资本家对利益的贪婪追求总是与社会的公正和慈善相矛盾的,尽管他们可能拿出一小部分的利益来做慈善,但绝大多数的"剩余价值"他们是用于再生产而期待获取更大和更多的"剩余价值",或用于他们极端的奢侈消费等,总之,他们的实际收入与工人和一般劳动者的具有极大的悬殊,但他们总是试图掩盖这个事实。2008年从华尔街所引发的资本主义世界的"金融风暴",就以铁的事实揭示了资本金融"高层白领"与普通美国人年收入之间的"天文数字"般的差距,并且这些少数富豪所亏空的金融财政"黑洞"却要转祸给普通美国人民来承受和补

---

① 杨卫华:《来华新教传教士话语中的共产主义——对〈教务杂志〉有关观点的剖析》,载《基督教思想评论》(总第八辑),上海:世纪出版集团,上海人民出版社,2008年,第262页。

② Michael Walsh and Brian Davies(ed.), *Proclaim Justice and Peace: Documents from John XXIII to John Paul II*. London: Collins Liturgical Publications, 1984, p.9.

偿。财富的差距、经营的欺诈、利益的倾斜,等等一切,这哪还有什么公平、正义和慈善爱心?这与马克思主义所倡导的公平、正义和自由等完全不是一回事儿。

　　涉及自"梵二会议"以来,罗马天主教特别是以教皇为代表的权威对马克思主义的认识和见解也是很有意思的。保罗六世曾周游各大洲,特别是考察了拉丁美洲的社会实际和教会情况,看到马克思主义对拉丁美洲乃至对新兴的解放神学的影响。"他对社会主义和马克思主义的批判是强烈的。他警告说,尽管马克思主义在某些确信的方面初看起来是可接受的——马克思主义的社会分析对基督教思考拉丁美洲的影响是深远的——最终是各种潮流的马克思主义紧捆在一起成为一个不可接受的意识形态(an unacceptable ideology)。他警告,'最革命的意识形态只会导致更换主人(masters)'。"①很显然,教皇的立场是站在资产阶级一边的,他们害怕的终究是马克思主义所唤起的无产阶级革命要威胁到更换"主人",在他们心目中,他们才是这个世俗世界的真正主人,作为信仰无神论的马克思主义者是不能成为世界的"主人"的,无产阶级的革命是颠覆和破坏的,马克思主义与基督教的宗教世界观是根本对立和冲突的,于是也就有了这样的理论认识。"……马克思主义不论得势与否,总被视为是建立在历史唯物主义基础上的社会主义意识形态和对一切超然事物的否定。在其他时候,最终展现出它自身是一种更贬低的形态,一种对现代精神更有魅力的形态:好像(as)是一种科学的活动,好像(as)是一种检验社会和政治现实的强劲方法,还好像(as)是一种经受历史考验的在理论知识和革命转换实践之间的理性联系。"②一连三个"好像"就很能说明问题,在天主教教徒的信条和理念中,唯有他们的"上帝创造论"及其一切的神学理论才是科学的,才对世界具有真正的意义。就此来看,要使教会势力与马克思主义者之间达成真正的沟通和理解不是容易的,最根本的是他们的哲学世界观是冲突的,即唯心主义与唯物主义的冲突;由此,他们的宗教观也是冲突的,即有神论与无神论的冲突。

　　第三种是西方马克思主义者的认识和观点。西方马克思主义学

---

①　Michael Walsh and Brian Davies(ed.), *Proclaim Justice and Peace: Documents from John XXIII to John Paul II*. London: Collins Liturgical Publications, 1984, p. xv.

②　Ibid., p.178.

者中的恩斯特·布洛赫(Ernst Bloch)对马克思主义与宗教的关系的阐释最具代表性和影响力,他这方面的著作有《基督教中的无神论》《希望的原理》和《乌托邦精神》等。他对马克思主义关于人类理想社会的期望以及对基督教无神论理念建构的论述颇具启发性和创建性,这些思想还直接影响了德国新教神学家莫尔特曼(Jürgen Moltmann)。在布洛赫看来,马克思主义的阶级社会和宗教的意识形态之间产生了必然的联系,这样使马克思主义的宗教思想找到了它的现实基础,凸显了马克思主义宗教观意识形态性和实践性特色,如他以下的论述:

> 正是马克思对所宣称的人的普遍的和一贯的本质以及由费尔巴哈所提出的宗教精神所进行的历史分析,使这些因素变得多样化和具体化,从而把人化定为不同的社会,也由此演绎为自我异化的不同形态。也就是在这样的宗教批判中使马克思赢回了所有启蒙运动中旧有力量:这个力量就是把天堂的迷雾和意识形态的蒙骗再次连接起来(linked up)——不是以旧时代的那种有意的、主观性的和不可辩解的蒙骗而是以由社会所自动强行的客观性蒙骗。宗教现在就第一次历史性地与阶级社会连接起来(linked up)。①

(笔者翻译,本著作中所有外文原文的翻译,包括单独列段的和段中插入的等等,均为笔者本人翻译。)

有意思的是,布洛赫在这里把阶级社会和宗教的意识形态"连接起来"(linked up),而不是"联系起来"。显然,"连接起来"使两样东西成为一样东西,如把电视机和DVD播放机连接起来就成了功能强大的影视播放和观看设备,成了一个全新的"实体"。如果只是联系起来,意味着还不是客观性和实在性地连接为一体,电视机还是电视机,DVD播放机还是DVD播放机。在马克思看来,阶级社会的宗教意识形态本身已经是"连接起来"的一个新的实体,不是有意的,却是无意之中的;不是主观性的,而是客观性的;不是不可辩解的,而是可以辩解的。这样,马克思就揭示了宗教意识形态的阶级性(当然是

---

① Ernst Bloch, *Atheism in Christianity*: *The religion of Exodus and the Kingdom*. J. T. Swann (trans.), New York: Hearder and Hearder, Inc. 1972, p.60.

在阶级社会中,在无阶级的社会中的宗教的意识形态自然也就不具有阶级性,如原始部落人们的神灵观念),可见,宗教的意识形态并不是天生的,或是来自神灵或上帝,如同宗教把它们(神灵或上帝)看作意识和认识的根源,而是社会历史发展的结果。问题是宗教的意识形态总是具有蒙骗性,或是巧妙伪装,或是冠冕堂皇,或是瞒天过海,等等不一。那么,宗教意识形态所产生的基础是什么?关于这个问题,恩格斯在《法学家的社会主义》一文中曾经进行过精彩的历史性分析,其结论具有一针见血的效果,现摘录如下:

> 中世纪的世界观本质上是神学的世界观。……拥有封建领地的教会是各国之间的真正联系;封建的教会组织利用宗教把世俗的封建国家制度神圣化;而且僧侣又是唯一的受过教育的阶级。因此,教会信条自然成了任何思想的出发点和基础。法学、自然科学、哲学,这一切都由其内容是否符合教会的教义来决定。……13世纪到17世纪所发生的一切宗教改革运动,以及在宗教幌子下进行的与此相关的斗争,从它的理论方面来看,都只是市民阶级、城市平民以及同他们一起参加暴动的农民使旧的神学世界观适应于改变了的经济条件和新阶级的生活方式的反复尝试。但这种情况是不能持续很久的。到17世纪时宗教的旗帜最后一次在英国飘扬,过了不到50年,新的世界观就不带任何掩饰性地在法国出现了,这就是法学世界观,它应当成为资产阶级的经典世界观。……工人阶级由于封建主义的生产方式转变为资本主义的生产方式而被剥夺了生产资料的任何所有权,由于资本主义的生产方式的机制而一代传一代地处于这种毫无财产的状态,他们是不能在资产阶级的法学幻影中充分表达自己生活状况的。只有当工人阶级不是带着有色的法学眼镜,而是如实地考察事物的时候,它才能亲自彻底认清自己的生活状况。在这方面马克思的唯物史观帮助了工人阶级,他证明:人们的法律、政治、哲学、宗教等观念归根结蒂都是从他们的经济生活条件、从他们的生产方式和产品交换方式中引导出来的。由此便产生了适合于无产阶级的生活条件和斗争条件的世界观;和工人无财产相适应的只是他们头脑中无幻想现在这个无

产阶级的世界观正在全球环行。①

恩格斯以历史事实为依据,详细论述了从中世纪到资本主义社会再到无产阶级时代,不同社会历史时期宗教观念的变化,这些变化的历史成因是由当时的经济条件、生活条件以及生产方式等社会历史因素所决定的,由此相应地形成了"中世纪神学世界观""资本主义法学世界观"和"无产阶级(宗教)世界观"。还是同一个宗教,例如,对欧洲来说还是同一个基督教,在不同的历史时期却具有不同的宗教观念形态,如在中世纪强调"神的全能"观念,在资本主义社会强调"神的平等公平"的法的观念,在无产阶级时代强调"无神论"的观念,自然说明了宗教观念的出现是受历史条件所决定的。但反过来说,受决定的宗教观念也不是静止被动地存在,它反过来为这个特定的社会服务,自动成为这个社会的"神学辩护士"(当然无产阶级开始自觉抛弃它的这个角色),由此说宗教观念具有意识形态性,在阶级社会宗教具有"阶级属性"也就一点不奇怪了。可见,阶级属性是宗教的本有属性之一,是在阶级社会发展的必然结果。那么,马克思主义作为思想意识形态,它是为无产阶级服务的,广而言之,是为一切受压迫的阶级服务的;而宗教的阶级属性,大多数时候它是为统治阶级服务的,这也许是马克思主义与宗教在阶级属性上的重要区别。例如德国历史上的宗教改革,马丁·路德反对罗马天主教的统治权威,反映了资产阶级利益的诉求,导致了新教(Protestantism)的产生,因而新教是适应资本主义发展的宗教意识形态的必然结果,而闵采尔的农民起义,反映了宗教改革中激进主义者对农民阶级的利益关注,结果是失败了,因为历史的条件还不成熟,基督教徒中支持资本主义的还是占上风。那么只有当基督教与无产阶级联合、与马克思主义联合时,这样的革命才能取得胜利,于是布洛赫有了如下预见:

> 当基督教徒真正关心那些劳动者和满载重活的人的时候,当马克思主义者保持自由王国的深度,将它作为通向成为实在根基之路上的革命意识的真正内容,建立在农民战争基础之上的革命(revolution)和基督教的联盟就会复活——这次要取得

---

① 《马克思恩格斯全集》(第二十一卷),北京:人民出版社,1965年,第545~548页。

成功。①（笔者翻译）

如果说基督教在历史上是"革命的",如前面恩格斯所论可看到的,它在封建社会和资本主义社会主要是为统治阶级服务的,如封建贵族和资产阶级,当它在奴隶社会产生时,它的基础是为平民和劳动者服务的,但它在成为罗马帝国的国教后,则更多的是为奴隶主阶级服务的。在当今,基督教为无产阶级和受压迫者服务的情况是越来越多了,如基督教社会主义运动、解放神学、希望神学等。就此以基督教为例,说明宗教的阶级属性是不可避免的,同时也是随着历史而发展的。

在1986年出版的《希望的原理》第三卷末尾,布洛赫专写一章论述马克思主义与希望,题目叫作《卡尔·马克思与人道:希望的要素》。三卷本的《希望的原理》是一部鸿篇巨制,同时也是思想经典。它写于1938年到1947年之间,1953年和1959年做了修订,到1986年才出版其英文版,其过程是漫长的,而作者将马克思主义与希望的问题放到末尾作为结束,其意味也是深长的。如何将马克思主义来进行学科定位？哲学？政治学？伦理学？人类学？……尽管这些从学科上对马克思主义进行了归类,但从精神实质上远远没有把马克思主义的灵魂勾画出来。正如他所论:"理性没有希望(hope)就不能开花结果,希望没有理性就不能言说表达,两者在马克思主义中得到统一——没有其他的科学有这样的未来,没有其他的未来有这样的科学。"②布洛赫喜欢用这样的倒装句式,如同马克思也喜欢这样的倒装句式,例如"批判的武器不能等同于武器的批判"。之所以用这样的倒装句式,其效果就是要达到一种颠覆,对狭隘传统、固执偏见和根深谬误等的否定和批判。布洛赫在这里对马克思主义的精神实质进行了高度的赞扬,即马克思主义不但是理性的成就而且是人性的成就。一般的科学,强调的是理性主义的成果,但却忽视了人道主义的精神。就此论述而言,科学是要借助于人的理性来探索世界和人自身,但理性知识的成就并不能决定它对人的最终意义。因为理

---

① Ernst Bloch, *Atheism in Christianity: The religion of Exodus and the Kingdom*. J. T. Swann (trans.), New York: Hearder and Hearder, Inc. 1972, p.272.

② Ernst Bloch, *The Principle of Hope*. Translated by Neville Plaice, Stephen Plaice and Paul Knight, Oxford: Baisl Blackwell, Ltd. 1986, p.1367.

性是人本有的,但它不是使人成为人的根本性的东西。动物也有一定的理性,如猴子知道用棍棒来挑其手够不着的香蕉,动物的理性与人的理性只是量的差异,人的理性没有体现出人与动物本质的不同。而"希望"这样高级的精神意识,却使人具有人不同于动物的意义。动物即使面对灾难或身处绝境,没有表现出对改变这种困境的强烈希望,而人在面对灾难或身处绝境时,却可具有改变这种困境的强烈希望。对人类未来美好理想社会的期待和追求,是马克思主义成为一门真正的科学的秘密。人们可能要说,对人类未来美好理想社会的期待和追求实质上是很容易的,只要耽于幻想乃至闭门造车都是可以的,乌托邦主义、空想社会主义不就是例证吗?问题是,这样的"希望"与马克思主义的"希望"是完全不一样的,马克思主义对人类未来美好理想社会的期待和追求与他们完全是不一样的。那么,马克思主义是要怎样来实现它的希望的呢?布洛赫有如下精彩论述:

> 马克思主义既是探索者也是解放者,既是最顽固矛盾的理论解决也是实践解决。唯有马克思主义才上升到理论一实践的更好世界,不是为了忘记存在的世界,如同许多抽象的社会乌托邦通常做的一样,而是以经济的和辩证的方式改变(change)世界。以前的遗产,所谓原初意图和黄金时代(幻想者)都是脆弱的;但马克思主义,在它对最冷酷的侦探的所有分析中,却严肃地对待这个神话(fairytale),实践性地做这个黄金时代的梦;真实借贷(debit)与信用(credit)所形成的真正希望(hope)便产生。①(笔者翻译)

在布洛赫看来,马克思主义之所以能持有"希望",其运作模式是理论一实践的,有别于其他思想成果,或只有理论而无实践,结果只是空想;或只有实践而无理论,结果只是徒劳。由于理论与实践的结合,使得马克思主义能改变世界,而不仅是阐释世界,它对人类未来美好理想的期待也就形成于这样的实际的行动中,也就能认真地对待看来是神话一样的共产主义社会。它更多的不是从他者那里去借贷"希望",而是自身产生"希望",因而真正拥有"希望"。基督教本身

---

① Ernst Bloch, *The Principle of Hope*. Translated by Neville Plaice, Stephen Plaice and Paul Knight, Oxford: Baisl Blackwell, Ltd. 1986, p.1370.

也有"希望"的理论,"希望"与"信仰"和"爱心"成为基督教的三大美德。对基督教徒而言,期待天国的到来,期待上帝的拯救,期待耶稣的复活等都是他们"希望"的具体表现。就马克思主义而言,它可以借鉴基督教的"希望"之义,对公平正义和平等自由的天国的强烈愿望,但它不可能以基督教这样的"赎罪"来等待"希望",而是要通过对世界的改变来实现,使理论在实践中发挥作用,使实践对理论进行验证和提升,如此,马克思主义才真正拥有"希望"。布洛赫的这个借贷与信用的模式既描述得形象又说得道理扎实,试想,一个人或一个国家,如果老是要用借别人的钱使自己变得有钱,那他或它永远是亏账的,只有自己实际性地赚钱才能最终有钱。基督教徒也是一样,如果老是要从上帝那里去借贷"希望"而不是自己生产"希望",那他是没有"希望"的;而马克思主义者则不一样,他们要改变世界从而真正拥有"希望"。

第四种是从哲学的角度来认识和阐释。哲学总是与宗教密不可分,它们都涉及对世界和人类社会的总体认识和根本看法。马克思本人就是从哲学的高度和无产阶级的历史使命来认识和批判宗教的,哲学阐释和宗教批判也就常联系在一起。基督教存在主义哲学家和神学家保罗·蒂利希(Paul Tillich)在《基督教思想史》中分析了马克思的先知因素和弥赛亚精神与基督教的关系及其意义。诚如他所论:

> 马克思作为一个犹太人,处在犹太人持续了一千年的批判主义的传统之中。他对他所目睹的社会现实的愤怒,有着旧约先知的某种愤怒心情。……所以,把无产阶级与救世主简单地等同起来,限制于这样的事实,即这些先锋队的人们有一种救世主的作用。这些先锋队甚至并不总是无产阶级的成员。他们是像马克思和恩格斯那样的人,从知识分子或上层知识分子中出来,打破他们自己的意识形态上的自我限制。他学到历史发展的规律,并可以加入到先锋队中去。[①]

蒂利希深刻洞察了马克思的犹太教文化血脉的潜在遗传和影

---

① 保罗·蒂利希:《基督教思想史——从其犹太和希腊发端到存在主义》,尹大贻译,北京:东方出版社,2008年,第424页。

响,他作为犹太知识分子对社会现实的关注,并以自己的自觉行动和实践来改造世界,他的社会主义思想根植于由犹太教发展而来的基督教文化之中。循此,我们发现在更早的著作《新教时代》中,蒂利希辟有专章论述"马克思主义与基督教社会主义"的问题。他谈了四个问题,第一是关于马克思主义与基督教共同性的思想观点,其中具体论述了先知主义(prophetism)与马克思主义三种共同性理论观点,基督教与马克思主义在关于人的社会存在本质和理论与实践相结合的真理观的共同认识。第二是关于马克思主义与宗教社会主义(religious socialism)的差异性,其差异主要体现在超越性的范围和内涵、人的本性与社会政治变革等因素上。第三是关于宗教社会主义如何吸收和借鉴马克思主义优秀成果的问题,主要从"存在主义思想""辩证法的方法"(dialectical method)和"经济学分析"三个方面展开。第四是关于马克思主义和宗教社会主义的永不枯竭(inexhaustible)的历史意义,特别是对宗教社会主义来说,融合了先知主义的精神和马克思主义的方法是它的不朽秘密。特别具有启发意义的是,他精辟地总结了基督教与马克思主义的一些共同性认识。如他所论:

> 基督教和马克思主义都认为人的本质不是超越历史而决定的,人的历史存在(historical existence)是任何一种关于人的信条的决定因素。它们都认为人的本质不是由单个人的特性所决定。人是社会的存在,他的恶如同他的善都要依赖于社会存在。……由此引来的是基督教和马克思主义这两者的真理观,它们都不可能建构在理论与实践的脱离的基础上。真理必须被'完成'(done)才能被认识。没有对现实的改变,关于现实的真正知识是不可能的。①

马克思主义关于人是社会性的存在这好理解,这有马克思在《关于费尔巴哈的提纲》中的精彩而深刻的论述为证以及马克思主义关于人的存在的前提是社会的物质生产和生产关系所揭示的人的社会关系等等,但为什么基督教也认为人是社会性的存在呢?《圣经》不

---

① Paul Tillich, *The Protestant Era*. Translated and Edited by James Luther Adams with An Introduction by R. H. Daubney, London: Nisbet & Co., Ltd. 1951, p.279.

是说人是上帝创造的吗？我们应该清楚的是，《圣经》上确实说人是上帝创造的，这是基督教的历史遗产和文化传统，但它不代表基督教的哲学观。基督教的哲学观也不是凭空而来的，它是建立在基督教的生活实践之上的。基督徒无论是祈祷、礼拜、洗礼、社区工作、社会服务和慈善救助等，无不是社会性的活动和行为，而绝不是单个人的行为。那么这些所构建的基督教关于人的社会存在是如何与马克思主义关联起来的呢？蒂利希做了如下精辟的阐释：

> 要求理论与实践结合，用更新近的术语是"存在主义的思考"（existential thinking），这是马克思永恒的深刻见解，是他在与理论唯心主义和唯物主义斗争中所发现的。……同理，宗教社会主义必须承认马克思强调物质生产是整个历史进程的基础是对的。……辩证法的方法必须要被接受为一种描述生活和历史运动的方法，它们以内在的张力、对比和矛盾朝向包含更多的联合整体运动。……存在主义的思考，历史唯物主义和辩证法的方法都是宗教社会主义所不能丢失的成就。① （笔者翻译）

可见，宗教社会主义的存在主义哲学，其世界观的形成和方法论的获取，与马克思的功劳密不可分。如果基督教的哲学不将理论与实践相结合，仍然停留在"上帝造人"的文化神话之上，不结合科学的发展、技术的进步和社会的发展而拓展深化自己的哲学，那么基督教的思想文化得不到发展。事实是，基督教的发展与社会的发展是如此紧密乃至基督教的哲学和神学等与当今世界的人文科学、社会科学和自然科学是紧密相连的。如果基督教的哲学还只是停留在经院哲学的狭窄范围，永远只是作形而上的抽象思辨，不关心人间的生活与苦楚，那就只能如那些秘修者及其哲学一样永远不为人世所知。如果基督教的哲学方法论还只是停留在单一论和绝对论以及静止孤立等状态，基督教的凝聚力量和社会能量将大打折扣。而事实却不是这样的，这说明基督教存在主义的意义，现在看来，其中不乏马克思这样的无神论哲学家的贡献。

由此，到底马克思与基督教之间有着什么样复杂而微妙的关系，

---

① Paul Tillich, *The Protestant Era*. Translated and Edited by James Luther Adams with An Introduction by R. H. Daubney, London: Nisbet & Co., Ltd. 1951, p.283.

并不是如同一般人所想象的简单对立和各自仇视的关系。田薇在《马克思与基督教关联的双重面相——从洛维特审理近代启蒙历史观的神学前提谈起》一文中以哲学的视角论证了马克思与基督教的显在和隐在关系。如她所论:"马克思对未来社会的展望持有一种不断进步、走向最终完善的历史观念,实际上是缘于一种隐设的犹太－基督教的末世论信念;……马克思的共产主义和犹太弥赛亚主义、先知主义以及基督教末世论信念的联系,是深层和隐秘的,在马克思思想理论的背后有着深厚的宗教情怀,而在'显白'处却是反犹太－基督教、反宗教的。"①当然,我们知道,马克思的这种"未来社会的展望持有一种不断进步、走向最终完善的历史观念",就他的哲学思想而言就是历史唯物主义,符合历史的辩证法,继承、批判和发展了黑格尔哲学中的理性精神辩证法,坚信通过革命实践,人类历史将会最终走向完美的共产主义社会。

然则,问题是马克思的这个完美的信仰为什么会与犹太－基督教扯上关系呢？就马克思而言,他本人的犹太血统和家庭宗教文化传统等对他的无产阶级和全人类解放的思想具有潜在的影响,构成了一种隐性的传承。正如洛维特指出的:"只有在马克思的'意识形态'的意识中,全部历史才是阶级斗争的历史。在这种观念背后的现实的推动力是显而易见的弥赛亚主义,它不自觉地植根于马克思自己的存在之中,植根于他的种族之中。即使他是19世纪的自由的犹太人,是坚决反宗教的,甚至是反犹太主义的,他也还是一个受《旧约》局限的犹太人。从手工业到大工业的两千年之久的经济史都无法改变的古老的犹太弥赛亚主义和先知主义,以及犹太人对无条件正义的坚持,都说明了历史唯物主义的理想主义基础。"②犹太－基督教文化是西方文明的重要源头和组成部分,以前我们囿于局限,片面地认为西方文明的源头似乎只有古希腊历史文化渊源,而马克思对古希腊精神的继承是很明显的,无论是他对古希腊哲学、历史、政治、文学和艺术等的深入研究,还是他自己自觉不自觉地利用这些丰富的资源来为自己的政治理想和革命实践服务,都是很明显的事实。

---

① 田薇:《马克思与基督教关联的双重面相——从洛维特审理近代启蒙历史观的神学前提谈起》,载《学术月刊》,2009年第6期,第39～42页。
② 卡尔·洛维特:《世界历史与拯救历史:历史哲学的神学前提》,李秋零、田薇译.北京:生活·读书·新知三联书店,2002年,第52～53页。

同时,马克思对宗教的批判也是很显眼的事实,如在《黑格尔法哲学批判·导言》《关于费尔巴哈的提纲》《德意志意识形态》等著名篇章中都有表现,自然而然,长此以往,遮盖了马克思对宗教的继承和吸收的内容,这的确是应值得关注的重要问题,也是本课题研究的核心内容。

第五种是从神学维度来阐释马克思主义与宗教的关系。"神学"(Theology)这个词来自古希腊语,"Θεός"(对应的英语是"Theo")的意思是"神或神灵","λόγος"(对应的英语是"logy")的意思是"研究或学习",由此神学的基本含义是:对宗教及其影响、宗教真理观及其本质的系统性和理论性的研究;或是在大学、神学院及研修班中为完成对宗教研究所需要特定训练的一种知识性的职业。由此可见,神学尽管是研究"神或神灵"这样神秘的存在,但它却是关于宗教的知识性的学问、理性的探索和系统化的研究。而知识性、理论性和系统性也正是马克思主义作为人文社会科学知识的特征,因而从神学的维度来研究马克思主义与宗教的关系倒是很适合的。

从基督教神学的角度来阐释马克思或马克思主义,这是马克思与基督教关系互动的表现,其中最为著名的有前捷克斯洛伐克神学家约瑟夫·赫罗马德卡(Josef L. Hromádka),他是早期进行马克思主义与基督教对话的领导人,他的著作《在今天苦恼时代的教会和神学:基督教大公讨论的捷克斯洛伐克贡献》这本书中,他从三个方面论述了马克思主义对人类社会的重要贡献:一是历史唯物主义和辩证唯物主义哲学的深刻影响;二是关于经济关系、生产和分配的方式及社会和个人的物质条件等对人类生活的不可忽视的作用的重要论述;三是关于无阶级的社会作为人的全部权利和全面自由保证的根本目标的理想建构。作为神学家,他深刻领悟了马克思主义对宗教意识形态本质的批判。"马克思主义者所否定的神是一种人的虚构,自我欺骗(self-deception),一种把人从对人的现实的真正认识中引离出去的努力。是人为了他们自己的利益而欺骗他们自己、麻痹他们自己和别人、把人从关于他的真实自身的知识中和关于他应有的义务中引离开的方式所创造出的神。……马克思主义的方法使人从宿命论、优柔寡断和无依无靠中解放出来。"①作为神学家,他能有这样的认识,既是与他对马克思主义的研究兴趣有关,同时也是与他对资本主义近现代发展的历史考察有关。他看到了美国基督徒所宣扬的民主是建立在对黑奴的血汗剥削的基础上;法国大革命的果实被转让到了富豪家族和贵族上流社会手中;英国资产阶级所形成的精英教会群体是与他们周边的贫民窟的生活形成鲜明对比的,由此,作为有良心和正义感的基督教徒和神学家,他自觉不自觉地拿起马克思主义作为武器来狠批资本主义社会的堕落、腐败、残酷和黑暗。由于有这样的实践批判和理论认识,他对马克思主义与基督教的关系的认识有了进一步的提升。14 年后,在他出版的另一本带有自我经验和历史总结的著作《一个捷克牧师的思想》中,他提出了"希望的基石"(The ground of hope)和"同舟理论"(All in the same boat)的创新学说,以此来建立基督教与马克思主义之间的诚挚而有效的对话,具体落实到基督徒与马克思主义者或共产主义者之间的对话与合作。如他所论:"重要的是,具有新鲜思想和爱心与希望(hope)之能力的基督教和共产主义者,应当一起为明天做准备,因为它的精神和政治的内容要依靠我们负责任的合作(co-operation)。历史没有仅为基督教或仅为共产主义者而完成。……历史状况的现实,社会的危机,经济的失败,甚至是许多知识分子的缺点,都迫使我们,基督教和共产主义者一起(together)思考人类,关于他的召唤和他的未来。"②在他看来,坚定的共产主义者和虔诚的基督徒都将对人类美好未来的强烈期待和无私奉献构成了"希望的基石";服务社会的基督教和勇于实践的马克思主义者,他们都清醒地认识到了现实社会问题的严重性,促使他们要联合起来行动,就像他们都被困在波涛汹涌的大海上的一条船上一样。

赫罗马德卡的学生简·洛克曼(Jan M. Lohman)也是探讨基督教与马克思主义关系的专家。作为系统神学家和瑞士巴塞尔大学的教授,在 20 世纪 60 年代他曾在捷克斯洛伐克和欧洲其他地方亲自

---

① J. L. Hromádka, *The Church and Theology in Today's Troubled Times: A Czechoslovak Contribution to Ecumenical Discussions*. Prague: The Ecumenical Council in Czechoslovakia, 1956, pp. 92—3.

② Josef L. Hromádka, *The Thoughts of A Czech Pastor*. London: SCM Press Ltd. 1970, pp. 86—92.

参与和组织了基督教与马克思主义之间的对话,关于这方面的理论见解和实际情况可见他1977年出版的著作《相遇马克思:基督徒与马克思主义者之间的纽带与屏障》。他谈到可对话的历史背景,从基督教方面来说是自"梵二会议"以来,基督教教会(特别是天主教)和教徒对马克思主义的态度转变,由仇视开始走向对话。现实地讲,当时东欧的社会主义阵营,历史上都是信奉天主教的国家,因而关于基督教与马克思主义之间的对话实质上也是一个现实问题。从共产主义阵营来讲,特别是西欧的共产党,如在意大利和法国,他们力图寻找与他们同胞进行联结的新方式,而这些国家都是基督教的文化背景,对话自然是不可避免的。就他本人的实际情况而言,20世纪60年代在布拉格的对话活动成了成功案例,多年来捷克的基督徒和马克思主义者的愉快而成功的对话与合作,使得活动从大学走向了社会,如1968年4月布拉格的群众集会。这一方面基于赫罗马德卡这样的神学家的启蒙与宣传,另一方面还有诸如马克思主义哲学家和对话先锋弥廉·马可维可夫(Milan Machovec)等的不懈努力。自然,洛克曼本人也是对话的先锋、实践者和组织者,他不但关注在捷克斯洛伐克的对话活动,而且把这一活动放在整个欧洲的大环境背景下来考察并做出总结,其中,他既警醒了对话右派的保守和悲观的观点,又赞扬了左派的严肃和务实的行动,由此形成了他自己独到的理论观点,现摘引如下:

  基督教和马克思主义不仅是以辩证法的方式生活和思考——他们都是去中心化的(eccentric)。从字面上来理解就是——"离开中心"。他们自身没有中心,他们不是他们自己的目标。其自身的驱动把它们引向了一种新的相遇,必然要引向它们自身之外。从长远来看,它们任何一方都不会被圈定在另一者讨论的主题之内。……一个真正的对话发育于对关心自我事物的超越。两者传统中最好的深刻见解导致了真正的普世观点("ecumenical" view)。[1]（笔者翻译）

---

  [1] Jan Milic Lohman, *Encountering Marx: Bonds and Barriers between Christian and Marxisits*. Translated from the German by Edwin Robertson, Belfast: Christian Journals Limited, 1977, pp. 44—5.

洛克曼的这个对话机制很有启发性，一般而言，对话的双方一般都会以自己的观点为中心，从而辐射、引动并最终改变他者，不要说基督教和马克思主义这样具有坚定信念和确定价值理念的思想体系。如果是这样的话，对话的目的是为了影响而不是为了受益。由此，从他看来，基督教和马克思主义交流对话的目的不是为了一者战胜另一者的"敌视"目的，而是为了一者受益于另一者的"友善"目的，基于这样的认识高度，才能理解他所说的"去中心化"的意义。他在这里所说的"普世"（ecumenical）观点，在文中特别加了引号，他在这里并不是讲基督教的大公普世观点，也不是马克思主义的普遍观点，而是超越两者的使它们能融合在一起的"普世"观点，无论是对于基督教还是马克思主义都是适合的，为什么会对两者都适合？换言之，两者具有什么共性呢？"基督教和马克思主义所共同的最重要的东西是两者有意识地朝向未来；在它们两者中，'希望'（hope）起了这样的作用。这种关系要追溯到它们圣经思想的共同传统（heritage）中。在《旧约》和《新约》的作品中，以真正的革命性改变那无与伦比的文化历史的方式而准备着：使历史指向一个有意义（meaningful）的过程。"①也就是说，基督教和马克思主义都具有深刻而久远的"希望"传统，它们对历史未来总是充满希望的，而不是悲观失望的，这有别于古代或是当代一些重要的思想，它们虽然卓越不凡，但本质上是悲观主义的，对人类不相信，对社会不看好，对历史无信心，而基督教和马克思主义之所以是充满"希望"的，是因为它们都坚信历史必然是一个"有目的、有意义和有前途"的过程。那么，这个过程的到来，对基督徒来说，就是天国的实现、上帝的救赎、耶稣的复活、原罪的清洗等具体形式，简言之就是人类的被拯救，基督徒所要做的是，尽管天主教和新教有不同的认识，前者认为需要成功和业绩，后者认为只要因信成义，但都主张和贯彻于"祈祷""布道"和"说教"等软弱的言辞，缺乏坚实的行动，在洛克曼看来，这是通过对话要基督徒向马克思主义者认真学习的地方，如他所论如下：

    它的方式是革命的，以治愈和改变当今世界的不公正（unjust）体系。这是它走向未来的方式。我理解马克思主义者

---

① Jan Milic Lohman, *Encountering Marx: Bonds and Barriers between Christian and Marxisits*. Translated from the German by Edwin Robertson, Belfast: Christian Journals Limited, 1977, p.118.

的这种投入,我认为正是从这一点上基督徒要好好向他们学习。不是通过布道,而是通过实践(practice),由此我们来展示改变世界之力量的希望。这是教会长期有效的需要——它通常被满足于言辞。现今的拯救也应包含这个方面。① (笔者翻译)

对于赫罗马德卡和洛克曼所倡导的基督教和马克思主义的坦诚对话与相互学习,冈察雷斯在他的《基督教思想史》中有了进一步的提议,由对话和学习向合作发展,这是基督教和马克思主义的相互关系的必然趋势。"在马克思主义者所致力于改善人类社会的地方,基督徒们必须在设法达到这个目标方面同他们合作。……在每一种环境里,基督徒们必须做的是,不是为了某个特殊的意识形态或党派的胜利和失败而工作,而是为了和平与解放的目标而工作。……基督教神学的言论基础是上帝的话语,上帝的话语不能被包含在任何意识形态里,但上帝的话语是作为对人类的每一种作为和人类的每一种形态的批判和恩典而到来的。"②因此,从基督徒的角度来说,他们能顺利地与马克思主义者进行合作的思想前提是他们的超意识形态性,不是为了狭隘的团体或党派的利益。进一步看,上帝的话语更是超意识形态的,是为整个人类的福祉而不是为个别特殊人的利益,是不求回报的恩典而不是互惠性关系的利益谋求。如果基督徒能严格按基督教神学和教义来行事的话,那么他们与马克思主义者的合作是必然成功的。问题是,人都是现实的人和历史的人,基督徒也不例外,马克思主义者也不例外,只要是在现实的和历史的真实处境中,人的意识形态性是难以超越的,关键是能找到两者合作的最大共同利益和最广泛的合作基础。

关于马克思主义与基督教的对话理论和实践,另一位声名显赫的神学家是莫尔特曼。由于受马克思主义思想的影响,他对解放的人和转化的上帝的关系有着深刻的论述。在《被钉十字架的上帝》一书中,他指出了基督教的信仰与基督教作为宗教的区别,信仰具有自我批判的能力,特别是在资本主义社会中,它对宗教的迷信、世俗利益化和意识形态性等都具有深刻的批判效应,这些都是基督教神学

---

① Ibid., p. 132.
② 胡都斯·L.冈察雷斯:《基督教思想史》(第三卷),陈泽民、孙汉书、莫如喜、陆俊杰译,南京:凤凰出版传媒集团,译林出版社,2008年,第489页。

的任务,基督教神学如何来完成这个任务?"基督教神学可吸收马克思对宗教的批判,以此来拆散基督从资本主义的拜金主义和拜物教中(所建立)的合伙关系(fellowship)……"①有些什么样的合伙关系,也可说是合谋关系,例如,新教的自由主义实质上是为资本主义的私有财产作辩护,也就提供了关于资本主义私有制的合法性的宗教意识形态依据;新教所提倡的"天职使命观"等,实质上是为资本主义的剥削有理而鼓吹。那么基督教的信仰是如何来挑战资本主义并与马克思主义相呼应呢?在由赫佐克(Frederick Herzog)所编辑的论文集《希望的未来:神学作为末世论》中,莫尔特曼著文大声疾呼,他的文章名就叫《神学作为末世论》,可见他的观点在这些系列论文中所具有的代表性。他是这样来引发问题并着力论述的:"当然,人们必须询问基督教作为希望和对人的真实痛苦的抗议是否由马克思的革命实践理论和特别是称其自身为'马克思主义'的社会实践所继承。然则,无论哪种情形都是对的,即基督教的末世论既包含了对异化(estranged)的天国也包含对异化的人间的批判,因为它不但希望一个新的人间,也希望一个新的天国。由于这个原因,基督教的信仰必须对它的宗教观念进行去神话色彩和去神秘化。它也是对的,即基督教的信仰听取了基督事件中的绝对命令,提前促使所需世界的转变。对费尔巴哈来说,人类学成了万有性科学。对马克思来说,历史的革命性科学成了万有性科学。"②可见,对莫尔特曼这样的具有挑战性和创新性的神学家来说,其辩证的思理即使他看到了马克思主义对宗教的批判对基督教神学的建构作用,也使他洞察到了基督教信仰的历史传统对马克思主义的革命实践的传承意义。那么,作为基督教神学家如何来合理有效地发展基督教神学?在他的另一部著作《实验神学》中,他论述了基督教神学的六个命题,其中第六命题很具启发性和实践性。他是这样说的:"命题六:基督教神学根本上是对话(dialogue)的神学。它所拥有和揭示的真理首先体现在与其他人和其他宗教和意识形态的对话中。它的中心就是位于这些边缘

---

① Jürgen Moltmann, *The Crucified God: The Cross of Christ as the Foundation and Criticism of Christian Theology*. R. A. Wilson and John Bowden (trans.), London: SCM Press Ltd. 1974, p. 296.

② Jürgen Moltmann, "Theology as Eschatology" in *The Future of Hope: Theology as Eschatology*. Frederick Herzog(ed.), New York: Herder and Herder, 1970, pp. 41-2.

中。它的对象是普遍的,为所有人而存在。但因为它自身是特定的,它必须通过与他者的对话来发现和传播这个普遍的真理。……我自己在欧洲参与了基督教－马克思主义的对话,我发现它没有导致双方的贫瘠反而是丰富。我们不互相指责过去的过失而是认真地相互接受作为我们强大的关键。基督徒和马克思主义者只有在这时才展现了一种(以前)所不知晓的对话方式并抛弃了他们的偏见(prejudices)。"①

再一位便是著名的齐泽克,在《易碎的绝对——基督教遗产为何值得奋斗?》中他大胆宣称从基督教到马克思主义确有一个直接的血统,可惜他没有全面论证。如同他所论:"从基督教到马克思主义确有一个直接的血统;是的,基督教和马克思主义应该站在同一战线上来反对新唯心主义的冲击——真正的基督教遗产真是太珍贵了而不能留给那些原教旨主义的狂热分子。"②他在这里采取了一种类比的推理,将基督教和马克思主义分别类比耶稣和保罗,是耶稣创立了基督教的信仰价值和体系,但却是保罗(尤其是他的四次外出向西方传道)促成了基督教的发展和传播。那么,是基督教最早创立了平等、公正、诚信和奉献等人道主义精神和伦理价值等,但却是马克思主义将它发扬光大。在这个意义上,人们常指责基督教和马克思主义的"意识形态性",作为被掩盖的"虚假意识",例如基督教在奴隶社会、封建社会和资本主义社会分别虚假掩盖和实质代表了奴隶主、贵族和资本家的现实利益,而马克思主义则虚假掩盖和实质代表了无产阶级的现实利益。这固有一定的道理,但齐泽克在他的另一本著作《意识形态的崇高对象》中提出更新而大胆的论断,他认为意识形态本身就是否能意识到或不能知晓的社会现实,一旦被意识到或知晓,社会现实自身便会被分解,如他以下的论述:

> 意识形态不能简单地被认为是"虚假意识",现实的一种幻觉表现,它却是现实本身(reality itself),已经被构想为意识形态性的——意识形态是社会现实——正是它的存在隐含了它的

---

① Jürgen Moltmann, *The Experiment Hope*. Edited, translated, with a Foreword by M. Douglas Meeks, London: SCM Press Ltd. 1975, p.12.

② 斯拉沃热·齐泽克:《易碎的绝对——基督教遗产为何值得奋斗?》,蒋桂琴、胡大平译,南京,江苏人民出版社,2004年,第2页。

参与者的非认识性（non-knowledge）而作为它的本质——那就是社会效应性，正是这种再生产隐含了个人"不知道（do not know）他们正在做什么"。意识形态不是一种社会存在物（a social being）的"虚假意识"却是这种存在物本身，以至于它被虚假意识所支撑。①（笔者翻译）

齐泽克的创建性在于打破了主体性和客体性的二分法，任何一种存在，它既是主体性的同时也是客体性的，没有所谓纯粹的主体性，也没有所谓纯粹的客体性，主体性和客体性本来就是交融在一起而存在的。由此对于基督教作为意识形态或是马克思主义作为意识形态的认识，不能简单地把它们看作仅是"虚假意识"，而应该直接看成是社会现实本身，由此纠正那种把基督教或是马克思主义看成仅是"人为性"或是"操控性"宣传机器的片面认识，而要把它们看作社会存在本身的有机部分，它们是与社会存在不可分离的。

第六种从社会运动和变革来研究。当今的社会运动和变革潮流，特别是在拉美和北美地区，总是与马克思主义和基督教的交流融合、借鉴吸收有着密切关系。在拉美，被视为解放神学（Liberation Theology）创始人的古蒂尔雷兹（Gustavo Gutiérrez），结合拉美的社会处境和马克思主义的政治理论，主张上帝关心穷人与福音传播的密不可分。正如麦格拉思在《基督教概论》中所指出的："……解放神学得益于马克思主义理论……解放神学家认为，上帝对贫穷者的关心和应许是福音的重要方面，并非只是出自拉丁美洲处境或马克思主义政治理论的选择。"②解放神学的创新之处也在于，从基督教神学上他们就认定关心穷人和福音传播本是自然一体的，和谐统一的，而不是分离的工作；再加之拉丁美洲的社会现实中的贫困问题，马克思主义在世界范围内的广泛传播，于是就有了相结合的良机。由此，"解放神学"更多关注的是社会实践，其本身也是社会运动和变革的产物，如古蒂尔雷兹一样的拉美天主教会、教会人士和神学家等对拉丁美洲的工人、农民和城市平民的生活状况和经济发展的急切关心。古蒂尔雷兹本人既是多明我修会的神父，也是秘鲁的神学家，还是秘鲁天主教教皇大学的教授，他所创立的"解放神学"以关心穷人和弱

---

① Slavoj Žižek, *The Sublime Object of Ideology*. London and New York: Verso, 1989, p. 21.
② 麦格拉思:《基督教概论》，马树林、孙毅译，北京：北京大学出版社，2003年，第351页。

势者而出名,所以"解放神学"与倾向于抽象化和经院化传统意义上的神学还是不同的,故而纳入第六种而不是前面的第五种,尽管两者之间有些共同和联系。解放神学特别重视与马克思主义的关系,因为马克思主义倡导群众运动和社会实践,但马克思主义本质上是无神论的,自然与神学会有冲突,但古蒂尔雷兹用辩证的眼光来看待这些问题。"进而,这种冲突能帮助神学既认识到它理解信仰的全部努力,而信仰是在历史中从人的历史实践中产生的,也认识到它自身的反映可能意味着世界的转变(transformation)。"① 世界的转变也就意味着世界的改变,而"世界的改变"正是马克思的理想,也是马克思主义的理想,世界由黑暗变得光明,由不公正变得公正,由不完善变得完善,最能体现人的能动作用和社会理想意义,这可从马克思的一句名言中得到验证,现引用如下并做重新翻译:

The philosophers have only *interpreted* the world in various ways; the point is to *change* it. ②
哲学家不仅是以各种方式来阐释世界,关键是要改变世界。(笔者翻译)
The philosophers have only interpreted the world in various ways; the point, however, is to change it.
哲学家不仅是以各种方式来阐释世界,然则,关键是要改变世界。(笔者翻译,着重点为笔者特意加以引起注意)

我们知道,这则名言出自马克思的《关于费尔巴哈的提纲》,英文引文一出自马克思的原稿,英文引文二出自恩格斯1888年的编辑发表稿,恩格斯特别加了一个"然则",说明从阐释世界到改变世界是不同的,应该说是有一个"质"的变化。如大哲学家康德或黑格尔,他们很好地阐释了世界,但他们本人并没有有效地改变世界,基本上是在书斋和课堂上的"哲学阐释"。而马克思和恩格斯则不一样,他们都亲自参加、组织和领导了无产阶级的革命,并因此使世界得到改变。

---

① Gustavo Gutiérrez, *A Theology of Liberation*: *History, Politics and Salvation*. Translated and Edited by Sister Caridad Inda and John Eagleson, London: SCM Press Ltd. 1974, p.10.

② Karl Marx Frederic Engels Collected Works (Volume 5). London: Lawrence & Wishart, 1976, p.5.

进而,笔者还要将此德文同时引出来,德文自然原有两个出处,形成了既有细微差别又有微妙意义的两个德文语句,不细致辨认是看不出来的。

德文一是来自马克思手稿的摹本,是对原始材料的复印,其原文如下:

Die Philosophen haben die Welt nur verschieden interpretiert, es kömmt drauf an sie zu verändern.①

德文二是来自1888年恩格斯的编辑发表稿,是对马克思原文的略加改动,其德文如下:

Die Philosophen haben die Welt nur verschieden *interpretiert*; es kommt aber darauf an, sie zu *verändern*."②

值得注意的是,马克思的因是手写稿,他在 interpretiert(解释)和 verändern(改变)下画了下划线来强调,而恩格斯的则变成了斜体字。es kömmt drauf an(关键是)是19世纪早期的德语用法,为马克思所沿用,被恩格斯改成了更符合现代德文用法的 es kommt darauf an 并在后加了一个逗号。最重要的是,恩格斯还加了一个 aber(然则),以示语义的转折。显然,恩格斯既理解了马克思对"解释"和"改变"的区分,又用"然则"去加强了"解释"和"改变"的联系。在马克思主义创始人看来,哲学家的阐释活动已经是在认识了世界的客观规律之后的活动,不可能还没认识便开始阐释,否则就是瞎说了。阐释之后却要向更高级和更复杂的实在性活动"改变"进军,阐释可能只是动嘴,但改变却要动手;阐释可能只是计划,而改变则是结果;阐释可能只是理论,但改变是实践。不管怎样,无论是阐释还是改变,都存在着"谁在阐释或改变""为谁阐释或改变"以及"如何阐释或改变"系列问题。尽管神学家的与哲学家的"阐释或改变"不同,他们的"阐释或改变"的方式也不同,但为谁"阐释或改变"则可能达到一致。在这里,解放神学与马克思主义在为"穷人和劳动者"上达成了一致。

而在北美,弗里德利希·赫佐克(Frederick Herzog)作为公民权利的拥护者和系统神学家,最先于20世纪70年代在北美编著"解放神学"的书籍并将解放神学方法论介绍到北美。他早年在德国和瑞士访学时曾是神学家卡尔·巴特(Karl Barth)的助手,之后受职为

---

① *Marx Engels Werke*, Bd. 3, Berlin (DDR): Dietz Verlag, 1969, p. 3.
② *Marx Engels Werke*, Bd. 3, Berlin (DDR): Dietz Verlag, 1969, p. 535.

基督联合教会的牧师。他在杜克大学神学院任教基督教神学直至1995年,但对他的神学理论产生重大影响的却是他曾在秘鲁的工作经历和经验,这是他解放神学思想的实践来源。在他所编辑的论文集《希望的未来:神学作为末世论》中,他自己著文《走向期待中的上帝》,阐述了他的希望神学理论和对社会现实困难的高度关注。如他所说:"从神学三美德中——信仰、希望和爱——希望神学选择了希望作为我们时代对上帝最切实可行(viable)的响应。……上帝期待的中心在十字架上,在那里他分担了人类的苦难并向自己宣讲了神正论的问题。上帝没有理论性地回答这个问题。他在十字架上期待人类过程中他自己知道了人类的困境(plight)。"①这些论述似乎与马克思主义毫无关系,但我们要知道,他在本书中秉承的是莫尔特曼的神学精神。莫尔特曼是大力主张并亲身实践与马克思主义进行对话,赫佐克可以说是找到了与马克思主义进行对话的话题和渠道。首先,对话的话题是"人类的苦难",这不正是马克思主义应有的话题吗?赫佐克在秘鲁的生活和工作经历,使他对拉丁美洲人民的苦难生活和贫困状况有了直观和实际的了解,由此引入了他的神学理论话题,这种精神与马克思主义对资本主义异化状态中的无产阶级的同情是一致的。为什么上帝要在十字架上理解人类的痛苦呢?这实质上是具有象征的意义。正如基督是在十字架上深切体验到人类的巨大痛苦和灾难,神学家也应在社会实践中深切体验人类的巨大痛苦和灾难,而不能只是坐而论道,回避社会现实问题。其次,对话的渠道是"希望"作为思想理念的沟通渠道,针对资本主义的残酷现实,马克思主义不是抱有对无产阶级和全人类解放的强烈希望吗?希望是一种理想,是对不理想现实的批判,是对社会问题的积极回应,不是悲观的失望,更不是消极的等待。由此,希望也是一种积极的等待,它时刻为美好的未来做好准备,它既是信心,也是践行。无论是希望神学,还是解放神学,或是马克思主义,在当今时代和社会历史巨变中,他们的希望的原理是共同的。

希望的原理是共同的,那么在针对解决社会问题和困境时的借鉴经验则具有可靠性和可行性。赫佐克在编辑的另一部论文集《解放言语的神学》中,收集了四位德国神学家的论文。该论文集是为纪

---

① Frederick Herzog, "Toward the Waiting God" In *The Future of Hope: Theology as Eschatology*. Frederick Herzog (ed.), New York: Herder and Herder, 1970, pp.55—67.

念卡尔·巴特而作的,赫佐克在前面写了一篇较长的介绍,陈述了出版该文集的目的和美国神学的现实处境。"德国的情况,因为它近来的历史,使得它与美国当今的教会冲突有着相似性。……现今美国神学情境的最大难处还是对《圣经》文典言语的严肃对待问题。……对这些言语的恳求并不意味着是对古代思想的紧箍咒的屈服(submission)。这些言语简直是唤起新生命之可能性的创造力量(creative force)。"①在他看来,四十年前在德国的神学讨论和争辩问题,例如异教问题等,对解决当今(他所生活的时代)美国的教会斗争和社会问题具有启发性和参考意义。他的解决方案是要神学家乃至于普通人要理解《圣经》文典言语的精神实质,而不是其死板的词语和不变的条文。信赖《圣经》这些经典言语并理解它的精神,这是解决教会冲突的关键。"预设的先决条件是这些言语的呈现——否则就没有教会的存在。换言之,并不是教会的可信赖性与不可信赖性成了裁决教会的基础,而是这些言语的可信赖性(faithfulness)。……关于人类的真理并不是已经被永恒的构造所定义。它总是在与言语的遭遇中被创造出来,人性的新的可能性由言语自身打开。"②应该说,他这种见解是对《圣经》经典言语的真正把握和对基督教信仰理念的真正传承。言语既能表达思想但又不可能完全表达思想,言语是有限的,而思想却是无限的。拘泥于言语,甚至会窒息思想,而基督教的思想就是它的信仰。保罗和兄弟提摩太对哥林多的圣徒曾说过:"你们明显是基督的信,藉着我们修成的。不是用墨写的,乃是用永生神的灵写的。不是写在石版上,乃是写在心版上。我们因基督,所以在神面前才有这样的信心。并不是我们凭什么能承担什么事,我们所能承担的,乃是出于神。他叫我们能承当这新约的执事。不是凭着字句,乃是凭着精意。因为那字句是叫人死,精意叫人活。"(林后3:3—6)那么,赫佐克的这些神学见解实质上是对真正基督教信仰精神的继承,同时也是对它的发展,因为他力图要解决现实中的教会的冲突问题,来完善人们对基督教教义的正确认识。这与马克思主义有什么关系呢?其一是与马克思主义的精神实质是一致

---

① Frederick Herzog, "Introduction: A New Church Conflict" In *Theology of Liberating Word*. Frederick Herzog(ed.), Nashville & New York: Abingdon Press, 1971, p.23—4.

② Frederick Herzog, "Introduction: A New Church Conflict" In *Theology of Liberating Word*. Frederick Herzog(ed.), Nashville & New York: Abingdon Press, 1971, p.19—20.

的，马克思主义的思想灵魂是不仅要阐释世界，而且要改造世界，因而关注现实问题和解决现实问题是马克思主义的行动方案。北美的解放神学也是吸收了这一思想精髓，体现出它锐意革新、不断进步的素质。其二是与马克思主义阐释学原理紧密配合。马克思主义的阐释学理论，无论是对历史典故或事件的阐释，绝不是死抠字眼，依经据典的教条主义的阐释，马克思主义阐释的有效性是建立在对历史的具体境遇和社会的特定环境的基础上的，例如，马克思论济金根作为封建骑士阶层代表的悲剧的必然性是与济金根当时的具体历史条件密切相关的。那么，赫佐克所代表的北美解放神学的阐释，也不是简单地以四十年前的德国神学经验来套北美解放神学的现实问题，而是如同马克思主义一样，要展现和阐释出问题的精神实质而不是琐碎皮毛。

二、马克思与基督教

从第一部分的论述来看，马克思与宗教之间存在着复杂而微妙的关系。总体来看，这是涉及19世纪伟大的思想家、哲学家、理论家和革命家与宗教思想、宗教意识、宗教伦理和宗教理论等之间的关系。就这一层面来说，马克思主要是从哲学的高度，对宗教进行分析、批判和阐释，涉及许多形而上的理论问题，但忽略了许多关于宗教的细致而具体的问题。事实上，马克思是成长和生活在欧洲的基督教文化背景中的，他对基督教有着直接的感受和切实的体验，他所说的"宗教"具体是指基督教。从可查阅的关于马克思一生的著作和文章来看，客观地讲，马克思对伊斯兰教、佛教、印度教或道教等是没有研究的。但马克思是伟大的哲学家，他习惯将问题上升到哲学的理论高度，因而他常喜欢用"宗教"这个词，即使具体谈论的问题是"基督教"。因而，如果我们要更直观地理解马克思对宗教的看法，更深入了解他对宗教批判的背景，更全面把握他对宗教的观点，那么我们不能脱离对马克思与基督教问题的探讨。这正如我们研究马克思"这个人"一样，最终要落实到他作为人的"具体性"：他是德国人，相貌威武、身材魁梧，他性格豪爽、意志刚强，他才思敏捷、知识渊博、思想革命，他为人类的解放事业奋斗终生等。那么，马克思与基督教之间有着什么样的关系呢？

1818年5月5日，马克思出生在德国西南部毗邻法国边界的特里尔城(Trier)，它是德国最古老的城市，公元前16年罗马帝国的军队向北推进到此建立城市。特里尔是个美丽的小城，城的四周是黛绿的山峦，蜿蜒清澈的墨索河(Mosel)绕城而过，河流两岸是茂盛的葡萄种植园，因此，特里尔是一个有"青山－绿水－美酒"的地方。就人文环境特别是宗教文化而言，这里有建于公元4世纪的特里尔大教堂，是天主教的教堂。2012年9月笔者来特里尔参观，恰逢教堂周末礼拜，目睹了它巨大的管风琴呈"倒葫芦"状从顶上垂下，我在英国和德国其他地方从来没有见过这样大的管风琴，足有两层楼高。当管风琴的音乐飘起，时而细若游丝，时而大如洪钟，时而婉转悠扬，时而响彻寰宇。少年马克思就成长在这样优美的自然历史和宗教文化的环境中，耳濡目染，基督教的文化对少年马克思的影响是不可低估的。当然特里尔不只有这个大教堂，还有其他教堂，还有其他教会，如新教和犹太教等。经过中世纪的发展，特里尔"据说是德国具有类似规模城市中教堂最多的城市"。① 进而，从家庭历史背景来看，我们知道，马克思的祖上许多代曾是特里尔和邻近地区的犹太教的拉比(Rabbi)，拉比是犹太教中博学的人、教师、编纂和执掌法律的尊者，因而是权威人士，特别是他们学问高深，这样的家学背景对马克思来说都是潜在和不可小觑的。马克思的父亲因为职业和实际的需要转信了基督教，随之整个家庭先后转信了基督教，马克思在6岁时受洗为基督徒。由此，马克思家的"宗教"背景呈现出复杂而纠结的一面，正如麦克莱伦总结的："他们完全的犹太血统，(信奉)新教的必然性但生活在天主教的地区，他的家庭从来没有认为他们与社会的融合已经完成。这种被异化的感觉在马克思的个人事例中突显出来，他之后不能在大学体系中谋求到教学职务，这个体系不为持不同政见的知识分子提供空缺。"②所谓持不同政见，本质上就是不同宗教的信仰，体现不同的宗教信仰观、伦理道德和价值诉求等，由此引起纷争、隔离乃至仇视等。

另一方面，从幼年到少年，再到青年，期间经历了家庭教育和学校教育，基督教的文化对青少年马克思的影响应该是深刻而潜在的，这正如一张白纸上的第一道颜色，是抹不去的，并可能成为其他颜色

---

① David McLellan, *Karl Marx*：*A Biography*. Basingstoke and New York：Palgrave Macmillan, 2006, p. 2.

② Ibid. , p. 1.

的底色。我们可从马克思中学时的一篇作文《根据福音书第15章第1～14节论信徒和基督的一致,这种一致的原因和实质,它的绝对必要及其影响》来分析,现录如下:

> 在和基督一致中,我们首先用爱的眼神注视上帝,感到对他有一种最热忱的感激之情,心悦诚服地拜倒在他面前。
>
> 在这之后,在由于我们和基督一致而更加美好的太阳为我们升起的时候,在我们感到我们全是被抛弃的同时又是由于我们得到了拯救而将兴高采烈的时候——只有在那个时候,我们才会爱上那位先前我们认为是受辱的主宰者而现在看来却是宽宏大量的父亲,善良的教导者的上帝。
>
> ……
>
> 因此,和基督一致可以使内心变得高尚,在苦难中得到安慰,有镇定的信心和一颗不是出于爱好虚荣也不是出于荣誉欲,而只是为了基督而献给了博爱和一切伟大而高尚事物的心。可见,和基督一致所得到的是这样一种快乐,这种快乐是一个伊壁鸠鲁主义者在其肤浅的哲学中,一个比较深刻的思想家在未被发现的知识奥秘中想要找到而没有找到的,只有和基督并且通过基督而和上帝结合在一起的天真无邪的孩童心灵,才能体会得到它,并且它能使生活变得更加美好和崇高(《约翰福音第15章,第11节》)。①

马克思是在1835年特里尔中学毕业时完成的这篇关于宗教的作文,他当时已经17岁,成为路德派教徒已经有了11年的历史,新教的教育伴随着他从幼年到少年再到青年的成长历程,基督教文化对他这段时间的成长的潜在影响,除了这样的宗教作文可以作为直接的凭证外,其余的则呈现为间接性材料。但有一点可以肯定,马克思在这个时候已经具备了一个基督徒较为完整的世界观和价值观。他后来对宗教(实质上具体是针对基督教)的彻底批判,也从反面说明他是颠覆了自己原有的宗教世界观和价值观。在上文中,他谈到人要与基督一致,如何来一致呢?首先要用爱,这种爱是最热忱的,是满怀感激的。这实质上是基督教教义十戒中的第一条,"爱你的

---

① 《马克思恩格斯全集》(第四十卷),北京:人民出版社,1982年,第821～823页。

主",这是一个信徒的首义,是他(她)一切生活和行动的出发点,是其生命意义的归根。接着他就谈了为什么要爱主,因为人类因自己的原罪而被上帝抛弃,正在深感绝望之时,上帝派他的儿子基督来拯救人类。基督如何来拯救人类?基督以自己被钉上十字架遭受羞辱、磨难和痛苦而为人类偿还罪孽,从而使人类得到拯救。换言之,人类是无偿地得到基督的拯救,享受了上帝的恩典,所以更要爱这位"宽宏大量的父亲"与"善良的教导者的上帝"。

如果说上面所谈的是马克思论述为什么要与基督一致,接着论述的是这种一致的意义。很明显,青年马克思认为人的思想和灵魂(心)要比肉体和欲望(物)重要,正是"心"使人成为了人,甚至连伊壁鸠鲁主义者,即使他们认为哲学的目的是追求快乐而避免痛苦,即使他们也提倡简朴的生活,但他们的观点与上帝的爱和基督的拯救比较起来显得肤浅,因为他们没有达到完整的"爱心",完整爱心概括起来就是:高尚之心、安慰之心、信心、虚心、快乐之心和无邪之心。正是由于这样完整的"爱心",使得人间的一切庸俗、仇视、空虚、骄傲、痛苦和邪恶都要远离,最终使人的生活变得更加美好和高尚。这个"爱心"的来源是上帝的爱,问题是对人来说他何以知道?在这里,换言之,青年马克思是如何来理解这个问题的?正如西格尔(Seigel)所指出的:"然则,他(指马克思,笔者加注)的评论看起来最有意义的是,它们与构建黑格尔哲学的基督教根脉(Christian roots)的观念具有相似性。……一个类似的感悟是完全的原罪意识成为了拯救的基础,人正好是在最感丧失的地方发现了他们自己,当人最畏惧上帝公正的时候上帝显露了仁慈,这些都隐藏在某些黑格尔对异化(alienation)后的恢复的描述之后,他视自己为路德教徒的自我观点之后。"①基督教的根脉对黑格尔来说意味着上帝的爱如何化为人的个体意识从而使人领悟和掌握。如他所论:"真正的上帝是这样的,上帝是上帝自身与上帝自身之间的中介(mediation),而这就是(love)。"②这里似乎很悬乎,上帝的爱为什么不直接显示或赠送给人类,还要通过上帝自身与上帝自身之间的中介?基督作为圣子,他

---

① Jerrold Seigel, *Marx's Fate: The Shape of a Life*. Princeton: Princeton University Press, 1978, p.44.

② Georg Wilhelm Friedrich Hegel, *Lectures on the Proofs of the Existence of God*. Edited and Translated by Peter C. Hodgson, New York: Oxford University Press Inc. 2007, p.54.

是上帝自身的另一面,上帝是创造者,而基督是拯救者,圣灵是显现者,它便是爱心,是创造者与拯救者之间的中介,这是基督教的三位一体论。这种爱心,借着基督的降生、受难和死亡而得到完整的体现,并进而恢复为人的意识。"黑格尔认为基督教在世界历史上带来了一场发生了的全面的革命;基督教的真理在于承认了人类个体意识和表现在必将死亡的基督(christ)生命中的活动的至上性。"[1]

马克思对"基督教"这个名称的直接引用大量见于他写于1843年秋天的《论犹太人的问题》一文中,有意思的是,稍后写于1843年底至1844年1月的《黑格尔法哲学批判·导言》中,马克思则用"宗教"一词,即使所说的事实是关于基督教的。也即是说马克思对宗教问题的认识是从具体的"基督教"问题再到抽象的"宗教"实质,这与我们一些人的认识是相反的,由于在中国语境我们多数人缺乏对基督教的具体和感性的认识,往往是从"宗教"去认识"基督教",无论得失如何,笔者认为把马克思对宗教问题的认识还原到它本有的历史过程,而不是我们所构建出的"它的历史过程"更重要,由此来具体地和直观地揭示马克思主义宗教观的"活"的生成过程。我们知道,马克思的《论犹太人的问题》,是为了回应德国哲学家布鲁诺·鲍威尔于1843年发表了《犹太人问题》和《现代犹太人和基督徒获得自由的能力》两文,具有论战的色彩和激昂的战斗精神。在当时的德国乃至整个欧洲基督教国家中,犹太人被视为低人一等,他们受种族歧视、经济剥削和政治压迫。如何来解决这个难题?在鲍威尔看来,解决犹太人问题的唯一前提是让犹太人放弃犹太教,在基督教占统治地位的国家中,犹太人无法自我解放,而且基督教徒和德意志国家本身也无力解放犹太人。那么,马克思是如何来批判鲍威尔的这个观点的呢?

"存在于犹太人实际政治权力与他的政治权利之间的矛盾也就是政治与金钱权力之间的一般性矛盾"。尽管理论上讲前者要优越于后者,但事实上政治成为了金融权力的奴隶(serf)。
……
什么是犹太人宗教的自身的基础?实际需要和利己主义

---

[1] David MacGregor, *The Communist Ideal in Hegel and Marx*, London and Sydney: George Allen & Unwin, 1984, p. 65.

(practical need, egoism)。

……

　　基督教从犹太教发展而来。它又与犹太教融合在一起。

　　从一开始基督徒就是理论化的犹太人,犹太人因此也是实践化的基督徒,而实践化的基督徒又成为了犹太人。

　　基督教仅从表面(semblance)上克服了真正的犹太教。它太思想高贵和太唯灵主义以至不能以任何其他方式来根除粗俗的实际的需要唯有把它升到天上。

　　基督教是犹太教的崇高思想,犹太教是基督教通常的实践应用,直到基督教把人与自身和自然的异化(estrangement)完全理论化而发展成为一种宗教后,这种应用才具有普遍性(general)。①

　　这里,马克思对基督教的分析是十分具体的,问题的发掘从基督教的前身犹太教直接而来,当然这里要涉及评论鲍威尔关于犹太人政治解放问题。首先,马克思敏锐地洞察到了犹太人政治解放问题的理论与实践的脱离,即在现实中一些犹太人由于积累了大量的财富,使得他们在实际经济生活中拥有权力,尽管在政治名分上仍然是二等公民,例如《威尼斯商人》中的夏洛克便是例证,他很富有,但在基督教的市民社会中仍受歧视,从法律上对他这样的犹太人都有一些不同的规定,故此他是仇视基督教和基督徒的,因而他索要基督徒的"一磅肉"来报复。由此,一些人开始责难,误以为《威尼斯商人》的主题是反犹太主义的,并与欧洲历史上的反犹太主义(anti-Semitism)潮流挂上钩,乃至可为纳粹屠杀犹太人寻找借口,这简直是荒谬和无耻的。关于《威尼斯商人》的一个不可否认的事实性主题是反资本主义的拜金主义和人性异化,那么为什么要以夏洛克这样的犹太人来开刀呢？这就应验了马克思在这里所总结的犹太人的本性。尽管马克思本人是犹太血统出身,但他对犹太人的本身缺陷一点也不忌讳,正如他所说的,实际需要和利己主义是犹太人宗教的基础。历史上,犹太人由于受排挤和压制,使得他们只能在经商和放债等少数行业上发展,导致他们看重金钱的实际需要和形成唯利

---

① Karl Marx Frederic Engels Collected Works (Volume 3). London: Lawrence & Wishart, 1975, pp. 171—3.

是图的利己主义作风,这自然是令人讨厌的,但这个讨厌的背后可追究的原因却是与犹太人的灾难历史有关。既然这些习性是令人讨厌的,那么只要消除犹太教不就解决问题了吗?这正是鲍威尔的看法,也是他认为犹太人可以获得政治解放的根本途径。这实质上是非常肤浅的认识和幼稚的做法,马克思是如何来认识这个问题的呢?

其次,马克思深刻认识了基督教与犹太教的辩证关系,指出基督教是对犹太教精神的真正继承并把它上升到一个理论的高度,使人的异化完全理论化,例如创立了一个来世的天国理想,一切罪恶可以通过耶稣的救赎,所谓"因信称义"等一系列的神学理论和宗教教义。从犹太教到基督教,完成了一个宗教转化的"实践—理论—实践"互动过程,因此,犹太人就是实践化的基督徒,基督徒是理论化的犹太人,他们的理论和实践统一在资本主义私有制的社会中,资本主义所需要的正是犹太人也是基督徒的本性:实际需要和利己主义。资本主义的发展不就是靠这个精神吗?基督教所安慰人的痛苦,也就是人与自身异化所形成的痛苦,成为物欲和金钱等外在力量的奴隶而不是自主成为一个人的痛苦,基督教告诫人们要忍让,去幻想天国和来生的幸福来麻痹自己。人与自然的异化,成了自然的敌对者和破坏者,由此所遭遇自然的回报,不可控制的灾难和不可预见性反常气候等,基督教告诫人们去祈祷,托故是人对上帝的背叛的人性的"原罪",但不去反思深层的社会制度"原罪",所以基督教只有把它的崇高思想和唯灵主义上升到袅袅的天国,好像人从来就不生活在实实在在的人间。

再次,马克思由基督教的问题探讨了政治解放与人的解放的辩证关系。政治解放是人的解放的必要条件之一,但人的解放是政治解放的保证。换言之,没有人的解放,政治解放只是虚设。人如何才能获得自身的解放,最根本的是要使人从经济发展和社会制度中得到解放。无论是一个犹太人,或是基督徒,或是任何一个普通的人,如果其自身经济不能自立,在社会体制中隶属于被剥削的地位,那么,这个人的解放是无从实现的。这个现实,是绝大多数人的现实,无论是古代的犹太人、基督徒还是当今的无产阶级。因而,像鲍威尔所幻想的那样,要使犹太人得到政治的解放,只进行宗教的解放是完全行不通的,也是幼稚的,唯有使犹太人从经济和社会中解放才是根本。要解放,就是要从那些不平等、不公正、不合理和不自由的境遇中摆脱出来,而这些不平等、不公正、不合理和不自由的东西最坚实地和最直接地体现在经济利益和社会制度之中,尽管也在那些缥缈的宗教意识和神学理念中也有间接体现,但那总是稀软的,也不是直接的。正如研究者所指出的,"尽管宗教一旦在政治领域以政治的方式被废除它就不再有效了,但它仍然会在经济和市民生活中继续显露它的精神(spirit)"①。这个精神,就是宗教的社会意识形态,它虽然与政治等社会意识形态有着密切联系,但同作为上层建筑中的一员,宗教的社会意识形态不是由政治的意识形态所决定的,而是它们都是由经济基础所决定的。经济基础就是社会生产关系的总和,是社会性质和经济性质的根本体现。由此,我们可以说,马克思在这里对基督教的认识和批判,表现了他唯物主义世界观的逐步形成,开始逐步形成了他的唯物主义宗教观,这在《黑格尔法哲学批判·导言》中变得成熟。正如他所论:"废除作为人民的虚幻幸福的宗教,就是要求人民的现实幸福。……因此,真理的彼岸世界消失以后,历史的任务就是确立此岸世界的真理。……于是,对天国的批判变成对尘世的批判,对宗教的批判变成对法的批判,对神学的批判变成对政治的批判。"②因为宗教、法律和政治同作为上层建筑中的意识形态,但它们与经济基础的距离是不一样的,宗教更远,法律和政治更近。要批判得彻底,就要使批判从远到近,由表象到实质。

鉴于以上,我们看到了马克思与基督教之间复杂的关系。一方面是从小所受到的基督教文化熏陶,包括犹太教文化的深厚家庭背景,成了积淀在内心而隐藏的底蕴,它表现为沉默不言的形态,如同潜意识一般,如同一个人对其父母的深沉之爱,总是不愿意表露出来,因为他在表象上是与父母对立乃至是仇视的。这正好是问题的另一方面,马克思青年后的革命实践和战斗生涯促使了他唯物主义宗教观的形成,他从一名基督徒转变成为一名坚定的无神论者,他从一个唯心主义者转变成为一个彻底的唯物主义者,这是他最鲜明的思想特征,也是他思想的最显眼的外在形态,因而,如果不仔细解读和思考,人们往往容易把马克思打上反宗教和敌视基督教的烙印,但事实并不是这样,何以来阐释? 从哲学上是行不通的,那是世界观的对立,唯心主义和唯物主义界限分明;从宗教学上也是行不通的,那

---

① Trevor Ling, *Karl Marx and Religion*: *In Europe and India*. London and Basingstoke: The Macmillan Press Ltd. 1980, p.12.
② 《马克思恩格斯选集》(第一卷),北京:人民出版社,1995年,第2页。

是宗教信仰观的对立,有神论与无神论是水火不相容的;……等其他,总之都是有矛盾冲突的。最终,笔者认为,唯有从文学来阐释,简言之,文学是对自然、社会和人本身的综合反映,它最能容纳这矛盾和对立的一切。

三、文学、马克思与基督教

文学为何?这是一个几千年来人们一直着迷、不断阐释和实践的问题。人类的历史如果没有文学,我们怎样去重构历史的风云岁月?人类的思想如果没有文学,我们怎么把美的享受融入崇高的思想之中?人类的社会如果没有文学,我们怎么去体验日常生活的意义?如果说历史、哲学、政治、法律、宗教等是人类思想的各种脉络筋骨的话,那么文学则是人类思想的血肉之躯。马克思是诗人和文艺理论批评家,尽管我们不宜称他为文学家,但其一生无与伦比的思想创造,涵盖了哲学、历史、政治、经济、宗教、伦理、法律、心理学、文化人类学、军事等几乎人类生活的方方面面,这不是对人类社会、自然界和人的心理世界的全面反映吗?这实质上与文学所涵盖的范围几乎等同。文学是讲情感的,它要表达人类最美好的情感,那种能使人感动天地鬼神的情愫,那种能使人在寒冬腊月血涌全身的温情,那种能使仇恨转化为眼泪的真情……毫无疑问,哲学、历史、政治等也无不从一定的方面表达了人类的感情,但却没有像文学那样善于表达和能最丰富地表现人类的感情。文学以一种非常独到的方式来表达感情,如滔滔江水,如巍巍群山,如煦煦春光,如习习和风,如悠悠明月,如寂寂寒冬……。哲学要思辨,历史要考据,宗教要虔敬……而文学要想象。想象是文学表达人类情感的独特方式,虽然其他学科中也不能缺乏想象,如宗教和心理学等,但它们的本质性实在不是想象,只是借助于文学的想象。那么,文学、想象、马克思乃至马克思主义之间有关系吗?在1988年出版的布洛赫的论文集《艺术和文学的乌托邦功能》(英文版)中,我们可以很欣慰地发现,布洛赫竟然专写了一篇名为《马克思主义与诗歌》论文,尽管是写于1935年,但其理论观点却很具有启发性,现摘录如下:

> 世界不是由教师建成的,诗歌普遍风格的基础也不是由它的诗歌或它的形成—转化的力量所提供的。马克思主义的独特

主题就是那种形成—转化,这就吓跑了梦想者,但恰不会是想象(imagination)。正是想象,在存在的倾向和潜伏之间、在真实可能性的那些时间和空间之间,辩证地被培育和调协。简言之,如果想象最擅长发现晚期资本主义世界只是空洞的空间并隐藏其中,它也就能发现主题、工作和幸事以帮助它(存在)于社会主义的(socialist)世界中,越多越好。想象不再是被社会所抛弃的东西。①(笔者翻译)

在布洛赫看来,马克思主义对诗歌本质的认识,在于紧扣"想象",想象不是可被传授的,想象也不是可堆砌和强硬而为的,想象是一种辩证法式的运动,在倾向、潜伏、时间和空间之间不断形成和转变,正由于这个特性,它最能发现晚期资本主义世界的空洞性,例如没有主题,一切被掠光,一片荒原,虚无的游荡;没有工作和劳动,因为不劳动的人享受获益,劳动的人遭罪亏空;没有幸事,只有坏事,灾难、病毒、污染等,但面对这一切,人们已经麻木了、无意识了,唯有靠艺术家和文学家的想象才能发现资本主义的空洞性和欺骗性,它的罪恶和反人类的本质。在面对如此黑暗、腐朽的社会现实时,文学艺术的使命更加凸显出来,即文学艺术是具有"想象性"的精神享受,是朝向未来的美好诉求,是一种未然的可能,而不是已然的事实,这正如亚里士多德在论述诗与历史的区别时的见解:

诗人的职责不在于描述已发生的事,而在于描述可能发生的事,即按照可然律(probability)或必然律(necessity)可能发生的事。历史学家与诗人的差别不在于一用散文,一用韵文,希罗多德的著作可以改写为韵文,但仍是一种历史,有没有韵律都是一样,两者的差别在于一叙述已发生的事,一描述可能发生的事。因此,诗比历史更富于哲学意味(philosophical)和更崇高,因为诗所描述的事带有普遍性(universal),历史则叙述个别的事。所谓有普遍性的事,指某一种人,按照可然律或必然律去做

---

① Ernst Bloch,"Marxism and Poetry" in *The Utopian Function of Art and Literature*. Translated by Jack Zipes and Frank Mecklenburg, Cambridge, Massachusetts and London: The MIT Press, 1988, p.159.

适合的事,诗要首先追求这目的,然后才给人物起名字。①

我们在这里之所以不厌其烦地引用亚里士多德的论述,是因为这位先哲的话即使过了两千多年至今还是有效的。从学科常规来说我们不能说马克思是文学家,但从文学理论的哲学高度来说马克思又是文学家,虽然他常写的是散文而不是韵文,虽然他的创作主要是学术论述,但又何尝不是充满了审美情感,只要稍微读读《德意志意识形态》和《共产党宣言》等名篇便会明白这个道理,那样的激情,那样的美文,那样的意境,何尝不是文学的佳作?但这个问题还是次要的,常人也都能理解的,关键是这里涉及了一个关于"文学的真理观"的问题,即文学正因为它是想象的、充满审美情感的,它总是指向未来的,是尚未被实现的东西,但是应该有的东西,因而是真理。文学所具有的真理性,在马克思主义看来就是一种"真实",正如布洛赫总结的:"马克思主义的真实,就是把现实和未来(future)加在里面。马克思主义要证明,通过具体的改变可敞开世界的途径:那里有无可估量的未被使用的梦想,未被解决的历史内容,未被出卖的禀性。"②从这里我们可以看出布洛赫的真理观是一个确定性与不确定性的辩证统一,确定性的是走向未来,朝向美好,是一种积极的乐观主义;不确定性的是,那些无可估量的、未被解决和未被出卖的东西,我们不能对它们的出现做出准确的预计,对真理的认识过程就是一个由确定到不确定再到确定的无限循环过程,这是辩证法的具体显现。进而,他关于文学或艺术的根本性认识,也与他的真理观密切关联。正如韦恩·哈德逊(Wayne Hudson)所论:"对布洛赫来说,艺术就是人的乌托邦(utopian)意识的产物并包含未被意识到的知识。"③我们知道,他所说的乌托邦,并不是"空想的和不切现实的"意义,他是指一种朝向未来的、美好的而人应该有但尚未实现的东西,在他看来文

---

① Aristotle, *Aristotle Poetics*. Edited and Translated by Stephen Halliwell, Cambridge, Massachusettes & London, England: Harvard University Press, 1995, pp. 59—61.

② Ernst Bloch, "Marxism and Poetry" in *The Utopian Function of Art and Literature*. Translated by Jack Zipes and Frank Mecklenburg, Cambridge, Massachusetts & London, England: The MIT Press, 1988, p. 162.

③ Wayne Hudson, *The Marxist Philosophy of Ernst Bloch*. London and Basingstoke: Macmillan Press Ltd. 1982. p. 173.

学艺术就是对这个乌托邦的实现。那么,他的观点与马克思关于文学艺术的观点有什么关系呢?"布洛赫强调艺术的乌托邦性质,这与阿多诺和本雅明著作中的论述以及马克思自己乃至把艺术活动视为未被异化(unalienated)的人的劳动的方式是类似的。"①在马克思看来,文学艺术是未被异化的人劳动的方式,而在资本主义社会无论是工人的劳动还是作家和艺术家的劳动,总之是一切人的劳动都被异化,成为被雇佣和被商品化的东西,这正如他在《共产党宣言》中总结道:

> 资产阶级抹去了一切向来受人尊崇和令人敬畏的职业的神圣光环。它把医生、律师、教士、诗人和学者变成了它出钱招雇的雇佣劳动者。资产阶级撕下了罩在家庭关系上的温情脉脉的面纱,把这种关系变成了纯粹的金钱关系。②

因而以布洛赫的观点来印证马克思的观点,他们关于文学艺术的功用是类似的。在马克思看来,它是未被异化的,是真正的、自由的创造活动,但在资本主义社会是实现不了的,在共产主义社会将会实现;在布洛赫看来它是乌托邦性质的,是美好的和理想的,但尚未实现,是走向未来的。他关于文学的这个观点与他关于宗教的观点是类同的,由此我们还要借鉴他关于宗教的观点将"文学—马克思—基督教"这个问题联系起来,从而寻求它们的核心命题:文学是阐释马克思与基督教之间复杂而矛盾的关系的最好途径。关于布洛赫的宗教观点,哈德逊有如下精彩总结:

> 在马克思主义的语境中,布洛赫关于宗教的观点是史无前例的和重要的。布洛赫暗示宗教不仅是虚幻的,也是健康的、正常的和一定程度上不可废除的(non-abolishable),只要希望的意愿还没被满足。对布洛赫来说,宗教是未被意识到的知识的体现,这些知识应成为一种实践预期(a praxis of anticipation)

---

① Ibid., p. 182.
② 《马克思恩格斯选集》(第一卷),北京:人民出版社,1995年,第275页。

的对象。①

哈德逊说布洛赫是在马克思主义的语境中来论述宗教,这是一点也不错的,而且是相当到位的。从我们前面两节关于马克思与宗教和马克思与基督教的论述中可知,马克思并不是从文化人类学的角度来批判宗教的,而是从政治学的角度来批判宗教的,他说宗教是人民的鸦片是从批判宗教的虚假意识形态的角度来说的,并没有否定宗教的认识论功用和历史文化的功用,这就有他在《〈政治经济学批判〉导言》中对宗教作为人掌握世界的四种方式之一的交代,也就有他在《哥达纲领批判》中对宗教信仰权利作为基本的人权的文化人类学意义的强调。马克思青年时期曾是基督徒,后来成为坚定的无神论者和革命家,他所要否定基督教的是其宗教的虚假意识和颠倒的世界观,但绝没有要将整个基督教的历史文化遗产全部铲除的意思,他不是一个要将婴儿和洗澡水一起倒掉的头脑简单的人,他是伟大的哲学家、历史学家、政治学家、经济学家、文艺理论家等等,总之他是博古通今的大师,他不会没有这一点基本常识。即使他没有明确说要继承基督教的历史文化遗产,但纵观他一生的革命实践和思想成果,难道他不是要维护社会的公正平等自由吗?难道他不是要为受剥削者和受压迫者伸张正义吗?难道他不是要为穷人和弱小者主持公道吗?是的,他确实如此并且躬身践行,最后贫困交加、疾病缠身而惨死于资本主义之中,也如耶稣躬身传道而惨死于罗马帝国的十字架上,这正如布洛赫等人对耶稣的认识。"正如莱姆勒斯(Lamennais)和魏特林,耶稣是一个传道共产主义的革命者(revolutionary),是为穷人反抗富人并保证给他们带来剑(sword)而不是和平。"②莱姆勒斯、魏特林、布洛赫和马克思,无论他们是天主教神甫还是空想社会主义者,还是西方马克思主义者或是马克思主义的创始人,他们都明白基督教的历史文化精华不是为富人去压迫穷人,基督教的历史文化遗产不是纵容罪恶而是要力行革命来维护人类社会的公正、平等和自由。

让我们回到文学的主题,也就是说为什么我们要从文学的角度

---

① Wayne Hudson, *The Marxist Philosophy of Ernst Bloch*. London and Basingstoke: Macmillan Press Ltd. 1982. p.184.

② Ibid, p.189.

来探询"马克思与基督教"之间的复杂而微妙的关系,而不适合从其他的角度呢? 换言之,从其他角度探询会导致什么样的结果(非本真的"关系")呢? 现陈述如下:

其一,关系间接或牵强。实事求是地说,除却从马克思本人或其原著和从基督教教会来阐释此种关系能在研究上直接求证出关系外,其余的所能探询的关系都比较间接。例如布洛赫虽然是马克思主义者,但他的马克思主义思想与马克思本人的思想已经有了一定的距离,他所宣扬的与宗教关联的乌托邦理想,与马克思强调的在社会生产高度发达后所能实现的共产主义理想是不同的。再如神学家所乐道的马克思的弥赛亚精神,在马克思的原著中难以发现马克思本人的公开表明,有"理论"的证据,但尚未发现"文本"的证据。自然,拘泥于文本的阐释不一定是最适合或是最贴切的阐释,问题的关键是从哲学、历史、政治和宗教等角度来阐释就会导致这样的弊端。

其二,关系调和而非融贯。由于马克思的哲学世界观与基督教的上帝创造观存在着本质的区别,因而这种关系是不能调和与折中的。而一些神学家热衷于调和此种矛盾,甚至把马克思主义理解为一种"准宗教",蒂利希就持这种观点,他把对马克思和马克思主义的论述也纳入他的《基督教思想史》中,他认为马克思主义的伟大理想就是一种准宗教的信仰,这是不科学的。马克思主义确实是人类的伟大理想,但马克思主义从不把理想的实现寄托在"超自然"的神奇力量上,而是寄托在不断提高的人的改造世界的能力上,因此,蒂利希的观点不是融贯于马克思主义精神实质的。另外一些神学家,他们误解或歪曲了马克思的彻底的革命人道主义精神和拯救人类解放的伟大理想。对于两种不同思想体系之间的对话,他们追求的只是表面的苟合而非内在的深刻融合,因而他们的观点变得庸俗而肤浅,无论是马克思主义者还是基督教神学家都要认识到这点。

其三,关系功利非情感。庸俗的马克思主义者或基督教的势利团体,他们若一时热心于马克思主义与基督教的对话,不无现实的功利需求。如苏联的某些领导人以基督教"上帝"的神圣性来类比对革命领袖的顶礼膜拜,也如在"文化大革命"中将毛泽东神化或是各种变相形式的神化领袖和愚昧崇拜。就教会来说,尽管"梵二会议"后教会与马克思主义的对话沟通具有开放性和积极性,但其中也不乏功利的因素,因为前东欧的一些社会主义国家是历史上和文化上都信奉天主教的,因而教会不得不在现实生活上与马克思主义者和共产党人打交道。苏联和东欧社会主义解体后,罗马天主教的态度就随之发生了转变,梵蒂冈开始对马克思主义进行激烈的批判和攻击,教皇利用各种场合对社会主义进行警告和排斥。因而,探讨马克思与基督教关系的研究不能基于间接、调和以及功利的方式,而应着眼于直接、融贯以及情感的方式,这个重任就落在文学研究的肩上。文学为什么能承担这个重任呢?

第一,这是由文学及其性质所决定的。文学的艺术情境、情感魅力和审美情趣等,使得文学在思想对话交流方面具有很强的感染力和亲和力,这是哲学、历史和宗教等其他专业所不能比拟的,因为这些专业不是以"情感和审美"来为职业的。这也是基督教等宗教要借助于文学艺术的审美意境和情感感化来传道的原因,例如,基督教如果没有对《圣经》的文学讲读是不可想象的,《圣经》本身就是伟大的叙事艺术。同样,基督教的礼拜活动中没有音乐伴奏也是不可想象的,从古典的管风琴音乐到现代的电子音乐各显神通。事实上,马克思与基督教关系的研究,从哲学和神学等其他维度切入是难以达到从文学维度切入这样的切身性和体验性,这就是为什么当代西方许多思想家和神学家都努力以文学来展开马克思与基督教之间的对话沟通的原因。此外,文学能反映自然世界、社会生活和人本身的方方面面,具有更大的包容性。而思想总是呈现在人与自然的主客交流活动之中,总是活化在具体的社会生活之中,总是凝结在内心的沉思和自我剖析之中,它绝非千年木乃伊式的僵尸,也不是理论化的骷髅,更不是万验可应的灵丹妙药。马克思与基督教关系的研究作为思想交流对话,在文学宽广而包容的语境中可以充分而深刻地进行,由此开花结果。

第二,是由马克思的文学创作及其文艺理论与基督教文学的可交融性所决定的。一方面,事实上人们常常忽略了马克思的文学创作,这包括他的诗歌、书信和哲学散文等创作,即使在他大量的哲学批判著作中也是充满了文学的激情和艺术的魅力,这些构成了本课题研究的文学基础和实践前提。而本课题所涉及的基督教并不是将它作为神学信仰来研究,而是作为宗教文化来研究,关注其所涉及的文学现象和文艺理论,例如《圣经》的文学叙事和神学审美性等。马克思曾经研习过《圣经》文学,对基督教的批判和阐释贯彻于他一生的思想创作,其中的某些创作从文学的角度而言本身就是文学创作,尽管它们的话题和形式不一定像"常规"的文学,就此而言,马克思与基督教的关系探究的是一种文学性的关系。另一方面,马克思丰富而深刻的文学理论与基督教的一些文学观念具有可比较性和互通性。如马克思"莎士比亚化"中的情节论与《圣经》叙事艺术,马克思所论的文学倾向性与基督教文学的普世性等,也就是说两者对文学艺术的理论建树具有可对话性和生发性。自然,这是因为一者是伟大的思想家,另一者是渊博的宗教文化,由此所创建的话题和揭示的思想深度,是其他形式和方式所难以比拟的。因此,从文学维度探究马克思与基督教的关系具有切实的可行性和深刻的交融性。当然,本课题所指的"文学"自然包括文学和艺术,以后不再做说明。

第二节 马克思与基督教关系的文学研究之背景

第一节我们探讨了马克思与基督教关系的文学研究的内在关联性,具体从马克思的原著和论述的直接解读和阐释,从马克思的家庭身世和基督教文化熏陶,从基督教教会与马克思主义的对话和交流,从与马克思和基督教密切相关的哲学、神学和宗教等研究,最后落实到文学研究的立足点。第二节我们则要重点探讨马克思与基督教关系的文学研究的外在关联性,具体来说首先要从两者的文化同源性来探讨文化作为土壤式的根基对此文学研究的影响;其次要从全球化的思潮来探讨时代因素对此研究的影响;再次要从和谐社会与现实的处境来探讨中国特色的社会实践对此研究的影响。

一、文化根源性

说到文化,一下可以使人联想到很多,如思想观念、社会习俗、历史遗传、宗教信仰、家庭婚姻……等一切,错综复杂,难以理清的东西。但文化又是简单明了、实实在在的东西,我们天天与文化打交道乃至于不自觉。可以肯定的是,不同文化背景的人或思想的交流与对话比同一文化背景的要难得多,例如一个深受儒家孝道文化熏陶的中国人与一个深受自由主义和个人主义思想影响的美国人之间的交流在一些关键问题上肯定会有障碍和困难,而同受基督教文化影响的中国人与美国人之间的交流与对话则要容易和顺畅得多,这说明文化的焊接性,将两个不同质的东西连接在一起。同时也说明它的融合性,并不是任何东西都可以焊接在一起,要有性质的可通融性,文化就是这种通融性的东西。马克思与基督教,前者是思想家,后者是宗教思想文化;前者是哲学家,后者是宗教世界观;前者是革命家,后者是激进主义的文化源头;等等不一而足,能将"(他)它们"两者融合在一起就是西方文化,但西方文化这个说法有些泛化,毋宁说是欧洲的历史传统文化,这个历史传统文化后来辐射到了美洲、澳洲、非洲乃至亚洲,所以它早已经不是地理概念上的西方文化了,而是历史传统意义上的文化。

欧洲的历史传统文化,简单地说,它融合了古希腊的理性文明、古希伯来的信仰文明和古罗马的法制文明。古希腊人崇尚对世界本源的探讨,古希腊哲学家最早对世界本体的探寻,强调人的理性精神,成就了欧洲历史传统文化中的理性和启蒙的因素,为科学和民主开了先端。古希伯来人崇尚对超越自然和人的唯一神灵——上帝的崇拜,相信上帝将会来拯救他们的苦难,人类最终将会升入天堂,体现在旧约精神中的犹太教后来发展成为欧洲历史传统文化中的基督教。古罗马人强调对法律和规则的研究、制定和遵循,确立通行于当时世界的法则来治理庞大的罗马帝国,由此形成了欧洲历史传统文化中的法制文明。马克思可以说与这三者中的任何一者都有关系,他具有深厚的犹太教家庭文化背景,6岁时候受洗为基督徒,他中学时代就学习过希腊文和拉丁文,大学时候所学的专业是法律,后来转向了哲学,他的博士论文是研究古希腊哲学家德谟克利特和伊壁鸠鲁的原子论的异同问题。马克思终生对古希腊哲学和文学艺术抱有浓厚的兴趣,埃斯库罗斯等悲剧诗人的剧作是他每年必读的并且和全家人一起分享的佳作。他对古罗马的历史法律典故非常熟悉,古罗马哲学家卢克莱修是被他视为老师和学习的楷模。马克思终生对宗教的研究和批判、勇敢地投身于革命实践活动、坚定不移地对共产主义理想的追求等等,这些都与他在犹太—基督教文化中成长,潜在性地传承了犹太—基督教文化中的正义与理想等的优秀因素不无关系。

可见,马克思与基督教的关系问题实质上是一个文化根源性的问题,也就是说这个问题是具有同根性的基础。在此同根的基础上他(它)们两者享有可互联性的资源,这个资源最主要的就是文学艺术,唯有文学艺术能将他(它)们很好地组合和连接起来,因为文学艺术具有最宽广的容量,有最能包含的态度。而其他却不具备这个条件,例如,从哲学来阐释,避免不了马克思的唯物主义哲学与基督教的唯心主义哲学的冲突;再例如从宗教来阐释,也避免不了马克思的无神论宗教观与基督教的有神论宗教观的冲突。进而,所谓的同根性,在于他(它)们欧洲的历史传统文化,而这个文化的形态,不是一个虚有的空物,它的实在形态就是文学艺术。例如《圣经》的文学,《圣经》的文学并不是属于基督教所独有,即使是无神论者也可以享有《圣经》。再例如莎士比亚的文学,这也是马克思的最钟爱之一,它既有基督教的思想,更能容纳基督教与其他思想交融与对话。

自然,基督教从犹太教起源,其最早的发源是在以耶路撒冷为中心的迦南之地,所谓流着奶和蜜的美好家园,由此也不得不承认其实基督教是起源于地理上的东方之国,与今天欧洲的地理概念完全不是一回事儿。但一个不可否认的事实是,基督教是在历史上向外扩张生长的强大宗教,从使徒保罗的时代,就向四方发展,特别是向西发展到希腊、罗马,并在公元 4 世纪成了罗马帝国的国教,基督教最终在西方的欧洲落地生根,由此以后近两千多年,基督教就以欧洲为中心向世界各地扩展,但其根脉还是源自于欧洲社会形态和历史轨迹的滋养。然则,基督教并不是欧洲唯一的文化传统,在欧洲深厚的文化传统中,还有希腊一罗马文化的古典人文传统,所谓两希文明孕育了欧洲文化。因此,马克思作为一个德国人,严格来讲在 1871 年之前还只能称为普鲁士人,他从中学开始,到其博士毕业乃至终生的文学艺术爱好,他都是崇拜并喜爱古希腊一罗马的文学,尽管他在 4 岁时就受洗为路德派教徒,青年时期还是信仰基督教的。鉴此,我们只能保险地说,马克思的成长与基督教的发展都源自欧洲的文化传统。

二、全球化思潮

从文学的维度来展开马克思主义与基督教的对话与交流是一个全球化的思潮,这个潮流自马克思主义诞生之日起便有了雏形。如马克思所预言的,随着世界经济的合作性与一体化导致"世界文学"的逐步形成,而事实上,今日世界的电子化和网络化,促使了文学借助于电子与网络的媒介,跨越国境,构成了全球化的思想交流。当然,马克思主义与基督教的文学研究和文化交流是很大的话题,因此我们将它缩小到了马克思与基督教的关系的文学研究的范围,希望能使其研究具有更好的确定性。

要承认的是,在社会主义国家,例如在中国,对马克思的研究可以说是当今世界上最积极和最活跃的。由于中国是社会主义国家,自然将马克思主义作为思想意识形态;同时由于是共产党执政,必然将马克思主义作为执政的指导思想和哲学世界观,这是历史必然选择和社会现实的本然要求。由此,是否在中国对马克思的研究就是很前卫和很深入的呢?事实却未必尽然。长期以来,中国学者或是作者没有写过或出版过一本正规的《马克思传》,从梅林到麦克莱伦等,都是西方人在写,中国学者只是做翻译。简言之,还是"片面意识形态"的阴影和压力所造成的。直言之,就是没有区分作为意识形态的马克思主义与作为具体个人的马克思之间的本质不同。由于社会和国家的意识形态是神圣而不可侵犯的,由此而延伸出对这种意识形态作为思想的创造者个人的神圣崇拜,也如毛泽东思想的神圣性和崇高性,由此神圣崇拜毛泽东个人,这是不科学的。这在过去的历史悲剧中我们是受过严重教训的,那么,同样,我们不能让这样的悲剧再在当今社会重演。因此,要使执政者理解的是,对马克思个人的研究和阐释等,恰能更本真和历史地展现马克思主义的神圣性和合法性;要使研究者们放心的是,对马克思本人的批评和指正等,并不意味着对马克思主义的神圣性和合法性的颠覆和破坏。在中国,一些人不能把马克思从"神"的位置还原到"人"的位置,导致了他们对马克思主义的研究只能是本本主义和教条主义的,实质上是背离了马克思主义的真理。而在西方,一些人却过于把对马克思个人的研究看成是对马克思主义的直接研究,导致了琐碎主义和纯经验主义,这些实际上都损害了作为真理的马克思主义,也背离了马克思主义的精神实质。这两种人无论在东方还是西方都是存在的,如果要让他们交流与探讨马克思主义,自然是行不通的,即使在全球化日益交往密切和发展迅速的今天。

问题的另一方面,在资本主义国家,对基督教的研究却是长久不衰的历史现象。基督教文化是欧洲历史传统文化的基本要素之一,由于基督教历史悠久,几乎贯穿欧洲自奴隶社会、封建社会、资本主义乃至社会主义社会的全过程,影响很大,覆盖面很广,因此人们也常把基督教文化比喻为欧洲历史文化的底色或是根基。特别是欧洲自资本主义迅猛发展以来,基督教几乎同时也成了西方资本主义国家的主流意识形态。人们常看重14世纪以来自意大利开始的文艺复兴所形成的理性启蒙运动对西方资本主义发展的意义,它提倡人文精神,倡导个性解放,反对愚昧迷信,以人权来对抗神权,对科学和艺术的发展具有极大的促进作用,使资本主义的物质生产水平和对外扩张达到了一个全新的高度。但是,我们应看到16世纪以来德国马丁·路德倡导的宗教改革对西方资本主义发展所产生的独特作用。如果说文艺复兴促使了资本主义"人的发展"和"社会的发展",那么宗教改革促使了资本主义"制度"的发展,确立了资本主义的"意识形态"。例如,宗教改革所提倡的"因信称义"等基本信条,实质上是以"信仰加自由"的形态,确立了资本主义私有制度的神圣合法性,也就是确立了资本主义私有制的意识形态性。韦伯的《新教伦理与资本主义精神》是以资本主义最发达的美国为案例,寻找到了基督教特别是新教的伦理与资本主义制度的融合点和焊接机制,是对资本主义意识形态的当代阐释,实质上仍然是以基督教的文化来维护资本主义的私有制度。

然则,资本主义是以追求最大经济利益为目标的,由此导致了资本主义制度的不合理和不公正性,尽管它在发展社会生产力方面功不可没。在当今全球化的时代,资本主义仍然是向外扩张发展的,与它在一百多年前的海外殖民不同的是,资本主义正在改变其生产和消费的模式,实现其生产和经营的国际化和合作化,把生产和污染等转向了亚洲、非洲和拉丁美洲等不发达地区,而这些地区有些国家是社会主义国家,或是受马克思主义的影响,这样导致了基督教文化与马克思主义的对话和交流的不可避免性。例如,随着中国经济的腾飞,中国作为经济政治文化大国的崛起,西方资本主义国家与中国的合作和联系日益紧密,导致了基督教文化与马克思主义意识形态之间不可避免的接触、交流乃至冲突等。同时,随着全球化的进程,西方资本主义国家本身之间合作和交流也日益紧密,作为马克思主义产生的欧洲和基督教盛行的西方资本主义国家,思想文化和意识形态之间的交流与斗争从来就没有停息过,所以,关于马克思与基督教之间关系的对话和交流也是全球化时代的必然话题。

三、和谐社会与现实

本研究虽然从本质上讲是文学研究，但它的外在的现实意义与中国当今的和谐社会建设有着密切联系。和谐社会的构建离不开主导意识形态的构筑和加固，即对马克思主义作为我们指导思想和哲学世界观的坚持和发展。自改革开放以来，尽管社会在各方面取得了长足的发展，但未雨绸缪，心忧天下，作为有良知的公民、有先见的知识分子、有理想的共产党人，我们不能不思考马克思主义在中国所面临的挑战，不能不应对社会主义意识形态所遭受的危机，而最关键的是中国共产党人自己对马克思主义的坚持和发展过程中出现的问题。毫不讳言的是，某些共产党人在有了权以后，在面对金钱和美色等物质诱惑时经受不住考验，他们早已经背弃了马克思主义而做出了一些违法乱纪的事情，在人民群众中造成了恶劣的影响。共产主义的远大理想，中国革命的艰苦历史以及共产党员的理论修养和思想情操等被他们抛弃在一边，他们以盲目追求经济利益为目标，以追逐物质享受为前提，置社会公正和人民的困难而不理，他们实质上是对马克思主义的颠覆和破坏。就对马克思主义的发展而言，一些人仍然把马克思主义作为教条来对待，他们口口声声说要把马克思主义供奉为思想信条用来应付和处理实际工作，从而认为这就是对马克思主义的运用和发展，这实质上是庸俗化和教条化的马克思主义，背离了马克思主义的实践观，变相扼杀了马克思主义的与时俱进的历史辩证法意义上的生命。对马克思主义发展的另一个极端是，将马克思主义与非常时髦的学术理论、前卫哲学、先锋艺术或后现代思潮等硬性焊接或牵强附会，以这些时髦或是先锋的东西来复活马克思主义，如弗洛伊德马克思主义，试图将弗洛伊德的潜意识和性本能的心理学与马克思主义联结起来，从而来创新文化人类学和社会学的理论，这显得有些片面化和过度化，因为这两大理论体系没有本质性的关联，即使有一些表象性的关联，那也是偶然性的。而文学、艺术或基督教则实在是与马克思或是马克思主义有着密切的关联、且它们的关联对中国当代的和谐社会与现实问题都有重要的建设性意义。

承上，除了马克思主义之外，基督教对中国当代和谐社会的建设具有重要的"功能性"作用，例如"整合社会资源""凝聚精神力量""化解社会矛盾"和"强化伦理道德"等重要功能。基督教的这些正面性的功能在西方社会,即使是在唯利是图的资本主义社会中它也发挥着积极的作用,这样的成功先例和实践经验,社会主义中国没有不学习和借鉴的理由。基督教传入中国已经一千四百多年,唐朝初年从叙利亚传入的聂斯脱里教,后称为"景教",是中国基督教的开祖。但纵观基督教在中国的一千四百多年的历史,从来没有像当今时代这样火热和繁盛,以至被称为"基督教热"。一个不争的事实是,基督教的信徒和宗教活动在当代中国迅猛激增,尽管确切的数字可能说法不一。"这样的声称被不合理地夸大,但是自 1979 年以来,宗教活动特别是新教和民间宗教有着急剧性增加。到了 1989 年,这个现象已经被中国的研究机构所承认,并开始获得了'基督教热'(Christian fever)这个名称,从此在中国官方(official)的出版物中被使用。"①在这样的热潮中,自然而然地包括一些非基督徒对基督教的研究,主要是一些学者对基督教的研究,也称之为教外学者研究。"而教外的学者,他们的研究阵地多聚焦在基督教的外围,围绕基督教与社会、政治、文化、中外关系等各个方面展开……这种研究的贡献在于保持中国基督教研究的开放性,使其不会局限在基督教本身,而在整个历史背景中加以把握。有的学者已经认识到海内外中国基督教史研究中强烈的社会一文化取向,但在大陆最为明显。"②由此可以说,基督教在当代中国发展不单是对基督教本身的问题,而更重要的是对当今中国和谐社会的建设和现实问题的解决都具有不可忽略的作用。

  鉴于以上,问题的核心是:为什么要在当代中国促进马克思主义与基督教之间的对话与合作呢? 直言之,马克思主义与基督教之间的关系在当代中国呈现为一种对立非统一的关系,而不是对立和统一的关系。具体而言,马克思主义是官方意识形态,而基督教则是民间意识形态;马克思主义是主导价值观,而基督教则是附属价值观。我们知道,官方与民间以及主导与附属之间本然是对立的,但对立不能走过了头,只有对立而没有统一则是危险的事情,是不和谐的表现。就此问题而言,例如,当马克思主义者宣称我们国家的性质是具有中国特色的社会主义国家时,一些基督徒指责这是变相"发展资本主义",或是反过来,当基督教徒诚信基督教要在中国宣扬和传播"上

---

① Alan Hunter and Kim-Kwong Chan, *Protestantism in Contemporary China*. Cambridge: Cambridge University Press, 1993, p. 4.

② 陶飞亚、杨卫华:《基督教与中国社会研究入门》,上海:复旦大学出版社,2009 年,第 192 页。

帝的爱"时,而一些马克思主义者斥责这是以资本主义的"普世价值观"来颠覆社会主义的核心价值观,等等一切,由此所引发的争论、批判、斥责乃至污蔑和谩骂等,这都是不和谐的种种迹象,是令人痛心的事情,是应解决的问题。而这是现实问题,不是虚构出来吓人的。那些官僚主义盛行、极左思想僵化和权力主义称霸的地方,这些马克思主义者对基督教绝对否定和完全排斥,实质上他们有意干的坏事比一个虔诚的基督徒无意做的一件错事要恶劣得多;同样,在那些基督教原教旨主义盛行、专制信仰主义猖獗和极端保守基督教蔓延的地方,这些基督教徒对马克思主义也是绝对否定和完全排斥,实质上他们认为"绝对正义"的事情比马克思主义者根据社会现实进行客观分析而认为"不正义"的事情要坏得多。相反,一个真正的马克思主义者或是一个真正的基督教徒,都有着解决问题的实践勇气和行动精神。他们要打破这个僵局,摆脱这个困境,解决这个问题。

　　如何来解决这个问题?鉴于和谐社会和现实处境,笔者认为要从马克思与基督教关系的文学研究来解决这个问题。为什么要解决的问题是马克思主义与基督教的关系问题而不直接从马克思主义出发呢?从马克思出发,从一个具体的和历史性的人出发,比从一个抽象的和超历史性的思想出发有着更切实的基点和更确实的针对性,并且人是思想和理论的创造者,由此从思想和理论返回到人,也是对本源的回归。那么,为什么对基督教的研究不从耶稣这个"人"出发呢?我们知道,耶稣是一神性还是神人两性的问题在基督教历史上争论不休,我们何必再去钻这个迷魂阵呢!况且,从《圣经》或是基督教的历史文献看,都无从判断耶稣到底是不是一个真实的历史人物,因而没有立论的确切性。进而来看,基督教的信仰是崇尚神而贬低人,但基督教的文化所反映的问题和要解决的问题都是人的问题,因而绕开作为信仰的"神"而回归到作为文化的"人",实质上还是回到了人的问题。由此,我们可以回答为什么要从文学维度来研究马克思与基督教的关系。因为这个问题的实质是要研究人的问题,研究人的精神是如何从情感中来,研究人的思想是如何从审美中来,研究人的理想是如何从想象中来,这就是文学的问题,因而要从文学的维度,从其他维度,例如哲学、历史和宗教等都是死胡同,具体情况请看我们在第二章中的详细论述。

第三节 文学研究中马克思与基督教的四重关系

承接第二节,我们要追问的是,文学研究中马克思与基督教到底能揭示什么样的关系?第一节的内容,实质上是以文献综述的形式,梳理了马克思与基督教的内在性关联的方方面面。第二节的内容,实质上是以理论探讨的形式,归纳了马克思与基督教的外在性关联的具体形态。总体来说,从文学研究的理论视野和实践层面,马克思与基督教之间具有四重关系:显在冲突,潜在融合,互补互助,交织深入。这四重关系作为结构性纲领,是支撑本研究的梁柱,现分别一一论述。

一、显在冲突

人们可能都会禁不住质问,马克思与基督教不是冲突或对立的吗?确实如此,马克思与基督教的最根本性冲突是宗教观上的无神论与有神论的冲突。马克思的宗教哲学观可归纳为辩证唯物主义的自然观和历史唯物主义的无神论,他认为宇宙自然是一个有机而合理的统一体,它们先于人类而存在,是客观的自然和万物。人类及其社会是后来形成于这自然世界之中,并最终发展成为有别于自然世界的人类社会。统领整个宇宙,包括自然世界、人类社会乃至心灵世界,相应的是自然客观规律、社会规律和心理规律,并不存在一个超越于自然的神或是上帝并由他们或他来统管整个世界。人是世界上最具有创造性的生物,自然世界的形成是由于自然的客观规律造成的,而人类社会的形成却无疑是人的创造性活动的必然结果,人的心理世界从根本上反映的是人的世界,其活动的主体还是人。与此相反,基督教认为宇宙自然首先是不存在的,是由上帝所创造的,人类也是由他所创造的,例如《圣经》的《创世纪》记载了上帝如何在7天里创造了整个宇宙,从光电、空气、森林、河流、鸟兽等再到人类的始祖亚当,无不显示了上帝的全能、全在和恩典。至于心灵世界,根据基督教的三一论,上帝创造世界,耶稣拯救人类,圣灵反映精神。圣父上帝,圣子耶稣,圣灵精神,实质上是三位一体,三个不同的格位以不同的方式来展现,但统一于一体。上帝的爱通过耶稣的受难从而传递给人类,圣灵使人的心灵与上帝和耶稣连接起来,所以,在基督教看来,心灵世界实质上也是对上帝的爱的回馈和反映。在马克思看来,整个世界是有人而无神,而基督教则认为整个世界有神才有人。所以,我们要问,无神论和有神论的区别和意义何在?

根据《大英百科全书》的经典阐释,所谓无神论基本含义是:"一般而言,无神论(Atheism)是对上帝或众神的否定,如果宗教的定义是对精神存在者(spiritual beings)的信仰,那么无神论则是对所有宗教信仰的摈弃。"①这个定义的前面一句是可行的,确实,无神论就是对神或上帝的否定,否定他们的存在,认为他们是被虚构的,从而不是真实的。但是这个定义的后两分句就有问题了,宗教并不是对精神存在者的信仰,编著者还在这里用了一个复数形式的存在者(beings),那就意味着像上帝、众神、灵魂、公道、正义等是宗教信仰的对象,这个存在者既可以是一个具体的个体,如上帝,也可以是一个抽象的存在物,如正义,而这不是宗教的科学定义。而恩格斯在《反杜林论》中对宗教的归纳是到位而深刻的,他说:"一切宗教都不过是支配着人们日常生活的外部力量在人们头脑中的幻想的反映,在这种反映中,人间的力量采取了超人间的力量的形式。在历史的初期,首先是自然力量获得了这样的反映……但是除自然力量之外,不久社会力量也起了作用,这种力量和自然力量本身一样,对人来说是异己的……但是,我们已经不止一次地看到,在目前的资产阶级社会中,人们就像受某种异己力量的支配一样,受自己所创造的经济关系、受自己所生产的生产资料的支配。因此,宗教反映活动的事实基础就继续存在,而且宗教反映本身也同它一起继续存在。"②恩格斯不但指出了宗教的"幻想"本质,其超人间的神秘形式,更道出了宗教"异己性"的否定作用,非人道的社会内涵,从而深刻地揭示了宗教所产生的社会现实根源,因而宗教是具有复杂而庞大的社会体系,正如吕大吉先生所论宗教的定义:"宗教是关于超人间、超自然力量的一种社会意识,以及因此而对之表示信仰和崇拜的行为,是综合这种意

---

① Philip W. Goetz (Editor in Chief), *The New Encyclopædia Britannica* (Volume 26, 15TH Edition). Chicago/Auckland/Geneva/London/Manila/Paris/Rome/Seoul/Sydney/Tokyo/Toronto: Encyclopædia Britannica, Inc. 1987, p.611.

② 马克思恩格斯选集(第三卷),北京:人民出版社,1995年,第667~668页。

识和行为并使之规范化、体制化的社会文化体系。"①从两位观点所能引申的必然判断是,无神论不一定全部摈弃包含在宗教内的信仰价值,如正义、公道、仁爱等。

那么什么是有神论呢?《大英百科全书》中的经典阐释是:"有神论认为所有的被限或有限的东西,尽管就他们自身的理由来说是全部真实的,但仍然以一定方式依赖于区别于他们自身的一个最高或终极的存在者(one supreme or ultimate being),人们可以用个人的方式来言说这个'存在者'。在宗教中人们说这个存在者是上帝(God),上帝被认为是超出了人的理解,完美和自足,但以特有的方式参与到这个世界及其事件之中。"②由此,我们可以看出,有神论所认为的"神",是最高的或是终极的存在者,是完美和自足的,是完全超越于人的,他(们)是存在的。在基督教中,他就是上帝,是唯一的神,全能、全在和全职的神。由此,马克思与基督教的冲突的关键点是关于上帝及其存在的可能性。在马克思看来,上帝是不存在的(尽管青年马克思曾经是基督徒并相信上帝的存在),这是与他后来受费尔巴哈的唯物主义思想的影响以及他自身的革命实践所决定的,他的宗教哲学观是建立在他的辩证唯物主义的自然观和历史唯物主义的社会观的基础上的,从自然观来看,他认为上帝不是自然世界发展的必然结果,更不是自然世界的创造者。从社会观来看,他认为上帝的产生根源在人类社会之中,这在《黑格尔法哲学批判·导言》中有精辟的论述,前面我们曾有涉及。上帝的历史意义是基督教文化的深远影响,这在《哥达纲领批判》中就是关于宗教信仰自由作为人权对未来共产主义社会的意义,对此我们也曾经涉及过。马克思的这些重要思想都是以思想火花的形式溅现在这些地方,遗憾的是他并没有全面论述,但他的观点是十分明确的。

这种冲突到底有多大的意义呢?古代不是就有人质疑上帝的存在吗?所以,将无神论与有神论的冲突来阐释马克思与基督教之间的关系只会陷入僵局,这个问题是无法解决的。正如康德所论的"二律背反",人既可以证明宇宙是有开端的,人也可以证明宇宙是没有

---

① 吕大吉:《宗教学通论新篇》(上),北京:中国社会科学出版社,1998年,第79页。
② Philip W. Goetz (Editor in Chief), *The New Encyclopædia Britannica* (Volume 11, 15TH Edition). Chicago/Auckland/Geneva/London/Manila/Paris/Rome/Seoul/Sydney/Tokyo/Toronto: Encyclopædia Britannica, Inc. 1987, p. 682.

开端的,最终只能证明人理性的有限性。上帝存在与否的问题,也是这样的"二律背反",从宗教的、哲学的和历史的等维度出发,以无神论与有神论的二分法来界定本命题,这是无法摆脱僵局的。因此,我们要尝试从新的维度,从文学的维度来展开此命题。试想,在文学创作、欣赏和评论等活动中,一个涉及宗教信仰,涉及上帝的存在、爱和恩典等的文学作品,这在欧美文学作品中是常见的,例如莎士比亚的许多作品,而莎士比亚却恰好是马克思的珍爱,马克思乃至年复一年地阅读甚至是表演这些剧作,带领全家人一起参与,马克思的无神论宗教观并没有阻碍马克思的文学欣赏活动,相反,还能促进他的文学欣赏和文学评论,他所提出的著名的"莎士比亚化"理论观点便是明证。反过来,一个基督徒,虽然他(她)是有神论的宗教观,但这并不会妨碍他(她)去阅读、欣赏和评论那些不涉及宗教信仰和不关乎上帝的文学作品,这样的事例在现实生活中是太通常了。由此,我们要说,马克思与基督教的关系的问题一旦放到文学的话语之中,一旦触及情感的话题,一旦融入审美的意境,这个问题就能得到很好的解决。

二、潜在融合

如果说显在冲突是人所能容易察觉的,那么潜在融合是难以察觉的。因为显在冲突是外在的甚至是表象的,而且冲突总会造成一定的响动,能为人所观察和关注便是自然的事情了。然则,潜在融合是内在的、隐秘的乃至是不知晓的,并且融合就是达成了理解并已经有了合成,它是不需要外在的响动性来为之证明的。由此,潜在融合比显在冲突更具有进展,更具有深度和更具有容量等。

那么,马克思与基督教的关系何以能具有潜在融合呢？综观马克思的一生,贫困和流落是他一生的不幸,但他一生从来没有为自己这样的人生悲剧而后悔过。马克思是一个伟大的革命家,他有着坚定的革命信念和崇高的革命理想,他那普罗米修斯式的高贵头颅从未向专制政府、反动阶级、资本主义和宗教神权等屈服过,这是他个人悲剧的根因,但却是天下的无产阶级、劳动人民乃至整个人类的解放的"福音"。世界上有多少劳苦人因他的崇高思想而得解放,世界上有多少受压迫者因他的革命实践而翻身,世界上有多少被剥削者因他的资本理论而得救。批判黑暗政府、揭露资本主义的剥削、驳斥不公平条约、痛责反动派的镇压等一切行为,无时不见证着这位革命家的"良心"和"道义"。这也许可以从 1835 年 8 月他从特里尔中学毕业时所写的作文《青年在选择职业时考虑的》中初见端倪。

  如果一个人只为自己劳动,他也许能够成为著名学者、大哲人、卓越诗人,然而他永远不能成为完美无瑕的伟大人物。
  历史承认那些为共同目标劳动因而自己变得高尚的人是伟大人物;经验赞美那些为大多数人带来幸福的人是最幸福的人;宗教本身也教诲我们,人人敬仰的理想人物,就曾经为人类牺牲了自己——有谁敢否定这类教诲呢?
  如果我们选择了最能为人类福利而劳动的职业,那么,重担就不能把我们压倒,因为这是为大家而献身;那时我们所感到的就不是可怜的、自私的和有限的乐趣,我们的幸福将属于千百万人,我们的事业将默默地但是永恒发挥作用地存在下去,而面对我们的骨灰,高尚的人将洒下热泪。①

  我们可以发现,青年马克思心目中的完美无瑕的伟大人物不是著名学者、大哲人和卓越诗人,而是那些为人类的共同目标而献身的人,他们因为舍弃个人利益而为共同利益变得高尚,他们因为他人的幸福而变得最幸福。从马克思对宗教教诲的评价来看,人们认为耶稣就是这样的人物,耶稣并不是为了自己的幸福,他来到人间为穷苦的人和受疾病折磨的人治病,他在贫瘠的村落向人传道,最终他被诬陷和出卖,被钉死在十字架上,牺牲自己而拯救了人类,基督教的思想理念与马克思的理想真是不谋而合。历史上,不管它是传说还是神话,但它们都是文学,能为人类福利而献身的英雄人物,最被马克思称道的有古希腊神话中的普罗米修斯,但在这里,甚至是在称赞普罗米修斯(明确称赞普罗米修斯见于他的博士论文,但那是大学时代了)之前,在他的中学时代马克思就对耶稣怀有无限的敬仰,因为耶稣的行为和事业,如果大家都来模仿和学习,那将是永垂千古的,即使他已经死去,但高尚的人将洒下热泪。马克思的理想目标即使是在他的青年时代,已与基督教的价值信念悄然融合,我们可以设想,即使马克思后来成为无神论者,作为这样的文学激情和审美话语,他

---

① 《马克思恩格斯全集》(第四十卷),北京:人民出版社,1982 年,第 7 页。

仍然不会指责基督教中这样值得称赞的信念和理想。

从对完美无瑕的伟大人物的追求和赞美中,我们可以看出马克思和基督教都持有对公平正义和幸福美好的人类社会的坚定信念,那么如何来实现这个美好的社会呢?毋庸讳言,马克思是主张实践和革命来完成这一伟大历程和实现这一伟大理想,无疑,基督教也是主张实践的,《圣经》中不断告诫信徒不但要有言辞,更重要的是要有行动,不但要有诚心,更重要的是要有考验。但人们有些怀疑基督教是否也是讲革命的,因为历史上基督教总是与统治阶级和权贵利益搅合在一起,当这些统治阶级变得反动,当权贵利益威胁到普通民众的利益时,如果基督教还为这些不合理和不公正去做神学意识形态的辩护时,那么此时的基督教已经背离了基督教的本真意义和原初信义。基督教何尝不是革命的呢?"人们可以说福音就是革命的(revolutionary)信息,就连旧约的信息也是革命的。很显然,这种革命是包括所有的方面:政治的,经济的,文化的,精神的,伦理的和知识的:不要顺从(conform to)'这个世界'(罗马书 12:2)。"① 不要顺从这个世界,当然,对基督徒来说是不要顺从一个不合理和不公正的社会制度,例如残酷剥削的资本主义私有制。真正的基督徒,是对上帝的爱和正义等公正良心的相信,并不是屈从于权威乃至是教义;真正的基督教是开放和包容的,有勇气和能力对陈规陋习和僵化思想进行挑战、批判和清除。20 世纪伟大的神学家卡尔·巴特的"自由神学"理论可说是对基督教革命性本质的充分发掘和天才贡献,请看他在《耶稣基督与为社会正义的运动》中的精彩论述:

> 教会不是耶稣,耶稣也不是教会。……耶稣带给我们的不是观念,而是生活的方式。……一个无神论者、唯物主义者和达尔文主义者,都能成为耶稣的真正追随者和门徒。耶稣不是基督教的世界观(Christian world view),基督教的世界观不是耶稣。……"耶稣和社会主义"(socialism)——就如同是一个整体而不是相互对立的!……当我们走向耶稣,整个关于精神与物质、天堂与人间的关系的概念已经完全不同了。对他来说没有两个世界,只有上帝王国的一个现实(one reality)。……这就是

---

① Jacques Ellul, *Jesus and Marx: From Gospel to Ideology*. Translated by Joyce Main Hanks. Grand Rapids, Michigan: William B. Eerdams Publishing Company, 1988, p.49.

为什么拯救不是精神与物质的分离（separation），不是人走向天堂，而是上帝王国物质化地来到人间，走向我们（come to us）。……耶稣摈弃私有制（private property）的观念。……耶稣对财产的观点是这样的：财产（Property）是寻求自我的。所属我的绝对不是我的！……在我们的时代，真正（real）的社会主义就是真正的基督教。① （笔者翻译）

在这里，我们可看到颇具革命性的基督教宣言，基督教神学的真义被巴特阐释得淋漓尽致，是对基督教保守主义的宣战，也是基督教神学在20世纪的大胆革命。这些革命的亮点有：

第一，教会并不一定是基督教信仰唯一权威组织机构，对基督教真义的信仰更关键在于个人本身及其行动和实践。无论历史上还是现实中，教会沦落为官方意识形态的代言人以及教会成为政治的附庸的现象屡见不鲜，例如英国国教从来没有真正与王权和政府分开，现任女王伊丽莎白二世就是英国国教的实际首领，这在英国历史上已经成了一个惯例，并且坎特伯雷大主教作为英国国教的首领，还要政府首相任命。相应的情况是，教会本身成了统治阶级一员，积累了大量的财富，成了既有财权又有神权的统治阶层，例如梵蒂冈的罗马天主教。显然，如果教会变成了这样，很难想象也很难认同它所做的一些不利于人民的事情是维护了基督教的教义，而耶稣是一个为劳苦大众服务的革命者，以生命捍卫了基督教的真义。

第二，基督教的开放性和包容性。真正的基督教是开放的，它绝不是封闭自用的，这是它革命性生命的体现。从基督教产生和发展的历史来看，它是一个不断对外扩展同时也是不断开放的宗教思想体系。例如教父时代的基督教哲学，实现了以古希腊哲学来阐释基督教的信仰并最终使基督教体系理论化。如果基督教教父没有开放的勇气，基督教没有与其他思想碰撞的底气，基督教早就被古希腊哲学吞灭掉了。正因为基督教的这种开放性，从而使它具有更大的包容性，能容纳各种不同的思想信仰并进行对话和交流，前面我谈到莫尔特曼认为基督教神学是对话的神学，实质上从理论形态上确立了基督教的包容性，由此才有基督教徒与无神论者、唯物主义者和达尔

---

① Clifford Green, *Karl Barth：Theologian of Freedom*. London：Collins Liturgical Publications, 1989, pp. 101—14.

文主义者对话和交流的可喜场面,这并不是凑热闹,而是一种现实处境。在全球化时代,在各国的经济日益相互依赖的今天,在各国的政治日益相互碰撞的今天,在各国的文化日益相互交流的今天,我们看到基督教的跨信仰间的对话和交流变得日益迫切和火爆。

第三,基督教对传统上的二元主义的颠覆。基督教历史上采用古希腊的哲学来阐释其宗教思想,柏拉图的二元哲学,理念与实体的二分,灵魂和肉体的二分,亚里士多德哲学中四因说中的"潜能"与"实现"的二分等,对这些哲学理论的运用,导致了基督教宗教理论的二元主义,如天堂与人间的二分对立,今生与来世的二分对立,最终导致了基督教与其之外的思想体系作为异端或是异教的二分对立。这样的结果,只会促使基督教的日益极端性和狭隘性,并为原教旨主义提供滋生的沃土。同时,也可为实用主义在基督教中寻找到借口和机由,例如可为教会敛财提供借口,欧洲历史上教会出售"赎罪券"便是明证;也可为虚伪主义提供保护伞,例如一些信徒们可以"口惠而无实惠",只有口头而无行动;甚至可以用来世的善德来冲抵今生的原罪,像"因信称义"或是"因信得救"等教义都是有理论缺陷的,它为无为主义和懒惰主义提供了端由,所以,巴特说只有一个现实,天国是走向我们的,而不是两个世界,这为后来解放神学的历史观和实践观提供了理论基础,即基督教的历史就是在改变此岸世界的整一历史之中,不存在一个虚幻彼岸世界的历史,这是基督教的革命。

第四,基督教和社会主义的统一。这也许会出乎一些人的意料,他们一般理解基督教是私人化的组织,是与资本主义的私有制社会相适应的,不可能与强调集体化的社会主义混在一起。实质上这是表象的理解,不是对基督教真正精神的理解。从基督教的神学来看,如自由神学、希望神学和解放神学等都强调基督教的原本精神应该为受苦的人、劳动者和穷人等,这也就是巴特为什么说耶稣是反私有制的,确实耶稣也是穷人出身,他一生的思想和行动是为穷人服务的,他反对富人的那些不仁义的行为和观点。从《圣经》的记载来看,如《使徒行传》等篇章的记载,早期的基督教徒都是集体式的生活,他们将个人的钱财聚拢在一起,大家相互帮助,团结友爱地生活在一起,现在欧洲的一些修道院里,基督教徒仍是这样,就是传承着这个古老的传统。从马克思主义对基督教的认识来看,虽然马克思本人并没有这样直接的言论,但恩格斯在《论原始的基督教的历史》中却有这样的看法,他认为早期的基督教的运动与社会主义运动有着共同性，都是为了受压迫和受剥削的穷人的解放运动，都是群众性的运动。马克思主义者参与到基督教的运动，或是基督教徒参与到社会主义的运动中，如20世纪60~70年代红火的基督教与社会主义、共产主义的对话、交流与合作活动，乃至自称或被称为"基督教社会主义者""基督教马克思主义者"或是反过来，名之以"社会主义基督教徒""马克思主义基督教徒"现象，这些都不是怪事了。

在当代，积极倡导基督教的理想性、平民性和革命性的内容和实质，在基督教神学中形成了一股强大的激进主义潮流，尽管它们各有自己的神学名称，如解放神学、希望神学、自由神学和处境神学等。牛津大学的克里斯托夫·罗兰（Christopher Rowland）教授便是其中的代表，作为神学家，他的文学研究对象主要是威廉·布莱克（William Blake）。他并不是坐而空谈玄妙的神学理论，而是强调通过像布莱克这样的诗人的文学作品，来具体而生动地阐释基督教神学的激进主义思想并返回到基督教神学的本真。持这种观点的并不只是罗兰教授一人，2012年由牛津大学出版的《激进基督教的声音和实践：纪念克里斯托夫·罗兰论文集》反映了活跃在当今西方思想界的神学家和文艺批评家等对这个问题的卓越贡献。编著者所总结的罗兰教授对《圣经》经典阐释的四种驱向依次是："想象（imagination）、细小特定者（minute particulars）、被边缘化者（the marginalized）和行动是生活的所有（action is the life of all）。"[①]非常有意思的是，第一个和第二个驱向却是文学的，想象是文学的特有思维方式，也是文学的基本特征，离开了想象，文学是不能成其为文学的。文学何以来构成自己的想象，通常需要塑造特定的人物来物化这些想象，例如流落街头的"儿童乞丐"，是布莱克作品中的人物形象。第三个驱向"被边缘化者"反映了激进基督教神学的政治诉求，即真正的基督教神学不是为"中心人物（权贵阶层）"所服务的。第四个驱向是对激进基督教神学的哲学实践观的概括，基督教是为来此世界的人的生活，要成为真正的基督教徒，重要的是行动而不是言辞，以行动来改变那"被边缘化"的境地，这就与马克思所提倡的"改变世界"的实践观是一致的，于此，我们看到马克思与基督教潜在融合的具体的一面。

[①] Zoë Bennett and David B. Cowler(edited), *Radical Christian Voices and Practice：Essays in Honour of Christopher Rowland*. Oxford：Oxford University Press, 2012, p.4—8.

承上，如何来解读或阐释马克思与基督教的潜在融合呢？罗兰教授的《圣经》解读和神学阐释为我们提供了榜样：依托于文学的想象，通过刻画细小的特定者这样的人物形象，由此来展现真正基督教的理想性、平民性和革命性。当然，并不是说所有的文学分析都只能是刻画细小的特定者，只是就他所专长研究的布莱克及其作品来说，细小的特定者是布莱克及其作品对阐释激进主义神学的最佳个例。于是，他在分析了布莱克的《天堂与地狱的婚姻》后指出，尽管其中充满了各种神学的对立，"但一个关键的方面，至少就基督教激进主义的历史所关心的是，新约，不管是好还是不足，编码了一种神学的理解，它强调现在（Now），目前的时刻（the present moment），不是对既有的而是对更多会要到来的概括"①。读者可注意到一个大写的"现在"（Now）为他所强调，还要加上"目前的时刻"来补充，这并不是啰嗦，而是体现了激进基督教神学的与时俱进、创新革命的本质特征，这与我们对马克思的文学分析，由此来揭示马克思主义的与时俱进、创新革命的本质特征不是一个道理吗？鉴于此，对马克思与基督教的潜在融合的关系的揭示，我们不能空谈玄理，要回归到文学的具体实境中，到《圣经》的篇章中（《圣经》本身就是文学作品），到布莱克的、到莎士比亚的、到巴尔扎克的，乃至到埃斯库罗斯的等远古作家的作品中，此方有解。

三、互补互助

本章的第一节论述了马克思与基督教关系的显在冲突，第二节论述了两者的潜在融合，似乎这个问题到此可以圆满结束了，但实际上还远没有结束。相对来说，揭示两者的潜在融合比揭示两者的显在冲突要困难，因为潜在难以发现，发现了还不一定能马上弄清它们能融合的原因和条件等。现在到了第三节，要研究在它们融合之后的进一步发展，有何相互补充和相互帮助的问题，这就要更上一层楼，也是更难的问题了。

马克思所强调的革命是为无产阶级的解放事业而服务的，"无产阶级"（the proletariat）这个词的词源来自拉丁语"proletarius"，古罗

---

① Zoë Bennett and David B. Cowler (edited), *Radical Christian Voices and Practice: Essays in Honour of Christopher Rowland*. Oxford: Oxford University Press, 2012, p.260.

马指社会的底层成员或阶级,他们没有财富,只有小孩,也就只能以小孩来登记作为他们的财富,他们的社会贡献就只能以养育小孩为务了。马克思在波恩大学学习法律时,曾研究过古罗马的法律,于是他将这个词借用过来,特指资本主义社会中没有生产资料所有权的最底层阶级,他们只能靠出卖自己的劳动为生活,但得到的只是他们劳动力的价值,表现为工资的形式,超出的部分则构成为"剩余价值"(surplus value)被资本家(bourgeoisie)剥削去了,故此,他们的家庭是赤贫的,生活是艰难的,状态是困顿的,这在马克思所生活的资本主义时代尤为明显,所以用"无产阶级"来定义一般来说还是可行的。但问题是,无产阶级的生活状态即使在资本主义社会中是不断发展和变化的,今天资本主义社会中的无产阶级,可能是有房有车有存款的劳工阶层,其生活的状况要比发展中国家的工人优裕多了,但与资本家比起来,他们本质上还是无生产资料所有权,还得靠出卖劳动来生活,尽管其劳动的形式越来越机器化,操作越来越电子化和其沟通越来越网络化等。

与此相对应的是,基督教所强调的拯救是为了其子民的罪孽。它宣称,每个人来到这个世界都是有罪的,称为原罪(sin),是生而有之的事情,人是无法剔除它的,除非上帝的拯救,在新约中则是耶稣被钉死在十字架上抵偿人类的罪孽从而拯救人类。那么,在基督教看来,无论你是无产阶级还是资产阶级,无论你是国王还是平民,只要是人,都是有罪的,都是要被拯救的对象。在基督教看来,人的原罪缘自人类的祖先亚当和夏娃违背了上帝的意志,经受不住蛇的诱惑,偷食禁果,导致了原罪的开端。到后来的人,不遵循上帝的教诲,干出各种坏事,破坏了人与上帝之间的良好关系,导致了原罪的泛滥。原罪的另一重含义是,它不一定就是犯法干坏事,如人天生的自利性或是进一步自私性,天生必要的生理需求等,这也被视为原罪,这些都证明人不是完善尽美的存在物,所以才要完善尽美的上帝的拯救,从这个意义上说,原罪又指人的不完善性。由此,基督教确立了一种普世化的价值论,无论是谁,无论是什么样的人,在上帝面前他们都是罪人。人在世俗社会中是有区别的,如出身、地位、财富、职务、学识、能力等一切,但在神圣世界中,每个人都是一样的,没有谁有优先权,更不要说是特权了。

承上,我们可发现马克思与基督教的互补性关系体现在两个方面。第一个方面是就马克思的思想或进一步来讲是马克思主义对基督教的补足意义,即基督教要补足其实践性。很显然,马克思或是马克思主义非常强调对现实社会问题的关注和解决,之所以提出"无产阶级"概念,确实是对当时资本主义社会贫富分化和阶级对立问题的反思和反应,要以行动和实践来改变世界,从而改变这些受压迫者和受剥削者的悲惨命运。基督教不是不关注现实,即使在《圣经》中也多次强调要用行动代替言语来生活,反对崇拜金钱和权力等,但问题是力行不足,特别是当教会成为反动政权的附庸的时候,当一些权贵和资本家把持教会的时候,他们所宣扬的基督教可能都是漂亮的言辞甚至是谎言,他们不会愿意以实际的行动去触犯他们的实际的利益。第二个方面则是就基督教对马克思的思想或是马克思主义的补足意义,即马克思主义者要有更大的宽容性。世界是复杂的,事物是发展的,状况是变化的,无产阶级与资产阶级的对立虽然在资本主义社会中是根本性的对立关系,但每一个个体的无产阶级都不是完美的,每一个个体的资本家都不是该死的,这要看他们在社会生活中的具体行动和实际态度等。一个粗暴无头脑的工人不可能成为无产阶级的好领导,一个有爱心和有奉献精神的基督徒可能成为无产阶级革命的头等功臣。马克思主义者不能将阶级斗争绝对化,阶级斗争是马克思主义的革命方式,但并不意味着要盲目地和绝对地适应于每一个个人,每一个个人的阶级立场要通过现实生活来判断,不能乱贴标签,简单行事,这一点,要学习基督教,无论对什么样的人,首先要有宽容的心,其次再去辨别。

进而,马克思主义者和基督徒如何相互帮助呢?现在可以非常清楚地表明,马克思主义者和基督徒在根本上不是敌人,而是朋友。但在过去的令人痛心的历史中,他们曾经成了敌人。庸俗的和教条化的马克思主义者仇视基督徒,因为这些庸俗主义者和教条主义者严重篡改了马克思关于宗教的科学论述,以"宗教是人民的鸦片"为根据,否认基督教作为宗教的社会功用和历史角色,当这些马克思主义者当权执政后,甚至迫害和屠杀基督徒,这在前东欧和苏联都有血的惨痛教训。反过来,一些极端保守的基督徒和基督教原教旨主义者(Christian fundamentalist),他们也是极端排斥无神论者,更不要说马克思主义者了。以基督教原教旨主义者为例,他们作为对 19 世纪以来兴起的现代主义新教神学的批评者,极端地和偏执地相信"《圣经》的绝对正确"(inerrancy of the Bible),认为《圣经》作为原始的经文,是绝对准确和毫无错误的,是与事实没有任何矛盾的。这就与现代主义新教神学认为对《圣经》的阐释本身也是历史发展的观点针锋相对,更不要说是反对现代主义新教神学所提倡的"达尔文主义"和"世俗主义(secularism 主张教育和国家职能要与宗教分离)"。在基督教原教旨主义者看来,现代主义新教神学最终只会导致无神论在基督教中的泛滥,这也就是他们要极力反对的原因。基督教原教旨主义自20世纪初到40年代,在英美的浸礼会教会和长老派教会中形成了组织性运动,构成了很大的声势。这样的声势,与当时的"反共运动"构成了合流,对马克思主义的排挤和仇视是自然的事情了。

其实,马克思主义者和基督徒应该相互帮助,而且必须相互帮助。试想,在资本主义的险恶环境和残酷现实中,资产阶级是实权和财富的所有者,为了他们贪婪无尽的欲望,他们可以镇压无产阶级的革命,他们可以腐蚀拉拢教会中的保守派乃至反动宗教势力为自己服务。一言之,资产阶级的实力的确是太强大了,无论是马克思主义者还是基督徒,在面对资产阶级的欺压时,在冲破资本主义的黑暗时,两者都应该团结起来,相互帮助,对抗共同的敌人——资产阶级。由于基督教的包容性和普世化,使得一些阴谋的资本家钻入教会中并利用他们的金钱实力来把持教会,从而这些基督教教会变得保守乃至反动,例如在帝国主义的殖民活动中,一些传教士成为帝国主义进行文化侵略的策划者和帮凶,对被殖民国家造成了严重的伤害,晚清时期的义和团运动就是对这样的伤害的回应和抗争。面对这样的情况,马克思主义者和基督徒更应该联合起来,相互帮助。他们的相互帮助有着现实的基础,一是马克思主义者中有着许多有学识和能力的优秀人才,他们能与教会中的宗教人士进行深入的思想沟通和文化交流;二是基督徒中也有许多劳工阶层,他们的生活处境使得他们能更容易接受马克思主义,能与马克思主义者合得来。

问题是,马克思主义者与基督徒的互补互助不是以这样纯粹的论述和宣讲就能开展起来的,它必须通过一定的实际媒介,这个实际媒介的重要点之一就是文学与艺术。就马克思本人来说,研读文学作品,如莎士比亚和埃斯库罗斯的作品,成了他日常生活的一部分,成了他长年辛苦工作的精神调剂,成了他理想情操的审美熏陶,自然也构成了他文艺批评的实践经验。我们知道,马克思关于文艺的"莎士比亚化"以及对古希腊文艺发展不平衡现象的科学论述都源自于他的文艺实践。对于其他的马克思主义者也都是一样的共同规律,即文艺审美是成就他们人格和理想的天然渠道,例如列宁的音乐修养、毛泽东的诗歌才华等。与之对应,那些有修养和学识的基督徒,文艺欣赏和审美体验也成了他们日常生活不可分割的部分。《圣经》本身就是非凡的文学作品,被称为解读西方文化的伟大代码,可以说,基督徒的精神修养和伦理意识并不是被《圣经》中的那些话语所灌输,却实际是由于在长年累月以《圣经》来进行文学欣赏和品读活动中逐步形成的。为什么人们惊叹基督徒的信念坚强,就是因为这是一点点慢慢构筑起来的。此外,在基督徒每周的礼拜活动中,音乐是必不可少的东西,无论是古老教堂的管风琴音乐,还是现代教堂的电子音乐,或是家庭集会中的钢琴伴奏,或是教徒们的圣诗朗诵与集体歌唱等,以这样的文艺方式来融入情感、陶冶情操和提炼精神,其影响是深远的。由此,综合来看,正是由于有了这样的文艺熏陶和审美意识,才使马克思主义者和基督徒能自觉相互补足、相互帮助,他们能这样自觉和自愿地做,不是因为被教导的、被灌输的,也不是不得已而被迫使的,也确实是神奇的了,具体细节我们将在第三章《互补互助:马克思与基督教关系的文学价值论研究》中展开。

四、交织深入

关于马克思与基督教的关系,第一节"显在冲突"和第二节"潜在融合"阐释了它们作为两重关系的分割状态;第三节"互补互助"阐释了两重关系的交融状态;那么,第四节我们则要做进一步的阐释,揭示这两重关系既有分割对立的状态,又有交融统一的状态,它们是交织在一起的,有分有合、有高有低、有停有动、有起有伏是它们交织后的进一步状态,也就是说,它们的关系是不断深入发展的。

就马克思来讲,他是一个坚定的无神论者,他的宗教哲学观的形成与他受费尔巴哈的影响有着密切关系。费尔巴哈的唯物主义哲学使得他关于宗教的本质观有着惊天般的发现,闪耀着人文主义的智慧光芒。在《基督教的本质》一书中,他论述道:"宗教,至少是基督教,是人与其自身(man to himself)的关系,或者更准确地说是与他本有的自然(例如他的主体自然);但与它的关系被看作是与他本有的自然而分离的自然。神(devine being)不外乎就是人(human being),宁或说是人的自然从个体人的局限中被精练和被解放出来,变得客体化——例如,沉思和倒转为另一者,一个显著的存在者。因此，所有神的属性都是人的属性。"①在他看来，神就是人，人就是神，神这个所谓客体化的存在者，实质上是被人创造出来的，针对基督教而言，他认为就是人创造了上帝而不是上帝创造了人，这是具有颠覆性意义的唯物主义宗教观。马克思曾学习和研究过费尔巴哈的哲学并受其影响，在批判费尔巴哈抽象的人的本质的基础上，形成了他自己的辩证唯物主义哲学宗教观，在《德意志意识形态》中既体现了他对费尔巴哈唯物主义精神的继承，又凸显了他对德国唯心主义哲学及其宗教观和虚假宗教意识的批判，现摘录如下：

> 人们是自己的观念、思想等的生产者，但这里所说的人们是现实的，从事活动的人们，他们受着自己的生产力的一定发展以及与这种发展相适应的交往（直到它的最遥远的形式）的制约。意识在任何时候都只能是被意识到的存在，而人们的存在就是他们的实际生活过程。……德国人认为凡是在他们缺乏实证材料的地方，凡是在神学、政治和文学的谬论不能立足的地方，就没有任何历史，那里只有"史前时期"；至于如何从这个荒谬的"史前时期"过渡到真正的历史，我们没有得到任何解释。不过另一方面，他们的历史思辨所以特别热衷于这个"史前时期"，是因为他们认为在这里他们不会受到"粗暴事实"的干预，而且还可以让他们的思辨欲望得到充分的自由，创立和推翻成千上万的假说。……这种观点实际上是宗教的观点：它预先把宗教的人当作全部历史起点的原人，它在自己的想象中用宗教的幻想生产来代替生活资料和生活本身的现实生产。②

所以，在马克思看来，基督教作为一种宗教，其宗教观念和宗教思想等都是从事现实活动的人所创造的，如跟随耶稣传道的门徒，早期的希腊哲学教父，从事实际工作的基督徒等，宗教意识实质上是人现实生活过程的反映，尽管采用了"上帝"这个存在者形式，是一个虚假的意识形式，是颠倒的世界观。这种颠倒的世界观在德国古典哲学中颇有传统，也就是唯心主义哲学家所热衷的纯粹的精神思辨，他

---

① Ludwig Feuerbach, *The Essence of Christianity*. Translated by George Eliot. New York: Prometheus Books, 1989. p. 14.

② 《马克思恩格斯全集》（第三卷），北京：人民出版社，1960年，第29～45页。

们以为有独立的超越历史的"史前时期"为他们提供这样的理想王国进行纯粹的思想活动,实质上他们何时何地不受现实世界和生活过程的制约呢?落实到宗教中,所谓的"原人""上帝""耶稣"等都不过是幻想的产物。这样,在马克思看来,历史就是人的生活的历史,一切宗教的根源都要到人的生活的历史中去寻找,而不是像基督教所宣扬的要到天国和上帝那里去寻找。在对待人和自然的问题上,他认为并不存在一个超越于人和自然的终极的最高的神——上帝,人类社会和自然世界的一切发展变化都是因其自身的内在矛盾所推动并受其内在与外在的客观规律所制约。由此,马克思是一个彻底的人文主义者,与基督教的神学坚决对立。

就基督教作为一种宗教而言,它毫无疑问是有神论的宗教观。上帝是基督教最高的也是唯一的神,他是全能、全知、全在和全善的神,他创造了包括人类在内的整个世界。信仰上帝的存在,是基督教神学信念的基石,上帝的存在既是无形的又是有形的。无形,因为他存在于一切事物之中,这是他的无所不在(immanence)的特性;有形,他会在一定的时候显现给人类,从而对人类给予启示和拯救。上帝的爱是基督徒道德伦理的基础,简言之,基督徒的爱是建立在上帝的爱的基础上的,上帝的爱是无私的、博大的和不求回报的,人类白白地享受上帝所给予人的一切,也所谓"恩典"(grace)了,于此,人要爱上帝,这是基督教十诫之首,然后再去爱邻人。因上帝的爱是如此恩泽宏浩,人就要虔诚地去爱上帝,就要爱邻人如己,这样的伦理诉求和道德规范使得基督教在世俗社会中发挥着巨大作用。对基督徒来说,上帝的存在是真的,尽管不能用事实来证明上帝的存在,但他们凭信仰确证上帝的存在;对基督徒来说,上帝的爱也是真的,尽管肉眼看不到这种爱,但可以凭心灵感受来体验这种爱。

可见,就马克思与基督教的关系而言,这其中交织着两种相互对立而又统一的东西。对立的是无神论与有神论宗教观的对立,前者认为在世界中没有一个超越于自然和人的最高级的神的存在,后者则认为有。前者认为人本身也是自然界的产物,人的认识世界和改造世界的能力是不断提高的,人最终能把握世界;后者则认为人和自然世界是由上帝创造的,人认识世界和改造世界的能力是有限的,人最终不能超越上帝;前者是人文主义的集中表现,后者是神本主义的经典集成。这些都是对立的,为什么又是统一的呢?事实上,人们以前一直关注它们的对立,很少研究它们的统一。我们先要把这个问题——"世界中有没有一个超越于自然和人的最高级的神的存在"悬置起来,谈论这个问题结果如同康德所论的"二律背反",是讨论不出结果的,最终只能证明人理性知识的有限性,几千年来有神论与无神论的神学讨论和宗教哲学观的争持毫无结局便是证明。事实是,无论是有神论的思想还是无神论的思想都是客观存在的,并且它们总是交织在一起的,不能只有一者而无另一者,世界本来就是对立统一的。因而,一方面,人可以不断认识世界和改造世界,另一方面,人能永远完全认识世界和改造世界,因为时间是无始无终的,空间是无垠无尽的,人解决了一个问题,新的问题又出现了,总是这样无尽的过程。这也就是符合黑格尔辩证法的不断循环上升的规律,就思想交流来说,也就是不断深化的过程,由迷信的神学观向科学的神学观深入转化,由单一绝对论向双向互动论深入等等。

然则,这样的交织深入的描述还只是一种理论的描述,不是一个具体的实践过程。试想,马克思本人或是一个马克思主义者的无神论的宗教哲学观的形成并不是简单地被理论所教导的或是被哲学所灌输的,脱离不开他们亲自参与的社会实践的作用。就马克思来说,如果没有当年做编辑从而批判社会制度不公的实际经历,没有遇到现实中的犹太的问题,没有体验下层群众和工人阶级的贫困问题等,他不可能形成他的无神论的宗教观。对基督徒来说也是一样的,他们的有神论宗教观的形成也不是简单地被教义所教导的,被教会所灌输的,而是一个具体的生成过程。现在,他们的理论水平达到了更高的认识,即无神论和有神论的思想在人类历史的思想长河中是交织深入的,如果我们逼着要他们解释为什么矛盾的东西能交融在一起并深入发展,如同我们一样,从理论上真还是难以解释。这样,我们要返回到实践中去寻求解释。什么实践?文学艺术的实践,审美情感的深刻体验,审美意识的深入发掘,审美理想的深度探寻等。正是在审美实践中,在文学欣赏中,在艺术接受中,我们可以冲破宗教的和哲学的藩篱,走向交织深入的前程。

第一章 显在冲突：马克思与基督教关系的文学本体论研究

从本章开始，我们要以文学事例和具体阐释的形式来研究马克思与基督教关系所揭示的文学理论问题和文艺批评范畴。就本章而言，着重要通过两者"显在冲突"的对立格局和矛盾关系，具体从马克思的文学现实反映论与基督教的文学超验启示论，马克思的文学历史观与基督教的文学历史观，以及马克思的文学真理观与基督教的文学真理观这三个方面来阐释什么是文学的本体论，它有何意义。

第一节 马克思的文学反映论与基督教的文学反映论

一、马克思的文学反映论

在马克思看来，文学是人对现实的反映，就他所特别喜爱的埃斯库罗斯的剧作来说，是对古希腊城邦社会的经典反映；莎士比亚的作品是对文艺复兴时期资本主义社会的精彩描述，与基督教不同，他认为文学是来自人而不是来自神。正如我们前面所引论，马克思在《德意志意识形态》中早就强调，人们是自己观念、思想的生产者。文学，作为反映人们自己观念、思想的艺术形式，自然也是由人们自己生产的，具体来说是有诗人、小说家、散文家、剧作家等，他们是文学的实际创作者，他们之中很多人都具有文学的天赋，体现出天才般的神气本领，例如李白斗酒诗百篇，巴尔扎克一生创作了96部长、中、短篇小说和随笔,还有其他很多文学天才也是如此,于是有人,特别是基督教人士认为这些人的文学的天赋是来自于上帝的灵感,是上帝成就了他们。但他们忘记了,李白是作为有远大政治理想的诗人,巴尔扎克是作为痛恨资本主义金钱堕落的作家,他们的文学成就是建立在他们的坎坷人生和艰苦奋斗的基础上的。

就马克思自己生活经历和创作实践而言,他中学毕业后就去外地读大学,长期与家人分离,特别是与他的未婚妻燕妮的分离,使他对生活感到特别苦恼,对爱情越发地渴望,对恋人特别地思念,对亲人越发地依恋,对庸俗的教育风气越发地厌倦,对腐败社会越发地痛恨,由此导致他在青年时期(重点是1833~1837年之间)创作了大量的诗歌,光是献给燕妮的爱情诗,名之为《爱之书》和《歌之书》的就共有三卷,这也是一桩奇事了。但了解马克思的人都知道,如果他没有与燕妮的疯狂热恋、秘密订婚和订婚后七年分离的生活经历,那么这些诗歌可能根本就不会出世。问题是这些诗歌出世了,是现实促使成就的,为什么现实能成就文学艺术,反过来说,文学艺术是对现实的反映,世界观成熟后的马克思就很好地回答了这个问题,请看他在《政治经济学批判——序言》中的回答:

> 人们在自己生活的社会生活中发生一定的、必然的、不以他们的意志为转移的关系,即同他们的物质生产力的一定发展阶段相适应的生产关系。这些生产关系的总和构成社会的经济结构,即有法律的和政治的上层建筑竖立其上并有一定的社会意识形式与之相适应的现实基础。物质生活的生产方式制约着整个社会生活、政治生活和精神生活的过程。不是人们的意识决定人们的存在,相反,是人们的社会存在决定人们的意识。……随着经济基础的变更,全部庞大的上层建筑也或快或慢地发生变革。在考察这些变革时,必须时刻把下面两者区别开来:一种是生产的经济条件方面所发生的物质的、可以用自然科学的精确性指明的变革,一种是人们借以意识到这个冲突并力求把它克服的那些法律的、政治的、宗教的、艺术的或哲学的,简言之,意识形态的形式。①

---

① 《马克思恩格斯选集》(第二卷),北京:人民出版社,1995年,第32~33页。

此处,马克思所谈的是生产力与生产关系两者之间的关系,即生产力决定生产关系,生产关系适应生产力的发展水平,广言之,也就是物质生活是社会生活、政治生活和精神生活的决定基础。然后,他将这个经济学问题上升到哲学问题,推论出人们世界观形成的制约条件,即存在决定意识,而不是意识决定存在。再后,他谈到社会为什么会发生变革,也即是生产力与生产关系的矛盾发展所致,最为关键的是,他紧接着谈到了如何来衡量社会的变革,一种是自然科学反映方式,这是可以精确指明的,如生产了多少粮食、国民GDP增长了多少等等;另一种是人文社会科学反映方式,如他所列举的,这些方式是不可精确指明的,但其作用却不可小觑和低估,例如社会发展的"公平"理念、人类生活的"爱心哲学"等,重要的是,我们看了"艺术的"(这里指文学艺术)方式,马克思明确说明文学是一种意识形态的形式,就意识与现实的关系而言,不言而喻,他的文学观是与其世界观密切联系的,也就是他认为文学是对现实的反映,宗教也是对现实的反映,正如他在《黑格尔法哲学批判·导言》中所说的,宗教的苦难既是现实苦难的表现也是对现实苦难的抗争,不过其反映方式是扭曲的,其作用如同"鸦片",能够镇痛,但不能根本性地解决问题。而基督教则反对这个说法,认为宗教的和文学的等方式,都是上帝对人的启示,而不是人对现实的反映,在这点上马克思与基督教的文学观是严重对立的。鉴于此,若要马克思来看待圣经文学,他的观点肯定圣经文学是犹太人对世界、历史、社会和文化等的反映,只是在其中融入了宗教的信仰。

二、基督教的文学反映论

基督教怎样看待文学的与社会的问题?我们可以考察《圣经》,《圣经》在西方的历史文化语境中首先是文学,其次才是基督教的教义。一个人不管他/她是基督徒或不是,他们都可以将《圣经》作为文学来欣赏。在西方,特别是信奉基督教的国家,许多人的成长都是伴随着《圣经》而成长的。他们出生受洗牧师或神甫要用《圣经》的经文来祝福,《圣经》是他们儿童故事的主要来源之一,《圣经》是他们婚礼的见证物之一,《圣经》也是影视艺术和文艺小说的题材来源之一,《圣经》还是他们死后被祈祷的念词的依据之一,等等一切,我们可以说,《圣经》本身就是文学,是西方文化的传承密码。马克思曾是基督徒,他对《圣经》是熟悉的,从他的中学作文便可以看出。我们可以循着马克思的成长足迹,想象《圣经》作为文学对人的审美意蕴,其中耶稣的出生是最具代表性的文学经典,见于下:

当那些日子,凯撒亚古士督有旨意下来,叫天下人民都报名上册。这是居里扭作叙利亚巡抚的时候,头一次报名上册的事。众人各归各城,报名上册。

约瑟也从加利利的拿撒勒城上犹太去,到了大卫的城,名叫伯利恒。因为他是大卫一族一家的人,要和他所聘之妻马利亚一同报名上册。那时马利亚是身孕已经重了。他们在那里的时候,马利亚的产期到了,就生了头胎的儿子,用布包起来,放在马槽里,因为客店里没有地方。

在伯利恒之野地里有牧羊的人,夜间按着更次看守羊群。有主的使者站在他们旁边,主的荣光四面照耀着他们,牧羊人就甚惧怕。那天使对他们说:"不要惧怕!我报给你们大喜的信息,是关乎万民的。因今天在大卫的城里,为你们生了救主,就是主基督。你们要看见一个婴孩儿,包着布,卧在马槽里,那就是记号了。"

忽然,有一大队天兵同那天使赞美神说:"在至高之处荣耀归与神!在地上平安归与他所喜悦的人!"

众天使离开他们,升天去了。牧羊的人彼此说:"我们往伯利恒去,看看所成的事,就是主所指示我们的。"

他们急忙去了,就寻见马利亚和约瑟,又有那婴孩儿卧在马槽里;既然看见,就把天使论这孩子的话传开了。凡听见的,就诧异牧羊之人对他们所说的话。马利亚却把这一切的事存在心里,反复思想。牧羊的人回去了,因听见所看见的一切事儿,正如天使向他们所说的,就归荣耀与神,赞美他。

满了8天,就给孩子行割礼,与他起名叫耶稣,就是没有成

胎以前,天使所起的名。(路 2:1—21)①

即使你不是在基督教文化中长大的人,阅读这样生动的故事,欣赏如此美妙的神话,自觉或不自觉地就要赞叹《圣经》中奥秘的传奇。这本来就是犹太先民的一幅生活画卷,简约的历史背景,鲜活的人物和主角,超越的神灵主宰。第一段简单交代了古罗马帝国管理民政的政策,报名上册,为耶稣的出生留下伏笔。第二段先出现了两个配角,即耶稣的人间父亲约瑟和生母马利亚,马利亚本还是处女,与约瑟订婚并没有迎娶,却从圣灵怀孕,这样就有主角耶稣的诞生。耶稣的诞生是逼真的生活情景,用布包起来,放在马槽中。这如同我们中国某地方人们的祖先传说一样,他们的先祖诞生在猪圈或牛棚之类的故事,即使今天的人们,都不会傻到要去追问这是真的还是假的,但都会被这种生活的故事所感动;宁或说,人们都愿意相信这是真的,而不愿意相信这是假的,因为像"裹婴布"和"马槽"这样的生活之物是真的,人们的想象和信服都是建立在这样的活生生的细节上。进而,耶稣的出生之苦,给人留下了延续下去的期待,如同我们中国的民间信念:"命大的人出身苦。"耶稣是从一出生就开始经历"苦其筋骨",那其日后的作为真是不可估量。果真如此,从第三段到第六段就是要映衬耶稣的不凡出生,牧羊人夜晚见到主的荣光,这是多么耀眼的辉煌,旷野漆黑而华光忽照,人心迷茫而圣灵引导。除了这样的视觉冲击和感受之外,又有了声觉的融入和感受,那就是天兵和天使对主的赞美之声,这些声音是欢跃的、是回响的、是深沉的、是启迪的,因为他们在天国和人世之间来回往返,见证了这一切为上帝所安排而要注定发生之事,而牧羊人的话和行动,是作为人对耶稣神奇出生的见证。

耶稣的出生降临和行事受难在《圣经》的其他篇章中都有预言,

---

① 《圣经——中英对照(和合本·新国际版)》,香港:汉语圣经协会有限公司,2009年第六版,第102～103页。由于《圣经》历史上有无数的版本,具体是哪一部《圣经》,即使是同样的内容,其页码也是不同的,故作为文献的引用,这样的具体页码也不一定有意义,因为《圣经》的奇特之处是它的编排体例,尽管不同版本的页码不同,但同样的内容其定位的编排体例是一样的,例如,(路 2:1～21)表示是《路加福音》的第 2 节的第 1 句到第 21 句,所以不管是哪种版本的《圣经》,只要按照这样的体例去查询,便能很快找到所指的内容,故此只要标明"某书某节某句(或到某句)"就可以了,这也成为西方著作引用《圣经》的惯例,由此,本书后引《圣经》,也采用这种格式,特此说明。

这一切的活动都是注定的,为上帝所安排好的,人则是要从《圣经》中得到启示。例如,赛 7:14 预言耶稣为童女所生;弥 5:2—5 预言耶稣从伯利恒出生并成为以色列中的掌权者;诗 118:22 预言耶稣是拯救人类事业的拱顶石;赛 11:10 预言耶稣的根基是万民的大旗;耶 23:5—6 预言耶稣将为义王;但 7:13—14 预言耶稣将为人子;诗 69:22 预言耶稣将在筵席上被捕;赛 52:13—15 预言耶稣将要受苦,等等一切,这些都说明《圣经》作为文学是一种预言的形式,然后使这些预言得以实现,从而使人从中得到启示。如果我们全盘考察《圣经》的文学体裁形式,一般而言,《圣经》中的文学体裁形式多以箴言体的散文形式居多,故事类的虽有,在《旧约》中比在《新约》中更多,因为《旧约》涉及更多的关于历史、王朝和民事等的记录,但整个《圣经》一书中总体上是没有丰富的情节和复杂的故事内容的。于是,"简朴是《圣经》叙事的一种独特模态。具体而言,简明的人物、简洁的情节及简约的背景是展现此独特模态的实例。这些实例所构成的《圣经》与同为西方叙事文学源头的《荷马史诗》对峙并彰显出强烈的反差,由此形成了《圣经》叙事的魅力和神秘"①。这样的叙事魅力和神秘是与其箴言体的散文的魅力相适应的,即《圣经》一书的作者们不愿意在具体的事情上多费口舌,很多时候是点到即止,而愿意把这些启示和教导放到箴言体的散文中,这是《圣经》作为基督教文学的独有特征,我们可以信手举例来说明,例如:

义人的口是生命的源泉;强暴蒙蔽恶人的口。
恨,能挑起争端;爱能遮掩一切过错。
明哲人嘴里有智慧;无知人背上受刑杖。(箴 10:11—13)

一个人不能侍奉两个主。不是恶这个就是爱那个,就是重这个轻那个。你们不能侍奉神,又侍奉玛门(注:"'玛门'是'财利'的意思。")。(太 6:24)

做工得工钱的,不算是恩典,乃是该得的。然则,不做工的人,但信神能开释罪人的,他的信就算是义。(罗 4:4—5)

---

① 李增强、李志雄:《简朴与信仰——〈圣经〉叙事的一种独特模态及其神学意蕴》,《学术研究》2011 年第 8 期,第 154 页。

这些箴言体的散文,以文学的形式分别反映了基督教教义中的"伦理智慧""反拜金主义"和"因信称义"。为什么《圣经》的作者们愿意多用箴言体的散文形式而少用丰富的叙事的形式呢?这自然与《圣经》是基督教的教义及其信仰之依据有密切关系。试想,丰富的叙事形式,如同《荷马史诗》一样,尽管非常生动形象,但却会激发许多的想象,招致一些难免的歧义,甚至引发导致分裂意见的争论,而这些肯定不是基督教所需要的。《圣经》是文学,而基督教将《圣经》看作文学的根本目的还是为了其教义和信仰,这些教义和信仰在基督徒看来也就是上帝对人的启示,这些启示对人来说重要的是领悟和理解,所以,《圣经》的简朴的叙事形式,实质上是尽量让人去领悟,点到为止,不能多说,多说了(也就是多叙述了)就会产生歧义和误解。但人的领悟能力是有限的,还要进一步理解,做到真正认识了和掌握了,这样《圣经》中就有了大量的箴言体的散文,这些箴言,或称格言,或是座右铭,都是内容明确的、广为人知的、意义重要的和被证明是正确的,而这正是基督教所需要的。基督教是一神教,信奉唯一的神耶和华,对他的信仰是不可动摇的;他的教导构成了基督教的教义,启示人们去信仰和行动,这就是人的生活和世界,是人的现实。由此引发出一个重要问题,即在基督教看来,文学,例如《圣经》,它与现实的关系是,文学是上帝对人的超验启示。所谓超验,就是超出了人的理性、经验和知识的局限,而这是人所做不到的,人都是现实地和实在地生活在经验世界中,人是凭借理性、摸索经验和获取知识来认识世界和改造世界的,所有的这些都是建立在经验的基础上,亚里士多德早就在《形而上学》中说过:"求知是人类的本性……除了人类,动物凭现象与记忆而生活着,很少有相关联的经验;但人类还凭技术和理智而生活。现在,人从记忆积累经验;同一事物的屡次记忆最后产生这一经验的潜能。"[①]这是西方最早的朴素唯物主义之一,说明人的经验与理智对人认识世界的重要性,延伸到与宗教相关的内容就是无神论的认识起源。

但柏拉图世界观与亚里士多德的完全相反,在柏拉图看来,世界的形成是因为存在着一个超越于具体事物的理念,而它是世界的本源。如他在《理想国》中所论"神之床"等三种床,"……一种是自然的

[①] 亚里士多德:《形而上学》,吴寿彭译,北京:商务印书馆,1959年,第1~2页。

床,我认为我们大概得说它是神造的。……其次一种是木匠造的床。……再一种是画家画的床……神或是自己不愿或是有某种力量迫使他不能制造超过一种的自然的床,因而就造了一个本质的床,真正的床"①。这种观念实质上是西方唯心主义哲学的最早集成,其发源性影响是深远的。恰好的是,基督教就是借用了柏拉图的唯心主义哲学来论证其上帝的存在,上帝是世界的创造者,但他是生活在人的世界之外的另一世界中,而人是不可能达到这另一世界的。人是生活在经验的世界之中,而上帝是生活在超验的世界之中。上帝派遣他的儿子耶稣基督来到人的世界并来拯救人,使人能信仰上帝,这就是基督教的"道成肉身"。所以,人要能信仰上帝,不能凭借经验的事实,而是要受超验的启示。超验的启示在哪里? 在《圣经》中。而《圣经》对人来说首先是文学,由此,基督教的文学观,关于什么是文学的问题,就文学与现实(reality)的关系来说,这个现实包括自然世界、人类社会和人的心灵世界,则基督教认为文学是上帝对人的超验启示。在基督徒看来,现实,人所生活的情景和环境等,都是上帝所创造的,人如何知道呢? 就是通过文学,例如《圣经》、莎士比亚的剧作和布莱克的诗歌等,它们都是上帝对人的超验启示。

三、马克思与基督教关系的文学反映论

从上面的对比研究中可发现,马克思与基督教的文学反映论是对立的,前者认为文学是对社会现实和人生经历的反映,后者则认为是对社会现实与人生经历的启示,虽然反映和启示并不是严格对立的,反映可生成启示,启示也可增进反映。但这里问题的关键是,它们两者对文学的源头的认识是截然不同的,前者认为文学的源头只可能是人的社会生活,后者则认为其源头是神的天国世界。如果有人抓住马克思早年文学创作中的宗教文化情结,以他在诗歌等的创作中对上帝的敬仰和赞美来反驳马克思的文学反映论,则是片面的和简单化的做法,这要从马克思整体一生的信仰转变和宗教哲学观的成熟来看待,如此就不会有那样的质疑了。"他的早期诗歌中有一定的浪漫主义的宗教成分,但在这个时期以后,马克思便认为文学是完全属于这个现实世界的。它不是由超自然的灵感所产生的,它所

---

① 柏拉图:《理想国》,郭斌和、张竹明译,北京:商务印书馆,1986 年,第 390～391 页。

涉及的也不是什么超凡的领域,什么神秘的、不可思议的彼岸。文学所涉及的是在一定的社会历史环境中的人类,是由社会制约的个别的人所产生的,也是他们所接受的。"①可见,从马克思后来成熟的文学观来看,他认为文学总是对社会生活的反映,特别是生活在一定的社会历史环境中的人类的生活的反映。尽管基督教也会承认文学是对一定社会历史环境中的人类的生活的反映,但它的一定的社会历史环境是犹太－基督教文化的历史传承的环境,是对上帝创造的人类世界生活的反映,对后来的新教来说就是要坚信"因信称义"的公平正义的社会的反映。人类之所以有这个世界,能创建这个公平正义的社会,都是因为上帝。所以,文学对基督教来说最终是对彼岸世界的反映,此岸的世界不过是彼岸世界的缩影。由此,马克思与基督教在文学反映论上的对立,实质上是文学哲学观的对立,不仅是宗教观的对立,一切历史唯物主义的文学观和一切历史唯心主义的文学观都会有这样的对立,就此而言,马克思与柏拉图、奥古斯丁、康德、黑格尔等的文学观都是对立的。正因为柏拉图、奥古斯丁、康德、黑格尔等的文学观都存在着,与马克思所代表的历史唯物主义文学观并存着,因而也就有着探究的必要性和普遍意义。

进而,此种探究的必要性和普遍意义迫使我们要追问,到底谁是文学的真正创作者呢?显然,马克思的回答是生活在一定的社会历史环境中的人类,而基督教的回答则是创造一定的社会历史环境的上帝。按常理来说,马克思的回答是很好理解的,毕竟从看得见、摸得着的、想得到的"事实"来说,简言之,文学是人创造的。然则,基督教毕竟也有两千多年的历史文化传统,坚信"上帝创造世界"的基督徒在当今也不在少数,他(她)们会认为马克思所得到的"事实"是虚假的、表面的现象,隐藏在这些现象后的是上帝的万能。人是肉眼见不到、双手摸不到、脑袋想不出上帝的形象及其本质的,人是有限的存在者,而上帝是无限的万能者。从一个纯粹的逻辑判断来说,如果人不知道某个东西,那么这个东西可能存在,也可能不存在。例如,若一个非洲的土著不知道中国的黄河,但不能说中国的黄河不存在。由此,人类理性逻辑的有限性,为基督教的"上帝存在论"留下了空间,至少有50%的可能是认定上帝是存在的,当然,也有50%的可能

---

① [英]希·萨·柏拉威尔:《马克思和世界文学》,梅绍武、苏绍亨、傅惟慈、董乐山译,北京:生活·读书·新知三联书店,1980年,第542页。

认定上帝是不存在的。由此,基督教的文学反映论,认为文学是由上帝创造的,这对于基督徒来说是天经地义的事情,对于基督教的信仰来说是不可否认的。乃至于《圣经》文本没有具体的作者但却如此具有连贯性、系统性和整体性,《旧约》和《新约》有那么多的巧合奇妙之处,一切看似神秘的地方,在基督教都被认可和相信。这一切的文学反映论上的对立,以马克思和基督教所各自代表的一方,自从有人类的思想史以来,西方的例子可轻易举出柏拉图与亚里士多德文学哲学观的对立,中国的可轻易举出儒家的性善论和性恶论的文道传统,谁也说服不了谁,谁都可以拿出十足的证据。

文学到底是人创造的还是神创造的?文学到底是经验的还是超验的?文学到底是人的世界的反映还是神的世界的反映?这些都涉及文学的本体论问题,文学到底是什么?从上面的论述中可知,当我们论证文学是 A 时,同时我们也可论证文学是非 A,这样就陷入了逻辑上的二律背反。这个被康德所深刻论述过的难题,说明双方各自依据普遍承认的原则所建立起来的、公认为正确的两个命题之间的矛盾冲突。为什么会这样?乃是由于人类理性认识的辩证性力图超越自己的经验界限去认识物体,误把宇宙理念当作认识对象,用说明现象的东西去说明它,这就必然产生二律背反。在美学领域里,康德提出兴趣和概念的二律背反,目的在于揭露经验派和唯理派的观点在美学上的片面性。效法康德揭露经验派和唯理派的观点在美学上的片面性,我们也可揭露所谓文学本体论实质上是一种片面性命题,也即可说,根本不存在一个纯粹的文学本体论,因为当我们说文学是 A 时候,别人马上可说文学是非 A,由此陷入了二律背反的泥潭而不可自拔,而这是多么笨拙的做法。所以,我们会听到一种声音,就是对文学反本质主义的呼声,认为其实文学没有所谓的一成不变的或普遍性的本质,文学的本质都是被人在社会历史中所构建出来的,它的所谓的本质都是一定的社会的历史的和文化的产物,当这些社会的历史的和文化的条件发生变化后,其所构建的文学的本质也要发生变化。这和前面柏拉威尔论述的马克思的文学观点是不谋而合的,实际上纵观马克思一生的文学活动,可看出这也确实是马克思的观点。在被马克思所揭示的文学观奥秘后,我们要进一步深入探究。

我们的进一步深入探究,就是要在反本质主义的基础上,提出文学的反本体论主义。本质毕竟还是不同于本体,本质是相对于现象而言的,本质是事物的内在规定性,而现象是事物的外在规定性。本质与现象是辩证统一的,本质寓于现象之中,并通过现象反映出来;现象受本质的支配,是本质的外部形态。而本体则是指世界的本原,一切事物的最初的根源,或构成世界的最根本元素,古希腊哲学所探讨的使一个东西成了这个东西的东西。所以,文学是什么,是一个本体论的问题,它包含文学的本质是什么和文学的现象有哪些这样复杂的问题,而又要还原到其发生的原点,等于说最复杂的问题就是最简单的定义,这不就是陷入了"二律背反"的泥塘吗?尽管人类的文学都有一个时间的起点,因而似乎可以套上本体论的框架去寻找文学的本体。但其实这是荒谬的,一者因为文学的本质和现象都是随着人类的历史不断发展变化的,而所谓纯粹的具有永恒的普遍意义的本体其实是不存在的,一切都在变化之中,超越人类的有限历史,宇宙的变化既在原点又是在终点,原点和终点是混同交织的,最终是不分你我差别的。从宇宙论角度来看,文学无所谓本体。二者是因为文学是在历史的时间进程中朝前发展的,不可能倒退到过去的历史中,尽管过去的文学对今天和未来的文学都有重要的借鉴和启发,所以发掘最初的源头或是归结最基本的元素,其意义不是朝向过去,而是指向当今或未来的。所以,文学如果有本体论,也只能是相对于认识论而言,人认识到什么程度,就有什么程度的本体,没有终极的、普遍的、永恒的本体。文学的本体既发生在过去,也发生在当下,还发生在未来。唯有这样,才能将人与宇宙联系起来,能将人的审美情感从过去到现在到未来关联起来。

第二节 马克思的文学历史观与基督教的文学历史观

一、马克思的文学历史观

本章第一节是就文学与现实来谈论马克思与基督教关系的显在冲突性,从中反映出两者不同的世界观和文学观。任何文学,既与现实有着密切关系,同时又是在历史中具体发展的文学。换言之,任何文学,都是文学史的文学,文学不是从来就有的,也不是从来如此的。文学是随着人类社会的发展而发展的,特别是随着人类科技的发展而不断进步的。例如,文学是借助于语言文字和话语的媒介来表达审美情感的,但其媒介的物化方式从古至今是不同的,从纸莎草到羊皮纸,再到印刷纸张,再到电子网页等,其变化是巨大的,这只是说人们使用语言文字和展开话语的具体方式发生了变化,但作为文学的本质要求并没有发生变化,都是要用语言文字和话语来表达人类的审美情感。我们看到,在马克思的时代,文学书籍的传播主要靠印刷和手抄,在今天马克思的文集都可上网查找电子文本;同样,古代的《圣经》最早是手抄本,后来有了印刷本,到如今自然也有了电子文本的,但无论哪者,它们都反映了马克思的或是基督教的文学观。如此,从具体媒介方式来讨论马克思的或是基督教的文学观的关系是没有深刻意义的,但当我们把文学作为一个独立的整体,作为一门独立的学科,作为一种科学的范畴以及作为一个自足的体系等,它与历史是什么关系?就这个关系,马克思和基督教是如何来看待的?为什么就这同一个关系,马克思和基督教的看法是不同的呢?

马克思本人是精通古希腊文学的,对于欧洲文学史他是有发言权的。一者是马克思青年时曾有过诗歌、散文乃至是戏剧的创作,他有着文学习作的亲身经验和实践;二者是他终生喜爱文学,特别是古希腊文学中的悲剧和史诗是他常年必读的内容,这样他还有文学欣赏的亲身经验和实践,如此,决定着他有文学批评的可靠资质。在《政治经济学批判·导言》中,他提出了著名的"文艺的发展与社会的一般发展不平衡关系"的理论观点,这自然是得益于他对古希腊文学的热爱和研究。

> 关于艺术,大家知道,它的一定的繁盛时期决不是同社会的一般发展成比例的,因而也决不是同仿佛是社会组织的骨骼的物质基础的一般发展成比例的。例如,拿希腊人和莎士比亚同现代人相比。就某些艺术形式,例如史诗来说,甚至谁都承认:当艺术生产一旦作为艺术生产出现,它们就再不能以那种在世界史上划时代的、古典的形式创造出来;因此,在艺术本身的领域内,某些有重大意义的艺术形式只有在艺术发展的不发达的阶段上才是可能的。如果说在艺术本身的领域内部的不同艺术种类的关系中有这种情形,那么,在这个艺术领域同社会一般发

> 展的关系有这种情形,就不足为奇了。
>
> ……
>
> 大家知道,希腊神话不只是希腊艺术的武库,而且是它的土壤。……任何神话都是用想象和借助想象以征服自然力,支配自然力,把自然力加以形象化;因而,随着自然力实际上被支配,神话也就消失了。……希腊艺术的前提是希腊神话,也就是已经通过人民的幻想用一种不自觉的艺术方式加工过的自然和社会形式本身。这是希腊艺术的素材。……埃及神话不能成为希腊艺术的土壤和母胎。
>
> ……
>
> 但是,困难不在于理解希腊艺术和史诗同一定社会发展形式结合在一起。困难的是,他们何以仍然能够给我们以艺术享受,而且就某方面说还是一种规范和高不可及的范本。①

很显然,关于这个不平衡关系,马克思在这里用的是简单而实用的例证法,选取了两个最具有代表性的文学事例,一是古希腊文学,另一者是莎士比亚的文学,他们毫无疑问是文学繁盛的最佳证明。但汪洋浩瀚的古希腊文学和莎士比亚文学,如果是要谈文学的历史发展或是质的飞跃,如何去抓其要领呢?马克思抓住了文学的"艺术形式"这个牛鼻,从而彰显不同时代的文学的不同特色和风格。能够彰显古希腊文学的特色和风格的是其悲剧和史诗,莎士比亚文学则是其戏剧。当然,马克思在这里并没有进一步论述莎士比亚文学的问题,到后来他给拉萨尔的信,在评论拉萨尔的剧本《济金根》的时候,他提炼出了著名的"莎士比亚化"的文艺批评术语。但问题的关键是,细心的读者可能会发现,尽管马克思在这里总体上谈艺术与社会的一般发展不平衡的关系,但他重点却不是论述这个问题,他竟然是用类比方法一笔带过,如他所说的,"在艺术本身的领域内,某些有重大意义的艺术形式只有在艺术发展的不发达的阶段上才是可能的。如果说在艺术本身的领域内部的不同艺术种类的关系中有这种情形,那么,在整个艺术领域同社会一般发展的关系有这种情形,就不足为奇了"。紧接着,他开始议论希腊艺术产生的基础是希腊神话,希腊神话不但是希腊艺术的武库,而且还是其土壤,埃及神话不

---

① 《马克思恩格斯选集》(第二卷),北京:人民出版社,1995年,第28~29页。

能成为希腊艺术的土壤和母胎。神话最生动的创建方式是想象,神话的本质是用不自觉的艺术方式加工过的自然和社会形式本身。这里还没有脱离我们在第一节中讨论的"马克思关于文学与现实的关系"的问题,即文学是对现实的反映。紧要的是,他接着谈到,随着自然力实际上被支配,神话也就消失了,这里就实质上涉及"文学与历史"的重要话题。既然历史发展了,文学的某些古典的艺术形式消失了,这些"艺术形式"对我们今天的人们还有没有意义呢?于是,他更深入地讨论了为什么希腊艺术至今还能给我们以美的享受并且成为一种高不可及的范本的问题。最为生动的是,他用"儿童的成长"做比喻来论述这个问题,没有呆板枯燥的理论话语,都是想象而生动的激情表述,创立了一种文学性的理论话语,见如下:

> 一个成人不能再变成儿童,否则就变得稚气了。但是,儿童的天真不使成人感到愉快吗?他自己不该努力在一个更高的阶梯上把儿童的真实再现出来吗?每一个时代的固有的性格不是纯真地活跃在儿童的天性中吗?为什么历史上的人类童年时代,在它发展得最完美的地方,不该作为永不复返的阶段而显示出永久的魅力呢?有粗野的儿童,有早熟的儿童。古代民族中有许多是属于这一类的。希腊人是正常的儿童。他们的艺术对我们所产生的魅力,同这种艺术在其中生长的那个不发达的社会阶段并不矛盾。这种艺术倒是这个社会阶段的结果,并且是同这种艺术在其中产生并且只能在其中产生的那些未成熟的社会条件永不能复返这一点分不开。①

当我们惊叹于这段精彩的"论述",也欣赏这段雅致的译文时,当我们对照英文版,不得不指出一点不足,并由这个不足牵扯出一个至关重要的问题,先比较英文,录如下:

> An adult cannot become a child again, or he becomes childish. But does not the naiveté of the child give him pleasure, and must he not himself endeavour to reproduce the child's veracity on a higher level? Does not the specific

---

① 《马克思恩格斯选集》(第二卷),北京:人民出版社,1995年,第29～30页。

character of every epoch come to life again in its natural veracity in the child's nature? Why should not the historical childhood of humanity, where it attained its most beautiful form, exert an eternal charm as a stage that will never recur? There are unbred children and precocious children. Many of the ancient peoples belong to this category. The Greeks were normal children. The charm their art has for us does not conflict with the immature stage of the society in which it originated. On the contrary, that charm is a consequence of this and is, rather, inseparably linked with the fact that the immature social conditions which gave rise, and which alone could give rise, to this art can never recur. ①

诚然，几乎全部的中文译文和英文译文的意思都是对等的，除了这一句，Does not the specific character of every epoch come to life again in its natural veracity in the child's nature? 也就是第三个反问句，英文的意思是："每一个时代特有的(specific)性格不是复活于儿童天性中的**本然的真实性**(natural veracity)中吗？"请读者注意笔者特加的黑体字，确实，马克思是谈的每一个时代特有的而不是每一个时代固有的性格，如古希腊人自由开放的性格，文艺复兴时代人的启蒙与冒险的性格，但作为人都有自然生理的需求都是这两个时代的人固有的性格，因而它不能构成每一不同时期的特有性格。儿童天性中的真实是本然的、天生的和自然的，它不是装出来的，正因为如此，它是最真的，毫无粉饰的，它才是最美的。而成人已经走出了儿童的时代，历史一去不复返，他想要复活儿童的真，只能是模仿和扮演，不可能是纯真地活跃在儿童的天性中。问题是，马克思在这里是用"儿童的成长"来比喻"文艺的发展史"，以此来找出文艺的发展规律，马克思做出最终回答之前，他一连用了四个反问句，现列举如下，其比喻是想象的，其类似性是明显的。

1. 儿童的天真使成人感到愉快。

文学的古典的艺术形式的质朴使我们感到美。

---

① Karl Marx Frederic Engels Collected Works (Volume 28). London: Lawrence & Wishart, 1986, pp. 47－8.

2. 成人自己应该努力在一个更高的阶梯上把儿童的真实再现出来。

新的文学应该在历史发展中再现古典的艺术形式的美。

3. 每一个时代的特有的性格复活在儿童天性中的本然的真实性中。

每一时代的文学的特有性格都离不开结合自己特点来模仿真实。

4. 历史上的人类童年时代，在它发展得最完美的地方，都该作为永不复返的阶段而显示出永久的魅力。

文学的古典的艺术形式的质朴是最美的地方，都该作为永不复返的阶段而显示出永久的魅力。

鉴于以上，我们可以肯定地说，马克思在这里并不重点论述文学与历史的关系，而是论述文学史的问题，即文学自身发展的问题，如同一个人从儿童的成长经历一样。在这里，我们发现马克思的文学史观是一种线性时间观，是单向运动的，即时间如同一条河流一样，是一去不复返的，如同孔子所感叹的"逝者如斯乎"，也如同赫拉克利特所总结的"人不能两次踏进同一条河流"。在马克思看来，文学史是不断发展和变化的，它绝没有完全的"重复"，只有"类似"，但却是在更高层次上的发展，最终不断向前发展。与此相对应的是，基督教的文学观却是一种圆周时间观，是周而复始的，即如太阳每日东升西落、月亮每月的阴晴圆缺、季节每年的春夏秋冬等，这些特别印证了耶稣基督的降生—死亡—复活的复返过程。由此，圣诞节和复活节等基督教的宗教节日，逐步融入西方文化的习俗之中，构成与自然界的圆周时间相适应的人类社会的圆周时间。这种时间观念的形成，除了自然界的影响外，与圣经文学的圆周时间最为密切，也就是圣经文学时间观对西方文化的影响最大。试想，自然界的圆周时间，对世界上任何一个民族的文化都是有影响的，我们中国人文化观念中的"惜时如金"或是"白驹过隙"等，明显是线性时间的，是一去不复返的，这些与中国古典文学中的"一江春水向东流"或是"落花流水春去也"等的伤感悲怀是相应的，也就是说，自然界的圆周时间对中国人的文化时间观并没有产生根本的作用，倒是文学的时间观却发挥了潜移默化的作用，因为一个民族不可能先存在着一种普遍的文化，都是先有具体而实在的文学，由文学等慢慢影响并形成一定的文化，当然，一定的和普遍化的文化形成后，又可反过来影响文学，这在圣经文学与基督教文化的双向互动关系中最为明显,从中最能察明基督教的文学历史观。

二、基督教的文学历史观

首先,我们看圣经文学的时间观。在《圣经》中,关于耶稣基督的事迹是主心骨,《圣经》的叙述展现为"预言与应验"的时间模式,也就是由起点－终点－起点的圆周模式,是一种不断复返的时间观。具体来说,就是关于耶稣基督的事迹在旧约中的弥塞亚预言——(甚至是多处)在新约中被应验,我们以下表的《圣经》叙事为例:

旧约的预言	新约的应验
"伯利恒、以法他啊,你在犹大诸城中为小,将来必有一位从那里出来,在以色列中为我作掌权的;他是根源从亘古、从太初就有。" 弥 5:3	当希律王的时候,耶稣生在犹太的伯利恒。有几个博士从东方来到耶路撒冷,说:"那生下来作为犹太人之王的在哪里?我们在东方看见他的星,特来拜他。" 太 2:1—2 约瑟也从加利利的拿撒勒城上犹太去,到了大卫的城,名叫伯利恒。因为他是大卫一族一家的人,要和他所聘之妻马利亚一同报名上册。那时马利亚是身孕已经重了。他们在那里的时候,马利亚的产期到了,就生了头胎的儿子,用布包起来,放在马槽里,因为客店里没有地方。 可 2:4—7

续表

旧约的预言	新约的应验
耶和华你的神要从你们兄弟中间给你兴起一位先知像我,你们要听从他。 申 18:15 谁不听他奉我名所说的话,我必讨谁的罪。 申 18:19	节日的末日,就是最大之日,耶稣站着高声说:"人若渴了,可以到我这里来喝!信我的人,就如经上所说:'从他腹中要流出活水的江河来'。"耶稣这话是指着信他之人要受圣灵说的。那时还没有赐下圣灵来,因为耶稣尚未得着荣耀。 众人听见这话,有的说:"这真是那先知。" 约 7:37—40 同蒙天召的圣洁兄弟啊,你们应当思想我们所认为使者、为大祭司的耶稣。他为那设立他的尽忠,如同摩西在神的全家尽忠一样。 来 3:1—2

续表

旧约的预言	新约的应验
锡安的民哪,应当大大喜乐! 耶路撒冷的民哪,应当欢呼! 看哪,你的王来到你这里! 他是公义的,并且施行拯救, 谦谦和和地骑着驴, 就是骑着驴的驹子。 亚 9:9	门徒就按照耶稣所吩咐的去行,牵了驴和驴驹来,把自己的衣服搭在上面,耶稣就骑上。众人多半把衣服铺在路上,还有人砍下树枝来铺在路上。前行后随的众人喊说道: "和散那归于大卫的子孙! 奉主名来的, 是应当称颂的! 高高在上和散那!" 太 21:6—9 他们把驴驹牵到耶稣那里,把自己的衣服搭在上面,耶稣就骑上。有许多人把衣服铺在路上,也有人把田间的树枝砍下来,铺在路上。前行后随的众人喊着说: "和散那! 奉主名来的是应当称颂的!" 那将要来的我祖大卫之国应当称颂的! 高高在上和散那! 可 11:7—10

续表

旧约的预言	新约的应验
	他们牵到耶稣那里,把自己的衣服搭在上面,扶着耶稣骑上。走的时候,众人把衣服铺在路上。 将近耶路撒冷,正下橄榄山的时候,众门徒因所见过的一切异能,都欢乐起来,大声赞美神, 说:"奉主名来的王是应当称颂的!" "在天上有和平; 在至高之处有荣光!" 路 19:35—38 第二天,有许多上来过节的人,听见耶稣将来到耶路撒冷,就拿着棕树枝,出去迎接他,喊着说:"和散那!" "奉主名来的以色列王是应当称颂的!" 耶稣得了一个驴驹,就骑上,如经上所记的说:"锡安的民哪,不要惧怕!你的王骑着驴驹来了。" 这些事门徒起先不明白,等到耶稣得了荣耀以后,才想起这话是指着他写的,并且众人果然向他这样行了。 约 12:12—16 (注:"和散那"是希伯来语"求救"的意思,在以上的地方是作称颂的话。)

以上三处可归纳为三个事件,分别是"耶稣在伯利恒出生""耶稣是像摩西一样的先知"和"耶稣骑着驴进耶路撒冷"。我们可以发现,在旧约中预言,在新约中一定能应验,而且还是多处应验,像"耶稣骑着驴进耶路撒冷"的事件,竟然是在四福音书中一一应验,尽管它们的各自叙述略有不同。恰合的是,《约翰福音》排在四福音书的最后,对"耶稣骑着驴进耶路撒冷"事件的叙事性总结也是颇有启发性的,例如,"如经上所记的说";"这些事门徒起先不明白,等到耶稣得了荣耀以后,才想起这话是指着他写的,并且众人果然向他这样行了"。这些叙事性总结明确是要告诉人们,《圣经》叙事所体现的文学时间是循环模式的圆周时间,所谓"预言"实质也是发生了,"应验"则是再发生,它们的时间视觉点并不是站在人的角度,而是站在神的角度,也就是上帝先让这事件在旧约中发生,此时人尚不知道或明白,以为还只是"预言",然后上帝让它在新约中再发生,让人切切实实地知道,因为耶稣是"道成肉身",这样肉眼的人才能体察和明白,肉眼的人是看不出非肉身的耶稣的,也就是上帝的最终形象,所以也不能体察和明白在旧约中的预言实质也是发生了的事情,因为上帝是全能、全在和全知的,即使是他所想的和所说的,也就同时意味着是所能做的和已经实现的,但人不具备这样的能力。由此,我们可以说,马克思的文学时间观从本质上是人文的时间观,文学的历史,如同人的生命一样是一去不复返的,不可能有真正的重复;而基督教的文学时间观则是神学的时间观,文学的历史,如《圣经》的叙事所示的,是不断重复的,这样不断地重复,是要让人确信上帝的存在。

其次,我们看反映在文学中的基督教的文化时间观。众所周知,莎士比亚被视为英国文艺复兴时期伟大的剧作家、诗人,也是欧洲文艺复兴时期人文主义文学的集大成者。但英国人常说,"不了解基督教文化,则不能深入了解莎士比亚的文学"。在中国,我们常将文艺复兴时期的人文主义与基督教神学相对立,这在一定的程度上是对的,人文主义作为反对基督教神学的思想统治的启蒙精神,确实对资本主义的发展起到了思想解放的重要作用。但凡事都是辩证的和普遍联系的,事情的另一面是,我们也常忽略了人文主义与基督教神学的联系,例如马丁·路德16世纪在德国掀起的宗教改革,对欧洲资本主义的发展实际上起到了宗教意识形态解放的巨大作用,所以人文主义并不是和基督教神学水火不容和绝对隔离的。就莎士比亚来讲,作为基督徒,他的文学是根植于基督教文化之中的,也许在英国的实际生活经历能更直观地感受到这一点。2012年9月,受英国朋友的邀请,我去了莎士比亚的故乡——埃文河上的斯特拉特福(Stratford-on-Avon)观看《第十二夜》,并参观了埋葬莎翁的教堂——圣三一教堂(埃文河-斯特拉特福牧区)。死后埋葬在教堂,这在基督教国家是历史传统,也是基督徒信仰的标志,即使是现代的著名人物也是如此,只要是他或她信仰基督教,例如丘吉尔,死后是葬在他出生地布莱尼姆宫(The Blenheim Palace)附近的圣马丁教堂的墓地。出生后在教堂受洗,死后在教堂安息,基督徒的灵魂与主同在,对他们来说,生命是周而复始的,由生到死,由死到生,他们的生命时间(或说是灵魂时间,与他们生活在尘世的物理时间相对应)是循环往复的。在莎翁故乡的教堂,至今保留着据说是他受洗时的洗台以及确切是他的受洗记录和墓地。他为自己留下的墓志铭,阐释了他作为基督徒的信仰,希望自己的灵魂在此永久安息。"好朋友,请看在基督的份上,不要刨动此地的尘土,保留墓石的将受保佑,挪动我尸骨的将受诅咒"。希望生命永恒,时间周始,这也许是莎士比亚个人的生活愿望,那么,在他的文学作品中是否也有这样的基督教文化时间观念的体现呢?

在莎士比亚的《十四行诗》中,时间是一个常有的话题,整个154首诗,都直接或间接涉及他对时间的理解和阐释,正是对时间的感受、体验和思索等,反映了基督教文化的时间观,下面是一些例证。

一三
愿你能永久不变!但是,爱人,
你逃不过你的尘世间的寿命:
你要准备这个末日的来临,
把你美貌让另外一个人继承。
那么你所租赁的美丽形体
将永无尽期;在你死后
你将再度是你自己,
你的美丽形体由你的美丽子孙保有。
有这样漂亮的房子,谁肯任其坍倒,
如果善为安排即可抗拒
冬季的狂风雨暴
和冷酷的死神的无情打击?

啊,除了败家子谁也不肯:我的朋友,你晓得,
你曾有过父亲,让你的儿子也这样说。①

　　这无疑是他作为一个基督徒对生命轮回的阐释,在他看来,"美丽"作为我的爱人的一种特质,将是永恒的。因为,一方面是在物理世界中,这种特质的自然转换和生物遗传,传到别人或是子孙身上去了,所以它是不朽的;另一方面,在我的精神世界中,我对爱人的"美丽"的体验中,包含了我对他/她的爱,如同我们不想让漂亮的房子坍倒,我们也不想让爱人死亡,对爱的思念是永远的。这里虽谈论的是对"美"的深度思索和对"爱"的审美情感,但形象地反映了基督教文化中的时间观,即在美和爱中,时间是永恒的、无尽的和循环的,而这是基督徒的理想追求和精神信仰。

五五
石碑或金碧辉煌的帝王纪念碑
不会比这有力的诗篇寿命更长;
你在这诗篇里发射出来的光辉
将比多年积尘不扫的石碑更亮。
毁灭性的战争会把雕像推翻,
打斗会把皇皇建筑连根铲除。
但是马尔斯的剑或战争的火焰
不能烧掉你的名声之活的记录。
你可以不顾死亡和被人遗忘之虞,
昂然前进:你的光荣的名声
将永远存在于一切后人的眼里,
他们直到世界末日绵延无穷。
直到最后审判之日你再站起,
你活在诗里,住在情人的眼里。②

　　我们发现,莎翁在这里赞美诗歌的不朽,从而赞美诗人的不朽。

---

　①　《莎士比亚全集40——十四行诗》(中英对照),梁实秋译,北京:中国广播电视出版社,远东图书公司,2002年,第37页。
　②　同上,第87页。

诗篇的寿命之所以超过帝王纪念碑,因为它不是歌功颂德的,是朴实地为活着的人而写的;诗人的光辉比华美耀眼的石碑更亮,因为他们鼓舞了人们为正义事业而奋斗。正如莎翁所总结的,诗人活在诗里,住在情人的眼里,这是确切无疑的,但在什么时候凭什么来判断?在世界末日和审判之日,这是莎翁基督教信仰的明确表现,也是基督教文化深入其诗歌骨髓的例证。推而言之,在基督教的文化中,文学家的生命是不朽的,因为他们能感动后人和启迪未来,也如马克思在他的中学作文中所表达的:"而面对我们的骨灰,高尚的人将洒下热泪。"洒下热泪固然说明感动之深,但也是感伤流泪,悲伤其生命已逝,不能复返,就文学的时间观而言,马克思的文学时间观还是线性单向朝前发展的,不像基督徒这样无忧,他们认为诗人的生命能复活,活在诗歌里、活在情人眼里都是基督教文化时间观的生动表现,是他们灵魂的复活,这比一切肉体的存活更有意义,由灵魂变成肉体,又由肉体再变成灵魂,基督教的文化时间是不断循环往复的。尽管马克思也会赞美精神存在的高尚意义,但不会把精神等同于物质,肉体不存在了,灵魂也就无所依附,人的灵魂的精神内容只会转换到其他的存在形式中,如诗歌、哲学或信仰等中,而这些东西本身也都是人的创造,它们是不能离开了人和人的创造的,文学也是如此,所以马克思的文学时间观根植在人文主义的传统中,是人的时间观。相反,对基督教而言的,整个世界包括人本身都是上帝创造的结果,离开了上帝和上帝的创造,一切都是不可能的,文学也是一样,所以基督教的文学时间观是神的时间观。基督教的神的时间观到底是怎样的呢?

一二二
你送给我的笔记本,在我的心里
已经写得满满的,永不忘怀,
绝不是一些无聊的诗句,
将超越时间达到永恒的境界:
至少可以长期存在,只消
头脑和心胸保有生存的能力;
只消二者都没有把你忘掉,
有关你的记录就永不会被遗弃。
那薄薄的本子写不了多少,

我对你的爱也无需一一列举；
所以我大胆地把它丢弃了，
我心中的本子能记载更多的你：
若靠备忘录才能忆起你来，
那便是默认我会把你忘怀。①

非常有趣的是，莎士比亚在这里描绘了"超越时间的永恒境界"，而这个境界存在的前提条件是"只消头脑和心胸保有生存的能力"，那也就是只要你人活着想念着你的爱人，但问题是每个人都不会要到时死亡的吗，如此怎么能构成永恒的思念呢？很显然，他还是借用了基督教的灵魂转化和生死轮回的观念，那也就是，即使我在尘世的肉体消亡了，但我的爱却能转化到别人的肉体身上，继续演绎着我对你的爱——那种绝对的精神，精神的绝对性超越了物质的相对性，因为尘世间的一切形态的物质终究会要消亡或转化的，唯有精神是永恒的，而这正是基督教的哲学本源，自柏拉图始，西方哲学中的唯心主义不就是在不断地演绎和阐释这个"本体"吗？当然，我们说唯心主义，并不含有任何的贬义，唯心主义和唯物主义，本是哲学中的一对基本性范畴，它们本身也是根本对立和相互依存的，试想，没有唯心，哪来唯物呢？反之亦然。由此，马克思和基督徒，他们在认识世界的本体上有着根本性的区分，前者认为是"物质"，而后者认为是"精神"，由此产生了两种不同的关于人的生存起点的理论预设，前者可称为"物质生产论"，最经典的阐释可见恩格斯的《在马克思墓前的讲话》，见如下：

> 正像达尔文发现有机界的规律一样，马克思发现了人类历史的发展规律，即历来为纷繁芜杂的意识形态所掩盖着的一个简单事实：人们首先必须吃、喝、住、穿，然后才能从事政治、科学、艺术、宗教等等；所以，直接的物质的生活资料的生产，因而一个民族或一个时代的一定的经济发展阶段，便构成为基础，人们的国家制度、法的观点、艺术以至宗教观念，就是从这个基础上发展起来的，因而，也必须由这个基础来解释，而不像过去那

---

① 《莎士比亚全集40——十四行诗》(中英对照)，梁实秋译，北京：中国广播电视出版社，远东图书公司，2002年，第167~169页。

样做得相反。①

恩格斯的这段话既朴实又深刻,朴实的是,他讲的是简单而切实的道理,因为作为世界上的任何一个人,包括基督徒在内,都不能不吃、喝、住、穿而能生存的。深刻的是,他认为直接的物质生活资料的生产是人们的一切思想观念的最根本的源头,由源头到高端,这中间包括许多政治的、历史的、艺术的、宗教的等发展着的复杂内涵,这些发展着的复杂内涵,又促使人的生存意义不断提升,所以,恩格斯的话,显现的含义是:人的生存离不开直接的物质生活资料的生产;隐藏的含义是:直接的物质生活资料的生产又不断提升人的生存境界或意义。例如,从日益丰富的吃、喝、住、穿中所发展起来的美食文化、酒品文化、住宅装修和服装时尚等,见证着人的生存境界的不断提升,生存意义的不断完善等。简单地讲,人活着离不开吃、喝、住、穿等,但人活着又超越了吃、喝、住、穿等。当然,有很多种方式去超越,基督教的方式很有意思,也就是我们所说的后者,基督教的观点可称为"神定精神论",最经典的可见《圣经》中的《后多林哥书》,录如下:

> 你们明显是基督的信,藉着我们修成的。不是用墨写的,乃是用永生神的灵写的。不是写在石版上,乃是写在心版上。我们因基督,所以在神面前才有这样的信心。并不是我们凭什么能承担什么事,我们所能承担的,乃是出于神。他叫我们能承当这新约的执事。不是凭着字句,乃是凭着精意。因为那字句是叫人死,精意叫人活。(林后3:3—6)

基督教的超越物质性享受的最主要的方式是"信仰",即对基督的信,是一种灵魂的灌注,都写在人们的心里,它成为精意,使人活得有意义。而这个精意,说到底,基督徒认为就是圣灵,是上帝对人的爱,可使人由死复生,在天堂永久享受。这是基督教的神学本体论,世界的本原在上帝那里,而不在人间的尘世中。

---

① 《马克思恩格斯选集》(第三卷),北京:人民出版社,1995年,第776页。

三、马克思与基督教关系的文学历史观

从上面的对列的比较中可知,无论是马克思还是基督教,他(它)们都将文学看作是具有永恒的精神价值和艺术价值的审美作品,但就文学在历史中的发展,他(它)们的观点有三个方面的区别。其一是什么决定着文学在历史中的发展;其二是文学在历史发展中的时间进程如何;其三是文学在历史发展中的状态如何。自然,无论是马克思还是基督教,他(它)们都不否认文学在历史中都是动态性发展着的,不是静态性的停止的。进而,他(它)们也认为文学在历史中总是有所继承的。从纵向上来说继承古代的或前人的文学成果,从横向上来说继承他人的或是同时代的人的。无可否认,马克思认为文学在历史中的发展是由于人在一定的社会条件下创造的,例如,古希腊人在奴隶制城邦社会阶段所创作的史诗、悲剧和喜剧等,莎士比亚在文艺复兴时期资本主义工商业发展条件下创作的性格戏剧等等,无不说明文学在历史中绝不是凭空产生的,由神灵所启示的,甚至说是由睡梦说所触发的,总之是缘于一定社会条件中的人的实践的产物,是诗人、剧作家、散文家等能动的创作,是作家和读者相互促进的结果,是艺术生产与艺术消费的互相推动的结果,绝不是被动的、先天的或是臆想的自成之物。而基督教则认为,文学最终是由上帝所决定的,诗人获得神的审美灵感,剧作家获得造物主的神灵启示,散文家获得圣灵感应等等,例如,《七十士译本》是旧约希伯来文的第一部希腊文译本,今日从各种译本的对照来看,神的全面启示都完整地保存下来。由此见证各种版本的译者,都在圣灵的管理与引导下,尽所能地忠于《圣经》原本的意义翻译,使不同读者能在自己的文字中,学习认识神所启示的真理。再如,一些基督教作家滔滔不绝的文思泉涌,创作出基督教文学的众多的鸿篇巨制等等,从基督教的文学历史观点来看,都是因为神灵的启发和促成。由此,构成了基督教文学创作的许多神秘色彩。相对应的是,马克思的文学历史观则体现出人的实践特色,彰显出作家的人格魅力,表现出文学家的奋发精神,总之是人在历史处境中的自觉自为的意识。

其次,他(它)们处置文学在历史发展中的时间进程不同。尽管马克思和基督教都认为文学在历史中都是发展的,但前者认为文学不可能逆着倒回去发展,文学发展史上有许多的相似之处,但总是要

遵循历史的辩证法,作螺旋式的一级高过一级的发展。而基督教则认为文学不但可以逆回发展,还可循环发展,它的文学时间进程是多项的,既可以向前,还可以向后,再还可以是同时发生的,这样的奇特观点,关键在于基督教认为文学终是"神定论"的产物,只有上帝才有这样超常规的处置大能,让文学遵循神的旨意作超出经验世界的物理逻辑,做出人所不能创造的奇迹。尽管两者都认为文学具有永恒性的精神价值和审美价值,但马克思坚信这些价值只有围绕人才能获得意义,而基督教则认为这些价值只有围绕神才能获得意义。这一切截然的对立,分歧缘于马克思的文学历史观与基督教的文学历史观中文学主体的不同,马克思认为人是自己文学史的创造者,而基督教则认为上帝是人的文学史的创造者。这样就要发生激烈的撞击,一种马克思的文学史后天发生观与一种基督教的文学史先天发生观的激烈撞击,这样的追问会将人的思维能力逼到极限,远远超出了是谁对谁错的纠结。试问:没有后天的,哪来先天的?反之亦然。因而,我们要打破文学史后天一先天的二元对立模式,也许文学史就是后天与先天不可分割、交织混融在一起的。既是后天的,也就是先天的。当马克思承认人有创造自己文学史的无限可能性时,实质上不也就同时暗示人也陷入了创造自己文学史的无限不可能性吗?当基督教不承认人具有创造自己文学史的无限可能性时,不也同时暗示人有创造它的无限可能性吗?然质问如此,万物皆然,独何文学为?文学是关于人的审美情感,无论是人自为之,还是上帝来为之,审美情感无所谓严格的对与错,却有应如何、可如何的多重选择,那么文学在时间轴中的趋向,就是可以理解为多向的,也是可以前后,左右,上下,乃至是万向移动的。

再次,他(它)们认定文学在历史中的发展状态不同。如前面多次引用马克思在《政治经济学批判·导言》中原话所证明的,马克思认定文学在历史中的发展是常处在不平衡的状态,即它与社会的物质生产的发展是不同步的,例如古希腊的物质生产水平低下,但它的文学艺术的发展水平却很高,出现了悲剧、史诗等高不可及的优秀艺术;而19世纪资本主义的物质生产水平比文艺复兴时期的高多了,但英、法、德等国却出现了一些庸俗低下的文艺作品,由此,文学的发展与社会的物质生产的发展构成不平衡的关系。而基督教则认定文学在历史中的发展常呈现出循环起伏的状态,例如,上帝眷顾犹太先民,于是就有《摩西五经》的产生;当耶稣复活,于是便有《新约》的产生;当圣灵启示莎士比亚和弥尔顿等作家,便有他们的伟大作品产生,等等一切,无不说明基督教对文学在历史发展中的循环起伏产生的坚定信服。鉴于此,马克思所认定的文学在历史中的发展状态与基督教所认定的就不一样,那如何来认定谁对谁错?我们知道,文学的研究对象是把审美活动中的人作为研究对象,而审美活动中的人的具体情况是千差万别的,会因人的审美经验、审美心理、审美情趣和审美理想等的不同而不同,还会与这些审美经验、心理、情趣和理想等所关联的社会现实、历史处境和生活环境等的不同而不同。由此,在面对纷繁复杂的情境时,要确立一种对与错的标准实质上就是对文学研究的简约化和平面化,文学的发展有着可如此或应如此的多种可能性,只强调文学发展中的对与错,实质上也就是对文学研究的扼杀。就此关于文学在历史中的发展状态的归结,可能有不平衡状态的发展,也可能有循环起伏式的发展,这样才能合理地把握文学在历史发展中状态的丰富性。如果文学在历史中发展的状态只是单一性的,则是对审美活动中作为主体的人的误解,对人的本质的误解,那就是费尔巴哈式的误解。"费尔巴哈把宗教的本质归结为人的本质。但是,人的本质不是单个人所固有的抽象物,在其现实性上,它是一切社会关系的总和。"[①]既然人的本质具有社会关系的丰富性和总汇性,那就不能简单地认定文学在历史发展中的状态是单一的、孤立的和静止的。

文学在历史中的发展既受人的因素的制约,也受非人的因素的制约;其时间进程既可是线性前行的,也是可交织往返的;其发展状态既存在不平衡的情况,也存在循环起伏的情况;那么,马克思与基督教关系中的文学历史观则正好是对文学历史观的科学描述和有效归结。在这样的关系中探究文学历史观,使我们认识到文学历史观从来不是一种孤立的文学历史观,它恰是联系的,不单是文学与文学的联系,还应是文学与哲学、宗教乃至于与历史本身的联系。在这些联系中,观点相近或相同之间的联系是好合作的,而观点相反或是对立之间的则不好合作,例如马克思与基督教之间的文学历史观。就此,通过以上的论述可以看出,我们要采用辩证法的思维模式把它们整合起来,矛盾的对立与统一正是解决此问题的方法。此外,这些联系还是动态的而不是静态无变化的,体现它们之间由肯定到否定,由

[①] 《马克思恩格斯选集》(第一卷),北京:人民出版社,1995年,第56页。

否定到肯定的多重处置;也显现了它们作为一个联合的整体由正题到反题再到合题的发展路径。这样一来,它们之间的关系就是相互促进的,而不是纯粹否定,也不是纯粹肯定的,而是否定之否定。例如,当我们否定了马克思文学历史观中的某些过于极端化和偶然性的观点,也否定了基督教中某些文学历史观的某些过于极端化和偶然性的观点,达到对文学历史观的整体的提升。那么,我们要进一步去追问,在文学话语中如何来阐释这两种截然不同的文学本体论?也就是说,从文学的话语中,它们是如何来阐释真理的,由此,我们要进入下一节,着手对马克思的文学真理观与基督教的文学真理观的探讨。

第三节　马克思的文学真理观与基督教的文学真理观

一、马克思的文学真理观

本节主要探讨马克思的文学真理观与基督教的文学真理观之间的关系,涉及马克思主义与基督教各自的核心观念"物质"与"上帝"的区别与联系。由此,引申论证马克思主义关于文学真实以及基督教关于信仰真实的区别和联系。

所谓真理,即客观事物及其规律在人意识中的正确反映。就马克思而言,客观事物及其规律在他头脑中的正确反映针对的主要问题是关于资本主义社会的发展规律以及共产主义社会的构建,而这些正确的反映是要通过社会变革和历史实践来验证和检验的,某些已经被证明是正确的,例如资本主义的"异化劳动"所导致的社会灾难,而某些还正在被验证或检验中。就基督教而言,客观事物及其规律对它来说主要是人类被拯救、历史被改变以及基督徒对上帝的信仰等方面的问题,而这些问题作为正确的反映也是要通过社会变革和历史实践来验证和检验的。然则,关于马克思的认识的客观真理性与基督教的认识的客观真理性不同点是,马克思是作为伟大的思想家、哲学家和革命家对西方乃至整个人类社会产生了重要影响,而基督教则已经融入了西方社会及其历史,成为其文化的不可缺失的一部分。

就文学而言,马克思认为文学是对社会历史生活的反映,其反映的活动也是人类的认识活动,折射了人类对自然世界、社会生活和心理世界等的认识,其认识是否符合自然世界、社会生活和心理世界的客观实际,也就决定了文学是否具有真理性,将文学对这些客观实际的反映视为一个独立的体系、自主的功能和自足的目的等一系列范畴,并把它们建筑在辩证唯物主义哲学,特别是历史唯物主义哲学的基础上,这就是马克思的文学真理观。在这其中,关于文学何以具有真理性,马克思认为很重要的是与文学家也就是创作者的认识水平具有直接的关系。例如,同样是对悲剧题材的反映,同样是对骑士精神的揭示,马克思认为歌德就要比拉萨尔高明,歌德的悲剧《伯利欣根》就要比拉萨尔的《济金根》更反映出社会历史生活的真理,如他所论如下:

> 济金根(而胡登多少和他一样)的覆灭并不是由于他的狡诈。他的覆灭是因为他作为骑士和作为垂死阶级的代表来反对现存制度,或者说得更确切些,反对现存制度的新形式。如果从济金根身上除去那些属于个人和他的特殊的教育,天生的才能等等的东西,那么剩下的就只是一个葛茨·冯·伯利欣根了。在后面这个可怜的人物身上,以同样的形式体现出骑士阶层对皇帝和诸侯所作的悲剧性的反抗,因此,歌德理所当然地选择他做主人公。……因此,如果你不想把这种冲突简单地化为《葛茨·冯·伯利欣根》中所描写的冲突——而你也没有打算这样做——那么,济金根和胡登就必然要覆灭,因为他们自以为是革命者(对葛茨就不能这样说),而且他们完全像1830年的有教养的波兰贵族那样,一方面使自己变成为当代思想的传播者,另一方面又在实际上代表着反动阶级的利益。①

马克思在这里说得很清楚,就两者所塑造的悲剧主角的艺术典型性而言,他们都是德国16世纪封建骑士精神的代表,济金根和伯利欣根就此来说没有本质的区别。而有本质区别的是,他们作为艺

---

① 《马克思恩格斯选集》(第四卷),北京:人民出版社,1995年,第553~554页。

术典型所折射的历史真理是大有区别的,歌德所揭示的伯利欣根作为历史悲剧人物,作为没落骑士,他一方面是拥护皇权、维护国家统一但反对诸侯和僧侣的英雄;另一方面,他又是与农民队伍格格不入并最终背叛农民革命的叛逆者,这是歌德悲剧艺术的伟大之处,是歌德对16世纪德国社会历史现实的科学揭示,所以《伯利欣根》作为艺术佳品揭示了社会历史的真理,即文艺通过艺术创作来揭示社会历史的真理,是谓"艺术的真理",是高于以琐碎和片段形式出现的"生活真理"。对于歌德的伟大成就,恩格斯在《德国状况》的系列通信中有着高度评价,恩格斯从历史事实做出分析从而得出结论,认为德国18世纪是一个政治黑暗和社会腐败的时期,但在文学艺术上却是辉煌灿烂的。如他所论:"这个时代在政治和社会方面是可耻的,但在德国文学方面却是伟大的。1750年左右,德国所有的伟大思想家——诗人歌德和席勒、哲学家康德和费希特都诞生了,过不到二十年,最近的一个伟大的德国形而上学家黑格尔诞生了。这个时代的每一部杰作都渗透了反抗当时整个德国社会的叛逆的精神。歌德写了《葛茨·冯·伯利欣根》,他在这部书里通过戏剧的形式向一个叛逆者表示哀悼和敬意。"①我们知道,恩格斯所提供的18世纪落后的德国政治与发达的文学的例子,实质例证了马克思在《政治经济学批判·导言》中所提出的"物质生产的发展同艺术发展的不平衡关系",在几乎所有的重要理论观点上,恩格斯和马克思是一致的。恩格斯说"歌德写了'葛茨·冯·伯利欣根'……向一个叛逆者表示哀悼和敬意",也实质上印证了马克思的文学真理观。在马克思看来,与歌德的相反,拉萨尔的《济金根》同样作为悲剧艺术,却没有深刻揭示其悲剧命运的历史根因,这主要是由于拉萨尔对骑士精神及其本质的错误认识,而骑士精神的行动就是要在当时的德意志帝国建立贵族民主制,从而使骑士的利益得到保障,但这在16世纪的德意志帝国是不可能实现的,就此,恩格斯在《德国农民战争》中有着精彩而深刻的论述:

> 以农奴制为基础的贵族民主制,例如波兰的贵族民主制,又例如被日耳曼人侵占的各国在最初的几百年间所存在的那种形式略有不同的贵族民主制,都是属于最原始的社会形态中的一

---

① 《马克思恩格斯全集》(第二卷),北京:人民出版社,1957年,第634页。

种形态,以后都自然地发展成为完备的封建等级制度,而封建等级制度显然已经是更高的阶段了。所谓纯粹的贵族民主制在16世纪的德国是不可能的事,贵族民主制已不可能建立了,因为在德国已存在着强大有力的城市。另一方面,也不可能建立象英国那种使封建等级君主制转变成资产阶级君主立宪制的低级贵族和城市的联盟。……在德国,农奴制还依然存在,贵族们的收入财源是封建性的;在英国,农奴制几乎完全废除了,贵族们就是单纯的资产阶级地主,其财源是资产阶级性的收入:地租。最后,专制君主的中央集权制,在法国路易十一以来就由于贵族和资产阶级的矛盾而产生并且日臻完备,而这种中央集权制在德国则绝不可能,因为在德国根本没有或只有极不完备的实行民族中央集权制的条件。①

从上面这段论述中,恩格斯首先从社会发展的历史阶段指出16世纪的德国已经进入封建等级制的社会,这是社会发展的高一级阶段,而贵族民主制则是前一历史阶段,历史总是向前发展的,16世纪的德国也不能向后倒退发展,由此,拉萨尔所幻想建立的贵族民主制就是开历史的倒车,他所赞美的骑士代表济金根和胡登就不能代表历史的前进方向,从而其起义失败也是历史的必然。其次,恩格斯还比较了当时的德国和英国经济制度上的差异,德国的贵族还是保持封建性的收入,即由农民租种土地而向他们进贡,而农民不堪此种劳苦,这样就使贵族得不到农民主力军的支持,济金根和胡登这些骑士的军队必然脆弱无力,一下就被强大的诸侯消灭。再次,恩格斯还将德国的情况比较了当时法国中央集权制情况。由于社会发展滞后于英、法等资本主义性质的国家,加上落后的经济模式导致在政治上找不到同盟军,德国就不可能产生象路易十一这样强大的君主,从而在德国建立中央集权的政治制度。恩格斯的深刻剖析,使我们明白对文学所反映的社会现实,要深入到社会历史阶段、经济发展状态和政治制度影响的层面去认识和理解,绝不能做想当然的虚构和臆想,如同拉萨尔做的那样。这无疑也是马克思的文学真理观,恩格斯和马克思对文学真理观的理解是一致的,从同样关于拉萨尔的剧本《济金根》的评论中可察觉出,只是恩格斯的剖析更细致和更具体。

---

① 《马克思恩格斯全集》(第七卷),北京:人民出版社,1959年,第438页。

进而,马克思还认为,文学的真理观还与作家或创作者所遵循的创作原则或艺术规则有密切的关系。试想,一个作家或艺术家在进行艺术创作的时候,他/她自觉或不自觉所遵循的创作原则是现实主义的,那么其文学作品所反映的"真理"一般而言是确切而真实的;如果作家或艺术家所遵循的是自然主义的创作原则,尽管其作品所反映的细节都是客观真实的,但这种琐碎的"真实"并不等于文学的真实,一种更高级和再提升的"真实",以艺术的方式对客观世界的反映。例如,在评价同样是文学家的莎士比亚和席勒的时候,马克思认为莎士比亚的创作更能体现文学的真理观,而席勒的创作则有一种拙劣的政治化倾向,就此,马克思还提出了著名的"莎士比亚化"和"席勒式"的创作原则概念。如他所说:"这样,你就得更加莎士比亚化,而我认为,你的最大缺点就是席勒式地把个人变成单纯的时代精神的传声筒。你自己不是也有些像你的弗兰茨·冯·济金根一样,犯了把路德式的骑士派看得高于闵采尔式的平民反对派这样一种外交错误吗?……在细节方面,我必须责备你在有些地方让人物过多地回忆自己,这是由于你对席勒的偏爱造成的。"①在这里,马克思实质上区分了作为现实主义创作原则的"莎士比亚化"与作为自然主义创作原则的"席勒式"。前者通过构建曲折的情节,塑造丰满的人物和运用生动的语言等描述自文艺复兴时代以来,资产阶级特别是英国资产阶级逐步登上历史舞台的社会历史画卷,是对社会现实的如实反映,更重要的是以社会悲剧的艺术形式来反映,体现了马克思所认可的文学真理观;相反,席勒的艺术创造,以他的悲剧与莎士比亚的悲剧相比,尽管席勒的描述更细致和具体,更有政治倾向性和意识形态性,但他的悲剧所反映的是一种琐碎的真实,是以牺牲悲剧的艺术性来强行实现其政治诉求,体现的是一种拙劣的文学真理观,它没有超越生活的真实而上升到文学的真实,与莎士比亚化相反,它既没有艺术内涵的提升性,又缺乏艺术形式的审美感人性,因而是拙劣的。

二、基督教的文学真理观

然则,相对于马克思而言,基督教对文学的看法是截然不同的,

---

① 《马克思恩格斯选集》(第四卷),北京:人民出版社,1995年,第554~555页。

当然,笼统地说基督教对文学有某种看法是不妥当的,因为基督教本身就是很复杂而庞大的宗教思想体系,它是一种宗教,它与文学的性质是不同的,但根据马克思对上层建筑的细致划分,它们又同属于其中的观念性的意识形态,而非设施性的上层建筑,如政治、法律、宗教和军队等的制度和设施。所以,就作为纯粹性的、观念性的意识形态,一种意识观念对另一种意识观念的看法,如宗教对文学的,这实质上是难以捉摸的,也是没有切实性的。因而,还不如用基督教徒或其教会或派别对文学的认识而更有切实性和针对性。进而,超越于这一纯抽象的层面,我们发现实质上基督教也是属于设施上层建筑的一部分,因为基督教有它的教会等组织,在一些基督教国家,历史上政治和宗教是紧密联系的,例如英国。还有在罗马天主教的地区和国家,中世纪时的教皇的权力甚至是超过了国君。虽然当今世界中,政教分离是大的趋势,但我们却不能低估基督教在政治生活中深刻而长久的影响。然则,基督徒也是生活在现实的世界中的,现实世界的生活是丰富而多彩的,文学便是其中的多彩成分。于是,有着正常的现实生活的基督徒也有着他们的文学活动。文学成了他们的生活构成,文学成了他们的文化修养,文学也成了他们的审美追求。在这其中,有些基督徒本身就是文学家或作家,例如,莎士比亚,C. S. 路易斯等,他们对文学的认识、对文学的实践和对文学的提升等比普通的基督徒的要深刻和高明,关于文学与现实、文学与真理和文学与存在等深入的哲学问题,以他们既作为基督徒又作为文学家,以他们的分析和实践所形成的理论成果,应该是典型地反映和代表了基督教的文学真理观。

莎士比亚借哈姆雷特之口,以谴责其母亲淫乱不贞的强烈戏剧化语言,道出人性的脆弱和卑贱,以强烈的文学情感和审美的叙事捍卫了基督教的人性原罪论,同时也是对上帝的拯救赞美,如下可见一斑:

　　……
　　噢,你们就抛掉坏的一半,
　　留下另外那一半,干净些过日子。
　　安息吧;可不要到我叔父的床上去。
　　即使你不大干净,也学学贞洁吧。
　　习气那怪物,虽然是魔鬼

会吞掉一切的羞耻心，也会做天使，
把日积月累的美德善行熏陶成
自然而然而令人安之若素的
家常便饭。只要忍过了今夜，
下一次节制就并不太难，
再下一次自然更加容易，
习惯简直会改变天生的本性，
它神通广大，不但会制伏魔鬼
而且会赶走他。我再说一声，安息吧；
哪一天你愿意得到上天的祝福了，
我也会求你祝福我。……①

显然，在莎士比亚看来，即使是素雅如女士者，也难以抑制自己的淫欲之心；即使是高贵如王后者，也难以维持自己的羞耻之心；人类的习气、习惯和欲望等，稍不加克制就会变成怪物和魔鬼，而这是人的本性所不能战胜的，只有请求上天的祝福、上帝的拯救。莎士比亚对人性有如此大胆的揭示和清醒的认识，与他对圣经文学的接受和基督教拯救论的传承有着密切的关系。他不但对邪恶的人（如此处指的王后）有这样的创作意识和理性认识，即使对高尚的人（如此处描述的哈姆雷特）也有同样的创作意识和理性认识，如整个《哈姆雷特》中所展现的哈姆雷特的软弱、犹豫、狂怒等的人性缺陷，他自己在剧作中有意和无意地秉承着基督教的拯救理念要去解救危机中的人类。"即使是莎士比亚令人崇敬的上帝般的人物也展现出诸多邪恶（vices），它们与超级权力和知识联系在一起：无耐心、自以为是、愤怒、残酷、嫉妒和狂傲。有时莎士比亚把自己剧作家和演员的角色视作如上帝一般（godlike），把自己的作品视作如强效而博大的'圣书'（'The Book'）一般。"②当我们深入分析和理解像莎士比亚这样的文艺复兴时期的剧作家，发现他（她）们如此深重的原罪文化意识根植在他们的文学创作之中，这样的创作实践使他（她）们在文学真理观上将文学自觉不自觉地视作上帝启示真理的反映，自觉缘于他（她）们作为文学家的基督徒意识，不自觉缘于他（她）们作为基督徒的文

---

① 周煦良主编：《外国文学作品选》（第二卷），上海：上海译文出版社，1979年，第139～140页。
② Steven Mark, *Shakespeare and the Bible*. Oxford: Oxford University Press, 2000, pp. 12－3.

学家意识,基督教的信仰文化意识和文学的审美意识融合在一起,铸就了基督教文学真理观的核心理念:信仰启示真理,真理引导文学审美。

C. S. 路易斯作为牛津大学和剑桥大学的杰出英国文学教授、20 世纪最有影响力的基督教诗人、儿童文学家、科幻小说家和通俗神学家,素有 20 世纪英国最有力的基督教代言人、"向怀疑者传福音的使徒"之称。进而,作为当代的基督教文学家的 C. S. 路易斯,他又是怎样来看待宇宙,宇宙是怎样形成的。"……宇宙背后的那个东西不同于我们所知道的任何其他事物,它更像一个思想,也就是说,它有意识、有目的、有好恶。……这个东西创造了宇宙,其目的有一部分不为我们所知,但无论如何它有一部分目的是要创造与自己相像的造物,我的意思是在具备思想这方面与它相像。"① 其实,路易斯所认为的这个具有思想、意识、目的和好恶的东西就是上帝,上帝创造宇宙,上帝创造了人所生活的世界,一切都是上帝的创造物,创造物有着与创造者相像的特征,万物也就是对上帝这个全能者、全在者和全知者的方方面面的反映。如此一来,作为审美活动的文学,归根结底也是对上帝的一种反映,它不同于哲学以抽象万物来归结,也不同于历史以人类社会的发展事实来揭示,还不同于宗教以人的信仰来启示,它以人作为审美主体来反映。它通过人的审美活动来揭示上帝是美的,这也是对宇宙真理的揭示,由此,基督教的文学真理观呈现出神圣之美的真理。上帝的神圣之美远远超越了人性之美,人性需要拯救才能提升,才能使心灵纯洁,才能见到真美。"只有心灵纯洁的人才能见到上帝,因为,只有他们才盼望见到上帝。有些奖赏只赐给动机纯正的人。一个男子爱一个女子不是为了谋取利益,只因为他想要娶她;一个人热爱诗歌也不是为了得到好处,只因为他想要欣赏美文;一个人喜欢运动,只因为他想要奔跑、跳跃、行走。爱,从定义上讲,就是为了享受被爱对象带来的乐趣。"② 上帝之所以创造世界,只因他爱我们,但不是为了利益和好处,他无求于我们的回报,就像人创作诗歌也不是求得诗歌的回报,这是他的恩典。由此,基督教的文学真理观,也就认定了文学是无功利的审美活动,是爱的

---

① C. S. 路易斯:《返璞归真》(纯粹的基督教),汪咏梅译,上海:华东师范大学出版社,2007 年,第 37 页。
② C. S. 路易斯:《痛苦的奥秘》,林菡译,上海:华东师范大学出版社,2007 年,第 122 页。

流露,是审美情感的体现。

三、马克思与基督教关系的文学真理观

鉴上论述,关于文学真理观的问题,我们既不能只依据马克思的文学真理观,也不能只依据基督教的文学真理观,而是要在马克思与基督教关系中来探究文学真理观,如此才能是全面的、统一的和辩证的。这样的关系,竟然是一种对立和冲突的关系。马克思认为文学是对社会历史和现实人生的审美反映,而基督教则认为文学是对上帝创造世界和人信仰上帝的审美启示,他(它)们的文学观点上的对立和冲突归根结底是他(它)们宗教哲学观的对立和冲突,简言之是历史唯物主义宗教观与历史唯心主义宗教观的对立和冲突,由此导致他(它)们的文学真理观的对立与冲突。如果说万事万物都是由矛盾所构成的,既有正面的内涵,也有反面的内涵;既有肯定的方面,也有否定的方面,既有积极的因素,也有消极的因素等等。那么,一个文学真理观也是矛盾的组合体,它不可能只有马克思的,也不可能只有基督教的,恰恰它是由马克思的文学真理观与基督教的文学真理观所构成的矛盾的组合体。此处讲的矛盾的组合体,并不是形式逻辑的矛盾律,即在同一论域的思维过程中,对同一对象不能做出两个或两个以上互相对立的判断,不能既肯定它又否定它。所以,对文学真理观的探讨,我们并不是既肯定马克思的文学真理观,又以基督教的文学真理观来否定马克思的文学真理观,反之亦然。而是说,关于文学真理观的探讨中,要充分认识到它包含了诸如马克思的与基督教的这样对立冲突的文学真理观,它们构成了文学真理观的矛盾组合体。揭示和剖析这些矛盾组合体,正是对事物本质和现象的科学探讨;揭示和剖析马克思的与基督教的文学真理观的矛盾组合体,正是对文学真理观的科学探讨。

进而在探讨文学真理观时,我们充分认识到文学真理观本身就包含了马克思式的和基督教式的文学真理观的矛盾组合体,正是由于这样的矛盾组合体,由于矛盾双方在一定的条件下可以转化,文学真理观才是一个动态的存在,一个能发展的东西,而不是静止和永恒的完结。这样,要求我们在探究文学真理观时,既以马克思的文学真理观来借鉴和反思基督教的文学真理观,又以基督教的文学真理观来借鉴和反思马克思的文学真理观。正是在它们的对立与冲突中,

构成了文学真理观发展的张力；正是在它们的统一与融合中，构成了文学真理观发展的合力。张力转变成合力，合力又生成新的张力，如此循环上升，就是事物辩证法的运动过程，文学真理观也不例外。但显著的是，文学真理观的诸多矛盾组合体中，没有哪者比马克思的与基督教的文学真理观的矛盾组合体更具有典范性，因为它们的对立典型地代表了自有人类文学史以来历史唯物主义文学真理观与历史唯心主义文学真理观的对立，其他的对立没有它们这样的尖锐和持久，自柏拉图和亚里士多德以来一直严重对立到今，谁是谁非至今争论不休。同时，它们的统一也是如此具有普范性，物质经验论的文学真理观与意识超验论的文学真理观的统一，本身就意味着物质与意识统一性的宇宙本体论前提。再加之马克思的人文思想诞生于基督教的文化传统，基督教的文化传播和延伸又借助于马克思的人文思想实践。如此的融合统一，提醒我们要真正发展马克思的文学真理观，倒要融合统一与之相对立的基督教的文学真理观，反之亦然。

我们从矛盾范畴来探究马克思与基督教关系中的文学真理观，并不是任意的阐释和强行的理解，而是遵循事物矛盾本身的对立与统一的性质，对文学真理观的探究也一样，也是遵循其矛盾本身的对立与统一的性质。具体来说，就是文学真理观本身包含历史唯物主义与历史唯心主义的文学真理观，也包含物质经验论与意识超验论的文学真理观，诸如种种既对立又统一的文学真理观，就此我们不能说马克思的文学真理穷尽了文学真理观，也不能说基督教的文学真理观穷尽了文学真理观，文学真理观的发展是无穷尽的和不断提升的，这是事物矛盾的本然，文学真理观也如此。文学的未来如何，也许我们还无法预测。文学的审美是什么，至今仍争论不止。文学与人的到底何为，我们尚可深入发掘。如此等等，使我们要从事物矛盾本身的对立统一，提升到人如何来积极应对此种矛盾的本然。就人来说，就是要以既斗争又同一的态度来有意识和自觉地使矛盾的对立统一的本然成为现实，就如同亚里士多德所认定的潜能和实现的转化。文学真理观中潜存的矛盾对立统一不会自动实现，我们以人的行动和实践使之实现；我们实现了其矛盾的对立统一，又在更高的层次促成新的潜存的对立统一，这是马克思与基督教关系中的文学真理观对我们的重要启示，是发掘文学本体论创新研究的一种尝试。

第二章　潜在融合：马克思与基督教关系的文学创作论研究

在第一章中，我们着重从文学的视野探讨了马克思与基督教的关系，说明这两者的不可调和性和冲突性。然则，从文学的角度来说，这两者都有各自存在的理由和充足的证据，就此构成了马克思的文学真理观和基督教的文学真理观，从更高的视域看，实质上是关于"文学的本体论"的问题，展现了论者关于文学反本质主义的理论观点，为什么要提倡文学的反本质主义，不能完全停留在一个纯粹的理论层面来探讨，要深入到各自的文学实践之中，由此，我们转入本章的创作论的研究。

第一节　马克思与基督教关系的文学创作奇迹

一、马克思的文学创作奇迹

马克思是一位有着丰富文学创作的思想家、哲学家和革命家，不论他的诗歌、散文乃至剧作的创作，都属于文学的范畴。但文学（literature）一词，其另一相关含义是指著作、文献和资料等。英国的劳伦斯－威赦特出版公司（Lawrence & Wishart）到2004年止共计出版《马克思恩格斯全集》50卷，如果马克思和恩格斯各占一半，但实质上马克思的著作更多，每人平均25卷，如果十六岁前的创作不算著作的话，那么马克思在51年中创作了25卷著作，平均几乎是两年一本书，但我们知道马克思一生中还有一些年的流亡岁月，在他短暂的65岁寿命中,能有这样丰厚的创作真是一件奇事,仅献给燕妮的诗歌就有三卷本,更不论其他种类的叙事诗、抒情诗、讽刺诗和颂歌等。此外,他还创作过悲剧和幽默小说。客观地讲,马克思在他的青年时代,他本是一个浪漫主义者和诗人,他的文学天赋和创作热情充分体现在他的诗歌之中。

同时,我们也应该看到,马克思一生的书信数量也是十分巨大的,劳伦斯－威赦特出版的《马克思恩格斯全集》中,信件占了马克思著作近半的篇幅,从时间频率来看,他几乎是每几天,有时是天天都有通信的写作。除此之外,马克思还有一个良好但很费力的习惯——做详细的笔记,这些笔记包括当时阅读的体会、摘录和批注等,从这些看来,马克思确实是一个十分勤奋的人,他的文学创作,当然,这个文学(literature)的概念,这里指的是西方学术中"大文学"的观念,泛指文艺著作、历史文献、哲学论稿和宗教文本等内容。正是从此种意义上说,马克思是一个文学创作的巨人,并不是说他是一个严格意义上的文学家。他在青年时期曾是热血沸腾的诗人,在中年时曾是疾恶如仇的革命家,在老年时曾是温厚慈祥的哲学家,贯穿于他的一生,诗人、革命家和哲学家等的角色又是交织融合在他的生命中,正是从此种意义上说,马克思确实是一个文学创作的巨人。在人类的学术历史上,像他这样孜孜不懈的人是不多的,他具有一切伟人的最根本的品行——勤奋努力、百折不挠。

马克思作为一位有着丰富的文学创作实践的人,从他的个人情况来说,这主要归结为他是一个情感十分丰富而爱憎又是特别分明的人。但凡历史上的文学创作者,无论是诗人、剧作家或是小说家等,他们的情感都是十分丰富的,这是他们进行文学创作的生命基础。情感,是人对周遭世界的直接感受和切实体验的反映,因此情感又是作家进行创作的生活基础。马克思是一个情感丰富的人,这可从他青年时期的诗歌创作中看出来。首先是爱情,马克思在读大学时写给燕妮的诗歌,显示了他爱情的炙热,同时也彰显了他性格和禀赋上情感强烈、丰富细腻的特征。他是在用自己的身心去创作,这个青年人的内心世界和感情潮水被他的下列诗歌形象地描述出来:

我不能安安静静地生活,
我常常在深夜里被唤醒,
我经常听见警钟敲响,

还有大风的咆哮呻吟。

那时我很快就离开
舒适而温暖的家,
驾着船儿来到汪洋大海,
那里狂风呼啸雷电交加。

我在与风浪搏斗中锻炼成长,
并不指望上帝来给我帮忙,
我扬起船帆信心满怀,
仰赖可靠的星辰引航。

在漫长的决死战斗里,
我浑身是喜悦的活力,
我充满了粗犷的热情,
我唱出了豪迈的歌声。①

这里,我们看到一个果敢而勇毅的青年人,他离开舒适而温暖的家,去危机四伏的大海航行。大海上的危象则是不言而喻的:狂风呼啸,雷电交加,波涛汹涌,黑夜漫长。在这样的险境中,这位青年人扬帆远航,奋力拼搏,充满喜悦,敢斗艰难。"我充满了粗犷的热情,我唱出了豪迈的歌声"。这两句最能反映他的情感本性和心理特性,具备了一个文学青年最关键性的条件。青年马克思对燕妮的深情思念,显示了他不顾一切艰难险阻而要达到爱情港湾的坚强勇气和毅力,同时也就表现出对神灵阻碍因素的狂傲与批判:

只要我的七弦琴一奏鸣,
心中的热血便会沸腾,
我又敢把世上万能的神仙
彻底地藐视看轻。
……
尽管天上雷声轰响,

---

① 《马克思恩格斯全集》(第四十卷),北京:人民出版社,1982年,第469页。

或者歌声轻轻飘荡，
我想得到的只是你——
燕妮，我的甜蜜的偶像。
……
也许他们不懂得
在胆怯的血液中沸腾的愿望？
他们莫不是在暗中妒忌
爱情带来的纯朴的喜欢？①

青年诗人马克思的爱情之歌是如此敏感而激昂，只要七弦琴一奏鸣，他的热血便会沸腾，而神仙等冷血动物是不喜欢看到人的快乐生活，因而马克思要蔑视他们、轻贱他们。天国的雷声恐吓阻止不了他对爱情的执着追求；人间的欢歌享受代替不了他对爱情的真情渴望，于是，他为了神圣的爱情，他可鄙视一切阻碍人类爱情发展的庸俗权力和反动势力，这是一个疾恶如仇、爱憎分明的诗人性格，情感力量支撑了他的文学创作。

其次是亲情，特别是对他父亲的感激和敬爱之情，贯穿于马克思的一生中，乃至他死后，人们在他的上衣口袋里发现他一直珍藏着他父亲的照片。在马克思的成长过程中，特别是他在波恩和柏林读大学期间，他父亲与他的通信很多，体现了一位慈父对儿子的拳拳眷顾之情。而更为重要的是，马克思本身是一位情感丰富、思想活跃的人，没有这样的特质，再慈祥的父亲的关爱也不会引起他的共鸣，也就不会有他滔滔不绝的创作，写信就是这样的文学创作的一种练笔和实验。例如，1837年11月10日他从柏林写信给他的父亲，展现了他的文学创作才华。

亲爱的父亲：
生活中往往有这样的时刻，它好像是表示过去时光结束的界标，但同时又明确地指出生活的新方向。

在这样的转变时刻，我们感到必须用思想的锐利目光去观察今昔，以便认清自己的实际状况。而世界历史本身也喜欢回首往事、审视自己，这往往使它显得是在倒退和停滞不前；其实

---

① 《马克思恩格斯全集》(第四十卷)，北京：人民出版社，1982年，第521～523页。

他只是在安乐椅上反躬自省,从精神上探求自己的活动——精神活动。

个人在这样的时刻是富于感情的,因为每一变化,既是绝笔又是伟大的新诗篇的序曲,这新诗篇力图留住正在渐渐消失的辉煌的色彩。但我们还是要给一度经历过的东西竖立一块纪念碑,使之在我们的感情上重新获得它在行动上已经失去的地位。不过对于我们经历过的东西来说,哪里有比父母的心怀更为神圣的珍藏之所呢!父母是最仁慈的法官、最亲密的朋友,是以自己的火焰来温暖我们的进取心的爱的太阳……

希望笼罩着我们家庭的阴云慢慢消散,希望我能够和你们同受苦和同哭泣,并且也许能够在你们身边证明我这一片深切而真诚的情意和常常难以表达的无限爱;希望你,亲爱的、永远敬爱的父亲,在考虑我忐忑不安的心情时能原谅我,我经常觉得心慌意乱,是战斗精神在压抑着它;希望你早日完全康复,以便我能紧紧地拥抱你,向你倾诉我的衷肠。①

有趣的是,一封这样普通的家信,马克思竟然是用文学的优美笔法来叙述的。信一开头便是对生活的感悟,然后是哲学的思索,再后面就是情感的倾诉,既有对时光流逝的惋惜,又有对父母情深的珍视,还有对慈爱父亲的依恋,而且他表现得如此强烈和明显,这对绝大多数中国的青年男子来说似乎是难为情的。这样的文学叙述,也许只有朱自清的《背影》才能与之媲美,但朱先生的笔墨是含蓄而平淡的,是平常外表中饱含深情的,而马克思的则是生活琐事中喷发热情。总而言之,都是为情所累,都是文学大家。在他父亲的诞辰日上,青年马克思用诗歌表达了对父亲的无限深情:

我独个儿置身友侣丛中,
心底荡漾着无限风光,
蓦地看见,缪斯走进身旁。

我轻声说:女神,送我支歌

---

① [法]雅克·阿塔利:《卡·马克思》,刘成富、陈钥、陈蕊译,上海:世纪集团 上海人民出版社,2010年,第27~28页。

让我尽情讴唱,尽情吟哦;
唱我深情称他爸爸的人,
表达我热情奋发的心儿。

他的生涯就是一曲旋律,
黑暗势力感到惶恐畏惧,
一碰上他的勇敢与豪情,
罪恶在他面前低头卷曲。

我对他怀着万般感情,
可语难达意,笔不从心!①

世界上像马克思这样向自己的父亲倾诉真情的儿子恐怕是不多见的,儿子一般倾向于向母亲倾诉自己的情感,但对自己的父亲则相对要保守和矜持,有些甚至是对峙和敌视,这种俄狄浦斯情结早为弗洛伊德所论证和阐释,它不是我们本课题所讨论的话题。而有意思的是,马克思对他父亲的深厚感情与他的文学创作奇迹是分不开的。仅就此诗而言,他要借缪斯的神奇来表达对父亲的敬重与依恋,他要借女神的歌声来表达对父亲的深情与感激,他要借旋律来表达对父亲的信赖与依靠,但即使如此,他尚认为没有尽意,所谓"语难达意"和"笔不从心"只是他的过于追求完美和极致的谦辞了吧,实质上他在诗歌创作上已经驾轻就熟了,无论是语言、句法还是其他修辞等;事实上他在诗歌创作上早已游刃有余了,不论是在抒情技巧上还是诗艺效果上。进而我们可以说,马克思的文学创作是个奇迹,但并不是说它是离奇而神秘的,而是说他的努力和结果是超越于常人的创作,他对文学的创作有一种持之以恒和坚持不懈的追求,他后半生的学术创作,是他文学创作奇迹的变相延伸。如此奇迹:如此锲而不舍的精神、如此热情满怀的创作激情、如此浩如烟海的文学作品,也许我们只有将基督教的文学奇迹才能与之相对应。

---

① 《马克思恩格斯全集》(第四十卷),北京:人民出版社,1982年,第745页。

二、基督教的文学创作奇迹

　　基督教的文学奇迹,首先体现在基督教典籍的浩瀚与渊博,而这些典籍中的相当一部分本身就是文学典籍,最明显的例子是《圣经》。圣经文学的内容是十分丰富的,涵盖了宗教、政治、军事、民政、法律、风俗、民族、历史、自然等几乎无所不包的内容,其文学体裁包括寓言、神话、诗歌、箴言、对话等;其文学风格朴实简约,语言流畅,浅显易懂,几千年来流传至今,就是一种奇迹。"作为一部文学著作,它体现了古代犹太人和初期基督教徒独特而杰出的文学天赋,展现出他们多方面的文学成就"①。虽然《圣经》作为文学作品基本上是古代犹太人和初期基督教徒的创作成就,但《圣经》如果脱离了文学性,那几千年来它是不可能流传至今的。《圣经》作为创作成果的奇迹在于它的文学成就,而且这些文学成就对以后西方文学乃至世界文学都产生了深远的影响。"《圣经》在体裁创新、人物塑造、叙述结构、修辞手法等方面都获得巨大成就,积累了成功经验。后世作家、艺术家从中汲取了作品'内容'方面的道德教诲和信仰熏陶,更重要的是,他们能够在作品'形式'方面寻求灵感,从而不但从《圣经》中寻找创作题材,而且在形式技巧方面获益匪浅。"②众所周知的是,以圣经文学为代表的基督教文化,不但对西方文学的发展起到了潜移默化的作用,对中国现代文学也产生了无可磨灭的实在影响,鲁迅、周作人、胡适、郭沫若、郁达夫、冰心、许地山、茅盾、庐隐、穆木天、徐志摩、闻一多、沈从文、老舍、巴金、曹禺等都无不受其影响,对中国现代作家的信仰、意识、道德等都有感染和浸润。"为基督教文化所启示,中国现代作家的信仰观念、生命意识、人格主义、忧患意识、'爱'的理想、人道主义、祈祷情感、道德批评等,形成中国现代文学主体精神的重要部分。"③中国现代文学主体精神,说到底是人的自由与解放的主体精神的折射和反映,文学家要用审美来完成这项艰难工作,仅靠人的自由意识和解放精神是不够的,却可以依托宗教来完成,这确实是一个奇迹。"可以说,中国现代作家们建立了这样一种观念:艺术家应该

---

① 陈召荣、李春霞编著:《基督教与西方文学》,兰州:甘肃人民出版社,2007年,第122页。
② 同上,第117页。
③ 许正林:《中国现代文学与基督教文化》,载《文学评论》1999年第2期,第129页。

是宗教家,崇高不朽的艺术应该是宗教艺术。的确,当文学表现为人学时,当文学表现生与死、善与恶、爱与恨、灵与肉、情与理这些人类永恒性主题时,当文学感悟宇宙神秘、心灵神秘、追寻生命价值实现时,审美极致即表现为一种宗教极致。"①

其次是基督教徒的文学创作奇迹,如莎士比亚(1564~1616)。莎翁作为剧作家兼基督教徒,其创作的数量之多,其作品之精美,其流传之久远,这些确实是常人所难以企及的。据统计,他给世人留下了 37 部戏剧,被喻为"人类文学奥林匹克山上的宙斯"。马克思曾每年要定期阅读莎翁剧作,由此他对莎翁剧作相当熟悉,有些甚至可以背诵下来。进而,马克思对莎翁的剧作进行文学批评,并总结出"莎士比亚化"的文艺理论术语。也许,基督教徒受其宗教信仰的精神鼓舞,其创作的旺盛生命力对作家来说是一种使命的自觉行动,这在基督教作家中是一种普遍现象。路易斯(C. S. Lewis)(1898~1963)也是一位创作的奇才,据统计,他一生共创作了小说 21 部,非小说类作品 51 部②,这确实是一个奇迹,一位基督教徒的文学创作奇迹。无论是莎士比亚还是路易斯,他们在并不是很长的人生岁月里,几乎将整个生命都用于创作,这与马克思的经历是如此类似,也许要说这是一切伟大的文学家和艺术家的类似经历。令人有些不可思议的是,他们的创作毅力为什么会如此坚强?他们要克服漫长写作、昼夜煎熬甚至是痛苦折磨等困难,如果这些困难都是一些否定性的力量,那么他们是如何获得那些肯定性的力量,以至能支撑他们进行不懈的创作?原因会有很多,令我们思来想去,但关键的原因,应都基于他(她)们的创作激情,这将成为我们在本章第二节中所集中探讨的问题。

三、马克思与基督教关系的文学创作奇迹

既然马克思与基督教两者都有文学创作的奇迹,我们自然就要追问为什么对他(它)们两者会出现这样非同寻常的情况,而其他的却没有这样的显著呢?导致这种情况的原因可能很复杂,但一个关键的也是不可回避的原因是,两者都面临严酷的客观社会现实而都

---

① 许正林:《中国现代文学与基督教文化》,载《文学评论》1999 年第 2 期,第 123 页。
② 见 http://en.wikipedia.org/wiki/C._S._Lewis_Bibliography

希望通过文学来改变世界。马克思在青年时期曾有7年时间与恋人分离的客观现实,从秘密订婚到最终走到一起,经历了长期的爱情磨炼。他为了使爱情和婚姻得以实现,就要超越家庭境况、财富积累、社会地位和集团关系等所形成的重重障碍,而这些障碍不是他能用物质性的手段所能超越的,他就别无它选,只有通过大量的文学创作来表达其强烈感情来超越这些障碍。他所创作的六部诗歌便是明证,其中两部就是献给燕妮的。上天不负有心人,他的爱情和婚姻也由此获得成功。当然,这些诗歌,加上讽刺小说和悲剧,还包含了他深切的思家之情和隐痛的求学之苦。他奇迹般的文学创作,同时还要克服离家和求学的障碍。而基督教的情况也如此,在两千多年漫长的发展历程中,无论是圣经文学的隐名作者还是后来的基督徒文学家,他(她)们所不断面临且需要解决的现实问题是:如何使更多的人加入到基督徒的行列,如何使更多的人信仰基督教。而要使人皈依基督教,不能采用残酷的军事手段、严厉的法律和强硬的行政手段等,这些手段在历史上最终被证明是无效的。于是,基督教就利用了审美的文学手段,通过基督教文学家所创作的丰富的感人的文学作品去感染人、熏陶人,由此最终使一部分人自觉地皈依基督教,而这被证明是很有成效的,大量语言优美、情节生动、情感真挚和形象丰满的基督教文学作品涌现,基督教的文学创作奇迹也就不为怪事了。

马克思的文学作品以情感人,基督教的文学作品也是以情感人。从文学创作的形成来说,唯有创作者本身具有强烈的文学情感,才能去感动广大的读者。马克思毫无疑问有着文学创作的激情,他的文学创作激情受到爱情的激励,受到亲情的鼓舞,受到学习的刺激,而这一切对他来说都不是缘于世俗的需要和功利的追求。他恋爱是为了追求真挚的爱情,他思亲是为了致谢无私的家人,他求学是为了探索改变人类命运的真理,由此,他的文学创作自觉不自觉地服务于审美情感、道德伦理和科学真理。如果他的文学创作是为了情欲、财富、名誉、地位和利益等,那么他的文学作品早就被人们所抛弃了。基督教的文学创作也是一样,如果基督教的文学是为了世俗化、利益化和功利化的目的,那么基督教的文学作品也早就被扔进了历史的垃圾堆了。基督教文学最强烈的地方就是它的信仰的情感力量,通过信仰的情感力量,基督教劝导人们不要做坏事,要做好事;不要与人交恶,要与人为善;不要仇恨,而要友爱。但做好事、为善和友爱等,并不能一定要获得利益的或功利的回报,但一定能获得情感的或美德的回报。由此,基督教文学是非功利化的文学。其非功利化的特色还体现在,它最感人的地方是爱的情感力量。它的爱不是人的欲爱,是上帝的圣爱,它们两者有着根本性的区别:"欲爱是索取的欲望和渴求。圣爱是牺牲性的给予。……欲爱是自我中心的爱,是至高的、最高贵的、最为升华的自我肯定。圣爱是无私的,它'不求自己的益处',它献出自我。……欲爱是获得并占有的意愿,依赖于欲求和需要。圣爱有赖于丰沛与充裕,是自由的给予。……"①所以,当基督教要强调牺牲的、无私的和充裕的圣爱,它就要借助于文学的情感力量和审美感化。由于圣爱的无限、自由和超越,对人来说意味受上帝之恩典而对人性的不断修正,对善的不断追求,对恶的逐步摆脱。"人只能在上帝的爱中才能摆脱恶的纠缠。挚爱永在!大地恒移,天穹常驻"②。在这样的文学审美意境中,基督教的文学创作奇迹也就不是怪事了。

　　基督教文学家都会自觉不自觉地去感受和领悟圣爱的恩典,从而在果敢的行动上获得保障和支撑,这样导致他们的创作意志特别的坚定和执着,从他(她)们所创作的鸿篇巨制中我们可见证他(她)们百折不挠的坚强意志,无论是面对个人困境还是社会阻碍,坚定和执着的创作意志是保障他(她)完成文学创作的关键因素。有文学创作灵感的人不少,能坚持完成文学创作的人却不多;有文学创作才华的人也不少,能成功实现自己文学创作之梦的人却不多;有文学创作资源的人更不少,能成为文学家的人却少而又少,等等,一切具备文学创作的主观禀赋和客观条件的人,真正能成为文学家的确实少而又少,除了不具备基督教文学家那样的坚定的创作意志,非基督徒的文学家又是怎样磨炼出来的呢?马克思便是一个例证,虽然马克思在进行文学创作的青年时期,他是一位基督徒,但已经逐步显现出他对普鲁士基督教世俗社会的批判,不久后他就成了无神论者,因而并不是基督徒的坚定意志造就了他的文学创作,而是作为一个有理想、有批判意识和有实践精神的文学青年的坚强意志造就了他的文学创作。马克思是从小就有着崇高理想的人,从他的中学作文中就可以看出来,他所崇拜的圣贤是基督、奥古斯丁;从他的博士论文可以看出来,他所崇敬的英雄是普罗米修斯。进而,他有理想并不是停留在

---

① 王涛:《圣爱与欲爱——保罗·蒂利希的爱观》,北京:宗教文化出版社,2009年,第31页。
② 刘小枫:《拯救与逍遥》(修订本二版),上海:华东师范大学出版社,2007年,第222页。

对理想的幻想之中,而是要把理想在人间实现,于是他就大胆地批判人间的种种不合理、不公平、不公正的社会现象,绝不是对此袖手旁观或回避现实,而是要行动,要斗争,要改变,这是他的实践之路。从树立理想到敢批判,再到亲实践,正是马克思的文学创作之路的写照,但这是一条艰难之路,可见证的是他坚强的文学创作意志,而也正是这个坚强的文学创作意志造就了的文学创作奇迹。

尽管都有相同或类似的条件造就了马克思的和基督教的文学创作奇迹,但从根本上讲,两者还是有着本质的不同。简言之,马克思的文学创作奇迹可归结的原因是人具有可不断激发的潜能,而基督教文学创作奇迹可归结的原因是神的超能对人的不断激发。马克思的文学创作奇迹充分阐释了他关于人的劳动创造(包括艺术生产)的"人的本质力量的对象化"的观点,决定着人也按照美的规律来构造。"……随着对象性的现实在社会中对人说来到处成为人的本质力量的现实,成为人的现实,因而成为了人自己的本质力量的现实,一切对象对他来说也就成为了他自身的对象化,成为确证和实现他的个性的对象,成为他的对象……每一种本质力量的独特性,恰好就是这种本质力量的独特本质……人不仅通过思维,而且以全部感觉在对象世界中肯定自己。……人的感觉、感觉的人性,都只是由于它的对象的存在,由于人化的自然界,才产生出来的。五官感觉的形成是以往全部世界历史的产物。"[①]不难看出,马克思对人的本质力量的对象化的认定,总结出了人类劳动的对象化过程,将自然人化的过程就是创造的过程,就是实践造化的过程,也是人类历史的形成过程。就艺术生产而言,就是造就有音乐感的耳朵、能感受形式美的眼睛的文艺审美过程。但文艺审美的过程,是人使对象成为他自身的对象,确证他本质力量的过程,此种独特的本质就是审美。审美是人的一种潜能,它不会自动实现,要在艺术生产的对象化过程中才能实现,人的文学创作就是不断激发这种潜能变成现实。

承上所述,此种比较研究中就形成一种冲突,马克思认为文学创作的奇迹是由于人自身的潜能可不断发掘,进而在社会实践中使这些潜能实现,而基督教则认为文学创作的奇迹是由于上帝的超能进入人的历史演变进而可不断实现。前者认为文学奇迹的创造主体是人,后者认为文学奇迹的创造主体是上帝;前者认为文学奇迹的实现

[①] 《马克思恩格斯全集》(第四十二卷),北京:人民出版社,1979年,第125~126页。

过程关键是通过社会实践,后者认为文学奇迹的实现过程关键是通过信仰启示。谁是谁非,如果拘泥于此种逻辑设定,那么永远是难以解决的。我们要突破此种思维定式,转换角度来看待问题。如果我们把文学创作视为爱心的创造,实质上文学创作就是人的爱的情感的产物,恨是爱的反面,文学中的恨,最终导向的还是正面的爱。那么,卡尔·巴特关于人的欲爱和上帝的圣爱的对立统一的关系却正好解决了此难题。就文学创作的奇迹而言,马克思所认定的人自身的潜能可不断实现和基督教认定的上帝的超能可不断实现,呈现为欲爱与圣爱的抵触而又各自实现,而构筑它们的共同基础就是人的生命本身。"……巴特明确这两种相互抵触的爱是并立在人性当中的,它们构成爱的现实……两种爱之间的对立及其动态关系构成了人的存在。"①人的存在决定了两种对立的文学创作奇迹成因观,在巴特看来这并不矛盾,而是相互融合起来。之所以能融合起来,在他看来就是因为上帝的和解(reconciliation),通过耶稣的受难和复活,和解了两种爱的抵触而到达统一。"……在启示中和解被视作唯一来自上帝而成为的现实,是因为上帝之子(Son of God)是我们中的主,因而处在我们与上帝的不和之中。"②上帝之子耶稣就是中介,使欲爱与圣爱和解统一。就文学创作奇迹而言,这是促成奇迹的奇迹,也就和解了马克思与基督教关系的文学创作奇迹难题。

第二节 马克思与基督教关系的文学创作激情

一、哲学/宗教的文学创作激情

虽然,人们可能会怀疑,激情对人的长久性的创作会有如此持久的影响力吗?激情,从其表象来看是迅猛和热烈的情感,从其实质来说是深沉而痴迷的情感。文学的创作激情,与一般的生活激情又有

---

① 王涛:《圣爱与欲爱——保罗·蒂利希的爱观》,北京:宗教文化出版社,2009年,第6~7页。
② Karl Barth, *Church Dogmatics* (Second Edition, Volume Ⅰ). Translated by G. W. Bromiley, edited by G. W. Bromiley and T. F. Torrance. Edinburgh: T & Clark Ltd., 1975, p.409.

不同,它有生活的来源,但又要超越于生活;生活的激情可能是粗朴的,而文学的创作激情则应是精美的;生活的激情可能是自然而生,而文学的创作激情则会着意而为;生活的激情可能会消失殆尽,而文学的创作激情则能保持长久。对于文学创作激情何以能保持长久的追问,人们往往深入到人的宗教信仰,从宗教信仰中探寻创作激情的生成渊源。但像马克思这样的文艺理论家,他们并没有宗教的信仰,何以有这样的创作激情呢?

纵观马克思的一生,他从基督教徒到唯物主义无神论者再到共产主义者的心灵历程,尽管成熟的马克思对宗教有着严厉的批判,但其主旨所指乃是针对当时以基督教(特别是新教)为意识形态的资本主义制度的批判,即他要批判的是:基督教神学成为资本主义制度的神圣合法性的辩护理论,基督教伦理道德成为资本主义社会的意识形态,基督教教义信条成为资本家剥削工人的美丽谎言。如果用到社会革命这个层面来说,马克思是反宗教的,他坚决批判一切阻碍人类历史进步的消极宗教。然而,如果用到社会和谐这个层面来说,马克思却是非宗教的,他辩证地洞察了宗教在人类历史发展的积极-中性-消极的多重作用,例如闵采尔的宗教起义推动了德国反封建和反割据的社会变革、宗教在社会主义进程中的群众性作用、新教为资本主义剥削制度的辩护等。由此,在马克思看来,社会和谐总比社会革命更具有长远性和长效性,社会革命之目的最终也还是要社会和谐。故此,马克思对宗教的整体态度是非宗教的而非反宗教的,即宗教具有丰厚的历史渊源、丰富的社会基础,不能将宗教一棍子打死,而应充分利用宗教的各种积极因素和良性资源;无产阶级即使是为了社会革命而进行反宗教的斗争,其最终意义也是为了政治的革命而不是到宗教为止。宗教在很大情况下都是政治的外衣,如果宗教成了反动政治的外衣,自然我们要反宗教;如果宗教是进步政治的外衣,当然我们要以非宗教的态度和哲学的理论高度来利用宗教为社会服务。

承上我们可以看出,马克思的文学创作激情并不是来自宗教的文学激情,青年时当他还是一个基督教徒时,他的文学创作激情是有很多来自宗教的激情,这在我们前面的分析中都有指出。马克思对创作激情的重视,正如他在《1844年经济学哲学手稿》中所分析和总结的,他看到了人的感性并进而由此形成的情感等都是人类历史发展的结果,最终成就人的本质力量(含创作的激情)。"只是由于人的本质的客观地展开的丰富性,主体的、人的感觉的丰富性,如有音乐感的耳朵,能感受形式美的眼睛,总之,那些能成为人享受的感觉,即确证自己是人的本质力量的感觉,才一部分发展起来,一部分产生出来。因为,不仅五官感觉,而且所谓精神感觉、实践感觉(意志、爱等等),一句话,人的感觉、感觉的人性,都是由于它的对象的存在,由于人化的自然界,才产生出来。五官感觉的形成是以往全部世界历史的产物。"①显然,在马克思看来,人的感性并最终发展成为人的本质力量,是人类历史的产物,是一个厚重的历史创造过程,体现了人的创造性和能动性,人的感情是社会历史的,人的本质是在改造自然和社会生产活动中铸就并予以确证,这对人的情感构成肯定,使人产生愉悦,于是有激情的体验。"人作为对象性的、感性的存在物,是一个受动的存在物;因为它感到自己是受动的,因而是一个有激情的存在物。情感、激情是人强烈追求自己的对象的本质力量。"②在这里,马克思强调了人受动的特性,这是人成为感性的人的前提,正是由于人的受动特性,使人才有感受的功能和水平,才能被感动并提升为激情这种最强烈的情感,而激情是人强烈追求自己的对象的本质力量,人把自己视为一种对象性的存在,这是动物所不具有的能力,人并强烈追求自己的本质力量,这个本质,并不是所谓人作为感性的人的特性,动物也是感性的;也不是所谓的爱、恨等情感构成,任何一个阶层或社会的人都会有这样的情感,这些都不构成为人的本质特性。"人的本质不是单个人所固有的抽象物,在其现实性上,它是一切社会关系的总和。"③那就是说,人的激情所体现出人强烈追求的本质是一种人作为社会的人的本质,体现为人与他人、人与社会等复杂关系的人的本质,这种复杂的关系尽管内涵很多,但核心的是人的生产关系,体现人的生产劳动中所构成的人与人之间的关系,无论是物质性的生产还是精神性的生产,人的社会关系在其中得以实现和完成。当然,创作的激情,主要是属于精神性的生产,马克思对此是深有体验并亲身实践的,他的创作激情来源于他精神性的生产和革命性的实践活动,这是毫无疑问的。

更进一步说,马克思对创作激情的体验和提炼,一方面与他本人

---

① 《马克思恩格斯全集》(第四十二卷),北京:人民出版社,1979年,第126页。
② 同上,第169页。
③ 《马克思恩格斯选集》(第一卷),北京:人民出版社,1995年,第56页。

的创作实践分不开,另一方面,又与他在创作和美学上深受黑格尔的影响密不可分。黑格尔认为:"人能够把本来不实在的东西想象成为好像是实在的。因此,使我们认识到一种情境、一种关系或任何一种生活内容的东西是外在现实本身,还只是它的外形,对于我们的情绪来说,这两种途径都是一样的,都可以按照内容的性质使我们忧,使我们喜,使我们感动或震惊,使我们亲历身受愤怒、痛恨、哀怜、焦急、恐惧、爱、敬、惊赞、荣誉之类的情绪和热情。"[1]对马克思来说,这正是他进行文学创作的写照,一种情境,如1841年12月24日普鲁士政府颁布的新的书报检查令,表面上不对作家的创作活动予以干涉,实质上强化了对民主自由的防范,为此马克思愤怒地写出《评普鲁士最近的书报检查令》;一种关系,如青年马克思与燕妮的恋爱关系,且这种恋爱关系因马克思到波恩和柏林读大学而使两小情人两地长久分离,这样就有了马克思为他俩的爱情而创作的三本诗集,即《爱之书》第一部和第二部及《歌之书》。就马克思来说,在他的文学创作历程中,既有早期作为基督教教徒的文学情感也有后来成熟的作为共产主义者的文学情感,实事求是地说,马克思的非宗教的情感远大于和超过他的早期的宗教的情感。一个基督教徒或是基督教徒的文学家,能为一种情境或一种关系而感动进行创作这是不为奇怪的,例如身处宗教音乐或具体来说教堂音乐的感染的情境下,基督教徒的文学创作激情会被极大地调动起来,此等情境可见牛津大学等西方古老大学中各学院的唱诗班(choir),身处那样的情境,即使是非教徒也会感动的,文艺的热情也会被激起的;或是为人与上帝之间的美好关系而感动,这是激励基督教徒最关键的地方,正如摩西十诫之所云:"恨我的,我必追讨他的罪,自父及子,直到三四代;爱我、守我诫命的,我必向他们发慈爱,直到千代。"(出20:5~6)在这样的奖罚规则和回报机制的推动下,基督教徒对上帝之爱是任何其他的爱所不及的,他们的圣爱会荡漾和回响在他们的文学激情之中,他们充实地感受了他们是作为人而受到上帝的恩典和慈爱,因而要以人的热情来回报上帝之爱和推及对他人的爱。因而,就马克思的创作激情,一种非宗教的情感;就基督教徒的创作激情,一种宗教的情感,它们都是文艺的创作激情,只是因为他们都作为人,一个个自然、正常、活生生、有血有肉的人,当他们投身、浸染和陶醉于文艺活动之时而应有

---

[1] 黑格尔:《美学》(第一卷),朱光潜译,北京:商务印书馆,1979年,第58页。

的强烈情感,这样的强烈情感需要以文艺的形式再表现出来时,它就是创作激情。

马克思与基督教徒的创作激情何以有如此的相似之处?从根本上讲,这并不是由于宗教的支配而形成的,也不是由于政治的影响而形成的,倒是由于人本身,人作为一个自然而正常的人所决定而形成的。尽管从马克思看来,人的本质就是社会关系的总和,人必然是社会契约的人和有阶级情感的人;尽管从基督教看来,人的本然是有原罪的人,人是可忏悔的人和改善的人,但不管怎么样,人都是活生生、有血有肉的人,也就是有丰富情感的人。正如普列汉诺夫所言:"在自己的内部唤起曾经经验的感情,而且将这在自己的内部里唤起了之后,借着被表现于运动、线、色彩、言语的形象,将这种感情传递,给别的人们也能经验和这同样的感情——而艺术活动即于是成立。"① 文艺的创作激情,无论是对马克思还是对基督教徒,它都是可传递的感情,它将一个个人的喜怒哀乐传送,它将一个个人的爱恨情仇递交。生活情感是文艺创作激情的基础,脱离了情感,一个再善于构思和创作的艺术家都不可能进行下去。假若创作激情是一百度的沸水,则情感是室温的静水。而诸多的生活情感中,最强烈的爱与恨的情感及其交织冲突,则是创作激情的助燃剂,具有关键性的引发作用。爱是对所喜爱或钟爱的人或事的强烈感情的投入,尽管爱可能会是盲目的,但它对所喜爱或钟爱的一般都是给予而不求回报,是保护而不是破坏,被给予的或是被保护的对象的性质和内涵一般都是正义而光荣的,因而是值得的。相对应,恨是对所憎恨或痛恨的人或事的强烈感情的投入,尽管很可能是偏激的,但它对所憎恨或痛恨的一般都是舍弃的而非收容的,是破坏的而非保护的,被舍弃的或是被破坏的对象的性质和内涵一般都是不正义的而羞耻的,因而也是值得的。基于此,马克思和基督教徒的创作激情,都是超越了个人恩怨和私人关系强烈感情的投入,他们的爱和恨不是以个人利益为根本目的,马克思是为了无产阶级乃至整个人类的自由幸福,而基督教徒则是为了他们的教徒和上帝的子民幸福安康,因而,他们的创作激情是超越了非宗教和宗教的藩篱。

---

① 普列汉诺夫:《艺术论》,鲁迅译,北京:人民文学出版社,1958年,第3页。

二、政治/宗教的文学创作激情

既然马克思和基督教的文艺创作激情是超越了非宗教和宗教的藩篱,那么它们是否并没有超越政治和宗教的藩篱？马克思是政治领袖,无产阶级和工人运动的政治领导者和革命理论家。马克思的政治斗争方式是要无产阶级和工人进行革命,推翻资产阶级和一切剥削压迫的社会制度,他的政治理想代表了无产阶级和一切受剥削和受压迫的阶级,是要走向社会主义并最终实现共产主义。基督教徒是宗教的组织力量,基督教教会是宗教的组织机构,教徒和教会体现为个人和集体的力量,他们的共同目标是要实现天国的美好理想,将上帝的爱在人间传播。基督教从本质上来讲是宗教的而非政治的,尽管在历史上基督教的一些运动是政治的,欧洲世俗的政权往往通过基督教神学来强化其意识形态的统治,但从严格意义上说,基督教是要遵循政教分离的,因为《圣经》曾说过:"恺撒的物当归恺撒,神的物当归给神。"(太 22:21)政治和宗教本不是一家,但两者之间的联系却是紧密的,特别是在基督教为文化背景的西方国家,基督教甚至都在一定程度上成了资本主义制度的神学意识形态,为资本主义辩护成为基督教的一种常有任务和自觉行动。所谓个人的自由保障、私有财产的神圣不可侵犯性、诚信经营而致富发财、守约遵规而享福等,看起来似乎都是普遍性的公民的权利,但其所提倡的私人性和个体性幸福理念的最终归宿,实质上都是为资本主义的私有制唱赞歌。资本主义的劳动剥削事实和其私有制的独占本质常常与基督教所强调的"博爱""奉献"和"慈善"等教义相冲突,而基督教还要去为资本主义的剥削制度和私有财产进行辩护的话,那人们很容易要质疑基督教中的某些神学家和理论家的伪善和虚假。作为真心要发展基督教的教徒来说,与其进行辩护,还不如实事求是、实话实说。

如何来实事求是和实话实说？韦伯的考察和研究是一个很好的案例,而他之后的结论也是发人深省的。在他看来基督教徒关于劳动的天职观是一把解开资本主义密码的钥匙,无论他们是雇员还是雇主,是生产者还是商人,是工人还是资本家,"认为这种劳动是一种天职,是获得恩宠确定性的最佳手段,归根结底往往也是唯一的手段。另一方面,它使利用这种驯顺的劳动名正言顺了,就是说,把雇主的商业活动也解释成一种天职。……把劳动视为一种天职成了现代工人的特征,一如对获利的相应态度成了商人的特征"①。这样的天职观,实质上是纯正和彻底的基督教教义的体现,有这样天职观的工人或是资本家,称得上是真正的基督教徒。一个真正的基督教徒,他/她的追求最终会要超越他/她个人的狭隘的利益而上升到整体的人类的利益的高度。基督教徒之所以有这样的超越,是因为他们有着决定的信念和坚固这种信念的生活实践。正如路易斯(C. S. Lewis)所论:"上帝如果愿意,他会赐给我们爱的感情,这种感情我们无法为自己创造,也不能作为一项权利来要求。但是有一件重要的事情需要记住,那就是,我们的感情可以瞬息即逝,上帝对我们的爱却不会。它不会因为我们的罪、我们的冷漠而减少,它认定,不管我们需要付出怎样的代价,也不管上帝自己需要付出怎样的代价,它都一定要除去我们的罪。"②即使像路易斯这样的基督教神学家、文学家和文史评论家,在他们看来,人不是世界的真正主宰,人的感情是变化的,人可能会变得冷酷无情和无情无义等因而露出邪恶的本相,因而人是有罪的,也就是基督教所说的人的原罪(sin)。人的原罪看起来是根深蒂固的,似乎一旦有外在的诱因便如魔鬼般邪恶登场而不可收拾,如人有了钱可能就会贪色,人有了权就可能会腐败,人有名气可能就会傲慢等。其实,就基督教原罪的历史渊源和现当代著名的基督教神学家的反思,例如尼布尔(Reinhold Niebuhr)的深刻洞察,原罪的根源不在于其是错误的或是能导致违法的表象,而在于人本身的实质。"原罪的根源是人的自我中心论。人一方面是有限的,另一方面是自由的和有灵性的。人的自我中心论决定了人企图凭借自己理智上的能力使世界上其他的存在为自己的存在服务,决定了人企图超越自己的有限性而达到无限,即'人想自己成为上帝'。……人的有限性决定了人在认识能力和道德意识方面的限度。由于这种限度,人不可能凭借自己的力量自我完善和达到无限。"③正是由于基督教徒有了这样的认识,使他们能将人为中心的本位置换为

---

① 马克斯·韦伯:《新教伦理与资本主义精神》,阎克文译,上海:世纪出版集团,上海人民出版社,2010年,第272页。

② C. S. 路易斯:《返璞归真》(纯粹的基督教),汪咏梅译,上海:华东师范大学出版社,2007年,第135页。

③ 张庆熊:《基督教神学范畴——历史的和文化比较的考察》,上海:世纪出版集团,上海人民出版社,2003年,第267页。

上帝为中心的本位,才能使他们在为人处世时谦恭和顺,在面对利益好处时谦让奉贤,在处理困难时超越提升。

如果说以上的超越提升体现了基督教徒在德行上的优良品性,那么基督教徒在政治上的革命性也是早期基督教徒的本然特色,作为伦理道德的基督教教义却是后来发展的产物,特别是基督教成了罗马的国教以后作为官方意识形态的表述而产生的。为此,恩格斯在《论原始基督教的历史》中有详细的分析说明。恩格斯在具体分析了《启示录》和《以赛亚书》后指出:"这里既没有后世基督教的教义,也没有后世基督教的伦理,但是却有正在进行一场对全世界的斗争以及这一场斗争必将胜利的感觉,有斗争的渴望和胜利的信心,这种渴望和信心在现代的基督徒身上已经完全丧失,在我们这个时代里,只存在于社会的另一极——社会主义者方面。"①这是恩格斯多次强调的为什么早期的基督教运动与当时的社会主义运动相似的阐释,两者都有一种强烈的渴望,斗争的渴望,必胜的信心。为什么这些基督教徒如此有渴望和信心呢?恩格斯进一步指出:"最初的基督徒来自什么样的人呢?主要来自属于人民最低阶层的'受苦受难的人',革命因素总是这样形成的。……可是为了使所有这些人都卷入一个统一的伟大的革命运动,必须找到这样一条出路。……在当时的情况下,出路只能是在宗教领域内。于是另一个世界打开了。肉体死后灵魂继续存在,就逐渐成为罗马世界各地公认的信条。……一条把受苦受难的人从我们苦难的尘世引入永恒的天堂的出路找到了。事实上,也只有靠对彼岸世界获得报偿的希望,斯多亚-斐洛学说的弃世和禁欲才得以提升为能吸引被压迫人民群众的一种新的世界宗教的基本道德原则。"②在这里,通过恩格斯的详尽分析,我们发现早期基督教的革命性,因为现实世界的严酷性,如贫富分化的巨大差距、革命群众与罗马帝国武装力量相差的悬殊等,在此种条件下,古希腊哲学并对古罗马产生影响的灵肉理论、斯多亚哲学的精神慰藉和早期教父的用心阐释与整合等,悄然使早期基督教的躁动暴乱的革命性转化为温和敦厚的世俗伦理原则。而这个温和敦厚的世俗伦理原则的逐渐形成,最终成为一神教的世俗伦理原则,得益于耶稣的自愿牺牲,所谓以他的献身而拯救了人类的罪孽,因而耶稣所具有的

---

① 《马克思恩格斯选集》(第四卷),北京:人民出版社,1995年,第468~469页。
② 同上,第472~474页。

特殊功勋,使得基督教的信仰变得坚强不屈,这些早期的教会团体则呈现出顽强的战斗力。"这些最初发战斗的团体的信仰,与后来胜利了的教会的信仰完全不同。除羔羊的赎罪的牺牲外,最重要的内容就是临近的基督再临和快要到来的千年王国;而用来树立这种信仰的手段只是:进行积极的宣传,对内外敌人作不屈不挠的斗争,在异教徒的法庭上昂首承认自己的革命观点,决心随时为将来的胜利而殉道。"①由此,我们可以说,基督教的革命性,体现为一种极端的容受性,甚至可以以死和牺牲来成全它,它是沉默的,不是喧闹张扬的;它是自我牺牲的,不是授人以道的;它是逻各斯的辩证法,将仇敌变成朋友。

鉴上,马克思的革命性与基督教的革命性有两点重要区别:一是马克思相信人的可不断进步性和完善性,从而对人的改造能力和革命理想充满了积极的乐观主义,而基督教则相反;二是马克思认可革命需要毁灭和破坏,由此而来的代价会要让人来承担,而基督教则认为人不需要来承担此代价,耶稣已经为人类承担了此代价。回归到我们关于马克思与基督教关系的文艺创作激情,两者关于文艺的创作激情自然也就有了相应的差别。马克思文艺的创作激情,体现在他对文艺的创作包含了热烈的情感,充满了无限的向往,做出了不懈的努力。众所周知,马克思从小就酷爱文学与艺术,甚至到了暮年,他都要定期朗读与背诵埃斯库罗斯和莎士比亚等文学名著以助于他的休息和闲适。他青年时期所创作的那么多的诗歌,即使艺术成就不是很高,但其对文艺的投入热情和认真的态度是常人所不能比拟的。即使是在他的学术创作中,他也经常以艺术抒情的方式来起领其学术审美情致,例如在《〈黑格尔法哲学批判〉导言》的末尾他用形象的语言来说明,以猛烈的情感来呼吁德国无产阶级解放运动的到来:"德国人的解放就是人的解放。这个解放的头脑是哲学,它的心脏是无产阶级。哲学不消灭无产阶级,就不能成为现实;无产阶级不把哲学变成现实,就不可能消灭自身。一切内在条件一旦成熟,德国的复活日就会由高卢雄鸡的高鸣来宣布。"②又如,他在《共产党宣言》的开头和结尾处也是豪情满怀和信心百倍:"一个幽灵,共产主义的幽灵,在欧洲游荡。为了对这个幽灵进行神圣的围剿,旧欧洲的一

---

① 《马克思恩格斯选集》(第四卷),北京:人民出版社,1995年,第481页。
② 《马克思恩格斯选集》(第一卷),北京:人民出版社,1995年,第16页。

切势力,教皇和沙皇、梅特涅和基佐、法国的激进派和德国的警察,都联合起来了。……共产党人不屑于隐瞒自己的观点和意图。他们公开宣布:他们的目的只有用暴力推翻全部现存的社会制度才能达到。让统治阶级在共产主义革命面前发抖吧。无产者在这个革命中失去的只是锁链。他们获得的将是整个世界。全世界无产者,联合起来!"①毫无疑问,马克思早年所培育的那种文学创作激情,已经转化和升华到他后来学说创造的激情,正如此处他要创造无产阶级解放学说和共产主义学说的激情,更多的具体表现为一种政治中的文学创作激情,而基督教则更多的是具体表现为宗教中的文学创作激情。但他(它)们两者的情况在历史中都存在,要探讨马克思与基督教关系的文学创作激情,就要开展跨学科中的文学创作激情的研究。

三、跨学科与文学创作激情

从以上论述来看,马克思与基督教关系的文学创作激情,呈现为哲学与宗教的跨学科中的文学创作激情,呈现为政治与宗教的跨学科中的文学激情。文学创作的发展,已经不能再拘泥于只就文学本身的创作而创作了。时代的发展,知识的累增,导致各门学科之间的交流日益频繁;技术的进步,文化的普及,导致各专业之间的合作越来越广,就文学创作而言,尽管职业化的作家还仍然会存在,但职业化与非职业化作家之间的距离越来越拉近,如大量的网络文学作者的出现,成为文学市场的新生力量,尽管他(她)们的文学创作水平尚待提高,但不就是在网络文学时代浪潮中,造就了新的一批又一批的作家吗? 这正如马克思当年所预见的:"而在共产主义社会里,任何人都没有特殊的活动范围,而是都可以在任何部门内发展,社会调节着整个生产,因而使我有可能随自己的兴趣今天干这事,明天干那事,上午打猎,下午捕鱼,傍晚从事畜牧,晚饭后从事批判,这样就不会使我老是一个猎人、渔夫、牧人或批判者。"②就文学的未来而言,随着各种新兴技术的突破,人们的活动范围会越来越广,人们的文学兴趣会越来越浓,人们的文学创作能力会越来越强,文学会日益成为人们的业余嗜好和专业技能,但人们并不一定要以文学为职业,人们

---

① 《马克思恩格斯选集》(第一卷),北京:人民出版社,1995年,第271～307页。
② 同上,第85页。

有广泛掌握各门专业和从事各种职业的条件和机会,这就带来了跨学科中的文学活动的问题,跨学科中的文学创作的问题,跨学科中的文学创作激情的问题。随着对研究对象的层层深入发掘,使我们不得不面对文学创作中的本源性问题——文学创作的动力的未来预见和前瞻思考。由此,这种跨学科的文学研究,实质上是对文学发展规律进一步深入的研究,从文学与其他学科知识的互相影响和互相阐发的关系中来确立新的内涵。"这种跨学科的文学研究,既可以研究文学与其他学科之间互相影响、互相渗透的关系,也可以超出这种直接联系而研究它们之间的互相阐发、互相印证的关系,为的是更好地揭示文学作品的内在蕴含和文学发展规律。"①鉴于此,我们可以说,马克思与基督教关系的文学研究,本也就是跨学科的文学研究,主要是在哲学、政治学、历史学和宗教学之间的互相影响、互相渗透、互相阐发、互相印证的多重关系中来研究文学。哲学、政治学、历史学和宗教学等多门与文学有着密切联系的学科,其本身的知识被创造出来是需要创造者的激情的,在与文学的互动关系中,又进一步推动文学创作者的激情,反过来,文学创作的激情又可反哺其他学科知识的创造激情。所以,要成为真正的文学家并不容易,文学家就是大家,是博学家。

另一方面,涉及跨学科的文学创作激情,还因为当今时代和未来进程中,文学与非文学的边界将变得越来越模糊,从文本学的角度来说,这缘于文学的文本可来自于哲学的、政治学的、历史学的和宗教学的等。在当代西方文艺界,朱丽娅·克里斯蒂娃首创提出了"互文性"的理论概念。在她看来:"……互文性定义为符号系统的互换……'互换'不仅意味着从书写系统到书写系统的转换,也指从非文学与非语言系统到一个文学系统的转换。……每一个指意系统不过是'各种各样的指意系统互换的一个领域'。"②可见,克里斯蒂娃所谓的"互文性"比我们研究"互文性"的内涵还要广。自然、文学、哲学、政治学、历史学和宗教学等都是符号系统,它们各自的符号都被马克思和基督教在研究和处理文学问题上互换过、利用过。同时,它们也都是指意的符号系统,各种指意的符号也被马克思和基督教在

---

① 陈惇、孙景尧、谢天振主编:《比较文学》,北京:高等教育出版社,1997年,第8~9页。
② [英]拉曼·塞尔登编:《文学批评理论——从柏拉图到现在》,刘象愚、陈永国等译,北京:北京大学出版社,2003年,第409页。

研究和处理文学问题上互换过、利用过。这样,我们具备了从事马克思与基督教关系的文学研究的理论基础,在此理论基础上,就可以进行针对此课题的跨学科的文学研究,这是当今比较文学的新趋势和新发展。"互文性(intertextual)本质的意义是——意义产生于一个文本或一种话语与另一者的差异之间——使得文学研究从本质上、根本上是比较的(comparative),但它也产生一种处境,在处境中比较性(comparability)依赖于文化系统(cultural system),一种加强了比较的普遍性领域。"[1]有意思的是,乔纳森·卡勒(Jonathan Culler)和克里斯蒂娃关于互文性的观点,竟然同柏拉威尔所论述的马克思关于文学的一个最根本的观点相通,即"……富于想象力的文学和其他种类的著作并不是完全截然可分的……人们表达自己思想的方式,他们所创造的一切制度,他们所形成的一切社会关系,都是有紧密联系的;因此对这一切的研究应该形成一个整体,一种'人类的科学'。"[2]尽管我们要达到马克思所期望的"人类的科学"还有很远的距离,但社会的发展使这个距离总在一天天拉近,我们也在不断地努力去朝这个目标前进,至少,马克思与基督教关系的文学研究就是其中的一项工作。

至此我们可以说,从跨学科的角度,马克思与基督教关系的文学创作激情既有其社会发展、技术进步、跨学科交流对文学发展的客观条件,又有其文学理论"互文性"的支持,因此我们要深入发掘马克思和基督教关于文学创作激情的可交流的资源,如作为创作者的创作激情的被激发条件,创作者的情感因素、意志因素等对文学创作激情的催发和保障。从跨学科的角度来看,马克思哲学与基督教宗教、马克思政治与基督教宗教的意识形态冲突及其辩证统一,如何促成情感的融合,从而催发文学创作的激情。当然,能将马克思与基督教关系的文学创作激情联合起来进行考察,是基于两者共同的欧洲文学传统,基于两者共同的犹太-基督教文化背景,具有可比性的共同基础,因而这种跨学科的比较文学研究是站得住脚的。一个误区是:认为两者有意识形态的冲突,从而就不具有可比性。其实,对共同基础

---

[1] Jonathan Culler, *The Literary Theory*. Stanford: Stanford University Press, 2007, pp. 262-3.

[2] 希·萨·柏拉威尔:《马克思和世界文学》,梅绍武、苏绍亨、傅惟慈、董乐山译,北京:生活·读书·新知三联书店,1980年,第562页。

上的异质类的东西比较,比对同质类的东西比较更有意义,更能揭示世界的客观规律。例如,对同生活在草原上的食肉动物狮子和食草动物羚羊的比较,可揭示草原世界食物链的规律,而对食草动物的羚羊和角马比较,却不能很好地揭示草原世界食物链的关系。同理,对主张历史唯物主义的马克思的文学创作激情和对主张历史唯心主义的基督教的文学创作激情的比较研究,却能揭示文学创作激情的规律;历史与审美的统一,审美情感的张力与合力,文学创作激情的否定性辩证法等等。如此,从整体上看,马克思与基督教关系的文学创作激情研究,不过是为我们对文学创作论中的激情说研究提供了一个典型的案例,我们力图从这个典型中归结出文学创作激情的普遍性规律,这就可包括文学创作激情的基本内涵、成因机制、生成过程、影响效果等,具体内容在前面的论述以及后面的整体总结中会有展现,在此就不一一累述了。

第三节 马克思与基督教关系的文学审美情感

一、马克思的宗教批判与文学审美情感

在对马克思的宗教观研究当中,研究者们常常关注马克思的宗教批判。确实,在马克思成熟的宗教观中,借宗教来批判社会现实,以宗教来批判政治制度,用宗教来批判哲学谬误等,是马克思所常用的一种反思性武器。然则,研究者们所没有给予足够重视的是,马克思的宗教批判常是与其文学情感融合在一起的,以文学的爱恨情感来痛斥教会等组织的黑暗;以文学的审美情感来贬斥宗教意识形态的虚假性,以文学的激情来冲破宗教历史唯心主义的藩篱,由此构成了马克思宗教批判的比较文学跨学科研究的新内涵,对研究马克思的宗教观也构成了一种新的视角和新方法。马克思所生活的欧洲,基督教在帮助贫苦民众、关爱弱势群体、解救社会灾难乃至普及教育等诸多方面起到了重要的作用。没有基督教的历史,欧洲文明的发展是不可想象的。然则,基督教作为宗教与其宗教组织并不是一回事,教会等宗教机构的社会职责并一定是代表最需要帮助的普通民

众的,信徒的具体实践与基督教的教义并不是永远统一的。由此,基督教教会及其机构常存在着腐败甚至是反动的情况,这在一些政治黑暗、经济落后和法制腐败的国家尤为严重。马克思所生活的19世纪的德国就是如此,德国自16世纪宗教改革以来便染上了基督教病症,这正如马克思在《〈黑格尔法哲学批判〉导言》中所尖锐批判的:"德国的革命的过去就是理论性的,这就是宗教改革。……的确,路德战胜了虔信的奴役制,是因为他用信念造成的奴役制代替了它。……他把人从外在的宗教笃诚解放出来,是因为他把宗教笃诚变成了人的内在世界。他把肉体从锁链中解放出来,是因为他给人的心灵套上了锁链。……宗教改革之前,官方德国是罗马最忠顺的奴仆。革命之前,德国则是小于罗马的普鲁士和奥地利、土容克和庸人的忠顺奴仆。……因此,有朝一日,德国会在还没有处于欧洲解放的水平以前就处于欧洲瓦解的水平。德国可以比作染上了基督教病症而且日渐衰弱的偶像崇拜者。"①可以看出,当时德国的教会组织实际上已经成了官方的思想统治之武器,成了奴役民众的精神枷锁。宗教改革之前的德国受制于罗马天主教的神权统治,改革之后路德新教蜕变为削减人民革命行动的精神鸦片,农民战争因遭遇神学而失败,如此等等,马克思对德国的宗教势力和教会组织等充满了无比的痛恨,奋不顾身地要对它们进行狠狠的批判。

  马克思是如何来批判这些落后乃至反动的宗教势力和教会组织的呢?按理说,马克思可能会采用政论性文体的讨伐方式,以张显其革命斗志。然则新颖的是,马克思并不一定采用这样的常规模式,而是以文学抒情的方式,甚至以艺术表演的方式来推进其宗教批判。如他所论:"对宗教的批判最后归结为人是人的最高本质这样一个学说,从而也归结为这样的绝对命令:必须推翻那些使人成为被侮辱、被奴役、被遗弃和被蔑视的东西的一切关系,一个法国人对草拟中的养犬税所发出的呼声,再恰当不过地刻画了这种关系,他说:'可怜的狗啊!人家要把你们当人看哪!'"②这样的鲜活语言在一般人的政论文中是少见的,马克思的政论语言简直就是文学语言,"被侮辱、被奴役、被遗弃和被蔑视"的四个排比,气势连贯,层层推进,情感起伏,抒情气氛浓烈。而那个冒用法国人口吻的一句话,就是滑稽的喜剧

---

① 《马克思恩格斯选集》(第一卷),北京:人民出版社,1995年,第10~11页。
② 同上,第9~10页。

台词,令人忍俊不禁。人们可能想象不到,一位哲学家竟用这样俏皮的话来讽刺和挖苦,太像是一位文学家的手法了。即使像《共产党宣言》这样的旷世名篇,在其开篇就将批判的矛头对准了教皇,但其批判的语境竟是优美的文学意境,充满了艺术的审美趣味。"一个幽灵,共产主义的幽灵,在欧洲游荡。为了对这个幽灵进行神圣的围剿,旧欧洲的一切势力,教皇和沙皇、梅特涅和基佐、法国的激进派和德国的警察,都联合起来了。"①这里以幽灵来象征共产主义,以幽灵的游荡来象征共产主义运动的蓬勃发展,以对幽灵的神圣围剿来象征教皇等旧欧洲的反动势力对革命运动的扼杀,他们把自己扮演成神圣的角色,而把无产阶级和共产党人污蔑为邪恶的鬼怪或妖魔。马克思用这样的文学抒情来启动政论檄文和学术探索,实则他是用文学想象来催发文笔,以文学意象来渲染批判的力度。所以,"幽灵"的确切理解应是"被污蔑为鬼怪或妖魔的革命精神",而不能想象为欧洲文学中常被描绘为"鬼怪或妖魔"的邪恶力量。尽管中文版中只能用"幽灵"来翻译它,但我们要悟到此文学抒情和审美意境之中的深刻含义。

文学的语言总是形象而生动的,以形象而生动的语言来批判教会的反动本质和歌颂人民群众的革命精神,这也是马克思运用文学情感来进行宗教批判的常有方式。例如,在《反宗教运动——海德公园的示威》一文中,他详细地记录了1855年6月25日爆发于伦敦海德公园的示威游行,事因是为了抵制《啤酒法案》和《禁止星期天贸易法案》,体现了下层民众的勇敢不屈,反映了英国教会的腐朽邪恶,马克思这样写道:"18世纪的法国贵族说过,伏尔泰,给我们;弥撒和十一税,给人民。19世纪的英国贵族说过,信奉上帝的话,由我们来说;执行上帝意志的事,由人民去做。基督教的古圣先贤为了拯救世人的灵魂而羞辱了自己的肉体,而当今有教养的圣者为了拯救自己的灵魂而羞辱(mortifies)民众的肉体。"②法国贵族和英国贵族的话,尽管只是转引,但可归纳出他们共同的信教本质,即口是心非、沽名钓誉、奸诈狡猾、奴役人民。而对基督教的古圣先贤与当今的圣者的比较中,可以发现当今的圣者的虚伪狡诈和鱼肉人民的反动本质。

---

① 《马克思恩格斯选集》(第一卷),北京:人民出版社,1995年,第271页。
② Karl Marx, Anti-Church Movement — Demonstration in Hyde Park In *K. Marx and F. Engels On Religion*, Moscow: Progress Publishers, 1957, p.114.

转引、对照和比较,尽管不仅是为文学的修辞说法而用,但这样的手法加上鲜活的用词,描述得形象而生动,马克思的宗教批判具有刻骨铭心的效果。那么,下层民众的反抗行动和革命精神又是如何呢?马克思接着描述,他的用词达到了一种文学细致描述的极致,文学家恐怕都难以超越他的文学词汇量。"咕哝声、发嘘声、呼哨声、嘶叫声、咆哮声、怒吼声、低哑声、尖叫声、呻吟声、咔嗒声、呼啸声、咬牙切齿声,所有刺耳嘈杂的声音(cacophony)汇成了一个什么样的恶魔般的音乐会! 这是一种足以使人发狂、使顽石点头(move a stone)的音乐。真正古英国式的幽默和压抑已久的狂怒奇妙地混合在一起爆发了。唯一可听清楚的喊声是:'到教堂去!'有一位女士为使气氛缓和一下,从马车里递出一本精装的祈祷书。千百个人的声音像霹雳(thundering)一样回答:'叫你们的马去读吧!'"①马克思的文学才华从他所描述的十二个关于人的叫喊声显露出来,这些词的细微区别,没有细致的观察,没有对劳苦群众的深切同情,没有对他们的由衷爱戴,应该是写不出来的。而且,马克思很擅长以幽默的口吻和戏谑性的对话来调侃或讽刺教会及其组织的虚伪和腐败等恶行,他所转述的民众的机智回答,"叫你们的马去读吧!",让人忍笑不止,戏剧性的台词,堪称文学讽刺的典范。所以,马克思对宗教的批判,一方面是对教会或宗教组织的反动和腐朽等的无情痛斥,另一面是对劳动人民或下层民众的勇敢和正直等的尽情讴歌,它们相互补充,有机统一,宗教批判中隐含了道德赞美,但马克思却采用包含文学情感的艺术审美方式,而不是干巴巴的枯燥的理论阐述。

马克思宗教批判的第二个维度是对宗教意识形态的虚假性和掩盖性的批判,这体现了他宗教批判的一个提升,即由第一维度的对宗教的物质实体的批判上升到对其精神意识的批判,因而更具有思想的深刻性。在马克思和恩格斯所合写的《神圣家族》中,他们以玛丽花这位深受磨难的妓女为例,说明她被宗教感化、悔悟自己的"罪孽"、皈依上帝、进入修道院并在当修道院院长时而死去的光辉历程,实质上见证了她是基督教虚假意识形态的牺牲品。"修道院的生活不适应于玛丽花的个性,结果她死了。基督教的信仰只能在想象中给她慰藉,或者说,她的基督教慰藉正是她的现实生活和现实本质的

---

① Karl Marx, Anti–Church Movement — Demonstration in Hyde Park In *K. Marx and F. Engels On Religion*, Moscow: Progress Publishers, 1957, p. 117.

消灭,即她的死。鲁道夫就这样把玛丽花变成悔悟的罪女,再把她由悔悟的罪女变成修女,最后把她由修女变为死尸。"①玛丽花的死亡,见证了她是基督教信仰的牺牲品,悲哀的是玛丽花至死还不明白她自己就是被劝导去信奉并准备劝导别人再去信奉的基督教的牺牲品。马克思和恩格斯为了生动地说明玛丽花被欺骗的实质,他们归纳出玛丽花形象的"罪女-修女-死尸"的三阶段,足以道出像鲁道夫之类的教徒,尽管他还是玛丽花的亲生父亲,但最终还是将自己的女儿欺骗致死。这样的欺骗尽管看起来很温和也很文明,但终究是欺骗,它最终是对家庭关系、亲情和眷爱等人类的基本人伦法则的无情践踏,这与冷酷的资本家以金钱至上而践踏了家庭成员或亲友生命没有区别,而基督教教徒在资本主义社会中所形成的这种伪善的本质,本身就是受资本主义制度所决定的。"资产阶级抹去了一切向来受人尊崇和令人敬畏的职业的神圣光环。它把医生、律师、教士、诗人和学者变成了它出钱招雇的雇佣劳动者。资产阶级撕下了罩在家庭关系上的温情脉脉的面纱,把这种关系变成了纯粹的金钱关系。"②"神圣光环"与"温情脉脉的面纱",这些都是很生动且很美丽的文学比喻,马克思对基督教徒伪善的批判以及对宗教虚假意识形态的批判,都给人留下了深刻的印象,也就是说,马克思的宗教批判,不但是借助于文学性的意象,而且是文学的审美意象。

宗教作为反映一定社会的意识形态的社会意识形式,它并不是永远中立的,它总是有一定的社会倾向性,在阶级社会就有阶级属性,集中反映了统治阶级的思想观念并占据统治地位。"统治阶级的思想在每一时代都是占统治地位的思想。这就是说,一个阶级是社会上占统治地位的物质力量,同时也是社会上占统治地位的精神力量。"③资产阶级是资本主义社会中的统治者,顺应资产阶级利益的基督教就自然成为资本主义社会中占统治地位的宗教意识形态。宗教的意识仿佛是来自"神""上帝"等超人间力量的意识,其实这样的超人间力量的意识是虚幻的,实际上是来自人间的,是对人间意识的折射性或间接性的反映。正如马克思所说:"一定的工业关系和交往关系如何必然地和一定的社会形式,从而和一定的国家形式以及一

---

① 《马克思恩格斯全集》(第二卷),北京:人民出版社,1957年,第224~225页。
② 《马克思恩格斯选集》(第一卷),北京:人民出版社,1995年,第275页。
③ 同上,第99页。

定的宗教意识形式相联系。"①根据马克思的理论阐释,任何意识形态包括宗教意识形态在阶级社会中都具有阶级性,它反映一定社会中不同阶级的地位和作用。统治阶级总是力图将自己的意识形态阐释为被统治阶级乃至整个社会所有阶级的意识形态以此来加固自己的统治地位,因而此意识形态就带有虚假性和掩盖性。宗教意识形态之所以能反映阶级利益特别是统治阶级的利益,归根结底在于它是一定社会的生产关系的表现。要让人懂得这样的道理,实际上是不容易的。马克思的高明之处,在于他能结合生动的文学形式来阐释这样深奥的理论问题,这样读者便能轻易地理解这些问题。

马克思喜欢用生动的文学审美来对宗教的虚假意识形态进行批判,在《路易·波拿巴的雾月十八日》中,马克思尖锐地批判了法国天主教如何成为以波拿巴为代表的金融贵族和工业巨头对人民的精神奴役工具,他是这样来形象地论述的:"另一个'拿破仑观念'是作为政府工具的教士的统治。……苍天是刚才获得的一小块土地的相当不错的附加物,何况它还创造着天气;可是一到有人硬要把苍天当作小块土地的代替品的时候,它就成为一种嘲弄了。那时,教士就成了地上警察的涂了圣油的警犬——这也是一种'拿破仑观念'。"②马克思在这里对第二拿破仑时代的法国天主教会的讽刺是空前的,对小块土地的耕种者农民充满了深切的同情。当苍天这样的自然力对农业有利而农业丰收时,教士们不会干涉农民;当苍天不利而农业欠收时,一旦农民将抱怨推向苍天,教士们便开始干涉农民,马克思形容他们是"地上警察的涂了圣油的警犬",这一比喻太形象了,它把教士充当波拿巴政权奴役人民群众的走狗的丑恶嘴脸揭示出来,胜过千言万语。因而一个反动的波拿巴政权,连同它反动的教士阶层,他们是多么冠冕堂皇,实则是男盗女娼;他们是多么仁义道德,实则是虚情假意;于是,马克思撕破他们的脸皮,让劳苦民众看到他们的真相。"只有盗贼还能拯救财产;只有假誓还能拯救宗教;只有私生子还能拯救家庭;只有无秩序还能拯救秩序!"③从文学修辞来说这既是一个排比又是一个反语,它气势贯连,情感强烈,讽刺入骨,批判有力,体现了马克思宗教批判的文学特色,以文学强烈的审美情感来批判

---

① 《马克思恩格斯全集》(第三卷),北京:人民出版社,1960年,第162页。
② 《马克思恩格斯选集》(第一卷),北京:人民出版社,1995年,第682~683页。
③ 同上,第685页。

宗教的虚假意识形态。

此外,马克思也喜欢用生动的文学审美来对人民群众反宗教的虚假意识形态进行赞美。为了赞美人民群众反对宗教的虚假意识形态,马克思常常以哲学家的身份来启迪人民群众的觉悟。当他还是青年黑格尔派时,所撰写的《〈科隆日报〉第179号的社论》以论战形式抵制了《科隆日报》政治编辑海尔梅斯关于禁止青年黑格尔派批判普鲁士国家和基督教的反动立场,维护了哲学干预现实生活和探讨宗教问题的权利。如他所论,"哲学就其性质来说,从未打算过把禁欲主义的教士长袍换成报纸的轻便服装。然而,哲学家并不像蘑菇从地里冒出来的,他们是自己的时代、自己的人民的产物,人民的最美好、最珍贵和最隐蔽的精髓都汇集在哲学思想里"①。马克思在这里用的"借代"修辞手法是何其的醒目,他用"教士长袍"来借代禁欲主义,用"报纸的轻便服装"来借代《科隆日报》对青年黑格尔派的反动性禁止;马克思所用的比喻是何其的生动,说明哲学家不是像蘑菇一样轻易冒出来,而是时代斗争和人民支持的产物;他的三个"最"的排比,展现了他激昂的文学情感所触发的宗教批判意识,因而,说马克思是高明的文学能手和睿智的宗教批评家一点都不为过。

马克思很善于将揭露反动教士的丑恶嘴脸与赞美人民群众的觉醒意识结合起来,从而形成其宗教批判的双重力度,但这样的力度总是彰显在文学的审美之中。例如,在《莱茵观察家的共产主义》一文中,马克思针对马格德堡的国教顾问海·瓦盖纳的反动宣传,批判了普鲁士政府通过宣传封建的社会主义和基督教的社会主义使人民群众脱离反对专制制度的革命运动的险恶用心。要把这样深藏的险恶用心揭示出来,马克思用了这样形象的描述:"请注意,在国教顾问梳得溜光的头顶上开始露出狐狸耳朵来了。'议会认为极端重要的问题是有关原则的问题'。这条博爱的毒蛇多么圣洁啊!"②溜光的头顶说明国教顾问被普鲁士政府喂养得很肥厚,他要充当人民的代表,但其狐狸的狡猾本性还是露了出来,他内心是毒蛇一般恶毒,但其外表是博爱的教士一般的仁慈。而人民群众是会要识破他们的伎俩,无产阶级是会要觉醒的。"基督教的社会原则颂扬怯懦、自卑、自甘屈辱、顺从顺服,总之,颂扬愚民的各种特点,但对不希望把自己当愚

---

① 《马克思恩格斯全集》(第一卷),北京:人民出版社,1956年,第120页。
② 《马克思恩格斯全集》(第四卷),北京:人民出版社,1958年,第218页。

民看待的无产阶级说来,勇敢、自尊、自豪感和独立感比面包还要重要。基督教的社会原则带有狡猾和假仁假义的烙印,而无产阶级却是革命的。"①马克思对基督教的批判与对无产阶级的赞美是同时进行的,两者的思想性格是强烈对比的,基督教的狡猾和假仁假义的烙印是抹不去的,在对基督教批判的清醒认识中,无产阶级不但获得了食物的面包,更重要的是获得了精神的面包。这样的审美境界,为马克思所构建,这样的宗教批判,为马克思所坚守。

马克思宗教批判的第三个维度是对宗教历史唯心主义世界观的着力纠正与以文学激情作为人的本质力量的表现来确证历史唯物主义世界观从而达到互助统一。这个维度的宗教批判是马克思深刻的哲学批判,从世界观的高度来审视宗教。马克思是哲学家,他对宗教批判的最终落脚点就是哲学的批判。"……人创造了宗教,而不是宗教创造人。……宗教是人的本质在幻想中的实现,因为人的本质不具有真正的现实性。……宗教是人民的鸦片。……对宗教的批判就是对苦难尘世——宗教是它的神圣光环——的批判的胚芽。这种批判撕碎锁链上那些虚构的花朵,不是要人依旧戴上没有幻想没有慰藉的锁链,而是要人扔掉它,采摘新鲜的花朵。……宗教只是虚幻的太阳,当人没有围绕自身转动的时候,它总是围绕着人转动。"②这里包含了马克思对宗教本质认识的三个层面:其一是宗教与人的关系,宗教是人的本质在幻想中的实现,但并没有真正实现,因为宗教没有把人的本质落实到其现实性上。其二是宗教与世界的关系,宗教是对世界特别是苦难尘世的曲折反映,看起来很神圣光荣,但并不能彻底解决苦难。其三是宗教与真理的关系,宗教从根本上阻碍着人对真理的认识,是一种颠倒的世界观,因为它认为宗教决定了世界、人、真理等一切客观存在,实质上是客观存在决定了宗教。对此,要将这样深奥的宗教哲学问题让民众懂得,马克思并没有采用枯燥烦琐的理论论证,而是采用形象生动的文学方式来进行宗教批判。所以马克思把宗教比喻成人民的鸦片,说明它能一时镇痛而不能永久解痛;把它又比喻成苦难尘世的神圣光环,说明它能给人希望和寄托,但终究是落不到现实中来;还把它比喻成虚构的花朵,说明它没有实在的内涵;再把它比喻成虚幻的太阳,说明它曾竭力支持的"地心说"是何

---

① 《马克思恩格斯全集》(第四卷),北京:人民出版社,1958 年,第 218 页。
② 《马克思恩格斯选集》(第一卷),北京:人民出版社,1995 年,第 1~2 页。

等的荒谬。以此,马克思所要进行的宗教批判,是在构建了丰富文学形象的基础上,以文学审美的情趣来展示的,可以归纳为:戒除鸦片,深入胚胎,抛弃光环,打破锁链,由此,马克思所深入到的宗教哲学批判,其目的是要矫正其历史唯心主义哲学观,让人们懂得历史唯物主义哲学观。

人们并不会马上就懂得历史唯物主义哲学观,由于宗教的历史唯心主义世界观的长期影响和文化浸染,人们对人的本质还可能弄不清,误解人的本质就如同宗教所宣扬的"博爱""公正"或"信奉"等。马克思对人的本质理解也不是从抽象的概念开始的,而是从具体而丰富的文学创作活动开始的,文学创作激情是他体验什么是人的本质的实效渠道。马克思对创作激情的重视,正如他在《1844年经济学哲学手稿》中所分析和总结的,他洞察到了人的感性并进而由此形成情感等都是人类历史发展的结果,最终成就人的本质力量(含创作的激情)。"只是由于人的本质的客观地展开的丰富性,主体的、人的感觉的丰富性,如有音乐感的耳朵,能感受形式美的眼睛,总之,那些能成为人享受的感觉,即确证自己是人的本质力量的感觉,才一部分发展起来,才一部分产生出来。因为,不仅五官感觉,而且所谓精神感觉、实践感觉(意志、爱等等),一句话,人的感觉、感觉的人性,都是由于它的对象的存在,由于人化的自然界,才产生出来。五官感觉的形成是以往全部世界历史的产物。"①显然,在马克思看来,人的感性并最终发展成为人的本质力量,是人类历史的产物,是一个厚重的历史创造过程,体现了人的创造性和能动性,人的感情是社会历史的,人的本质是在改造自然和社会生产活动中铸就并予以确证,这对人的情感构成肯定,使人产生愉悦,于是就有了激情的体验。"人作为对象性的、感性的存在物,是一个受动的存在物;因为它感到自己是受动的,因而是一个有激情的存在物。情感、激情是人强烈追求自己的对象的本质力量。"②在这里,马克思强调了人受动的特性,这是人成为感性的人的前提,正是由于人的受动特性,使人才有感受的功能和水平,才能被感动并提升为激情这种最强烈的情感,而激情是人强烈追求自己的对象的本质力量,人把自己视为一种对象性的存在,这是动物所不具有的能力,人并强烈追求自己的本质力量,这个本

---

① 《马克思恩格斯全集》(第四十二卷),北京:人民出版社,1979年,第126页。
② 同上,第169页。

质,并不是所谓人作为感性的人的特性,动物也是感性的;也不是由所谓的爱、恨等情感构成,任何一个阶层或社会的人都会有这样的情感,这些都不构成为人的本质特性。

到底什么是马克思所理解的人的本质特性呢?这就要联系他对费尔巴哈形而上学唯物主义的批判,而对费尔巴哈形而上学唯物主义的批判能深入加固对基督教历史唯心主义的批判。也即马克思认为基督教的"宗教创造了人(人是由上帝创造的)"的唯心主义是错误的,但仅以一切旧的唯物主义(例如费尔巴哈形而上学唯物主义)去批判是不够的,而必须用新的历史唯物主义去批判才彻底,因为它关于人的本质才是科学的。"人的本质不是单个人所固有的抽象物,在其现实性上,它是一切社会关系的总和。费尔巴哈没有对这种现实的本质进行批判,因此他不得不:(1)撇开历史的进程,把宗教感情固定为独立的东西,并假定有一种抽象的——孤立的——人的个体;……因此,费尔巴哈没有看到,'宗教情感'本身是社会的产物,而他所分析的抽象的个人,实际上是属于一定的社会形式的。"①由此,我们可以说,马克思所理解的人的本质是一个社会人的本质,是人类历史的产物,而不是宗教所谓神或是上帝的产物。所以,马克思一方面彻底地批判了宗教的唯心主义世界观,另一方面,他又具体地回答了什么是体现人的本质的历史唯物主义世界观,这个具体性就是人的本质是一切社会关系的总和,从血缘关系到情感关系、从家庭关系到社区关系、从政治关系到经济关系等一切纷繁复杂的关系,最根本的是体现生产力与生产关系、经济基础与上层建筑之间的人类的社会存在性的关系。宗教属于上层建筑中的一员,马克思对它的批判,不仅是就它本身而批判,而是深入到它的根基,经济基础、生产关系和生产力中去批判,因而马克思对宗教的批判是最深刻的。

确实,马克思对宗教最深刻的批判,是批判到了宗教存在基础的骨髓之中去了,批判到其社会生产关系的内在机制中去了,而这样的内在机制又要结合人类社会不同的历史发展阶段,如同一个人的吸收和消化的功能会因人的不同年龄阶段而有不同的能量和特征,不能一概而论。同样是基督教,马克思对其批判是深入结合其具体的历史发展阶段的社会生产状况来进行的,他由此对资本主义时期的基督教和对古亚细亚和古希腊罗马时代的基督教批判分析而有所不

---

① 《马克思恩格斯选集》(第一卷),北京:人民出版社,1995年,第60页。

同,在《资本论》中马克思得出如此精彩的结论:"在商品生产者的社会里,一般的社会生产关系是这样的:生产者把他们的产品当作商品,从而当作价值来对待,而且通过这种物的形式,把他们的私有劳动当作等同的人类劳动来互相发生关系。对于这种社会来说,崇拜抽象人的基督教,特别是资产阶级发展阶段的基督教,如新教、自然神教等等,是最适当的宗教形式。"① 新教、自然神教之所以是最适合资本主义发展阶段的宗教形式,因为它满足了无所不在的商品交易和彻头彻尾的私有制的需要,抽象的人就成了可任意作商品交易的一个符号,而这在古亚细亚和古希腊罗马时代是行不通的,其落后的生产力不能支持这样的发展。马克思批判了资本主义时期的基督教,它将人的本质抽干,干缩为路德所宣称的"因信称义",实质上是迎合资本主义发展的宗教世界观;或是之后韦伯所洞见的"劳动天职"——"忠实的劳动最能使上帝愉悦,哪怕工资低廉且生活中没有其他谋生机会。……认为劳动是一种天职,是获得恩宠确定性的最佳手段,归根结底往往也是惟一的手段。……把劳动视为一种天职成为了现代工人的特征,一如对获利的相应态度成为了商人的特征。"② 劳动使上帝愉悦而不使劳动者本人愉悦、劳动是主动的行为却要获得恩宠的被动性批准、工人被驯化去创造使用价值和商人放纵去谋取交换价值,这些都被基督教的宗教世界观所容纳并被其宗教意识形态所合理化和合法化,是对人的本质力量的扼杀,是对人的本质观的颠覆,成了马克思对资本主义宗教批判的对象。

马克思的宗教批判,从批判对象来说主要是基督教;从批判内涵来说主要是资本主义宗教的腐朽性、欺骗性和反动性等。但马克思宗教批判的特色是具有强烈的文学情感,文学情感成了他宗教批判的力量。马克思对宗教批判的三个维度是层层深入的,从批判教会和宗教组织到批判宗教意识形态,再到批判宗教世界观,其批判的理论话语越来越抽象,但其批判的文学话语却是一如既往的具体,表现为鲜活、生动和形象的语言风格,感性、丰富和启发式的修辞手法,而一以贯之的是文学情感,提升为一种形象突出、想象丰富和审美绚丽的文学情感,而之所以要这样,马克思是为了使其宗教批判更容易被

---

① 《马克思恩格斯选集》(第二卷),北京:人民出版社,1995年,第142页。
② [德]马克斯·韦伯:《新教伦理与资本主义精神》,阎克文译,上海:世纪出版集团,上海人民出版社,2010年第1版,第272页。

人理解、更具有强大的威力和持续更长的时间。

二、基督教的宗教辩护与文学审美情感

基督教怎样来辩护其教理、教义和信仰等所构成的宗教观？一个聪明且有效的方法就是通过美的文学，美的文学不但包含了可直接感观的美的形式，如诗歌的语言、节奏、韵律；散文的流畅形式和审美意境；小说的诱人故事和曲折情节；戏剧的装潢场景和角色扮演等等。美的文学还蕴含了可解读和领悟的可歌可泣的内容，除了崇高思想、深刻的哲理、高尚的伦理等，最主要的是审美情感。审美情感既是文学创作的动力，又是文学接受的抓力，它牢牢抓住读者的心，牵引他（她）们走向文学的审美殿堂，也刺激文学评论者走向文学批评的殿堂。当然，精彩的文学批评，踊跃的文学阅读，又反过来推动文学创作。因而，从文学生产到文学消费，再从文学消费到文学生产的循环往返过程中，文学审美情感始终如同是一条牢靠的连接线，顺着这根连接线，如同是电脑主板上的电路线，能将电脑启动。顺着文学审美情感的线索，能将文学活动启动。但文学活动总是与其他相关的活动密切相连的，如同电脑的音乐播放总可与影视播放相连，文学审美也总是可与宗教辩护相连，于是，文学审美情感就被派上大用场。以圣经文学为例，其效应是显著的。

> 我的良人在男子中，
> 如同苹果树在树林中。
> 我欢欢喜喜坐在他的荫下，
> 尝他果子的滋味，觉得甘甜。
> 以爱为旗在我以上，
> 求你们给我葡萄干增补我力，
> 给我苹果畅快我心，
> 因我思爱成病。
> 他的左手在我头下；
> 他的右手将我抱住。（歌 2:3—6）
>
> 求你将我放在心上如印记，
> 带在你臂上如戳记；

> 因为爱情如死之坚强,
> 嫉恨如阴间之残忍。
> 所发的电光,是火焰的电光,
> 是耶和华的烈焰。
> 爱情,众水不能息灭,
> 大火不能淹没,
> 若有人拿家中所有的财宝,
> 要换爱情,
> 就全被藐视。(歌 8:6—7)

这是选自圣经文学《雅歌》中的两首诗,第一首歌颂了爱情的甜蜜、畅快、深情与挚爱。这是来自生活的爱情诗歌,绝不是空谈的、随意虚构的诗歌。其审美情感滋生于朴实的生活场景;其审美情感的力量寄托于具体的审美对象,如苹果、葡萄干;其审美情感的形成过程贯穿于人物的行动中,如坐、尝、放、抱;其审美情感的效应升华为爱情名言,如以爱为旗、思爱成病。第二首歌颂了爱情的牢固、坚强、忠贞与无价,是揭示爱情真理的诗歌,但绝没有说教的做法,也没有填鸭式道德教化的弊病。其审美情感的寓意驻扎在生动的比喻中,如戳记、阴间、电光、烈焰、众水、大火、财宝;其审美情感的力度彰显在层层的比喻和激昂的节奏之中;其审美情感的运动方向是多向多维的,涉及爱心、死亡、上帝、灾难的多种处境和多重格局,由此以审美情感来催发人们对爱情真理的认识。但所有的这一切剖析之后,关键的是我们忘记这是基督徒的爱情诗歌。此类雅歌不知曾感动多少基督徒,也将还会继续感动他们;此类圣经文学也不知曾感化了多少人,他们在这样的感化中不知不觉成了基督徒,也将能使以后的一些人感化而转变成为基督徒。它的高明之处在于:它并没有机械地宣扬其教理,没有生硬地阐释其教义,没有强制地倡导其信仰,而是通过审美情感的力量,通过文学的感化之美,使人去自觉不自觉地认同其宗教核心理念:爱情是上帝的恩典。如此,都是高明的护教策略。类似的例子不胜枚举,我们要认识到,基督教之所以能成为当今世界最强大和最具规模的宗教,至少相比于东方的佛教和道教来说,就是因为它积极地利用美的文学来感化人、转变人和造就人。虽然佛教和道家也有美的经文,但它们一般都远离人们生活的村庄和城镇,跑到深山老林和名山大川修行去了。更要命的是,它们的美的经文是一般的普通民众读不懂和看不明的。于是,基督教以民众的文学审美活动来护教,以人的审美情感来推动宗教信仰,总之,基督教的宗教辩护与文学审美情感有着密切的联系。

基督教的护教活动除了对其信仰的维护之外,对其教义和启示真理辩护也是常有的内容。对信仰的维护借助于感性审美是适合的,但对教义真理的辩护则需更多理性思辨,基督教借助于古希腊哲学来为自己辩护是人们所熟悉的事例,乃至常被谐称之为"哲学成为了神学的婢女"。但如果基督教只借助于哲学的抽象归纳和理性思辨来辩护,那么此种辩护还是不足的,甚至是枯燥乏味的。基督教从来就没有放弃过以文学来为其教义真理辩护,从来就没有忽略过以审美情感来为其启示真理辩护。事实证明,以文学为载体,以审美情感为驱动,即使只是采取很通常的文学阅读的方式,对辩护基督教的真理是很有帮助的,也是高明的策略,试看以下的例子:

> 当许多人聚集,又有人从各城里出来见耶稣的时候,耶稣就用比喻说:"有一个撒种的出去撒种。撒的时候,有落在路旁的,被人践踏,天上的飞鸟又下来吃尽了。有落在磐石上的,一出来就枯干了,因为得不到滋润。有落在荆棘里的,荆棘一同生成,把它挤住了。又有落在好土里的,生长起来,结实百倍。"
>
> ……
>
> "这比喻乃是这样:种子就是神的道。那些落在路旁的,就是人听了道,随后魔鬼来了,从他们心里把道夺去,恐怕他们信了得救。那些在磐石上的,就是人听了道,欢喜领受,但心中没有根,不过暂时相信,及至遇见试炼就退后了。那些落在荆棘里的,就是人听了道,走开以后,被今生的思虑、钱财、宴乐挤住了,便结不出成熟的子粒来。那些落在好土里的,就是人听了道,持守在诚实善良的心里,并且忍耐着结实。"(路 8:4—15)
>
> "没有人点灯放在地窖子里或是斗底下,总是放在灯台上,使进来的人得见亮光。你眼睛就是身上的灯。你的眼睛若亮了,全身就光明;眼睛若昏花,全身就黑暗。所以,你要省察,恐怕你里头的光或者黑暗了。若是你全身光明,毫无黑暗,就必全然光明,如同灯的光明照亮你。"(路 11:33—36)

这两则都是充满了生动比喻的叙述,以常见的生产现象来说明信神的道的真理,以朴实的生活现象来说明信道后的效果。第一则说明人们在信神的道时的种种处境和选择,体现了基督教在护卫信仰真理时并不是对人作强求和命令,而是以生活常识为依据,以播种为具体事例,通过文学性的叙述来展开,进而开展文学审美的阐释。如果没有前面的播种的叙述,直接进行信道的比喻说明,则从审美情感上要大打折扣,使读者感受到说教的意味。并且,耶稣的话还充分考虑到不同的人在信神的道时会面临着不同处境,如种子落在路旁、磐石上、荆棘里和好土中的种种情况,这是生活的实情,人的生活的写照。可见,基督教的护教,是从生活出发,从人的处境出发。在此基础上,再强调人的自觉性和能动性也就自然了,除了魔鬼比较难以对付外,心中有主见、能抵制世俗的欲望、能坚守诚信、能持守善心,这都是人所能做的。通过这样的叙述,人在情感上才能逐步接受基督教的启示真理,这就是审美情感的作用。第二则叙述把人的眼睛比作灯,具有照明的功能。但如果把灯放在地窖子里或是斗底下,人就看不到光;把灯放在灯台上,人就看到了光。由此类比眼睛,眼睛若不朝向美好的东西,则只看到邪恶;眼睛若朝向美好的东西,则可看到善良。什么是善良?这里隐含的意思是上帝是善良的,如果人将眼睛朝向上帝,则他(她)就会逐渐变得善良,如同人全身有光明一样;若是朝向魔鬼,则人就会逐渐变得邪恶,如同人全身黑暗一样。朴实的语言,醒目的比喻,简约的叙述,却把这个深奥的道理揭示得如此清楚。然圣经文学却不直接讲出这个启示真理,而是让人去感受、去领会和去思索,这是基督教以感情显真理的高明,它把审美情感与启示真理通过文学叙述结合起来,这是它宗教辩护的高明之举。

三、跨意识形态与文学审美情感

通过前面的比较我们看出,马克思与基督教各自对文学创作中的审美情感的倾向和要求是不同的,这种不同,并不是两者的审美情感的内涵完全不同,事实上,两者对审美情感的性质、特征和效果等的认识和归纳还是基本相同的,如审美情感的人文精神,审美情感的非功利化特色,审美情感的感化效果。但相当显著的是,由于两者不同的宗教哲学观,呈现出无神论与有神论的严重对立、历史唯物主义宗教论与历史唯心主义宗教论的尖锐冲突,即使两者在宗教文学上具备审美情感的融合,但毕竟把两者合并起来还是不协调的。由此,要整合马克思与基督教关系的文学审美情感,如何处理两者在宗教批判和宗教辩护上的对立关系而到达统一关系,这是我们要突破的问题。不同于第一章中讨论文学本体论时,我们可以用哲学理论中的事物矛盾的对立统一将两者融合起来,这里是讨论文学创作论,具体来说是讨论文学创作中的审美情感。文学创作中的审美情感是多样的、丰富的,它们在力度上有轻重的不同,在程度上有高低的不同,在维度上有多少的不同,在刻度上有深浅的不同,等等一切,这告诉我们,虽然两者都涉及文学创作中的审美情感,但是针对的对象是多样化的,而不是纯粹简约化的同一对象。鉴于此,两者连接于宗教观(马克思的宗教批判与基督教的宗教辩护)而形成的对文学创作中的审美情感的不同倾向和趋势,就不是哲学范畴中的"是"与"非",而是意识形态领域中的"应如何"问题。由此,当马克思在其宗教观所确立的"应如何"与基督教在其宗教观中所确立的"应如何"发生对立时,由此导致了两者在关于文学创作中的审美情感"应如何"发生对立时,我们当然是不能将本身就是多样化的文学创作审美情感的"应如何"统一为一种"应如何"。因而,我们要追溯到其意识形态的根源,只有超越了两者意识形态樊篱,才能真正将文学创作中的审美情感融合起来。

  意识形态是很复杂的范畴,自从特拉西创制出这个概念以来,人们一直对它争论不休。马克思是研究意识形态的大家,众所周知,他和恩格斯写作过《德意志意识形态》的名篇。马克思在宗教立场上对基督教持批判的态度,其批判的核心是针对基督教成了资产阶级的意识形态,成了资产阶级奴役无产阶级的意识形态工具。就如同恩格斯所揭示的,基督教在中世纪成了封建统治阶级的"神学辩护士",延续到近现代后,它又成了资产阶级的主流意识形态。尽管基督教产生时还是被压迫的宗教,但后来成为罗马帝国的国教,经过近两千年的发展,它以强大的扩张性和敏捷的适应性,逐渐成了西方社会的主流意识形态。从奴隶社会到封建社会再到资本主义社会,基督教与各历史时期的统治阶级的联姻是有目共睹的。尽管基督教也不全部就是资产阶级的主流意识形态,它还有一定的人民性,具有广泛的信众基础;它也还有一定的革命性,德国历史上的宗教改革导致的闵采尔农民起义、当代拉美盛行的解放神学等便是明证。但就马克思所倡导的无产阶级革命,要推翻资产阶级的私有制,最终建立共产主义理想社会而言,马克思与基督教在宗教观上是尖锐对立的。所以,局限于马克思与基督教各自的宗教意识形态论,是不能解决根本问题的。我们可以从当今西方马克思主义者关于意识形态的创新理论中,从跨意识形态的层面去合理解决本问题的死结。

雷蒙德·威廉斯的关于意识形态的创新发掘是很有代表性的,他概括了关于意识形态的三种说法,如下所见:

(1)"意识形态"是指一定的阶级或集团所特有的信仰体系;

(2)"意识形态"是指一种由错误观念或错误意识构成的幻觉性的信仰体系,这种体系同真实的或科学的知识相对立;

(3)"意识形态"是指生产各种意义和观念的一般过程。

……至于第三种含义……旨在说明意识形态的过程——即意义和观念的生产——是被视作一般性和普遍性的。而意识形态既指这一过程本身,也指研究这一过程的那种领域。于是,与第一种含义和第二种含义相关的种种立场观点就都成了马克思主义意识形态研究的课题。①

显然,我们不能从第一种或第二种说法去论证跨意识形态与文学审美情感的问题。因为从第一种说法,我们就会陷入谁对谁错的僵局中。而从第二种说法,我们就会以科学主义来批判意识形态的错误观念或错误意识,将文学当作科学去考察,而文学不是科学,文学审美情感不是科学实验所能证明的,也是科学量化不能定量定性的。而将意识形态视作生产各种意义和观念的一般过程,则能阐释为何这个过程能产生各种意义和观念。由此,在具体而丰富的文学创作中,何以能产生文学审美情感的各种意义和观念,就是自然而然、理所当然的事了,这就是跨意识形态与文学审美情感这一命题成立的理论前提。既然整体的意识形态可以跨越,如从哲学的意识形态跨越到政治的、历史的、宗教的和文学的意识形态,那么,它的各自子项本身也是可以跨域的,如对宗教意识形态的跨域,就此处来说就是跨域马克思的宗教意识形态与基督教的宗教意识形态,这自然也是成立的。更具体来说,可以跨域马克思的历史唯物主义宗教观与基督教的历史唯心主义宗教观。倘若它们两者根本就不存在,那就没有谈论的必要了。问题是,两者恰巧都存在。存在的是合理的,这

---

① [英]雷蒙德·威廉斯:《马克思主义与文学》,王尔勃、周莉译,开封:河南大学出版社,2008年,第58~59页。

使我们有了讨论的前提。既看到它们冲突的一面,又关注它们融合的一面,但这还是理论化的,应当深入到实践中。这个实践须寻找第三方对象的参与,通过与之紧密联系的第三者,解决两者的冲突而达到融合。如同父母双方吵架,不可解决,而通过与他(她)们有密切关系的孩子,使争吵平息。当马克思的宗教观与基督教的宗教观冲突时,我们寻找与之有密切关系的文学,通过文学实践来解决问题。

当马克思认为宗教文学中的情感要还原到人的审美情感时,基督教则会主张升华到神的情感,谁是谁非,首先我们要悬置这个问题,因为终究都是文学审美情感,是你中有我,和我中有你的互动性的审美情感。可以说应该有什么样的审美情感,但不能钻牛角尖,非得搞个绝对论。美不就是客观性与主观性的统一吗?美不就是理性的感性显现吗?美不就是情与境的融合吗?美不就是实与虚的相生吗?其次,就文学审美情感的生成过程来讲,物与心、情与境它们本身都是融合在一起的、互相促进的,没有一个严格的谁先谁后的问题,否则就陷入鸡生蛋还是蛋生鸡的怪圈。既有人,就有上帝,反之亦然。所以,审美情感既有人为性,也有非人为性。再次,就文学审美情感的效应来说,它既造就了文学创作,也推动了文学欣赏,它既成就了作者,也培育了读者。总之,跨意识形态与文学审美情感是统一的,是突破狭隘意识形态所导致文学审美情感片面化、单一化和粗劣化的可行研究内容。

第三章　互补互助：马克思与基督教关系的文学价值论研究

在第二章中，我们重点探讨了马克思与基督教关系的文学创作论研究，具体围绕马克思与基督教关系的文学创作奇迹、马克思与基督教关系的文学创作激情以及马克思与基督教关系的文学审美情感三个维度进行展开，从文学创作硕果的奇妙形成、文学创作激情的巨大推动，再到文学审美情感的悄然浸润，探究马克思与基督教之间潜在融合的辩证关系，与第一章所揭示的他（它）们之间的显在冲突的关系形成了对应，构成了一正一反的格局。然则，他（它）们之间的关系并不是到此为止，而是有着更深一步的发展，体现为两者之间的良性互动的关系，但正如我们在开篇所指出的，这样的良性互动的关系不宜以理论和抽象的方式去探究，而应当结合文学实践，以生动而具体的方式去探究，就本段内容而言，尤其适合从文学价值论的角度去研究。因为文学价值论是探讨文学是为什么的问题，为什么样的人和为什么样的阶级的具体问题，所以一位伟大的革命家和一种伟大的宗教都要追问的为什么的问题便在此文学研究中得到融合。他（它）们是融合而不是覆盖、吞噬或消灭，是互相补充、互相惠助的良性关系，由此我们要探究从文学价值论研究所反映的他（它）们之间的互补互助的关系。

第一节 马克思与基督教关系的文学倾向性

一、无产阶级文学

马克思既是哲学家,又是文艺批评家,还是革命家,也是理论家等等,这样多重的身份和角色在他身上并不矛盾,因为他确实是多才多艺的人;基督教既是宗教,又是哲学,还是文化,也是历史,这样多重的内涵和实质在它身上也并不矛盾,因为它确实是丰富复杂的思想体系。但不论怎样,马克思总是一个具体的人,生活在特定的历史条件和社会形态中的活生生的人,他总会有属于自己或自己阶级的思想观点或倾向,幻想一个彻底无倾向的纯粹真空内生存的马克思是不科学也不切实际的,同理,这对基督教也是一样的。

马克思所强调的倾向性,具体来说有阶级倾向性和政治倾向性等,这些倾向性的流露,马克思又特别欣赏它们以文学艺术的审美方式流露出来,而不喜欢它们以生硬而简单的方式流露出来。正如马克思所分析论述的:"革命中的这些贵族代表——在他们的统一和自由的口号后面一直还隐藏着旧日的皇权和强权的梦想——不应当像在你的剧本中那样占去全部注意力,农民和城市革命分子的代表(特别是农民的代表)倒是应当构成十分重要的积极的背景。这样,你就能够在更高得多的程度上用最朴素的形式恰恰把最现代的思想表现出来,而除了宗教自由以外,实际上,市民的统一就是你的主要思想。这样,你就得更加'莎士比亚化',而认为,你的最大的缺点就是席勒式地把个人变成时代精神的单纯的传声筒。你自己不是也有些像你的弗兰茨·冯·济金根一样,犯了把路德式的骑士反对派看得高于闵采尔式的平民反对派这样一种外交错误吗?"①马克思对艺术审美的倾向性的论述,集中体现在此篇 1859 年他对斐·拉萨尔剧本《弗兰茨·冯·济金根》的书信评议中。拉萨尔的这个五幕历史悲剧,以 16 世纪初德国济金根和胡登为首的骑士反对皇帝和诸侯的叛乱为

---

① 《马克思恩格斯选集》(第四卷),北京:人民出版社,1995 年,第 554~555 页。

题材,其叛乱以失败告终,但拉萨尔对此历史事件进行了歪曲的描写,并把代表改良派的济金根和胡登等中低层贵族的失败说成是历史的偶然,而没有看到他们的失败是历史的必然:一方面是由于他们无力抵抗以皇帝、贵族和高级僧侣为代表的反动派的强大势力,另一方面是由于他们也没有联合以农民和平民为代表的革命派。然则,实质上他们也不可能与革命派结盟,因为平民受害于贵族,绝对不会相信他们,农民则受到他们的剥削和虐待,更是与他们为死敌,由此,济金根和胡登等所幻想建立的贵族民主制的社会是开历史的倒车,是不适应当时德国社会的发展的,而应该发展封建等级制这种更先进的社会制度,至此,马克思认为拉萨尔没有正确把握济金根和胡登等的阶级倾向性。为此,马克思把他们作了两重对比,一者比较歌德悲剧中的伯利欣根,他也是16世纪的没落贵族,但歌德没有掩盖他作为贵族的对皇权的妥协性和对农民的背叛性,从创作手法来说是将历史的真实和艺术的真实统一起来,是成功的范例;另一者的比较是对比1830年的有教养的波兰贵族,他们是以革命的幌子来掩盖其改良主义的实质,同济金根和胡登是一致的,而拉萨尔正是这样去做的,从创作手法来说就是将现实的真实等同于文学的真实,是粗劣的手法。

如何来把握文艺作品中的倾向性?文艺作品最主要的是描写和表现人、人的活动,具体来说是每一个属于他/她自己的历史时期的活动,这些活动构成了人类历史的活生生的内容,而其活动的能动者或行动者乃是人自己及同伴,进而来说,文艺作品是对人类历史和社会生活的艺术性和审美化的反映,而这些反映中所体现的倾向性,则要从文艺作品中对人物个性描写中体现出来。综观中西方的文艺史,所有优秀的文艺作品其人物个性都是丰富细腻、鲜明突出和形象生动的。这样的例子也许不需要列举,正确的东西一般容易理解,但错误的东西不一定能被正确地理解,因而马克思针对拉萨尔创作中的人物个性描写做出了这样的批评:"我感到遗憾的是,在人物个性的描写方面看不到什么特色。我把查理五世,巴尔塔扎尔和特里尔的查理除外了。难道还有别的时代比16世纪具有更突出的个性吗?照我看来,胡登过多地一味表现'兴高采烈',这是令人厌恶的。他不也是个聪明人、机灵鬼吗?因此你对他不是也不公平吗?"[①]就此,我

---

① 《马克思恩格斯选集》(第四卷),北京:人民出版社,1995年,第555页。

们可以看出马克思所要强调的是戏剧中作家对人物性格的描写要符合人物的历史背景和社会条件,不要人为地想当然。16世纪德国人的性格是伴随着骑士暴动、宗教改革和农民战争的动乱时代而逐步形成的,而不是拉萨尔式的纯粹去构想而成的,缺乏文学性格的历史依据。胡登作为出身于骑士家庭的人文主义者,骑士阶层的思想家,他曾经参加过路德的宗教改革,现在又投身到济金根的骑士暴乱,他本人是极其聪明而有才华的人,但他与济金根一样,幻想废除诸侯,取消僧侣权力,把德国从罗马教权的统治下解脱出来便解决了一切的问题,这是其历史背景和时代条件所决定的,作家在创作时不要硬性地指点出来,高明的方法是还原到其时代处境之中,让读者去真切而实在地体会到和推断出,而不是作家有意地牵引着读者去解读,是无意与不经意地引导读者。

作家如何去无意与不经意地引导读者?马克思非常强调细节的作用。细节对文艺的倾向性有重要的表现性和标志性作用,如同一个人瞪圆的眼睛显露其愤怒、涨红的脸蛋彰显其激动一样,文艺作品中的细节也就能生动地和直观地表现其倾向性。就细节问题,马克思这样来评价拉萨尔的错误做法:"在细节方面,我必须责备你在有些地方让人物过多地回忆自己,这是由于你对席勒的偏爱造成的。例如,在第121页上,胡登向玛丽亚叙述自己身世时,如果让玛丽亚把从'感觉的全部阶梯'等等一直到'它的分量比我度过的岁月更沉重'这些话说出来,那就极为自然了。前面的诗句,从'人们说'到'变老',可以摆在后面,但是'一夜之间处女就变成妇人'这种回忆(虽然这指出玛丽亚不仅仅知道纯粹抽象的恋爱),是完全多余的。在她说了她在'一个'钟头内所叙述的一切以后,她可以用关于她年老的警句把她的感情一般地表现出来。"①关于细节,马克思说得很具体,连具体的页码、对象、内容等都说出来了。为了使读者明白这里,我们不妨把马克思针对的这段戏剧对话陈列如下以便我们分析。

一夜之间处女变成妇人,
人们说一天的辛酸愁苦,
就足以使满头浓发变成雪白!
我觉得在这一个钟头里我变得

---

① 《马克思恩格斯选集》(第四卷),北京:人民出版社,1995年,第555页。

成熟了,我几乎就可以说——年纪老迈了!
您在短短的一个钟头里
教我尝遍了感觉的全部音阶,
从狂喜的巅峰一直到
沉重痛苦的最低音,
它的分量比我度过的岁月更沉重。
——就算是象您说的那样吧,我已经学了很多。①

马克思在这里批评了拉萨尔犯了席勒式的错误,不顾文艺的具体细节而喜欢作主观的推断,表现为:一是不顾对象的感受角度,玛丽亚是胡登的女友,胡登向她叙述身世,受感动的对象是玛丽亚,因而玛丽亚的受感动的真切性和实在性,如"尝遍了""狂喜的巅峰""痛苦的最低音"等,比以胡登本人的感受角度要好。二是不顾感受的实际过程,从主观认识出发,从"人们说"到"变老",明显是从主观判断出发,先有主观认识,后找客观感受,因而马克思建议要把后面的"狂喜""痛苦"等实际感受的描述放在剧中角色认识到自己变老的前面,这样才符合人从感受到认识的上升过程,而不是席勒式的直接的抽象认识。三是不顾展现人物情感的合理起点,将反映人物情感的回忆从一般经验到特殊感受,这是席勒式创作方法的又一表现。玛丽亚如果回忆自己变老了,总是从处女到妇人转变的一个特殊感受开始的,而不是一般性地感受自己变老了。因而她说自己一夜之间变老了,这是多余而苍白的表述,只有当她经历了仅一个小时的狂喜到痛苦的全部过程,有着从巅峰到低谷的具体感受,她之后才可以把她的"变老"的一般性感受表现出来。而剧中人物的感受角度、感受过程和剧作家展现人物情感的起点的问题,就是文艺作品的情感及其形成的问题,也就是文艺的倾向性及其形成的问题,因此,马克思在这里实质上是就文艺作品的细节问题来谈如何合理地表现文艺的倾向性问题。从以上论述来看,马克思承认任何的文学和艺术都是有倾向性的,但倾向性就文学而言要从对人物的具体描述中来,要从对细节的具体性把握中来,也就是他所总结的"莎士比亚化",而不是相反他所批判的"席勒式"。恩格斯的意见更具体些,对于拉萨尔的错

---

① [德]斐迪南·拉萨尔:《弗兰茨·冯·济金根》,叶逢植译,北京:人民文学出版社,1976年,第161~162页。

误做法,他提出更为细致的改进意见,是对马克思文学倾向性论述的细化和实化。"……主要的出场人物是一定的阶级和倾向的代表,因而也是他们时代的一定思想的代表,他们的动机不是来自琐碎的个人欲望,而正是来自他们所处的历史潮流。但是还应该改进的就是,要更多地通过剧情本身的进程使这些动机生动地、积极地,所谓自然而然地表现出来,而相反地,要使那些论证性的辩论(不过,我很高兴在这些辩论中又看到了您昔日在陪审法庭和民众大会上表现出来的雄辩才能)逐渐成为不必要的东西。"①恩格斯所进一步细化和实化马克思主义的文学倾向性体现了四个方面:一是文学中人物的倾向性是一定的阶级的倾向性的代表,并不是纯粹个人的倾向性,归结了文学的阶级倾向性的本质;二是文学的阶级倾向性是一定历史时代的产物,不是抽象永恒的,这样蕴含了文学倾向性的发展动因,否定了形而上学的静态化倾向性;三是文学的倾向性要以生动的、积极的和自然而然的文学形式表现出来,而不是以呆板的、消极的和人为做作的文学方式表现出来;四是不要以作家本人的情感特征来影响文学作品的倾向性,作家本人对文学的倾向性要保有客观冷静的态度,尽管事实上并不容易做到。

然则,尽管马克思的文学倾向性没有直接针对无产阶级而论述,但毫无疑问的是,马克思所强调的文学倾向性恰好是针对无产阶级的。马克思生活的19世纪,正是资本主义发展的早期,由于工业革命所带来的社会生产力的解放,使"资产阶级在它的不到一百年的阶级统治中所创造的生产力,比过去一切世代创造的全部生产力还要多,还要大"②。但是,资产阶级的暴富是建立在对无产阶级的残酷剥削的基础上的,资产阶级的奢侈是寄托在无产阶级的廉价劳动力的血汗之上的。资本家对财富的无尽贪婪和资本主义私有制对劳动剥削的神圣庇护,被马克思称之为"异化劳动"的奇怪现象。"……劳动为富人生产了奇迹般的东西,但是为工人生产了赤贫。劳动生产了宫殿,但是给工人生产了棚舍。劳动生产了美,但是使工人变成了畸形。劳动用机器代替了手工劳动,但是使一部分工人回到野蛮的劳动,并使另一部分工人变成机器。劳动生产了智慧,但是给工人生

---

① 《马克思恩格斯选集》(第四卷),北京:人民出版社,1995年,第558页。
② 《马克思恩格斯选集》(第一卷),北京:人民出版社,1995年,第277页。

产了愚钝和痴呆。"①这种现象是吓人的但确是残酷的事实,资本主义的恶性发展将何处去？未来的理想社会应该是什么样的？这些都是为马克思所考虑的问题,他要为资本主义把脉,诊断它的顽症,寻出它的病根,预言人类理想社会的未来主人。当马克思详实地考察了资本主义的政治经济并深刻反思了其弊端,比照人类以前的社会形态发展之条件,他得出了这样的结论:"……资产阶级不仅锻造了置自身于死地的武器;它还生产了将要运用这个武器的人——现代的工人,即无产者。"②因此,在马克思看来,资本主义不但创造了巨大的社会财富,同时也导致了贫富悬殊的社会矛盾,这样就形成了它的对立阶级——无产阶级。无产阶级要反对资本主义的剥削和压迫,代表了社会进步的力量,这是马克思主义的基本理论主张和政治倾向,而马克思主义的艺术,自然也要服从这样的目标。

二、子民文学

与以上相比较的是,基督教文艺的倾向性又何在呢？基督教作为宗教,它自然要维护其信教教徒的利益,教民的利益,无论是物质的还是精神的,不论是现在的还是将来的,教会及其组织总是极力维护教民的利益。因而,基督教文艺的倾向性,第一位的总是维护教民或信徒的利益,第二位的才是其他民众的。这种倾向性,最经典的是体现在旧约的十诫中,成了基督教对其信徒最凸显的特性。"神吩咐这一切的话,说:'我是耶和华你的神,曾将你从埃及地为奴之家领出来。除了我以外,你不可有别的神。你不可为自己雕刻偶像;也不可做什么形象仿佛上天、下地和地底下、水中的百物。不可跪拜那些偶像;也不能侍奉它,因为我是耶和华你的神,是忌邪的神。恨我的,我必追讨他的罪,自父及子,直到三四代;爱我的、守我诫命的,我必向他们发慈爱,直到千代'。"(出 20:1—4)可见,这里的倾向是如此的强烈以致使阅读《圣经》作为文学作品的非基督教信徒都感到震惊。恨神的被追讨三四代,而爱神的被恩惠千代,其差距是如此悬殊,也就是基督教倾向性的实在体现。基督教作为宗教,通过圣经文学的叙述,其教义无疑在劝导民众信奉基督教的神,其文学倾向性无疑在

---

① 《马克思恩格斯选集》(第一卷),北京:人民出版社,1995 年,第 43 页。
② 同上,第 278 页。

引导民众皈依基督教的信仰。这些编纂《圣经》的先知和教父们的高明在于,他们并不劝导你去信奉基督教,但他们会将信奉与不信奉的不同且迥异的结果叙述出来,使民众意识到其厉害性,慢慢地在不经意之中转向了基督教的信仰。这样,基督教的文艺倾向性,包含着教会的祈祷活动、音乐的伴奏、圣诗的歌唱,乃至充满感情的朗读等等,无不向它的信徒和潜在的信徒审美艺术化地渗透了它的倾向性。

然则,基督教文艺倾向的辐射并不只是局限于其信徒,乃是尽可能地向一切民众和个体进行辐射,这样基督教就扩展了其潜在信众的基础,因而我们看到基督教的文艺宣传,对这些潜在的信众它都一律称他们为其子民,这个所谓的子民实质上是一个很宽泛的集合体的概念,它可包括无产阶级和资产阶级,农民、工人和知识分子,东方人和西方人,现代人和原始土著人等等,由此子民有着扩展化的态势,这也是为基督教所希望的。圣经文学以及一切有关基督教的文学,无论是西方文学的基督教文化传统,还是东方文学中的基督教精神等,它们都通过这子民文学的大覆盖,将基督教的传播在世界范围内着力推广。就基督教传入中国的长久而言,景教的传播史见证了基督教的辐射成因。"景教从叙利亚传入波斯、阿拉伯、印度,更由波斯东传中国,这其间有种种原因:经济的、政治的和文化的,而最主要的还是经济的原因。首先是中国和波斯之间已经开辟了交通线路,使外交使臣和负贩商贾或传道僧徒能由西到东。"[1]古代基督教从西到东而来,是伴随着陆上丝绸之路而来,没有丝绸的经济贸易,很难说可预料在中国有景教这一唐代人对古代基督教的称呼。这是基督教刚传入中国时的状况,其受教人数即使是经过唐太宗以后几代的持续发展也是不成真正规模的。过了1200多年后,即到了19世纪,此时基督教传入中国便是在西方势力船坚炮利的后盾下,其规模发生了翻天覆地的变化。"据20年代初萧子升统计,《圣经》的年发行量1865年为12万册,至1915年升为290万册,此后仍以5~40万册逐年递增。再据顾长声《传教士与近代中国》中统计,1850年教会学校约50所,学生约1000人;至1926年发展到1.5万所,在校学生约80万人,占当时全国学生人数约32%。"[2]此为19~20世纪基督教在中国传播的一个统计,说明基督教的发展之迅疾、规模之巨大、

---

[1] 朱谦之:《中国景教:中国古代基督教研究》,北京:东方出版社,1993年,第58页。
[2] 梁工主编:《基督教文学》,北京:宗教文化出版社,2001年,第394页。

效果之显眼。这样就导致一个不可回避的问题,基督教的信众问题,也即被教会称之为其子民的问题。显然,基督教是群众性的宗教,教会是信徒的宗教组织,教士是信众的领导,由此,基督教的信众是广泛的,其民众性基础是突出的,那么,其倾向性是否也是完全的民众性的呢?

实在地说,基督教的文学倾向性,最典型的是从圣经文学中所体现的文学倾向性。《圣经》这部著作,尽管作为基督教教义的文本依据,被历代的基督教徒所神圣化,乃至其中文译名《圣经》都显得格外庄严神圣,然则自近现代以来,无论是一些教徒还是一些非教徒,他们也习惯将《圣经》看作一部伟大的文学作品,由此所说的圣经文学,主要就是以《圣经》为文本或依据的文学作品。那么,圣经文学的文学倾向性如何呢?我们所强调的是文学倾向性,即通过文学艺术的形式所表达出来的倾向性,而不是政治的、哲学的、宗教的等倾向性,即使是政治的、哲学的、宗教的等倾向性本身,如果是通过文学艺术的形式表现出来的,则可以称其为文学倾向性。这样的倾向性,所针对的人有多种多样的。例如在旧约的《出埃及记》中,耶和华对摩西所吩咐和交代的:"不可随伙散布谣言,不可与恶人连手妄作见证。不可随众行恶,不可在争讼的事上随众偏行,作见证屈枉正直;也不可在争讼的事上偏护穷人。若遇见你的仇敌的牛或驴失迷了路,总要牵回来交给他。若看见恨你人的驴压卧在重驮之下,不可走开,务要和驴主一同抬开重驮。不可在穷人争讼的事上屈枉正直。当远离虚假的事。不可杀无辜和有义的人,因我必不以恶人为义。不可受贿赂,因为贿赂能叫明眼人变瞎,又能颠倒义人的话。不可欺压寄居的,因为你们在埃及地作过寄居的,知道寄居的心。"(出 23:1—9)这里,耶和华所针对的对象有恶人、穷人、仇人、义人和寄居的人,对于这样性质不同的对象,耶和华的态度和处事方式是不同的,让我们真切地体验到了一位行事公平而有怜悯之心的神的正义之举,这确实是基督教子民文学的倾向性之表现。因为就公正和怜悯而言,确实是要因不同的对象和人物而不同,你不能对恶人怜悯、对穷人偏颇、对仇人无端加害、对义人污垢和对寄居的人迫害等,这样体现出不同的倾向,以成全公正和怜悯的应有之义。换言之,基督教子民文学的倾向性是因子民的行为和造就而体现其公正和怜悯之义道的。

然则,基督教的文学倾向性还有一重含义,即在"爱"这一大义上,基督教的文学倾向性是无等差的而全一致的,即在人间所有的人除却了自然的血亲关系,其实都是"爱"这一大义上的兄弟姐妹,没有贵贱之分、等差之分、阶级之分和上下之分等,人的主人只有一个,即上帝,故在新约的《罗马书》中有如此阐述:"爱人不可虚假,恶要厌恶,善要亲近。爱兄弟,要彼此亲热;恭敬人,要彼此推让。殷勤不可懒惰。要心里火热,常常服侍主。在指望中要喜乐,在患难中要忍耐,祷告要恒切。圣徒缺乏要帮补,客要一味地款待。逼迫你们的,要给他们祝福;要祝福,不可咒诅。与喜乐的人要同乐;与哀哭的人要同哭。要彼此同心,不要志气高大,倒要俯就卑微的人。不要自以为聪明。不要以恶报恶。众人以为美的事,要留心去做。若是能行,总要尽力与众人和睦。亲爱的兄弟,不要自己申冤,宁可让步,听凭主怒。因为经上记着:'主说:申冤在我,我必报应。'所以,'你的仇敌若饿了,就给他吃;若渴了,就给他喝。因为你这样行,就是把炭火堆在他的头上'。你不可为恶所胜,反要以善胜恶。"(罗 12:9—21)从这里可以看出,基督教有一种泛爱论的倾向,无论是对什么样的人,甚至是自己的仇人,都要以爱相待,不要以恶报恶,以仇复仇,这对于常人来说一般比较难以做到。这样的无私和无偏见的爱,正是基督教最伟大之处,也是历经两千多年的风雨而仍然屹立不倒的原因。由此,因为此种"爱"的覆盖,基督教的子民文学实质上的涵盖范围就很大了,它至少涵盖这样三个维度。第一个是圣经文学,既包括将《圣经》本身作为文学作品,又包括以《圣经》为主题的一切文学。第二个是西方文学中以基督教为文化背景的一切文学,尽管其中有些是对基督教传统的遵循或背离,但都不能割裂基督教的文化脉络。第三个是非西方文学中以本土化的基督教为文化背景、以倡导基督教的文化传统为核心的一切文学。尽管这三个维度中多少有些重合和交叉的地方,但就整体而言,基本反映了基督教的子民文学的宽广范围。

三、文学倾向性之互补

马克思所提倡的无产阶级文学凸显了强烈的政治色彩,就对资本主义社会的批判而言,又彰显了鲜明的阶级性;就文学与现实的关系而言,还绽放出耀眼的革命性。那它怎么会与基督教文学具有互补性呢?

首先,基督教的子民文学特别是其中的圣经文学体现了其文学倾向的宗教性,这是其他文学所不常具有的特性,《圣经》这部经典作为文学读物和作为宗教教义是合而为一的,这点可能是区别于世界上其他宗教经典的,例如佛教的许多宗教经典,不能称为文学读物,是需要专门的佛学知识和修行才能读懂的,试想佛家的修行是远离尘世的,与普通民众的生活是不太相干的,道教也是一样,从而导致了他们的宗教经典不容易被广大的民众所阅读,自然也就不是通俗的文学读物。《古兰经》又要不同些,与《圣经》相比,它缺少生动的叙事构成,缺乏曲折的故事情节,远离具体的生活内容,于是它也没有能像《圣经》一样被广大的民众所阅读,更多的是作为伊斯兰教的宗教经典被其信徒所使用、解读和传播。试想,基督教在西方都成了文化的承载者,普通民众在宗教节日的庆祝中得到欢乐,在日常阅读《圣经》中得到道德的修养,这都因为基督教的艺术和文学使之然。就此,基督教文学,之所以称为子民文学,足见其民众性基础的宽广,其所包含的强烈宗教特性,恰恰是被广大的民众所接收,在这个关节点上,马克思关于无产阶级文学的政治倾向性与基督教文学的民众性达到了融合。无产阶级文学的政治倾向性要求文学为受压迫和受剥削的劳苦民众说话,基督教文学的民众性本身就包含了为下层劳苦民众服务的意识和倾向,所以两者的倾向性是相通的。但问题不在此,关键是两者的倾向性还是互补的。即无产阶级文学的革命倾向是对基督教文学温良倾向的补充,无产阶级文学的实践行动是对基督教文学的救赎皈依的充实;反过来,基督教文学所宣扬的谦卑虔诚对无产阶级文学所盲视的骄傲冒失的时时拨正,基督教文学所渲染的人性罪孽是对无产阶级文学夸张的完美英雄主义的有力警醒,这正是它们互补性的表现。从更宽广的人文视阈来说,马克思主义和基督教作为人类融合哲学、宗教和文学等的重要思想,其两者是可以互补的。"一方面,马克思主义以对人类现世的幸福理想的革命性追求可以填补基督教以对人类来世的天堂之国的遥远企求而形成的虚空,以坚实的行动来刷新软弱的救赎。另一方面,基督教的原罪观所确立的人类能力的有限性和人性的不完善性可提醒马克思主义者在理想中应对人类理性有着冷静的把握,防止盲目冒进,以谦柔虔诚来不断渐近完美完善的理想社会。"[①]因此,从社会变革的视角来

[①] 李志雄:《剑与十字架——人文视阈下马克思主义与基督教之比较》,载《上海大学学报》(社会科学版),2014年第4期,第128页。

看,无产阶级文学的倾向性与基督教文学的倾向性是应该互补的;从对人类美好理想的追求来说,两者又本然是可以互补的。

其次,两者的互补性还体现在各自对历史内含的不同补充和多方丰富,造就了优秀文学的厚重历史沉淀,形成了系列的文学经典。西方文学中的许多文学经典,可以径直称其为基督教文学,因为它实质上承载了基督教的精神价值、信义原则和道德规范等,也实际上是文学倾向性的表露。例如莎士比亚的许多优秀剧作,就是基督教文学的典范。从一个宏观的社会历史变革的视角来说,莎士比亚剧作或他的其他文学创作中的基督教精神,实质上是文艺复兴后的资产阶级要主宰人类历史和改变社会现实的精神的反映。例如,亨利五世就被莎士比亚塑造为一位雄才大略、英勇善战和创造奇迹的君主,因此他能征服法国,能在阿金库尔战役中以少胜多,如是亨利五世就具备了基督教历史上的摩西和大卫王一样的领袖品质和秉性,借助上帝的神力,加之以人的勇力,从而改写历史,改变社会,实质上也是为英国资本主义发展铺平道路。他在前线鼓舞士气时说道:"我们不怀疑公平而吉利的战争,因为上帝如此仁慈地带来光明。危险的叛国隐藏在我们的路上⋯⋯向前,亲爱的同胞们。让我们交送我们的权势(puissance)到上帝手中⋯⋯"①在这里,我们看到一个高明的君主,他将决定战争的胜利因素归结为上帝,以增强军队的士气和信心;同时,他又指出叛国等罪行是不可避免的,提醒人的力量也是不可忽略的,上帝的神力会要通过人力来变成奇迹。正如后人所评价的:"这里他遵循了马基雅弗利(Machiavelli)的忠告,奇迹的效应在于创造神力和人力的增效性(synergistic)联盟。"②因此,基督教文学告诫人们,若要成功和辉煌,就要听从上帝的旨意。相反,不听从上帝的旨意,例如扫罗的僭夺、大卫的淫乱、所罗门的炫富等,使得一个本来成功的人却变成了失败者,这是历史的伤心教训,从基督教的文学家看来,就是人对神的背离,最终将导致身败名裂、国破家亡等悲剧的发生。正如莎士比亚对亨利五世的感叹:"英格兰之星,他创建了世界上最好的家园,却只统治了很短的时间,随着他的去世,建立一个万代王朝的努力以失败告终(failure)。"③于是,从基督教文学

---

① Steven Marx, *Shakespeare and the Bible*, Oxford: Oxford University Press, 2000, p.51.
② Ibid.
③ Ibid., p.58.

看来,在改变历史的大潮中,无论成功还是失败,都与上帝有密切关系,上帝是人类历史发展的决定者。

很有趣的是,马克思曾就拉萨尔的悲剧创作谈到了悲剧典型的塑造问题,他高度赞扬了莎士比亚的悲剧艺术,在不经意中透露了他对社会变革中无产阶级文学倾向性的深刻把握。就此,马克思作了一个深远的历史回顾和尖锐的对比,指出了拉萨尔捏造的悲剧冲突不可信,点明了他悲剧社会意识的粗劣不可行。"因此,如果你不想把这种冲突简单地化为《葛兹·冯·伯利欣根》中所描写的冲突——而你也没有打算这样做——那么,济金根和胡登就必然要覆灭——因为他们自以为是革命者(对于葛兹就不能这样说),而且他们完全像1830年的有教养的波兰贵族那样,一方面使自己变成当代思想的传播者,另一方面又实际上代表着反动阶级的利益。革命中的这些贵族代表——在他们的统一和自由的口号后面一直还隐藏着旧日的皇权和强权的梦想——不应当像在你的剧本中那样占去全部注意力,农民和城市革命分子的代表(特别是农民的代表)倒是应当构成十分重要的积极的背景。这样,你就能够在更高得多的程度上用最朴素的形式恰恰把最现代的思想表现出来,而除了宗教自由以外,实际上,市民的统一就是你的主要思想。这样,你就得更加莎士比亚化,而认为,你的最大的缺点就是席勒式地把个人变成时代精神的单纯的传声筒。你自己不是也有些像你的弗兰茨·冯·济金根一样,犯了把路德式的骑士反对派看得高于闵采尔式的平民反对派这样一种外交错误吗?"①这段精彩的论述,展现了马克思对文学倾向性的深刻把握。一是文学的倾向性不能去捏造,有则有,无则无,要实事求是,这是作者的基本准则。歌德就做得好,他没有把葛兹描述成革命者,因为葛兹始终不同意起义农民的革命方法和革命行动,与农民起义队伍格格不入并最终背叛了农民起义军。而马克思说拉萨尔"不想把这种冲突简单地化为《葛兹·冯·伯利欣根》中所描写的冲突",就是批评拉萨尔不顾历史事实,自我陶醉般去捏造历史事实并强硬地塞入悲剧的叙事情节中,制造一场美丽的谎言,颠倒了事实真相,误导读者的文学接受和欣赏。二是文学的倾向性不能没有艺术化的精心锤炼,而只是政治化的生硬表白。就拉萨尔来说,他的悲剧的政治倾向性不是基于悲剧创作本身,不是塑造丰满的性格、构建曲

---

① 《马克思恩格斯选集》(第四卷),北京:人民出版社,1995年,第554~555页。

折的情节和使用生动的语言等文艺手段,而是将政治口号通过悲剧人物喊出来,也就是没有很好地"莎士比亚化",而是过多地"席勒式",这样在文学的政治倾向上就犯了大错误,就很容易把"路德式的骑士反对派看得高于闵采尔式的平民反对派",而实际上路德式的改革最终是倒向了妥协,而闵采尔式的起义最终走向了革命,两者是不可同日而语的,但两者也是不可分的,都是德国16世纪宗教改革和农民战争的产物。

"闵采尔式"和"路德式"两者的关系,正好印证了马克思的无产阶级文学倾向性与基督教的文学倾向性的互补关系。闵采尔和路德,两者实际上都是德国16世纪宗教改革和革命的重要领袖,他们对德国乃至欧洲基督教的发展起到重要的作用。从一个长远的历史发展进程来说,德国乃至欧洲基督教的发展是既要有"闵采尔式"的革命,因为矛盾如果不能解决就要革命,保守最终只会窒息基督教的发展;另一方面,也要"路德式"的改革,当矛盾还没有尖锐到非革命之时,此时若强行革命,则会有动乱的危险。对于文学艺术的倾向性来说也是一样的道理,文艺自然是需要倾向性的,否则它不能切实地融入社会和生活之中,世界上没有纯审美而无倾向的文艺,即使是那些自诩为纯粹写景写实而无倾向的文艺,其潜在的倾向都还是有所不同的,例如,"明月松间照－清泉石上流"与"月黑见渔灯－孤光一点萤"同样是写月夜的自然景色,但两者的情感倾向完全是不同的,前者欣悦欢畅,后者低迷惆怅。然而正如一个正常人的情感倾向所显现的,有时是欣悦欢畅,有时是低迷惆怅,这要依据不同的情形和情境而变化,本是正常的,不正常的倒是永远的欣悦欢畅,或永远的低迷惆怅。对于整个的文学来说,也是一样的,如同一个正常的人一般,情绪有升有降,情感有强有弱。文学的倾向性,其本身就是丰富而多彩的,无产阶级文学有革命的倾向,高尔基对海燕的不惧风暴雷雨的高声赞美,鲁迅对祥林嫂悲惨命运的深切同情等,都是活生生的精神体现。另外,基督教文学则有启示和救赎的倾向,《路得记》中有外邦女子和善民的"爱心"的启示,《威尼斯商人》中对守财奴和吝啬鬼的灵魂救赎等,这些无不彰显了生活的丰富多样性与文学倾向性丰富多样的内在关系。最不应该的是,以无产阶级文学的革命性去强制一切文学都要有革命性,以基督教文学的救赎性去要求一切文学都要有救赎性,这是荒唐可笑的,但并不是人人都能自觉地去避免和有效防范的。无论是对作家还是读者,文学的倾向性本质上是强烈情感的表现,而情感的主观性很强,这些主观性情感是否强烈得合理、是否张扬得适度,都是需要好好把握的。此外,无论是对创作者还是评论者,文学的倾向性实质上是政治立场的自然流露,而政治立场是与阶级关系和社会角色密切相连的,如何科学考察人物的阶级关系,如何理性判断人物的社会角色,这些都是需要仔细考量,不能张冠李戴,削足适履,因而,马克思的无产阶级文学倾向性与基督教文学倾向性是有差异、互补乃至融合的关系。

第二节 马克思与基督教关系的文学功能性

一、文学与人类解放

在本节中,我们将要从马克思与基督教的关系中,探寻文学的功能,由此对文学的功能性做出一些新的探索和归纳。实事求是是我们研究工作的态度,从实际出发是我们的研究起点,马克思与基督教的关系,以前人们很少关注,但事实上两者有着深厚的关系,折射出西方文明与文学诸多神奇的奥秘。这种关系的认定,确立了一种多格局的动态模式,而不是单一化的静态模式,以此来研究文学的功能。就马克思方面来说,主要是政治、经济与文学的动态格局;就基督教而言,则主要是伦理、宗教与文学的动态格局;然则,仅是这样各自两方面的研究并不是我们探讨的重点,我们关注的是政治、经济、伦理和宗教相互影响从而引发出文学的功能,这是我们此节的研究核心。文学的功能,并不是抽象而笼统的,它实质上是具体而明确的,体现在文学中所承载的政治、经济、伦理和宗教等的隐性意义,文学的功用,并不仅是它自己对自己的作用,更重要的是体现出它对别者的作用,例如它对政治的宣传作用,它对经济的刺激作用,对伦理的浸染作用,对宗教的信奉作用等,如此一来,文学的功用是不可小看的,它对社会的影响是方方面面的,文学成为一种联结性的网络格局,把社会的各类资源整合起来,这也许是历来的统治者特别重视文学的缘故。但我们这里的研究却是要从马克思与基督教的关系中探寻文学的功能,它是要从一种动态的关系中来考察,因此我们所要预见的是:文学的功能也不是一成不变的、固定不动的,它会随着交往对象和构成关系而发生变化,文学的功能也是与时俱进的、不断拓展的,这也是符合事物运动的规律,是辩证法精神的体现。

  马克思对文学功能的基本看法,文学要为政治服务,这体现在前面一节所论的文学的倾向性上,文学要对经济有刺激作用,体现在他以文学的修辞来评判资本主义制度的腐败和可耻,这在《1844年经济学哲学手稿》中最为明显,他将工人的劳动与他们的生活状态和智力发展作了比较,以文学修辞的方式揭示了异化劳动的邪恶本质。"……劳动为富人生产了奇迹般的东西,但是为工人生产了赤贫。劳动生产了宫殿,但是给工人生产了棚舍。劳动生产了美,但是使工人变成了畸形。劳动用机器代替了手工劳动,但是使一部分工人回到野蛮的劳动,并使另一部分工人变成机器。劳动生产了智慧,但是给工人生产了愚钝和痴呆。"①如果马克思用经济学的分析论述方式,举出数字、列出表格和绘出图样等方式,未尝不能说明问题,但他却要用这样的排比修辞、对比突出的文学表述方式,自然有其道理。马克思实质上是以感性直观的方式来启发读者对资本主义异化劳动的反思和批判,以现实情况来说话,在当时的资本主义社会中,这样的实际现象广泛存在,是不需要烦琐证明的,但人们并没有深刻反思,马克思却创新性地提出了"异化劳动"的概念,继而对之进行猛烈批判,这是借助文学而深入批判经济的高明之举。

  此外,他还引用莎士比亚的《雅典的泰门》来揭示资本主义的货币本质和拜金主义的危害,说明文艺的深刻审美魅力。

    "金子?黄黄的、发光的、宝贵的金子?"
    不,天神啊,
    我不是无聊的拜金客。
    ……
    这点东西,只这一点点儿,
    就可以使黑的变成白的,丑的变成美的;
    错的变成对的,卑贱变成尊贵,
    老人变成少年,懦夫变成勇士。
    ……

---

① 《马克思恩格斯文集》(第一卷),北京:人民出版社,2009年,第158~159页。

啊,你可爱的凶手,
帝王逃不过去你的掌握,
亲生的父子被你离间!
你灿烂的奸夫,
淫污了纯洁的婚床!
……

莎士比亚强调了货币的两个特性:

(1) 它是有形的神明,它使一切人和自然的特性变成它们的对立物,使事物普遍混淆和颠倒;它能使冰炭化为胶漆。

(2) 它是人尽可夫的娼妇,是人们和各民族的普遍牵线人。
……

凡是我作为人所不能做到的,也就是我个人的一切本质力量所不能做到的,我凭借货币都能做到。因此,货币把这些本质力量的每一种都变成它本来不是的那个东西,即变成它的对立物。①

在马克思看来,要揭示资本主义制度的腐败和不合理,没有比用莎士比亚的戏剧这样的文学形式更生动和更深刻的了。一者是它生动和形象的特性,要揭露资本主义的拜金主义,诗句描绘出货币能够"使黑的变成白的一丑的变成美的一错的变成对的一卑贱变成尊贵一老人变成少年一懦夫变成勇士"这样的魔力,鲜活地揭示了货币在资本主义社会中的颠倒是非、混淆黑白的罪恶功能。二者是在生动性和形象性之上的深刻性,使人的理解和把握更加准确和深入。倘使马克思不是以生动性和形象性来揭示货币的功能,也是可以说明的,这也是大多数人在论述上使用的一般性方法,例如,陈述、概括等。但马克思的奇特之处是他不拘一格,在议论文中引用抒情性的文学作品,为他对此议论的对象——货币的本性的归纳嵌入了深刻的直观印象,在此直观印象的基础上再归纳出它的本质:货币把这些本质力量的每一种都变成它本来不是的那个东西,即变成它的对立物。这就是对黑格尔"美就是理念的感性显现"的一种具体运用,于此,应该说我们就更加能理解和把握货币的本质了。

在资本主义社会,不管是对什么样的事物的本质的把握,就马克

---

① 《马克思恩格斯文集》(第一卷),北京:人民出版社,2009 年,第 243~246 页。

思看来,文学所服务的对象最主要的是无产阶级。但当社会从资本主义走向了社会主义并进而进入了共产主义社会,到那时阶级已经不存在,因而文学的未来坚定了文学的服务对象不再是单一的某个阶层,而变成了整个人类,一个世界文学的时代已经到来。世界文学时代的到来,并不是其自身决定的,而是人类社会在物质生产发展上的日益相互依赖与合作的必然要求所决定的,一个经济全球化的时代早在《共产党宣言》中已为马克思和恩格斯所论证,而在今天已经被证实。"旧的、靠本国产品来满足的需要,被新的、要靠极其遥远的国家和地带的产品来满足的需要所代替了。过去那种地方的和民族的自给自足和闭关自守状态,被各民族的各方面的互相往来和各方面的互相依赖所代替了。物质的生产是如此,精神的生产也是如此。各民族的精神产品成了公共的财产。民族的片面性和局限性日益成为不可能,于是由许多民族的和地方的文学形成了一种世界的文学。"①尽管马克思和恩格斯此处的文学还不是严格意义上我们今天所使用的学科化的"文学"概念,是指包含了科学、艺术、文学、哲学和政治等的精神产品的形式,但文学自然是其中的一种,其未来的世界属性是不容置疑的。文学的功用是为整个人类服务的,虽然在一定的历史阶段和特定时期,由于物质条件的限制,导致了文学并不能为整个人类服务,而只能为一定的阶级或阶层的人服务。但未来的社会,物质条件的极大改善,决定了文学可以为整个人类服务。人类社会是在不断发展的,人的各种需要也是在不断增长的,人的解放也是一个永无止境的进程,由此,从马克思和恩格斯的人类发展观来看,文学为人类的解放也是永无止境的进程。

二、文学与子民救赎

在马克思看来,文学最终的目的是要为人类的解放服务,而在基督教看来文学的最终目的是要为其子民的救赎服务,到底哪种功用更可靠呢? 其实,我们不应问这样绝对化和狭隘性的问题,马克思和基督教对文学的功用论都是客观存在的,由此我们的考察应当从马克思与基督教的动态性关系去探究,马克思与基督教关系的文学功用性的关键点还是在于这个"关系",即使他(它)们两者是一种动态

---

① 《马克思恩格斯选集》(第一卷),北京:人民出版社,1995年,第276页。

性关系,是一个西方的哲学家、思想家和革命家与一种西方的宗教之间冲突且融合的辩证关系,从这种关系中所折射出的文学理论,这个文学理论的普遍性在于是从冲突且融合关系中揭示出来的,符合万事万物之性质均可从矛盾的对立统一中揭示出来一样的规律。那么,我们寻找出他(它)们两者交汇集点之一的地方——《神圣家族》,这部见证了马克思和恩格斯于1844年巴黎见面后首次共同撰写的著作,弥散着火药味,充满了战斗的激情,对青年黑格尔派在政治上进行了无情的批判,清算了他们唯心主义的宗教观,在艺术创作上强调人物命运与审美情感的现实关联,否定了宗教审美情感的虚假捏造,这主要体现在老教士拉波特对玛丽花的救赎,以唤起玛丽花的虚假审美情感为诱饵,从而促使她的宗教皈依。马克思和恩格斯是这样来论述的,既有直接的一针见血般的揭露,也有间接的如实转录般的隐射,还有插入性的提示。

"教士给自己提出任务是要玛丽花赎罪。他在自己的心中给玛丽花定了罪。现在我们来看看玛丽花在傍晚送拉波特回家时两人散步的情形。

'你看呵,我的孩子!'——他开始热烈动人的谈话——'看那一望无涯的天际,这天际的界限现在无法分辨了(这已经是黄昏时候了)。我觉得,万籁俱寂和无边无际几乎使我们产生一种永恒的观念……玛丽花,我对你说这些,是因为你易于感受造物之美……看到这造物之美在你心中,在你那长久丧失宗教情感的心中激起了宗教崇拜,我常常深为感动的。'

教士已经成功地把玛丽花对于自然美的纯真的喜爱变成了宗教崇拜。对于她,自然已经被贬为适合神意的、基督教化的自然,被贬为造物。晶莹清澈的太空已经被黜为静止的永恒性的暗淡无光的象征。玛丽已经领悟到,她的本质的一切人性表现都是'罪孽深重'的,这些表现背弃了宗教,违背了真正的神恩,这些表现是离经叛道、亵渎神灵的。教士必须使她感到自惭形秽,必须把她的自然的和精神的力量以及各种自然的赋予都化为灰烬,以便使她能够接受他所许给的超自然的赋予,即接受洗礼。"①

---

① 《马克思恩格斯全集》(第二卷),北京:人民出版社,1957年,第220页。

从这些段的引文(其中楷体字部分为马克思转引欧仁·苏的长篇小说《巴黎的秘密》中的原话)可以看出,马克思对教士利用审美情感来奴役玛丽花并使她皈依基督教的做法是持批判态度的。尽管玛丽花对自然的审美情感是真实的,但这样的情感和宗教的情感并不是一回事。教士利用玛丽花对自然之美的神秘崇拜,狡猾地让它转化为对宗教的神秘崇拜,以此来糊弄单纯的玛丽花,实质上玛丽花所感觉到的"罪孽深重"和"违背了真正的神恩"等与她对自然之美的崇拜毫无关系,都是教士误导的结果。译者特别注明:插入的标注①所代表的话,即"括号里的话是马克思的",表明马克思着意要提醒读者,教士是如何利用黄昏时候,以宇宙的"万籁俱寂和无边无际"来神秘化造物之主,使人特别是感性敏锐的妇人,体现到卑微渺小从而转信宗教。在马克思和恩格斯看来,教士对玛丽花关于自然奥秘的审美情感的引导,最终是为其宗教皈依服务的,并不是出于人自觉自主的探求,因而是一种寄托于审美躯壳的精神误导。但从基督教徒看来,这也许是正常而合理的,不存在误导的问题。为什么两者的鉴别意见是如此的相反而不同呢?这就要让我们回到马克思和基督教对文学功用的不同认识和规定,在马克思看来,文学的功用在于为人类的解放;而在基督教看来,文学的功用则在于子民的救赎。在基督教的信条中,上帝是爱人类即其子民的,但子民自其先祖亚当和夏娃就犯了罪,受了撒旦的蛊惑,因而上帝是要拯救其子民的。在基督教的教义中,子民是无知的、无辜的、无能的,因而对其救赎也是必需的,问题是何以可行的?

何以可行?实用的东西就是《圣经》,教徒人手一册,随手可翻,方便及时;简单的方法就是将《圣经》作为文学读物来普及,不但是教徒,甚至是非教徒的普通家庭,西方社会自古就是将《圣经》作为文学普及读物乃至是识字学语的基本工具,因此《圣经》作为文学正是基督教将文学作为对子民救赎的重要途径。圣经文学是叙事文学的经典,它将故事、人物和情节等巧妙地组合起来,成了极具吸引力和启示性的文学经典。作为文学经典,它的叙述和启示是不可分割的,成了基督教善用文学的典范。"《圣经》所叙述的使我们窥见了我们灵魂的许多阴暗角落。然而,圣经故事中的世界当然是一个光明与阴暗并存的世界。如果有毁灭,也就会有拯救。在圣经故事中,我们会遇到罪恶,但同时也被邀请参与伟大的拯救。"①可见,叙述是圣经文学的魅力,拯救是基督教文学的功用,在西方文学史上,这是不容置疑的事实。这也许是基督教徒面对世界的现实处境所做出的道义选择,但涉及精神和灵魂的提升上,拯救的深层含义还不能仅停留在现实的盘旋上,圣经文学中基督耶稣对子民的拯救主要是精神和象征意义上的,其文学的想象性审美功用是独特的。例如,在19世纪德国文学史上,施特劳斯的《耶稣传》曾经轰动一时,对青年时期的马克思也曾经产生过影响。当1835年施特劳斯的《耶稣传》出版时,马克思从特里尔中学毕业,随即去了波恩大学,后来到了柏林大学攻读法律专业,之后他加入了青年黑格尔派并成为其博士俱乐部主要成员,此时的马克思的兴趣却完全不在法学上,而是热衷于哲学的研究和诗歌的创作,与之脱离不了干系的宗教问题往往成了争论的主题。作为黑格尔的忠实学生,施特劳斯创作的《耶稣传》对当时人们认识宗教与文学的关系具有创新性的启示作用,代表了基督教的学界精英对文学功用的认识,以此证明即使是耶稣的"神迹"这样的文学叙事并不是来愚弄信众和误导历史的。"施特劳斯已经不把基督教简单地看成骗局,把信徒们看成一群骗子,而是把福音书中的神话部分解释为早期基督教教团的无意识的创作。"②这是什么样的无意识的神话创作?何以具有历史的真实性?只有像施特劳斯一样深入到历史语境、种族苦难和民族感情的底层,才能寻找出这个答案。"四部福音书中的虚构均属于神话式的创作原则,即'虚构'的产生可能起始于某一个作者,但这种创作一定是满足了当时整个民族的某种心理需求和情感,'虚构'不过是这种集体意识的神话式表达而已。……所以,神迹的产生并非如无神论者指责的那样,由于人们的愚昧和无知,它并非是完全骗人的编造。施特劳斯的深刻性在于他指出了'神迹'产生和存在的历史合理性根据,当时人们对救世主和'神迹'的感情是真实的,并且这种感情也绝非是个人的感情而是当时整个犹太民族的感情。"③可见,基督教对子民的救赎,通过文学作品特别是《圣经》的叙事神话等,其高级的形态是精神性的救赎,体现为文学审美情感和宗教艺术感化等形式的救赎,因为在现实的世界,

---

① [美]利兰·莱肯:《圣经文学导论》,黄宗英译,北京:北京大学出版社,2007年,第80页。
② 弗·梅林:《马克思传》(上),樊集译,持平校,北京:人民出版社,1965年,第27页。
③ 叔贵峰:《青年黑格尔派宗教批判的逻辑演进》,北京:人民出版社,2014年,第136~138页。

具体来讲就是当时的罗马帝国对犹太人的强制统治和武力征服,这样实在性的苦难和灾难对犹太先民来说在实况中得不到改善,唯有在精神的世界中得到拯救才是出路,基督教的文学拯救观也就由此而来。

然则,施特劳斯等基督教神学家所认同的文学拯救观到底具不具有认识的真实性?如果它具有真实性,则基督教的文学功能论才会具有可行性;反之,如果它不具有认识的真实性,那关涉的文学功能论也就不可行。这里要特别提醒的是,施特劳斯等的文学拯救观,是与宗教密切相关的,不是与哲学、历史、政治和经济等其他人文社会科学相关的。如果说文学的批判观、文学的事实观、文学的权力观和文学的生产观依次是文学与哲学、历史、政治和经济密切结合的核心观念,文学的拯救观则是文学与宗教密切结合的核心观念。于是,施特劳斯等神学家的宗教观念直接影响了他们的文学拯救观。"从一般意义来说,施特劳斯的宗教观念是建立在想象性真理(imaginative truth)的基础上的。因而他建议将宗教定义为感知的真理,不是以理念的形式,那是哲学的感知,而是投入了想象。因此神话是宗教不可或缺的(integral)和确定的部分。"[1]所以,从施特劳斯等神学家看来,基督教的文学拯救观,不是趋向于一种实在性的解脱或拯救,而是趋向于一种想象性的解脱或拯救,这种想象性的实质内涵并不是虚空的,而是一种精神性的解脱或拯救。正是在这个意义上,他们的文学拯救观是真实可信的,因而其文学功能性是可行的。依据文学来启发、鼓舞乃至最终拯救世人,这是基督教自有《圣经》以来,将宗教与人们的日常生活紧密联系起来的一以贯之的方法。在人类历史的特别时期,例如战争、灾荒、疾病和动乱等非正常时期,基督教的文学家从来没有忘记和利用文学来为其宗教和信仰服务,C. S. 路易斯便是其中最著名的一位。他作为牛津和剑桥大学杰出的英国文学教授、20世纪最有影响力的基督教诗人、儿童文学家、科幻小说家和通俗神学家,素称20世纪英国最有力的基督教代言人。在第二次世界大战期间,当英伦遭受纳粹疯狂轰炸、英国人民经受恐慌磨难之时,他毅然在英国皇家空军基地和英国广播公司就人类面对苦难和死亡如何坚定信仰发表演讲,极大鼓舞了英国军民

---

[1] David Norton, *A history of the Bible as literature* (Volume Two) *From 1700 to the present day*, Cambridge: Cambridge University Press, 1993, p. 353.

的士气,这些演讲后被结集成书出版,就是著名的《纯粹基督教》一书,也被中国学者翻译名为《返璞归真》。当有人质疑基督教徒只有精神性的救赎来面对人类的灾难和痛苦时因而显得没有实在力量和创新生命时,路易斯阐释道:"人想比上帝更加精神化是没有用处的,上帝从来没有打算让人成为纯精神的造物,所以,他借助面包和酒这类的物质赐予我们新的生命。我们可能认为这很粗鄙,不超凡脱俗,但是上帝不这样认为,他发明了饮食,他喜欢物质,发明了物质。"[1] 就此,我们可以发现,基督教文学家或神学家,他们将基督教的文学功用进行了生活化的处理,把宗教的文学功能实在化,精神性的救赎固然是高级的形态,但物质性的救赎也是必不可少的。

三、文学功能性之互补

至此,我们要追问的是,马克思的文学功用论与基督教的文学功用之间有何互补性的关系?从以上的论述和分析可以发现,首先它们两者对于文学功用的实施对象有所不同,其次实施的方式有所不同,最后导致实施的效果也有所不同,正是这样的不同,但又都在文学功用论的整体框架内,由此产生了它们两者的文学功用的互补性关系。

从文学功用的实施对象来看,马克思将文学的功用的实施对象主要聚焦于无产阶级及广大的劳动群众,而基督教文学则认为文学的功用只要适用于基督教的子民,这些信徒被认为是基督教文学的坚实力量。实际上,大家都清楚,无产阶级及广大的劳动群众与基督教的子民之间是有重合的,广大劳动群众中有一些人是基督教的子民,而基督教的子民中的一些直接就是劳动群众。既然如此,马克思所强调的文学的革命性功用与基督教强调的文学的拯救性功用两者是可以互相补充的,其基本的依据是两类受众或读者群体有交叉,交叉所构成的共同受众或读者群体使得马克思和基督教两者的文学功用观有了共同的实施对象,由于实施对象的共同,从而使得这些共同对象既能接受马克思的文学革命观,又能接受基督教的文学拯救观,但问题的关键还不是在这里,关键是这样的共同接受性会影响两者

---

[1] C. S. 路易斯:《返璞归真·纯粹基督教》,汪咏梅译,上海:华东师范大学出版社,2007年,第74页。

中与之非共同的那些部分的受众,由此使得他们的文学功用观有着互相补充之处:文学革命观参考借鉴文学拯救观,反之,文学拯救观参考借鉴文学革命观。那么,分别站在马克思主义和基督教两个阵营的理论家和批评家,就会自觉或不自觉地延引对方的思想精华来为我所用,这样形成了互补性的参考和借鉴作用,这样就渐渐地完善了文学功用观的整体性,完美了其统一性。卡尔·考茨基就是明显的例证,作为社会民主主义活动家、德国和国际工人运动理论家、第二国际机会主义派别领袖之一、马克思代表作《资本论》第四卷的编者、著名的马克思主义理论权威和马克思主义发展史中的重要人物,他自己不但研读过《圣经》等基督教的文学作品,还写过《基督教的基础》这样的专业宏著,他作为马克思主义者对从文学入手对基督教思想精华进行了有效的参考和借鉴,而他的参考和借鉴实际上受到了后来许多马克思主义者的响应。"……考茨基始终相信原始基督教具有革命特质,认为基督教的能量来自对弥赛亚的期盼,这种期盼引领一种新的政治和社会秩序。……事实上,法国马克思主义者罗杰·葛拉蒂(Roger Garaudy)已经非常自由地提出,遥远的超验的上帝在基督里面已经进入到人们的日常生活历史之中。仅仅因为这种超验的流露。'真正的人'——基督——变成了'打破偶像和枷锁的人''穿越边界的人'。如果未来的马克思主义希冀成为唯一的打破枷锁者,即成为这个世界的革命力量,那么它会吸收这一基督教的深刻洞见。在马克思主义实践的核心存在着这一种信仰行动,这种信仰确定世界可以被改变。"①有别于以前的常规认识,仿佛是苦难生活和科学认识使得人们要革命,反抗帝国主义的、封建半封建的、殖民地半殖民地的反动腐朽政治制度,推翻压迫和剥削人的国家机器,由此有了无产阶级的革命,这在俄国和中国似乎都成了定律。但大家可能忽略的是,信仰行动才促使人们进行真正和彻底的革命,无论是在欧洲还是亚洲,无论是农业的还是工业的背景的社会中,这正是罗杰·葛拉蒂的重要发现,他从研究恩斯特·布洛赫(Ernst Bloch)的《希望的原理》这个活着的灵魂的马克思主义所得出的结论。"革命行为的创世纪落户在一种信仰行动(act of faith):确定世界可以改变,人类有能力创造新的东西,我们每个人都个体性地对此种改变

---

① [美]丹尼尔·威廉姆斯:《考茨基关于古代基督教的社会历史观》,何曼译,载《西方马克思主义与神学·基督教文化学刊》(第 24 辑·2010 年秋),北京:宗教与文化出版社,2010 年,第 42～55 页。

而负责。"①这些例论充分证明马克思主义者是如何从基督教的信念中吸收新的思想精神来为自己的革命和社会改革等重大历史活动服务,而服务于马克思主义的历史活动,他们或直接借助于文学的功用,或将这样的意识延伸到文学的功用之中,由此可见,参考和借助于基督教的思想资源,所涉及的恰巧又是关于文学等审美意识形式对受众的作用,不自觉地就附着了基督教的文学功用论,特别是拯救的文学观,基督教的文学功用论对马克思乃至是马克思主义的文学功用论具有补充作用,此可谓马克思主义者对基督教徒的一方面。

另一方面,从基督教徒对马克思主义者来说,他们也会自觉和不自觉地参考和借鉴马克思主义的思想资源来论述基督教的思想精神,其主要方式也是文学和艺术,因为文艺是最感人的审美意识形式,最能达到感化的效果。这其中的运用,卡尔·巴特(Karl Barth)是一个最鲜活的例证。作为基督新教20世纪最伟大的神学家,其代表著作《教会教义学》影响深远,其后的神学家无论派别,在研究神学之时都不得不与之对话。关键的是,巴特的自由主义神学思想、辩证神学论观念乃至其改造社会的实践行动论,却是其马克思主义对话交流的结果。从身份和职业来说,他是基督教徒和牧师,他对《圣经》的看法和认识典型地代表了基督教文学观的一般观点。"把《圣经》当作一种'文学的世界'(world of literature),也就是说,当作一种意识形态的超级结构和功能,而不是当作一种最简单的现象。"②可见,在巴特等基督教徒看来,《圣经》作品本身就是文学作品,圣经的世界就是文学的世界,这是最直接的联系了基督教的文学功用论。那么,借助于文学,巴特是何以从圣经的世界(即文学的世界)完成对现实的世界的应用和改造呢?"他受他称为'马克思主义教义之炽煤'即世界改变的革命目标(revolutionary goal)所激励。……他接受了一种能动和唯物主义者(dynamic and materialist)的历史观念——用社会和经济条件来考察现实的一种观念。"③很明显的是,即使是基

---

① Roger Garaudy, *The Alternative Future: A Vision of Christian Marxism*, translated by Leonard Mayhew, New York: Simon and Schuster, 1974, p. 83.

② Friedrich-Wilhelm Marquardt, "Socialism in the Theology of Karl Barth" In *Karl Barth and Radical Politics*, edited and translated by George Hunsinger, Philadelphia: The Westminster Press, 1976, p. 60.

③ Ibid., p. 54.

督教的神学家,若他们关注民众的疾苦和投入到社会的改造之中,而这确实是真正和诚实的基督教徒所做的事情,他们对马克思主义的参考和借鉴是自然而然的事情,从这一点来看,马克思与基督教的关系早已经是超越了对立和冲突的初级阶段,上升到融合和互助的高级阶段。以巴特为代表的新教神学家及广大的基督教徒,之所以他们能吸收马克思主义的思想精华来服务于基督教的事业,他们的神学创世"人民观"与马克思主义的劳动创造"人民观"是融合相通的。"因为上帝自身成为人,真正的人是一切事物的尺度;他们仅能被冒险——在确定的条件下作牺牲——为了人。……人不必服务于目标(causes),目标必须服务于人(people)。"①至此,我们可以理解,为什么马克思主义者能参考和借鉴基督教的思想资源,反之,基督教徒也能参考和借鉴马克思或马克思主义的思想资源,他们各自在思想精神上互补,在文学的功用上,兼容了"革命"和"救赎"的互补性。

从文学功用的实施方式来看,显然,马克思是主张将文学与无产阶级的革命事业结合起来,以文学的审美情感来激励无产阶级及广大劳动人民来批判资本主义制度,改变不合理、不公平和不正义的社会。而基督教呢,则主张通过教会的组织和活动来展开,主要是通过圣经文学的研读(含常规性的布道、弥撒、礼拜等活动)、唱诗班、节日庆典的文艺演出等方式。应该说,马克思所主张的方式,更多体现为个体性,马克思本人及其家庭就喜爱阅读甚至是表演莎士比亚的戏剧,强调个体性的审美经验和审美意识对无产阶级革命事业的潜移默化的作用;而基督教的方式则更多是集体性的,教会的定期性集会,教徒的常规性活动,教规的日常性仪式等,至少是将《圣经》作为文学读物融入宗教的活动中去,因而他们更注重以集体和大众的方式来感受圣经文学的审美体验、来成就其宗教的神圣使命。此外,马克思所主张的方式更多体现为一种人的自觉性,当人的修养达到一定的程度,就会自觉地研修文学和美学,以此来服务于无产阶级的革命事业。例如,马克思自己终其一生,不断自觉地研读古希腊悲剧、莎士比亚的戏剧和其他当时新出的文学力作,由此我们可见证他在《1844年经济学哲学手稿》《德意志意识形态》和《共产党宣言》等名作中对资本主义私有制、德国唯心主义哲学和宗教虚假意识形态等

---

① Clifford Green, *Karl Barth: Theologian of Freedom*, London: Collins Liturgical Publications, 1989, p. 283.

的深刻批判之激情,马克思是这样来要求自己的,他也这样期待其他的无产阶级领袖甚至是广大的无产阶级和劳动群众都能这样去实践的,当然,这种高的期待一时不可能全部实现,但是总能逐步实现的。而基督教则不一样,它的方式更多呈现为一种教会的规约性,它将《圣经》作为文学作品来研读是与教会的常规性宗教活动结合而定制下来的,例如在布道、弥撒、礼拜和集会等宗教活动中,不要说更为细致的宗教活动,如灵修、查经等,宣读《圣经》是必不可少的,因而变成了一种规约。再者,马克思的乃至是马克思主义者的,并有可能上升到执政党的文艺宣传方式,更多地成型为一种主导性的文艺审美方式,例如体现强烈意识形态主导性的文艺经典的演出、展现国家意识或爱国主义的大合唱、推介反映时代主题或社会问题的文学名作等,无不彰显强大的意识形态的主导力量。相反,基督教的方式则更成型为一种浸染性的文艺审美方式,它更触及生活的方方面面,生老病死无所不包,特别重要的是,它还植入到文化形态的方方面面,例如宗教庆典、家庭生活、社区活动、团契行为、交往礼仪、人际关系等,因而基督教的文艺审美方式表现为一种潜移默化的力量。

　　承上论述,马克思与基督教的文学功用论既然是各有所倾向和侧重点,那么两者的关系应该是相互补充,这在理论上是没错的,但理论的东西只有应用到实践中才具有切实的意义。因而,与其我们去做机械的互补性合拢,还不如融合为一种整体性的文学批评研究范式,这就是近些年来新兴起的马克思主义圣经批评的研究范式。为什么这种研究范式是可行的?"……表面上看起来是文学研究的著作不能不涉及一些与社会科学和历史研究相关的问题,如社会结构、经济、性别动力和政治等问题。这并不奇怪,因为马克思主义批评的吸引力之一就是其期待并使得学科互相关联成为可能,它不会将各个研究领域孤立为互不相干的领域。"[①]这等于说,马克思主义如同是一个将学科知识和研究领域连接起来的钢架,它将马克思和基督教连接起来,由此构成了马克思主义圣经批评的研究范式,这种研究范式归根结底是一种综合性的文学研究,一种广义的人文社会科学研究,涵盖了文学、艺术、哲学、历史、宗教、政治、经济、法律和道德等人文社会学科知识的整合性研究,具有最广泛的通融性,在这其

[①] [澳]罗兰·玻尔:《西方马克思主义圣经批评二十五年历史回顾》,张靖译,载《西方马克思主义与神学·基督教文化学刊》(第24辑·2010年秋),北京:宗教与文化出版社,2010年,第66~67页。

中,聚焦于审美情感、审美虚构和审美想象的狭义文学最便于联结人文社会科学中的其他者,原因很简单,它的模仿媒介本身就是语言或格律。正如亚里士多德所论,"艺术(art)或用平实的语言(plain language)或用格律的形式(metrical forms)[无论是混用这些语言格律还是单用其中某种格律]来模仿,至今还没命名"①。我们知道,亚里士多德所论的艺术在这里指"诗",也就是今天他们所指的狭义的文学概念,在他那个时代还没有文学这个概念,但其内涵亚里士多德已经给我们指示出来了。正因为文学靠语言和格律来模仿,它就能将人文社会科学的其他类别关联起来,这些其他类别没有不借助语言或格律来为依附材料的。由此,马克思主义圣经批评的研究范式实质上是文学研究范式,通过文学的联结性可以通融贯通一些马克思与基督教的表面冲突性的难题。例如,马克思对包括基督教在内的宗教的本质有着深刻的认识,超越了费尔巴哈将宗教视为人的抽象本质的异化,回归到人的社会本质的异化,那就是因为马克思主义圣经批评融合了政治、经济和社会等多方面的关联,我们今天意识到了,但实际上马克思正是这样做的。"对马克思来说……宗教的外化是一种更深的社会—经济及异化的标志(signal)——而这就是需要分析、理解和改变的东西。"②因而,宗教实际上也是马克思主义的研究对象,马克思对基督教的认识并不是肤浅的和片面的,借助于马克思主义圣经批评,甚至可以解读马克思的社会理想和马克思主义的美好蓝图。"……特别是在这样的光照下,即《圣经》在构建欧洲中世纪文化和社会上的奠基性作用……《圣经》本身就产生出乌托邦(Utopia)的范式。……类似《圣经》的宗教文本中的乌托邦维度,并不主要落脚在它对更美好世界的意象、梦想和希望上,甚至也不落脚在此一世界进入神秘过去的天堂或伊甸园。它落脚在对神或神们等统治阶级的反抗上,我们在《圣经》中随处可找到这些反抗……只有此时,从一个神学的角度来看,乌托邦才有可能出现(emerge)。"③至

---

① Aristotle, *Poetics*, edited and translated by Stephen Halliwell, Cambridge, Massachusetts & London, England: Harvard University Press, 1995, p.31.

② Roland Boer, *Criticism of Earth: On Marx, Engels, and Theology*, Leiden, The Netherlands: Brill Academic Publishers, 2012, p.137.

③ Roland Boer, *Marxist Criticism of the Bible*, London • New York: Sheffield Academic Press Ltd., 2003, p.134—57.

此,我们看到从马克思主义圣经批评中所能解读的社会理想和未来前景,如果只固守于原来的僵化认识,认为马克思是绝对反对基督教的,或是基督教是绝对反对马克思主义的,实质上这是片面和形而上学的认识,不是从活生生的文学阐释活动中揭示出来的,是僵化和极端意识形态的产物,要谨慎,要鉴别,要区分。

从文学功用的实施效果来看,它会开启文学的文化研究、比较文学的跨学科研究和文学的跨意识形态的研究。特别就马克思主义圣经批评为例证,说明文学研究在当代重归文化研究的深层底蕴所具有的发掘性意义。若是没有马克思与基督教关系的文学探寻,若是没有马克思主义圣经批评的研究,若是没有马克思主义与基督教神学的探究等,我们可能会忽略甚至是盲视马克思主义与基督教的文化血脉传承关系,特别是对于东方文化中的人来说,可能并不熟悉西方文明的历史传承和文化血脉关系,可能会误解马克思主义与基督教的正常关系,把它们扭曲为对立的冲突性关系,还会深受冷战思维模式的影响,还会执着于意识形态的极端性冲突等等,无不是错误的认识。我们不能忘记,马克思及其家族都是从犹太-基督教的文化血脉中发展而来的,基督教的文化基因都深深植根在他们的灵魂内心。正如洛维特所指出的:"只有在马克思的'意识形态'的意识中,全部历史才是阶级斗争的历史。在这种观念背后的现实的推动力是显而易见的弥赛亚主义,它不自觉地植根于马克思自己的存在之中,植根于他的种族之中。即使他是19世纪的自由的犹太人,是坚决反宗教的,甚至是反犹太主义的,他也还是一个受《旧约》局限的犹太人。从手工业到大工业的两千年之久的经济史都无法改变的古老的犹太弥赛亚主义和先知主义,以及犹太人对无条件正义的坚持,都说明了历史唯物主义的理想主义基础。"①一个研究者可能不会如此深入地理解马克思与犹太-基督教的内在关系,但一个研究者不应该忽略最基本的事实,马克思是出生和成长在犹太-基督教文化中的西方人,尽管他后来是严厉地批判了基督教的虚假宗教意识形态,但这并不能割断马克思与其的血脉关系。进而,就马克思主义来说,它是发育成长于犹太-基督教的西方文化中,尽管它后来扩展走向了世界,但其源头是改变不了的,这就印证了齐泽克的一个判断:"从基

---

① 卡尔·洛维特:《世界历史与拯救历史:历史哲学的神学前提》,李秋零、田薇译,北京:生活·读书·新知三联书店,2002年,第52~53页。

督教到马克思主义确有一个直接的血统;是的,基督教和马克思主义应该站在同一战线上来反对新唯心主义的冲击——真正的基督教遗产真是太珍贵了而不能留给那些原教旨主义的狂热分子。"①原教旨主义的狂热分子之所以能蛊惑人们去割断基督教与马克思主义之间的血脉,关键在于其原教旨的顽固信念,认为马克思主义是与基督教根本冲突的思想体系。再者就是其反动的意识形态性,将基督教简单化和片面化为资本主义的意识形态的代言机器。如果我们只是单方面地听信了原教旨主义者的鼓吹,没有比较马克思主义与基督教文学的比较研究,这其中就包括马克思主义圣经批评,那么我们就会落入原教旨主义者的圈套,我们就会毁损基督教的文化价值,也会冲毁马克思主义的实践大厦。

比较文学的跨学科研究是马克思与基督教文学功用论的互补性的实施效果的另一重表现,这可算作比较文学研究的创新范式。尽管跨学科研究并不是什么新鲜的研究,即使在古代也就早有了,古希腊最博学的思想家、哲学家和理论家,也是今天许多学科创始人的亚里士多德就曾经对哲学与诗学、伦理学与政治学以及修辞学与心理学等方面做过许多关联性的研究,但问题是那样的时代严格意义上的学科划分还不明显,许多知识还是混同和包容在一起的,学科理论和体系还很不成熟,以今天的眼光来看,还算不上真正意义上的跨学科研究。而今天我们所谓的比较文学的跨学科研究,是以文学为核心的研究,其实质是文学及其理论的研究,"比较"只是其外在形式。马克思与基督教的文学研究,又不同其他比较文学的研究,它是一个涵盖了具有层次性、构筑了具有体系的比较文学研究。它的最基本的层次是跨文学与宗教的比较文学研究,在这个基本层面之下,又涵盖了文学与哲学、文学与政治和文学与历史的跨学科研究。构筑本研究的是文学,而不是其他,因而它是跨学科的比较文学的研究。即便如此,它又要不同于其他比较文学的研究在于,基督教作为宗教,与马克思的哲学、政治和历史等都有着密切的关系,虽然在外表上看起来是冲突的,但其实质上是融合的,因而构成了本跨学科的比较文学研究的体系性和融贯性。

互补性的最后一重表现在于,此种研究是文学的跨意识形态的

---

① 斯拉沃热·齐泽克:《易碎的绝对——基督教遗产为何值得奋斗?》,蒋桂琴、胡大平译,南京:江苏人民出版社,2004年,第2页。

研究,是一种具有挑战性的研究。意识形态(ideology),我们一般理解为是一定社会的性质的反映,它以信念和价值等观念形态表现出来,例如资本主义的意识形态、社会主义的意识形态等。我们以前的认识,总是过于夸大和片面强调意识形态之间的冲突,例如资本主义的与社会主义的,这些冲突也确实是存在的,其现实的状况就是社会主义阵营和资本主义阵营的对立和敌视,冷战时代东西方政治势力的对立和冲突等。但时代是向前发展的,社会是不断进步的,过去的对立和冷战时代,今天已经是和平和发展的时代了,这使得我们有现实的基础来反思意识形态片面对立和冲突的局限性和狭隘性,尽管意识形态的冲突在当今仍然是存在的。但这些还不是最关键的,关键的是即使是意识形态本身,它也是有历史形成的传承性和社会发展制约的延续性。就马克思主义的意识形态说来看,资本主义的意识形态从封建主义的意识形态发展而来,是对封建主义意识形态的辩证的否定而来,即扬弃:既有肯定,又有否定;既有继承,又有发展,同理,社会主义的意识形态对资本主义的意识形态也是如此,所以就这一原理来说,意识形态之间的关系不只是有冲突对立的一方面,还有继承和发展的一方面。后一个方面,以前我们认识和理解得太少太浅,过于绝对化和片面化,实质上是形而上学的方法论。但接下来的最后一层的关键在于,我们的文学研究并不能满足于这样纯理论化的研究,不能停步于这样的哲学反思,而要落实于具体而生动的文学研究,扎根于审美的文学实践,因而马克思与基督教的文学研究的生命和意义也就在于此,其实施效果也彰显于此。

第三节 马克思与基督教关系的文学理想性

一、马克思与文学的理想性

在马克思看来,文学不同于哲学,它积淀了深刻的理性认识但又要浸染于生动的感性认识;它不同于历史,反映社会发展的客观规律但又要表现人在社会发展中的主观体验;它更不同于政治,透露出强烈的阶级倾向但又要承载于审美的艺术形式。如此种种的不同,彰显了马克思作为一名哲学家对文学的感性追求,作为一名历史评论家对文学的情感体验,作为一名政治家对文学的审美批判,这些在马克思身上是统一的,而在别的哲学家、历史评论家或政治家身上可能是不统一的,他们可能会割裂理性认识与感性认识的统一关系,关闭客观规律与主观体验之间的联动机制,切断政治倾向与审美形式之间的内在肌理,这并不是由于马克思比别的哲学家、历史评论家或政治家要聪明、博学或多才多能等,关键是马克思是自觉地将文学研究与哲学批判、文学研究与历史探寻以及文学研究与政治革命有机地联系起来,对文学的关注或研究,他不像康德一样沉迷于理性思索而抛弃了感性体悟;他不像摩尔根一样拘泥于历史事实和氏族案例而忘却了主观情感体验;他也不像圣西门一样执着于对资本主义政治制度的痛切批判而忽视了文学的审美意识,尽管对于这些哲学家、历史评论家和政治家等我们不能作这样苛刻的要求,但马克思为什么却能如此卓越非凡,在哲学批判中有文学情感,在历史评论中有文学体悟,在政治斗争中有审美理想,而关键在于:其文学情感是其理想的自觉承载,文学体悟是其理想的有意显露,政治斗争是其理想的直接表达,如是,马克思与文学的理想性问题成了一个很值得关注和研究的问题。

　　什么是马克思所论的文学理想性?简言之,即在马克思看来,文学在其所发展阶段或面对现实的时候所能反映的美好特质以及能具备这样美好特质的原因。事实上,任何人所创作的文学或任何时代所产生的文学都不可能是十分美好的,美好只是相对缺陷而言,美好只是相对现实而言,美好只是相对过去而言,这些条件马克思自然是知晓和明白的,但马克思就是马克思,其对文学理想性的执着追求和不懈努力是为常人所不及的,这是很值得我们每个人去严肃对待和认真学习的。一方面,马克思的文学理想论是他的政治理想的自发外显,是他哲学批判的自觉总结,是他历史探究的自然归纳,即文学理想贯彻于其人文社会科学的研究之中。另一方面,马克思的政治斗争又促进了他的文学理想,他的哲学批判又深化了他的文学理想,他的历史探究又铸就了他的文学理想,即他的人文社会科学研究又成就了他的文学理想,这是一种相辅相成、辩证统一的关系,是一个自然自足、自发自觉的运动过程。

　　具体来讲,马克思的文学理想论,首先见于他自己的文学创作之中的文学激情,特别是他早年创作的一些诗歌,很大的一部分是他写给燕妮的爱情诗歌,尽管被马克思后来视为不是成功的文学创作,但毕竟其文学创作的历史是不容假设的,都是其文学创作实践的具体过程,在其中寄托了马克思对爱情的无限挚爱、对生活的无比珍惜,特别是对文学的无上追求,也就是其文学理想论的具体表现,例如下面这首《思念——致燕妮》,其文学的理想是如此强烈,可见一斑。

思　念
——致燕妮

燕妮,即使天地翻覆迷茫,
你比天空晴朗,比太阳明亮。
即使天下人把我淋漓诅咒,
只要你属于我,我都能忍受。

思念比天上宫殿还高,
比永恒的天地更长久,
比理想国还更美妙,
忧心似海,深胜海洋。

思念无穷无尽永无止境,
像上帝亲自塑造的一样,
你留给我的形象,
我永远无限向往。

你就是思念的化身,
思念两字犹未能表达深情,
可以说它像一团火,
永远不断燃烧我激荡的心。①

也许对一般的人来说,没有谁有马克思这样的恋爱激情,他对思念的幸福强烈追求乃至可以用人间的痛苦来忍受,以被恶魔的诅咒来承担,他把爱情的思念放到了崇高无上的地位,以至于比天上宫殿更高,比天地更长久,比理想国更美妙,思念使他的爱心深过大海,这

---

① 《马克思恩格斯全集》(第四十卷),北京:人民出版社,1982年,第403~404页。

样,我们可以洞见马克思将爱情理想化、将情感理想化,将思念也理想化,实质上是将诗歌也理想化了。当他将一切都几乎理想化之后,面对无穷无尽的思念之河,他都不知道如何处理,这样他就只能祈求全能的上帝了,并把思念之神秘来源、奇特的过程和奇妙的效果等都归结为上帝的造化。但上帝所造的形象毕竟还是朦胧的和不可把握的,于是他将此中形象直接指向他思念的对象——燕妮,他把燕妮当作思念的化身,超越了任何语言和表达,成了一团爱情之火,永远燃烧他的心、激荡他的心。由此,马克思的文学激情,特别是他的文学理想化,将生活情感、热烈爱情和痴心恋人等都在他的诗歌中美化,将它们(或他们)的力量、过程和效果等又在他的诗歌中进行神化,于此,我们要说,马克思有将文学理想化的倾向。这是不是特例呢,是不是他在爱情上的激情引起了他对文学的理想化呢?即使不是爱情诗,就是叙事诗,竟然也可随处见到他的文学理想化倾向,如下面这一首:

两个女竖琴手
叙事诗
……
她俩在甜蜜的歌声里,
度过无数美好的日子,
这忧伤的歌声引来了
群群婉转啼叫的鸟儿。

有一次她们忘却了悲伤,
熟睡在柔软的莓苔床上,
进入了一个神圣的梦乡,
奇妙神仙来到她俩身旁。

神仙用他那金色的翅膀
把她们载到神秘的天堂,
一阵阵温柔明朗的歌声,
从茅舍里飞出冲向天堂。①

---

① 《马克思恩格斯全集》(第四十卷),北京:人民出版社,1982年,第649页。

从这样的诗作可以发现，马克思很善于将文学的内容予以理想化，这里所谓的"甜蜜的歌声，无数美好的日子"等，这样的幻想在他的诗歌中处处可见，透露出他对生活和社会的无限遐想和憧憬，特别是在他年轻的时候。此外，他还很善于将文学的境地理想化，这里所谓的"熟睡在柔软的莓苔床上、神仙用金色的翅膀、一阵阵温柔明朗的歌声、从茅舍里飞出冲向天堂"等，都体现了马克思将文学境地理想化的文学创作范式。从文学创作内容到文学创作范式，都揭示了马克思将文学理想化的倾向，这样的理想化的倾向在他看来恰是文学成为审美感人的艺术形式的根因，假若文学只是模仿生活，不能超越生活，不寄予人类的情感和理想，那文学的形成和历史知识的积累没有区别，文学就是文学，而最重要的品质是：文学是理想化的高雅之作。

其次是体现在他后来许多的学术创作之中，特别是他的哲学、宗教和政治等的批判之中。人们可能会质疑，既然是对哲学、宗教和政治等的批判，何以又卷入文学之中。对此，我们要有一个辩证而宏观的视野来看待马克思的文学理想。马克思一生对文学的喜好也是发展的，从早年中学时期到大学时代的诗歌、戏剧和小说等的创作，到博士毕业后进入社会参加工作，做编辑、办刊物、写报道和撰写著作、论文等，逐渐就停止了纯粹的文学创作而进入了学术创作，但他的文学情结并没有断，而是将文学的情感转入和融化到他的学术创作之中。就哲学批判而言，对德国古典哲学的唯心主义的深刻批判，就融入了他形象、生动的文学描述方式。在《德意志意识形态》中马克思写道："德国哲学从天上降到人间；和它完全相反，这里我们是从人间升到了天国。这就是说，我们不是从人们所说的、所设想的、所想象的东西出发，也不是从口头说的、思考出来的、设想出来的、想象出来的人出发，去理解有血有肉的人。我们的出发点是从事实际活动的人，而且从他们的现实生活过程中还可以描绘出这一生活过程在意识形态上的反射和反响的发展。甚至人们头脑中的模糊幻象也是他们的可以通过经验来确认的、与物质前提相联系的物质生活过程的必然升华物。"① 所谓从"天上降到人间"和"从人间升到了天国"，马克思是用形象的比喻，同时也是鲜明的对比，显示了德国唯心主义哲

---

① 《马克思恩格斯选集》（第一卷），北京：人民出版社，1995年，第73页。

学的虚幻而无实际生活的基础,彰显了他自己正在创立的辩证唯物主义的坚实而有实际生活的基础。创立哲学的前提条件,无非也就是客观事物和主观能动的有机结合,因而客观事物不是唯心主义哲学所设想的、所想象的东西,主观能动也不是唯心主义所口头说的、思考出来的、设想出来的、想象出来的人,而是一个有血有肉的人,马克思在这里又做了一次形象的文学描述,都是为了说明辩证唯物主义的产生前提是确实的而不是虚幻的,是真实的而不是虚假的。进而,他又要说明辩证唯物主义反映论是将客观现实在意识形态中的正确反映的科学理论,他用了"反射和反响"和"升华物"这样的比喻性用语,把复杂的道理做了形象的描述,使读者很容易明白。有了比喻的形象性和生动性,才能将哲学批判深入到普通民众中去,才能发动革命。马克思还指出:"意识的一切形式和产物不是可以通过精神的批判来消灭的,不是可以通过把它们消融在'自我意识'中或化为'幽灵''怪影''怪想'等来消灭的,而只有通过实际地推翻这一切唯心主义谬论所产生的现实的社会关系,才能把它们消灭;历史的动力以及宗教、哲学和任何其他理论的动力是革命,而不是批判。"①对于唯心主义或是机械唯物主义或是形而上学唯物主义哲学家的关于对意识的批判的错误做法,即只用精神批判的方式来对待意识,马克思把这些被批判的意识比喻为"幽灵""怪影"和"怪想",这在哲学批判话语中是鲜活而生动的,此种精神批判方式的谬误性、不彻底性便跃然纸上,令人不忘,胜过生冷僵硬的理论话语。因此,马克思实质上是将文学的情感和文学的审美方式自觉和不自觉地运用到他的哲学批判当中。

就宗教批判而言,马克思在他一生很多的学术创作中都投入了大量的宗教批判,甚至是在探究经济学问题时,他也是不忘要关联到宗教的批判,大量的例子可见于《1844年经济学哲学手稿》《德意志意识形态》和《资本论》等之中。马克思之所以要这样做,是与他对资本主义的批判分不开的。在马克思看来,资本主义的罪恶已经深入到意识形态的方方面面,特别是宗教之中,宗教作为西方文化的血脉传承,在西方历史发展的各个阶段,与占统治地位的、主流的或是官方的意识形态密不可分,形成了共谋的关系,依次扮演了罗马国教、封建神学辩护士和资本雇佣教士的角色,因而对资本主义罪恶的入

---

① 《马克思恩格斯选集》(第一卷),北京:人民出版社,1995年,第92页。

骨批判，就要撕毁宗教作为其保护的合法外衣，就要卸除宗教作为其支撑的神圣脚手架。然则，马克思的宗教批判，并不是枯燥的理论批判，而是运用了一些鲜活生动的文学方式。"对宗教的批判就是对苦难尘世——宗教是它的神圣光环——的批判的胚芽。这种批判撕碎锁链上那些虚构的花朵，不是要人们依旧戴上没有幻想没有慰藉的锁链，而是要人们扔掉它，采摘新鲜的花朵。……宗教只是虚幻的太阳，当人没有围绕自身转动的时候，它总是围绕着人转动。"①宗教是苦难尘世的神圣光环，神圣发光但不解决真正的苦难；宗教是锁链上的虚构花朵，美丽夺目但不是真实的，锁链还是锁住人的自由；宗教是虚幻的太阳，当人误以为要围绕它转动时，实际上它是围绕人转动的，即宗教实质上是人创造的，而不是宗教创造了人。当马克思要说明宗教的虚幻性、误导性和人为性等，他却用这样的生动的文学形式来写作，这也许才是它光耀夺目的原因。

　　文学的语言总是形象而生动的，以形象而生动的语言来批判教会的反动本质和歌颂人民群众的革命精神，这也是马克思运用文学情感来进行宗教批判的常有方式。例如，在《反宗教运动——海德公园的示威》一文中，他详细地记录了 1855 年 6 月 25 日爆发于伦敦海德公园的示威游行，事因是为了抵制《啤酒法案》和《禁止星期天贸易法案》，体现了下层民众的勇敢不屈，反映了英国教会的腐朽邪恶，马克思这样写道："18 世纪的法国贵族说过，伏尔泰，给我们；弥撒和十一税，给人民。19 世纪的英国贵族说过，信奉上帝的话，由我们来说；执行上帝意志的事，由人民去做。基督教的古圣先贤为了拯救世人的灵魂而羞辱（mortifies）了自己的肉体，而当今有教养的圣者为了拯救自己的灵魂而羞辱民众的肉体。"②法国贵族和英国贵族的话，尽管只是转引，但可归纳出他们共同的信教本质，即口是心非、沽名钓誉、奸诈狡猾、奴役人民。而对基督教的古圣先贤与当今的圣者的比较中，可以发现当今的圣者的虚伪狡诈和鱼肉人民的反动本质。转引、对照和比较，尽管是为文学的修辞说法而用，但是这样的手法加上鲜活的用词，描述变得形象而生动，由此马克思的宗教批判具有刻骨铭心的效果。那么，下层民众的反抗行动和革命精神又是如何

---

　　① 《马克思恩格斯选集》（第一卷），北京：人民出版社，1995 年，第 2 页。
　　② Karl Marx, "Anti-Church Movement-Demonstration in Hyde Park" In K. Marx and F. Engels On Religion, Moscow: Progress Publishers, 1957, p.114.

呢? 马克思接着描述,他的用词达到了一种文学细致描述的极致,文学家恐怕都难以超越他的文学词汇量。"咕哝声、发嘘声、呼哨声、嘶叫声、咆哮声、怒吼声、低哑声、尖叫声、呻吟声、咔嗒声、呼啸声、咬牙切齿声,所有刺耳嘈杂的声音(cacophony)汇成了一个什么样的恶魔般的音乐会! 这是一种足以使人发狂、使顽石点头(move a stone)的音乐。真正古英国式的幽默和压抑已久的狂怒奇妙地混合在一起爆发了。唯一可听清楚的喊声是:'到教堂去!'有一位女士为使气氛缓和一下,从马车里递出一本精装的祈祷书。千百个人的声音像霹雳(thundering)一样回答:'叫你们的马去读吧!'"① 马克思的文学才华从他所描述的 12 个关于人的叫喊声显露出来,这些词的细微区别,没有细致的观察,没有对劳苦群众的深切同情,没有对他们的由衷爱戴,应该是写不出来的。而且,马克思很擅长以幽默的口吻和戏谑性的对话来调侃或讽刺教会及其组织的虚伪和腐败等恶行,他所转述的民众的机智回答,"叫你们的马去读吧!"令人忍俊不禁,戏剧性的台词,堪称文学讽刺的典范。所以,马克思对宗教的批判,一方面是对教会或宗教组织的反动和腐朽等的无情痛斥,另一面是对劳动人民或下层民众的勇敢和正直等的尽情讴歌,它们相互补充,有机统一,宗教批判中隐含了道德赞美,但马克思却采用包含文学情感的艺术审美方式,而不是干巴巴的枯燥的理论阐述。

就政治批判而言,他的对资本主义制度的批判是一针见血的,他对资本主义社会罪恶的批判是犀利的,他对资本主义历史发展和未来展望的批判是辩证的。但即使是这样的政治批判,马克思也没有忘记运用文学的批判方式,以生动感性的文学叙述来打动读者。也许还很少有学者像马克思一样,直接地、大胆地将文学名著名篇应用到政治批判之中。例如,在《1844 年经济学哲学手稿》中,他引用了莎士比亚的《雅典的泰门》中的名句,借以来批判资本主义拜金主义的邪恶。

    金子! 黄黄的、发光的、宝贵的金子!
    不,天神们啊,
    我不是无聊的拜金客。

---

① Karl Marx, "Anti-Church Movement-Demonstration in Hyde Park" In *K. Marx and F. Engels On Religion*, Moscow: Progress Publishers, 1957, p. 117.

……
这东西,只这一点点儿,
就可以使黑的变成白的,丑的变成美的;
错的变成对的,卑贱变成尊贵,
老人变成少年,懦夫变成勇士。
这东西会把……祭司和仆人从你身旁拉走,
把壮汉头颅底下的枕垫抽去;
这黄色的奴隶可以使异教联盟,同宗分裂。
它可以使受咒诅的人得福;
使害着灰白色的癞病的人受众人敬爱;
它可以使窃贼得到高爵显位,和元老们分庭抗礼;
它可以使鸡皮黄脸的寡妇重做新娘,
即使她的尊容会使那身染恶疮的人呕吐,
有了这东西也会恢复三春的娇艳。
该死的土块,你这人尽可夫的娼妇,
你惯会在乱七八糟的列国之间挑起纷争。①

确实,没有谁能比莎士比亚更能描绘出金钱的魔力,莎翁这样细致的描写、形象的比喻、鲜明的对比、强烈的抒情等,比任何理性的论证和修饰的辩言都要管用,所以马克思就毫不犹豫地援引了这些句子。借文学之魅力来进行政治批判,使人耳目一新,妙趣横生。批判的反面就是赞美,以文学的优美方式来赞美,体现了马克思高超的文学才华。"一个幽灵,共产主义的幽灵,在欧洲游荡。为了对这个幽灵进行神圣的围剿,旧欧洲的一切势力,教皇和沙皇、梅特涅和基佐、法国的激进派和德国的警察,都联合起来了。……让统治阶级在共产主义革命面前发抖吧。无产者在这个革命中失去的只是锁链。他们获得的将是整个世界。全世界无产者,联合起来!"②幽灵,并不是神话传说中的魔鬼,也不是民间故事中的妖孽,而是一个具有反抗精神的英雄,一个具有革命斗志的战士,他毫不畏惧旧欧洲的一切反动势力,这些反动势力马克思罗列了"教皇和沙皇、梅特涅和基佐、法国的激进派和德国的警察",在修辞上就是排比,气势强劲,讨伐猛

---

① 《马克思恩格斯全集》(第三卷),北京:人民出版社,2002年第2版,第360～361页。
② 《马克思恩格斯选集》(第一卷),北京:人民出版社,1995年,第271～307页。

烈,使得整个《共产党宣言》的开头卓尔不凡。在文章的最后,又以发抖来描述统治阶级的恐惧和虚弱,以失去锁链来比喻无产阶级通过革命获得自由,以"全世界无产者,联合起来!"的口号来结束全文,这在学术创作中都是创举。孰知,"全世界无产者,联合起来!"这一著名政治口号,竟是马克思以文学抒情的方式创造出来的,离开了文学的激情、文学的审美、文学的修辞,亦即文学表述方式,马克思的政治批判就要减弱许多。马克思在他后来的学术创作之中,实质上也就是马克思主义学说的创造之中,自觉不自觉地秉承了他青年时期作为文学能手的特性,有意无意地利用了他长期以来所积淀的文学才华,具体到政治批判之中,如同我们所见的,马克思利用了文学表述来成就政治批判。

再次,马克思的政治批判与他的职业革命事业的实践活动密切相关,因而他的文学理想性也体现在这些实践活动之中。马克思作为职业革命家,演说是他投身革命实践活动的重要形式。演说作为一种宣传性、发动性和交流性的实践活动,并不比书斋中的学术创作容易,因为它所要面对的是直接交流的活人,所以那些生冷枯燥和抽象玄奥的学术话语对演讲的受众是不太起作用的。以《关于波兰的演说——1847年11月29日在伦敦举行的纪念1830年波兰起义的国际大会上》为例,马克思用浅显易懂的语言,以摆事实、讲道理的陈述方式,借纪念1830年波兰解放起义被沙皇残酷镇压的国际大会,鼓动民主派兄弟协会成员和英国的宪章派成员为推翻资本主义制度而奋斗。马克思的这个演说只有很短的三段,预见了从现在到未来如果消灭现存资本主义的剥削和压迫的私有制度,人类的社会将变得无限美好,因而演说也就充满了文学的理想色彩。那么,马克思是怎样来说明这一美好理想的呢?

> 要使各国真正联合起来,它们就必须有一致的利益。要使它们利益一致,就必须消灭现存的所有制关系,因为现存的所有制关系是一些国家剥削另一些国家的条件;消灭现存的所有制关系只符合工人阶级的利益。也只有工人阶级有办法做到这一点。无产阶级对资产阶级的胜利也就是对民族冲突和工业冲突的胜利,这些冲突在目前使各国互相敌视。因此,无产阶级对资

产阶级的胜利同时就是一切被压迫民族获得胜利的信号。①

以无产阶级对资产阶级的胜利,人类社会成了无阶级的社会,各民族才能真正平等,各国也才能真正联合起来,这是美好的理想,这是对资本主义制度的批判,马克思把它寄托于文学的理想性表述。

我们知道,马克思大学毕业后放弃了大学执教的想法,从1841年秋开始从事报纸行业的工作,报纸成了他宣传革命民主主义思想的讲坛,无论是作为撰稿人还是主编,他的文学理想色彩和手法等都很好地服务于他的职业革命事业。写于1842年1~2月间的《评普鲁士最近的书报检查令》,揭露了普鲁士政府自由主义的虚假面相、专制主义的真实面孔,马克思是这样表述的:

> 你们赞美大自然令人赏心悦目的千姿百态和无穷无尽的丰富宝藏,你们并不要求玫瑰花和紫罗兰散发出同样的芳香,但你们为什么却要求世界上最丰富的东西——精神只能有一种存在形式呢?我是一个幽默家,可是法律却命令我用严肃的笔调。我是一个豪放不羁的人,可是法律却指定我用谦逊的风格。一片灰色就是这种自由唯一许可的色彩。每一滴露水在太阳的照耀下都闪着无穷无尽的色彩。但是精神的太阳,无论它照耀着多少个体,无论它照耀什么事物,却只准产生一种色彩,就是官方的色彩!②

很明显的是,马克思在这里采用了文学表述的方式,将普鲁士政府专制主义的面孔勾画得活灵活现,使其黑暗专制的本质暴露无遗。在他们的不同态度对比中,反问精神为什么只能有一种存在形式,用这样的文学修辞方式把普鲁士政府的双重标准和专制实质揭露出来。接下来是两个对仗性的假设,展现了幽默家只有严肃和豪放不羁的人只能谦逊的讽刺性结局,把普鲁士政府专制主义的危害性揭示出来。再下来又是一个对比,把自然界太阳照耀色彩的多样性与精神太阳照耀色彩的单一性进行对比,揭示了普鲁士政府专制主义的荒谬性。至此我们发现,即使是在职业革命事业中,马克思也是积

---

① 《马克思恩格斯选集》(第一卷),北京:人民出版社,1995年,第308~309页。
② 《马克思恩格斯全集》(第一卷),北京:人民出版社,1995年第2版,第111页。

极地利用自己的文学才华,以文学功用来服务于革命事业。加之我们前面所分析论述的,我们也可以发现,无论是马克思文学创作之中的文学激情,还是他学术创作中的哲学批判、宗教批判或是政治批判等,都遍布了文学表述方式,充满了文学理想的色彩,彰显了马克思的文学理想论。

  为什么马克思会有这样的文学理想论？这个问题的实质是马克思的批判性实践与他的文学理想性之间的关系,而马克思的批判性实践与他的乌托邦精神并不矛盾。如同世界上任何事物都是有联系的,马克思的文学理想论是与他的乌托邦精神密切关联的,马克思的乌托邦精神是如何的呢？马克思是乌托邦式的幻想者吗？看起来似乎还真是的。如果我们要了解一个人,我们就要知道他或她到底有什么贡献。作为马克思最亲密的朋友、伙伴和同志,恩格斯最有资格告诉我们马克思是一个什么样的人。《在马克思墓前的讲话》一文中,恩格斯总结了马克思一生的两大发现,其中第一个发现是关于人类历史的,直接与马克思是否为乌托邦式的梦想者有关联。恩格斯说道:

  正像达尔文发现了有机界的发展规律一样,马克思发现了人类历史的发展规律,即历来为繁芜丛杂的意识形态所掩盖着的一个简单事实:人们首先必须吃、喝、住、穿,然后才能从事政治、科学、艺术、宗教等等;所以,直接的物质的生活资料的生产,从而一个民族或一个时代的一定的经济发展阶段,便构成基础,人们的国家设施、法的观点、艺术以至宗教观念,就是这个基础上发展起来的,因而,也必须由这个基础来解释,而不是像过去那样做得相反(vice versa)。①

  众所周知,在马克思的一生中,特别是他和家人流落英国的那段艰难岁月中,他自己就从没真正吃饱喝足过,始终没有足够的衣服和宽敞的住宅。在1852年9月8日给恩格斯的信中,他诉说了家中食物匮乏的境遇。

---

① Friedrich Engels, "Speech at the Graveside of Karl Marx" In *The Marx-Engels Reader* (Second Edition), Robert C. Tucker (ed.), New York: W. W. Norton & Company, Inc., 1972, p. 681.

在过去的 8 到 10 天中我仅能以面包和土豆给家人供食,是否今天还有一些还是个疑问,我怎能摆脱这种地狱般的困境?①

说实话,我们绝大多数人都不能在 8 到 10 天中忍受无味单调的面包和土豆。任何一个人如果参观过伦敦院长街(Dean Street),也即马克思一家曾住过的地方,都要为他一家极其狭小的住房而震惊。而更为震惊的是,即使他一生都贫穷,甚至是一贫如洗,他都从没有停止过对政治、科学、艺术、宗教等的研究。

马克思是不是自我矛盾?在他的哲学中,他声称唯物主义要战胜唯心主义。在他的人生里,他要为实现他的理想而奋斗,尽管他没有基本的物质生活条件。共产主义是马克思用激情和毅力所创建出的理想社会制度,那里有充足的饮食、住房和衣服。但在马克思自己有限的生命里他并没有充足地拥有这些,尽管他也是热切地渴望这些。马克思看起来在这个悖论中自我矛盾,真像一个乌托邦式的幻想者。其实马克思并不自我矛盾,进而也不是一个乌托邦式的幻想者。如同恩格斯所展示的,一个人的观念,甚至是人类历史的意识形态,都要从关涉其物质条件的基础上得到阐释。一个人即使没有充足的生活资料,也可追求智力的享受。对人类历史来说,即使今天的社会里还有一些缺陷,但在将来会越来越少。在这里,马克思向我们说明了他对人类历史发展的乐观主义态度。这种对人类历史发展的乐观主义就是马克思乌托邦精神的展现。

为什么马克思的乐观主义展现了他的乌托邦精神?我们知道,马克思坚守这样的信念:人是创造性和能动性的力量,因而能推动人类历史的发展。人能推动人类历史的物质性发展,这好理解,但不太好理解的是,人也能推动人类历史的精神性发展。如何来推动精神性的发展?依马克思的观点,人必须投身实践,实践是构建他们哲学的基础,据此批判虚假的意识形态。在马克思看来,宗教是最虚假的意识形态,因而宗教是他批判虚假意识形态的关键对象。他论述道:"宗教是这个世界的总理论,是它的包罗万象的纲要,它的具有通俗形式的逻辑,它的唯灵论的荣誉为题,它的狂热,它的道德约束,它的庄严补充,它借以求得慰藉和辩护的总根据(general basis)。宗教

---

① Francis Wheen, *Karl Marx*, London: Fourth Estate Limited, 1999, pp. 179—80.

是人的本质在幻想中的实现,因为人的本质不具有真正的现实性。"①也就是说,宗教是信仰和实践的综合体,它们反映了各类意识形态,其中也包括对现实的幻想性实现。对宗教而言,它实质上并没有反映出真实的客观现实,正确的反映就要颠倒神和人之间的关系,而基督教则认为人是被神所创造出来的。由此,也就不奇怪马克思有如下陈述性的总结。

> 非宗教的批判的根据是:人(man)创造了宗教,而不是宗教创造人。就是说,宗教还是没有获得自身或是已经再度丧失自身的人的自我意识和自我感觉。……于是,对天国的批判变成对尘世的批判,对宗教的批判变成对法的批判,对神学的批判变成对政治的批判。②

正如人创造了宗教,人也创造了各种意识形态。正是通过建立在物质世界的生活经验基础上,马克思发现宗教是人的虚假自我意识和自我感觉。换言之,马克思认为人是创造性和能动性的力量,能进行有效的批判。这种有效的批判,正如对宗教的批判一样,就能变成对法律和政治的批判。也就是说,对马克思而言,对宗教的批判就是对不美好的社会的批判。为了使人类社会变得美好,人就要有批判的精神。以此而言,马克思的乌托邦精神首先是批判性的而非理想性的。这是关于人类如何开展创造性的活动的,马克思确信他的此种论证。

其次,根据马克思对乌托邦精神的看法,人类如何使自己变得具有批判性而不会被理想主义所冲昏头脑?人之所以有创造性和能动性的力量,那是基于人的活动和实践。实践可使人的能力得以运用和提升,可以改变世界,而不仅是认识世界。在改变世界中,人的理想得到具体的实现。实现对马克思的乌托邦精神至关重要,此精神又与他关于人类及历史的世界观密切相关——历史唯物主义既是对黑格尔唯心主义的批判,又是对费尔巴哈的直观唯物主义的批判。

---

① Karl Marx, "Contribution to the Critique of Hegel's *Philosophy of Right*: Introduction". In *The Marx-Engels Reader* (Second Edition), Robert C. Tucker (ed.), New York: W. W. Norton & Company, Inc., 1972, pp. 53—4.

② Ibid.

马克思的乌托邦精神是批判性的,如同费尔巴哈一样,他从哲学上对黑格尔唯心主义进行了批判。在实践性上,他又进一步批判了费尔巴哈的唯物主义。正是在后一重批判中,我们发现他的乌托邦精神是实践性的而非仅理论的,这可从他的《关于费尔巴哈的提纲》中得到验证:

> 以前的一切唯物主义——包括费尔巴哈的唯物主义——的主要缺点是:对对象、现实、感性,只是从客体的或者直观的形式去理解,而不是把它们当作人的感性活动、当作实践(practice)去理解,不是从主体方面去理解。……人的思维是否具有客观的真理性,这不是一个理论的问题,而是一个实践的问题。人应该在实践中证明自己思维的真理性,即自己思维的现实性和力量,自己思维的此岸性。……哲学家们只是用不同的方式解释世界,而问题在于改变世界。①

马克思的乌托邦精神,是关于人类如何在未来社会实现理想的理论诉求。主宰其乌托邦精神的是他的哲学,他的哲学表明这种精神是实践的而非仅是理论的。这是否具有客观真理性,不仅是一个理论问题,而是一个实践问题。因此哲学家们的任务不仅是要解释世界,关键是要改变世界。马克思为什么要去改变世界?简言之,马克思发现了他所生活的资本主义社会的罪恶,他要改变资本主义的制度。这就是他的梦想、志向和理想,它们昭示了马克思关于人类未来的乌托邦精神。由于这种乌托邦精神,马克思不仅有哲学上的深刻性,而且还有经济学上的实在性、政治学上的理想性。因此我们可以先期地说,马克思的乌托邦精神既是批判的又是实践的。

恩格斯关于马克思的发现是正确的,即直接的物质的生活资料的生产以及由此带来的经济发展程度是一切意识形态的基础。然而这个基础是如何对建立在它之上的意识形态起作用的呢?作为与恩格斯合写《德意志意识形态》的著者,马克思论述道:"道德、宗教、形而上学和其他意识形态,以及与它们相适应的意识形式便不再保留独立性的外观了。它们没有历史,没有发展,而发展着自己的物质生

---

① Karl Marx, "Theses on Feuerbach" In *The Marx-Engels Reader* (Second Edition), Robert C. Tucker (ed.), New York: W. W. Norton & Company, Inc., 1972, pp. 143—5.

产和物质交换的人们,在改变自己的这个现实的同时也改变着自己的思维和思维的产物。不是意识决定生活,而是生活(life)决定意识。"①生活是真实的存在,是思维的驱动。如果人要生存和成长,首先就要进行直接的物质的生活资料如食物和水的生产,然后才能进行次直接性的物质的生活资料如电话和电视机的生产。所有的这些活动方式都叫经济,是人类生活和历史的关键所在。人类的生活是社会的生活,人类的历史是生产的历史,它保障了人类的生存。这些都是马克思所坚信的思想观念。正如伊格尔顿所指出的:

> 在马克思的思想核心中,存在着两条基本信念,一是经济在社会生活中所起的首要作用,一是关于贯彻于历史中的一连串的生产方式的观念(idea)。②

我们很好理解伊格尔顿所讲的第一条信念,但被第二条弄糊涂了,它与马克思的乌托邦精神有何关系?

在马克思的经济理论中,生产方式是一定的生产力与生产关系的总和。在马克思看来,人类历史从过去发展到现在,再到将来,取决于生产力与生产关系之间的机制。在一段有名的文章里,马克思阐释了此种促使人类历史发生革命的机制。

> 社会的物质生产力发展到一定阶段,便同它们一直在其中运动的现存生产关系或财产关系(这只是生产关系的法律用语)发生矛盾。于是这些关系便由生产力的发展形式变成生产力的桎梏(fetters)。那时社会革命的时代就到来了。③

由此,我们可以看出马克思是如何着手对待乌托邦问题的。就

---

① Karl Marx and Friedrich Engels, *The German Ideology*, C. J. Arthur (ed.), London: Lawrence & Wishart, 1970, p. 47.

② Terry Eagleton, *Why Marx Was Right*, New Heaven & London: Yale University Press, 2011, p. 31.

③ Karl Marx, "Preface to A Contribution to the Critique of Political Economy" In *Marx-Engels Reader* (Second Edition), Robert C. Tucker (ed.), New York: W. W. Norton & Company, Inc., 1972, pp. 4—5.

他来看，社会革命就是一种需要，将现存社会改变成更好的社会。他所生活的资本主义社会是有严重问题的，因为资本家都腐化和制造罪孽，尽管资本主义社会的财富大大超过了以前的社会。作为一名经济学家，马克思预见到了这些社会问题，它们如同前兆，昭示着他所生活的资本主义社会中，生产关系已经成了生产力的桎梏。作为一名革命者，他看到了人类历史的不断进步，因为生产力与生产关系之间的矛盾是人类历史进步的动力。从根本上讲，这体现了建立在他经济分析之上的乌托邦精神。因为他的经济分析既是批判的又是实践的，他的乌托邦精神也是如此。

马克思的经济分析是如何具有批判性和实践性的？我们都知道，马克思把他整个的一生都奉献给了对资本主义经济的分析，在这其中他发现了资本主义罪恶的核心。他创建了"异化劳动"这个术语来分析资本主义的经济。尽管他所生活的时代资本主义的罪恶已经很严重和令人吃惊，但少有学者像他一样有兴趣去质疑资本主义的可靠性。马克思是如此具有批判性，以致他发现了在资本主义社会中工人所遭受的背离常规的处境。他分析道："工人生产得越多，他能够消费得越少；他创造价值越多，他自己越没价值、越低贱；工人的产品越完美，工人自己越畸形；工人创造的对象越文明，工人自己越野蛮；劳动越有力量，工人越无力；劳动越机巧，工人越愚笨，越成为自然界的奴隶(bondsman)。"① 在这样的恐惧情境中，马克思告诉我们什么是异化劳动。异化劳动之所以是异化劳动，在于它把工人由人变成了动物，把工人转换成了商品。马克思对异化劳动有深刻见解，但他对资本主义的罪恶灵魂更为不满。在他看来，不是由于资本主义制度导致了异化劳动，而是相反。他发现私有制的发展和作用是辩证的，"一方面它是异化劳动的产物，另一方面又是劳动异化自身、实现此种异化(alienation)的方式"②。资本主义的罪恶灵魂是异化，这是正确的。"尽管剥削是所有经济的特征，但异化则是资本主义的独有特征，这是因为独有资本主义把交换(exchange)作为它主

---

① Karl Marx, "Economic and Philosophical Manuscripts of 1844" In *Economic and Philosophical Manuscripts of 1844 and the Communist Manifesto*, Martin Milligan (trans.), New York: Prometheus Books, 1988, p.73.

② Ibid., p.81.

导生产模式"①。交换是如何取悦资本主义来发挥作用的呢？这就是靠资本。

> 资本确定了两种劳动模式，抽象的和具体的。当劳动生产了商品，在资本主义公开市场中盈利，此时它是抽象劳动。马克思命名此种劳动创造了"交换价值"。当劳动生产了产品，满足了人的需要，此时它是具体劳动，创造了"使用价值"。资本主义为不断增长交换价值而驱动。因而人的活动不再是人的，所创造的一切只是为了资本主义自身的利益，不是真正的人的需要。②

我们如何来理解真正的人的需要？显然，它们不是为资本家所追求的自我利益。它们是社会导向性的需要，在富足的共产主义经济中得以实现。这种理想反映出马克思的乌托邦精神，这种精神为共产主义经济切实保证。他阐释道："共产主义因而是人作为社会的（例如人的）存在，对人自身的完全复归——这种复归变得自觉（conscious），在以前发展的所有财富中得以完成。"③就此而言，马克思的乌托邦精神不但是批判的，而且是实践的。他批判资本主义的罪恶，试图寻找出解决此问题的方案，使人类过上更好的生活。他所构建的"乌托邦"并不是幻想，而是以经济的发展为保障的。经济发展是一种活动，是一种实践而不是一个观念或抽象。一个观念不是由其自身所决定，而是由实践所决定。因此，马克思的乌托邦精神作为观念，也不是由马克思本人所决定，而是要由经济发展所决定。就这点而言，马克思的乌托邦精神是实践的。当然，他的乌托邦理想将在共产主义社会得到彻底的实现，而不是在资本主义社会，也不是在社会主义社会，因为还没有富足的经济。马斯登清楚地指出："马克

---

① Paul Craig Roberts and Matthew A. Stephenson, *Marx's Theory of Exchange*, *Alienation and Crisis*, Stanford: Hoover Institute Press, 1973, p. 81.

② Robert A. Gorman, *Neo Marxism: The Meanings of Modern Radicalism*, West Port & London: Greenwood Press, 1982, p. 82.

③ Karl Marx, "Economic and Philosophical Manuscripts of 1844" In *Economic and Philosophical Manuscripts of 1844 and the Communist Manifesto*, Martin Milligan (trans.), New York: Prometheus Books, 1988, p. 102.

思在他成熟的经济学中给我们描述的未来共产主义轮廓,牢靠地展现了乌托邦的期待保留在他社会主义的内心。他对未来的乌托邦想象,不是空想主义(idealist)的幻想,而是在凸显的对比中被告知的,即现存的社会条件和一旦资本主义成熟所具有的客观可能之间的对比。"① 这种凸显的对比实际上是资本主义生产关系和生产力之间的对比。一旦资本主义成熟,就要抛弃它的生产关系。这才确切是马克思所预见的乌托邦可能性。在这点上,马尔库塞正确地标示出了我们至今受益于马克思的地方。"因为确切可被称为乌托邦可能性的不是空想,而是对已存社会的一种确定的社会历史性否定(negation),如果我们要使自己或他人意识到这样的可能性及阻碍和否定它们的力量,我们就要进行十分真实和实际的抵抗。"② 就此而言,共产主义就是马克思的乌托邦精神,为什么呢?

共产主义,如同我们所分析的,不仅是由于经济的富裕而可实现的,而更重要的是作为政治理想而完美的。从政治上看,资本主义是不好的社会,因为在资本家和工人之间有太严重的不平等,而共产主义这个无阶级的社会里则人人平等。这在共产主义社会是何以可能的?马克思和恩格斯用"条件"这个术语来阐释,也即使事情发生的已存在情况。"如果说无产阶级在反对资产阶级的斗争中一定要联合为阶级,如果说它通过革命使自己成为统治阶级,并以统治阶级的资格用暴力消灭旧的生产关系,那么它在消灭这种生产关系的同时,也就消灭了阶级对立的存在条件(conditions),消灭了阶级本身的存在条件,从而消灭了它自己这个阶级的统治。"③ 就恩格斯的观点,这就是具有社会化生产基础的无产阶级革命。"从此按照预定计划进行的社会化生产就有了可能。生产的发展使不同社会阶段的继续存在成为时代的错误。随着社会化生产的无政府状态的消失,国家的政治权威也将消失。人终于成为自己的社会结合的主人,从而也就

---

① John Joseph Marsden, *Marxism and Christian Utopianism: Toward a Socialist Political Theology*, New York: Monthly Review Press, 1991, p. 87.

② Herbert Marcuse, *Five Lecture: Psychoanalysis, Politics, and Utopia*, Jeremy J. Shapiro and Shierry M. Weber (trans.), London: Allen Lane The Penguin Press, 1970, p. 69.

③ Karl Marx and Friedrich Engels, "Manifesto of the Communist Party" In *Economic and Philosophical Manuscripts of 1844 and the Communist Manifesto*, Martin Milligan (trans), New York: Prometheus Books, 1988, p. 231.

成了自然界的主人,成了自身的主人——自由(free)的人。"①因此,共产主义实质上是"去政治化的",因为没有阶级、阶级对立和政治。它也是一个理想的社会,因为人从此是真正自由的。对马克思来说,共产主义既是政治的理想也是经济的实足。以朝向未来的眼光来看,共产主义本质上体现了马克思的乌托邦精神。

广义而言,作为政治理想的马克思乌托邦精神在之后的马克思主义者或历史学家中得到响应。共产主义社会是无阶级的社会,在那里阶级对立和意识形态的斗争将消失。这也是我们今天的乌托邦。正如弗雷德里克·詹姆逊所阐释的:"乌托邦比任何行动方案,更好地表达了我们与真正的政治未来的关系。现在乌托邦也服务于至关重要(vital)的政治功能,远远超出了仅是意识形态表达或复制的范围。"②从某种程度来讲,马克思的乌托邦精神既是一种意识形态的表达,又超出了这个表达。这是否是对的,并不依赖于马克思,而是历史,对马克思主义也是同理的。詹姆逊论述道:"乌托邦是对将来社会的期待性表达……对那个将来的倾向性的投入,或是乌托邦式的生产方式,它寻求从我们当今支配性的生产方式中脱离而出,这就是最终的原因:为什么马克思主义以我们当今的理解不是真理的诞生之所,为什么它的主题不是所拥有教义的中心化,准确地说是历史地去中心化(decentered)……"③换言之,马克思主义作为真理,并不是教义般构想出来的,是与历史相适应而形成的。历史地来看,马克思主义作为乌托邦精神是为医治资本主义顽疾的。以马克思主义来反对乌托邦精神是愚蠢的。正如历史学家罗素·雅各布所警告我们的:"确实,甚至那些对马克思主义稍有知晓的人都知道,它的创始人对'乌托邦'社会主义是谴责的,而对'科学'和实践的途径是珍视的。但这只对了一半。马克思主义和乌托邦精神并不是作为简单(simple)的对立而存在的。"④作为马克思主义创始人之一的马克

---

① Friedrich Engels, "Socialism: Utopian and Scientific" In *The Marx-Engels Reader* (Second Edition), Robert C. Tucker (ed.), New York: W. W. Norton & Company, Inc., 1972, p.717.

② Fredric Jameson, *Archaeologies of the Future: The Desire Called Utopia and Other Science Fictions*, London and New York: Verso, 2005, p.232.

③ Fredric Jameson, "Marxism and Historicism" In *New Literary History*, Vol. 11, No. 1, Anniversary Issue: II (Autumn, 1979), p.71.

④ Russell Jacoby, *The End of Utopia: Politics and Culture in an Age of Apathy*, New York: Basic Books, 1999, p.25.

思，从没有谴责过乌托邦精神作为共产主义的激励因素。马克思的乌托邦精神与其他乌托邦精神的区别是，它既有批判的也有实践的品性，也就是马克思文学理想性的内在本质。

二、基督教与文学的理想性

就基督教而言，文学的理想性是一个应然的问题。文学历来都成了基督教宣传和教化的工具，文学的理想性正好符合基督教批判人性罪恶、社会黑暗从而督促人们追求美好天国的梦想，特别是文学的情感特色和审美形式，最适合于表现理想性的东西。在基督教里，理想性的东西无外乎三种：一是理想之国——美好天国；二是理想之路——拯救复活；三是理想之爱——上帝之爱。而文学的理想性，与基督教却恰好融合在一起。文学的理想指向什么（what）——美好天国；文学理想怎么做（how）——拯救复活；文学理想为什么这样（why）——上帝之爱。从什么到怎么，再到为什么，体现了文学理想性学理的层层深入，也体现了基督教世界观的不断丰富和完善。

基督教所认定的天国到底是个什么样子？也许，以最原始的方法来构建这个天国的图像就是根据《圣经》的记载。由此我们知道，第一点是天国没有疾病，而人间是有疾病的。"耶稣走遍加利利，在各会堂里教训人，传天国的福音，医治百姓各样的病症。他的名声就传遍了叙利亚。那里的人把一切害病的，就是害各种疾病、各种疼痛和被鬼附的，癫痫的、瘫痪的，都带了来，耶稣就治好了他们。"（太4：23—24）天国的无疾痛，圣经文学用这样的神话形式，叙述了人间疾病的种类，以及耶稣极力医治人们疾病的结局，全都治好了，非常美好。第二点是天国没有罪恶，而人间是充满了罪恶。"铜匠亚历山大多多地害我，主必照他所行的报应他。你也要防备他，因为他极力抵挡了我们的话。我初次申诉，没有人前来帮助，竟都离弃了我；但愿这罪不归于它们。惟有主站在我旁边，加给我力量，使福音被我尽都传明，叫外邦人都听见。我也从狮子口里被救了出来。主必救我脱离诸般的凶恶，也必救我进他的天国。"（提后4：14—18）这里是保罗给他儿子提摩太写信所叙述的故事，以鲜活的例子来说明人间的罪恶，铜匠亚历山大的加害、众人的离弃、狮子的口咬，而他都逃离了这些罪恶所造成的灾难，原因是主救他到了天国。圣经文学以故事叙述的形式，将人间罪恶的灾难对比与天国无罪恶的和平，彰显了天国的无限美好。

如果说上述的第一点和第二点还只能算作物质性美好的世界，那么基督教所设定的天国更是具有精神性美好的世界。由此，第三点是天国里最讲谦和、最讲公平，而人间里不是人人都谦和，也不是能彻底地讲公平。"当时，门徒进前来，问耶稣说：'天国里谁是最大的？'耶稣便叫一个小孩子来，使他站在他们当中，说：'我实在告诉你们：你们若不回转，变成小孩子的样式，断不得进天国。所以，凡自己谦卑像这小孩子的，他在天国里就是最大的。凡为我的名接待一个像这小孩子的，就是接待我。凡使这信我的一个小子跌倒的，倒不如把大磨石拴在这个人的颈项上，沉在深海里。'"(太18：1—6)这里，圣经文学采用了对话体的形式，以两个比喻性的故事，说明天国里人们在道德情操和信义公平方面的美好。以"谦卑如小孩的就是最大的"说明天国里人人都谦和卑恭，谦和卑恭的人就是最大也就是最受尊重的人。相反，那些在人间要惯了骄傲自大作风的人，将永远无机会升入天国。凡使这信我的一个小子跌倒的，这个"跌倒"的意思是"对上帝犯罪过(sin)"，意思说凡是谦卑且信靠我的人将得福，凡是不谦卑且不信靠我的人将遭灾，圣经文学用颈项上拴着磐石沉入大海来比喻这个灾难。可以想象，天国里是十分幸福的，但到底是如何幸福的呢？

第四点，天国里是无限幸福的，当然这样的幸福至此都是精神性的幸福，已经超越了前面所提及的物质性的幸福。"虚心的人有福了，因为天国是他们的。哀恸的人有福了，因为他们必得安慰。温柔的人有福了，因为他们必承受地上。饥渴慕义的人有福了，因为他们必得饱足。怜恤的人有福了，因为他们必蒙怜恤。清心的人有福了，因为他们必得见神。使人和睦的人有福了，因为他们必称为神的儿子。为义受逼迫的人有福了，因为天国是他们的。"(太5：3—10)天国的幸福有这样八种，称为天国八福。但我们发现，天国的八福，都是因为生活在天地上的人的德行品性和道义情操等的优秀，从而使他们到天国就处于幸福状态。之所以有这个结论，是因为我们感受到了此处圣经文学的排比修辞手法，其紧密的句式排列、层层推进的论说理由、强烈的情感气势等，把美好天国展现得淋漓尽致，把理想世界的画图描绘得形象逼真，如果没有文学的理想性追求，也就没有基督教的理想天国的期盼。

从上可知，基督教所认定的美好天国从过程来讲是因为有原罪的人被上帝拯救,从而人的身体和灵魂得到复活。当然,根据基督教的教义人被拯救复活并不是在今世,而是来世,拯救复活的开始便是在末世来临之时,这时的世界会有异象出现。"日、月、星辰要显出异兆,地上的邦国也有困苦,因海中波浪的响声,就慌慌不定。天势都要震动,人想起那将要临到世界的事,就都吓得魂不附体。那时,他们要看见人子有能力,有大荣耀驾云降临。一有这些事,你们就当挺身昂首,因为你们得赎的日子近了。"(加 21:25—28)圣经文学几乎都采用了细描的手法,将末世来临时的灾难、惊恐、慌乱和转机等描述得具体而形象,人在没见证到人子的大能之前"魂不附体",和在见到后的"挺身昂首",说明得赎的巨大作用。人能"挺身昂首",这只是耶稣的预见,真正实现还需要耐心等待,心中要充满希望。正如保罗所阐述的:"我们知道一切受造之物一同叹息、劳苦,直到如今。不但如此,就是我们这有圣灵初结果子的,也是自己心里叹息,等候得着儿子的名分,乃是我们的身体得赎。我们得救是在乎盼望(hope);只是所见的盼望不是盼望,谁还盼望他所见的呢?但我们若盼望那所不见的,就必忍耐等候。"(罗 8:22—25)所以,基督教所谓的拯救,实质上是在盼望中的拯救,也就是说这个拯救尚未实现,需要耐心等待,我们所盼望的自然不是那所见的、所已有的或所存在的,而是那还没见的、没有的或没存在的,因而拯救也只能是在未来。

拯救的结果就是复活,享受永生。那么,人凭什么会被主拯救复活?复活永生的状况是怎么样的呢?正如彼得所质问耶稣的,像他们这样的门徒跟随耶稣一生,放弃了所有的东西,最终会得到什么呢?"耶稣说:'我实在告诉你们:你们这跟从我的人,到复兴的时候,人子坐在他荣耀的宝座上,你们也要坐在十二个宝座上,审判以色列十二个支派。凡为我的名撇下房屋或是弟兄、姐妹、父亲、母亲、儿女、田地的,必要得着百倍,并且承受永生。然而,有许多在前的,将要在后;在后的,将要在前。'"(太 19:28—29)以耶稣的诺言,生前撇下一幢房子的,复活后将得到一百幢房子;生前撇下一个兄弟的,复活后将得到一百个兄弟,如此等等。此外,在永生的世界里次序将要被颠覆,原来一些高高在上,要变成低平在下;一些位居前列的,要退回到后排;相反,一些被压制在下的,要提拔到上面去;一些被排挤到后面的,要推进到前面去。耶稣的许诺也得到保罗、西拉、提摩太这些门徒的响应,在他们写给帖撒罗尼迦教会的信中所描述的那样,永生的过程是如此井然有序、庄严神圣。"我们现在照主的话告诉你们一件事:我们这活着还存留到主降临的人,断不能在那已经睡了的人之先,因为主必亲自从天降临,有呼叫的声音和天使长的声音,又有神的号角响;那在基督里死了的人必先复活。以后我们这活着还存留的人必和他们一起被提到云里,在空中与主相遇。这样,我们就要和主永远同在。"(帖前 4:15—17) 有趣的是,圣经叙事以文学的理想光芒,照耀了救赎和复活的生动过程,使人们看到的不再是教士的说教、教义的说理和教会的宣教,是对文学理想特性的巧妙利用。

从基督教的教义来讲,美好天国和拯救复活的根基是上帝之爱。上帝之爱就上帝与人类的关系来说,基督教定义为恩典(grace);就人类从上帝那里获得恩惠来说,基督教称之为恩赐(gift)。恩典是上帝的本性,是无条件的,无所不在的。而恩赐是人从上帝那里接受恩惠的结果,是有条件的,并不是无所不在的。在《出埃及记》中,上帝耶和华吩咐犹太人的先知和领袖摩西凿制两块新的石板在西奈山上见他,以写记上帝与犹太人所立之约(也即十诫)。"摩西就凿出两块石板,和先前的一样。清晨起来,照耶和华所吩咐的上西奈山去,手里拿着两块石板。耶和华在云中降临,和摩西一同站在那里,宣告耶和华的名,耶和华在他面前宣告说:'耶和华,耶和华,是有怜悯、有恩典的神,不轻易发怒,并有丰富的慈爱和诚实。为千万人存留慈爱,赦免罪孽、过犯和罪恶,万不以有罪的为无罪,必追讨他的罪,自父及子,直到三四代。'"(出 34:4—7)。从这里可以看出,犹太教还是讲爱憎分明、是非曲直和守法犯罪的。对于守法的,耶和华是慈爱有加的,对于犯罪的,他是发怒讨罪的。那么,恩典是如何传到了人间的呢?"道成了肉身,住在我们中间,充充满满地有恩典,有真理。我们也见过他的荣光,正是父独生子的荣光。约翰为他作证,喊着说:'这是我曾说:那在我以后来的,反成了我以前的,因为他本来在我以前。'从他丰满的恩典里,我们都领受了,而且恩上加恩。律法本是藉着摩西来传的,恩典和真理都是由耶稣基督来的。从来没有人看见过神,只是在父怀里的独生子将他表明出来。"(约 1:14—18)由此可见,犹太教的恩典还只是律法主义的恩典,恩典代表了公平、公正、公道、正义等律法规则;而基督教的恩典,已经代表了真理、代表了世界最根本的命意,是本体论意义上的恩典,超越了世俗世界中的人事纠纷,上升为神圣世界的精神主宰。此两处对恩典的描述,体现了圣经文学的理想性色彩。其一是精彩的故事只要一人叙述或是证明便就成立,摩西凿石见耶和华,只有摩西一人见到,也只有他一人转述出来,便成了经典事件,具有强烈的理想色彩;耶稣基督把恩典传来,也只有约翰一人证明,便也足够为证据,成了经典教义,也具有强烈的理想色彩。其二是文学的修辞恰好表现其理想主义的真诚和信赖。"耶和华,耶和华,是有怜悯、有恩典的神",像这样的独白,充满了真诚的呼请;"道成了肉身,住在我们中间,充充满满地有恩典,有真理",像这样的拟人化描述,以人的感知为视点,使难以理解的神学奥妙被人所理解。

用文学叙述和修辞来帮助对恩典的理解还是初级层次的,用文学抒情来深化对恩典的感激则是高级层次的。浓重抒情、赞美恩典,是圣经文学理想色彩的突出表现。"愿赞美归与我们主耶稣基督的父神!他在基督里曾赐给我们天上各样属灵的福气。就如神从创立世界以前,在基督里拣选了我们,使我们在他面前成为圣洁,无有瑕疵;又因爱我们,就按照自己意旨所喜悦的,预定我们藉着耶稣基督得儿子的名分,使他荣耀的恩典得着称赞。这恩典是他在爱子里所赐给我们的。我们藉这爱子的血得蒙救赎,过犯得以赦免,乃是照他丰富的恩典。这恩典是神用诸般智慧聪明,充充足足赏给我们的,都是照他自己预定的美意,叫我们知道他旨意的奥秘。要照所安排的,在日期满足的时候,使天上地上一切所有的,都在基督里同归于一。"(弗1:3-10)这段保罗给以弗所圣徒所写的信,既是一段优美抒情的祝福语,也是一段深情徜徉的赞美文,借以说明基督教所定义的恩典,已经是无所不在、无所不能,恩典成了基督教博爱主义的基石。基督教的博爱主义自然是理想主义的,而现实世界的落后无情则与之形成鲜明的冲突,然而现实是事实不可改变,因而基督教是看重文学的理想作用的。

基督教用文学的理想性来说明上帝恩典对人类的无条件性,然则人接受上帝的恩典却是有条件的,因他自身的主观原因或是自身主观原因之外的客观原因,由此恩赐(gift)呈现为多样性和复杂性,除了前面所论的救赎、永生等之外,还有让人脱离危险、摆脱困境、克制欲望、教人为善等等。但关键的恩赐是使信徒获得属灵的恩赐,物质性的恩赐在基督教看来还是浅层次的和低水平的。"圣灵显在各人身上,是叫人得益处。这人蒙得圣灵赐他智慧的言语,那人也蒙这位圣灵赐他知识的言语,又有一人蒙这位圣灵赐他信心,还有一人蒙这位圣灵赐他医病的恩赐,又叫一人能行异能,又叫一人能作先知,又叫一人能辨别诸灵,又叫一人能说方言,又叫一人能翻方言。这一切都是这位圣灵所运行、随己意分给各人的。"(林前12:7—11)到底圣灵如何赐给某人智慧的语言,即使他/她本人并不一定很有智慧?到底圣灵如何赐给某人知识的语言,即使他/她本人并不一定有知识?到底圣灵如何赐给某人信心,即使他/她本人并不是有信心的人?……如此等等,圣灵只是有如此美好的愿望和期许,但具体到每个现实的人,还要看他/她本人是否爱思考、爱学习、有信心。"恩赐原有分别,圣灵却是一位;职事也有分别,主却是一位;功用也有分别,神却是一位,在众人里运行一切的事。"(林前12:4—6)因此,基督教期待上帝的恩赐能有效地赐予众生,它借助于文学的美好愿望和理想情境来予以实现。至此,我们可以总观出来,基督教与文学的理想性关联的内在机制是:文学描述理想之国——美好天国(情境);文学揭示理想之路——拯救复活(过程);文学阐释理想之爱——上帝之爱(原因)。基督教与文学的理想性的不可分离性在于两者在时空链接和逻辑内因上的交融结合与互补互助,本着此原理或公则,我们可以继续解读马克思与基督教关系的文学理想性。

三、文学理想性之互补互助

通过前面两节的分析和论述,我们发现马克思与基督教各自与文学理想性都有着深刻关联。一方面,尽管马克思是作为诗人、哲学家和革命领袖与文学理想性发生关联,体现的是创作者、理论指导者和现实变革者与文学理想性的关联,但能很好地展现人的能动性和创造性与文学理想性的一般规律,概言之:人创造文学理想,文学理想成就创造性的人。另一方面,尽管基督教是作为宗教、教会、信徒和教义与文学理想性发生关联,体现的是西方传统历史文化、宗教社会组织、信教大众和道德伦理与文学理想性的关联,但能很好地展现出社会历史文化与文学理想性的一般规律,概言之:社会历史文化孕育文学理想,文学理想升华社会历史文化。然则,人是社会的人,历史的人,文化的人,社会需要人来建设,历史需要人来评判,文化需要人来提升,所以,人与社会历史文化对文学理想性都是不可缺少的,两者互相补充和协助才能发挥作用,因而要将以马克思与基督教关系的文学理想性来探讨。

以上还只是理论上的推论性认定,实际的情况如何,是否有事实性的文献依据呢?确切有依据的是1835年马克思中学考试论宗教问题的作文《根据约翰福音第15章第1至14节论信徒和基督的一致,这种一致的原因和实质,它的绝对必要及其影响》,这是一个题目很长的作文,体现了一位尚留稚气的17岁青年在作文时的逻辑线索,至于青年马克思到底说清楚没有信徒和基督的一致,这对我们已经不重要了,重要的是青年马克思的文学才情。批改此篇宗教作文的教员居佩尔所写的评语是:"思想丰富,叙述精彩有力……"①而马克思当时的历史和哲学教师、中学校长约·维腾巴赫对他此类中学作文所做的评价是:"思想丰富,叙述很有条理……"②可见,两位教师对他作文的特点有一个共同性的认识,即思想的丰富性和思想表达的精彩性。要达到这两个方面的和谐其实是不容易的,有些人思想丰富,但表达笨拙;有的人表达精彩,但思想贫瘠。青年马克思却能娴熟地做到这一点,由此可见证他文学才情的非凡。"……在我们研究个人的历史、人的本性的时候,我们虽然也看见他心中有神性的火花、好善的热情、求知的欲望、对真理的渴望,但是欲望的火焰甚至常把永恒的东西的火花吞没:罪恶的引诱声淹没着对美德追求的热情,在生活使我们感到它的全部威力的时候,这种对美德追求的热情受到了嘲弄。贪图尘世间富贵功名的卑鄙企图排挤着求知的欲望,对真理的渴望被虚伪的甜言蜜语所熄灭,可见,人是自然界唯一达不到自己目的的存在物,是整个宇宙中唯一不配做上帝创造物的成员。"③这段精彩的论述,是青年马克思试图解释为什么人自己是不能与基督一致的原因。尽管此时的马克思还是一名基督徒,但通过他文学性的丰富想象的阐释,已经超越了作为一名普通基督徒的思想,"人是自然界唯一达不到自己目的的存在物,是整个宇宙中唯一不配做上帝创造物的成员",这样的论断,不仅具有基督教"原罪"的教义,而且更具有宏观上的哲学思辨。他洞见了人的欲望在人性上的不可克服性,一方面人的欲望可以是善的力量,即如他所指出的"好善的热情、求知的欲望、对真理的渴望";另一方面,人的欲望更多的是恶的力量,他用了"掩没""嘲弄""排挤"和"熄灭"这些动词来生动说明恶对善的压制和摧毁。前一方面,见证了善的力量的建设性,说明人在追求上的理想性;后一方面,见证了恶的力量的破坏性,说

---

① 《马克思恩格斯全集》(第四十卷),北京:人民出版社,1982年,第949页。
② 同上,第913页。
③ 同上,第819页。

明人在追求上的现实性。于此,在马克思看来,人是一种具有能动性和创造性的存在物,如果人能坚守自己的理想,则对世界的贡献是建设性的;如果人只会向现实妥协,则对世界的影响是破坏性的;而此时的马克思认为人是不能坚守自己的理想的,但他至少分辨了人的向善的可能性,不像基督教一样完全抹杀了人的向善可能性,完完整整是"原罪"的本性。

  对人来说原罪是不可清除的,必须要靠基督的拯救,这是基督教的基本观点。基督以此来教导信徒,也就是马克思宗教作文针对的《约翰福音》第15章1~14节里提到的。特别形象的是,耶稣用"葡萄树和葡萄枝子"的比喻来类比说明基督和信徒的关系。"我是葡萄树,你们是枝子;常在我里面的,我也常在他里面,这人就多结果子。因为离了我,你们就不能做什么。人若不常在我里面,就像枝子丢在外面枯干,人拾起来扔在火里烧了。你们若常在我里面,我的话也常在你们里面;凡你们所愿意的,祈求就给你们成就。你们多结果子,我父就因此得荣耀,你们也就是我的门徒了。"(约 15:5—8)自然,先有了葡萄树,才会有葡萄枝子;葡萄枝子要结果实,必须依靠葡萄树提供营养。可类比的是:先有了上帝,才有了人类;人类要有成就,就必须依靠上帝。就此而言,基督教将人的主动性抹杀了,使得人成为被动之物,小看了人的能动性和创造性。由此,基督教将人的向善可能性完全寄托在上帝身上,也就将人追求上的理想性也寄托在上帝身上。以此类推,就文学的理想性而言,基督教也将它寄托在上帝身上,而不是人的能动性和创造性上。圣经文学,或是西方其他文学经典中的基督教文化诉求,都是上帝的赐福,都是上帝的恩典,都是美好的,都是文学理想性的画图。

  文学理想性的图画,在马克思的宗教作文中,他是如此来叙述的:"因此,和基督一致可使内心变得高尚,在苦难中得到安慰,有镇定的信心和一颗不是出于爱好虚荣,也不是出于荣誉欲,而只是为了基督而献给了博爱和一切伟大而高尚事物的心。可见,和基督一致所得到的是这样一种快乐,这种快乐是一个伊壁鸠鲁主义者在其肤浅的哲学中,一个比较深刻的思想家在未被发现的知识奥秘中想要找到而没有找到的,只是和基督并且通过基督而和上帝结合在一起的天真无邪的孩童心灵,才能体会到它,并且它能使生活变得更加美好和崇高(《约翰福音》第15章第11节)。"①这里所说的内心高尚,得到安慰,有镇定的信心,获得快乐(超越伊壁鸠鲁主义感官享乐的、难以寻找的、纯真的快乐),使生活美好和崇高,是马克思认为与基督一致的好处,也即他所认为的影响。前面的主要是对个人的影响,即成为高尚的人、能摆脱苦难的人、有信心的人和获得非凡快乐的人,后面的主要是对人生和社会的影响,即使生活更加美好和崇高。马克思在这里还特意提及他是根据《约翰福音》第15章第11节来阐述的,而该第11节是承接了第9节的"爱心"和第10节的"命令"而做出总结的:"我爱你们,正如父爱我一样,你们要常在我的爱里。你们若遵循我的命令,就常在我的爱里;正如我遵循了我父的命令,常在他的爱里。这些事我已经对你们说了,是要叫我的喜乐存在你们心里,并叫你们的喜乐可以满足。"(约15:9—11)可以看出,马克思对基督教圣经文学此处提及的喜乐做了更多的阐释,《约翰福音》解释了人只要遵循上帝的命令,就在爱心里了,就有喜乐了,没有说人会变得高尚,能摆脱苦难,有信心,获得非凡的快乐,使人生和社会更加美好和高尚。明显的,马克思借助于文学的理想性愿景,对人和人类社会寄予了更理想化的期待,而基督教则从根本上将理想化的期待寄托在上帝身上,是上帝才能使人和人类社会变得美好崇高。这是他们的区别,而这个区别的意义并不在于谁对谁错,人文主义意义上的真理,不是数理逻辑上的"是"与"非",而在于如何对人和人类社会更加有利,合成为增值效应,而不是抵减效应。

互补互助是我们探究马克思与基督教关系的文学理想性的共生点,如同桥梁一般,将两大问题联结起来。尽管两者对文学的理想性都有着类似的期待,但毕竟两者的期待还是不一样的。马克思的文学理想追求,最终寄托的是人本身,通过人的彻底解放,获得自由,人类社会也由自然王国走向了自由王国,这是马克思文学的理想天堂。而基督教的则完全寄托在上帝的身上,通过上帝对人的救赎,人获得重生,进入上帝所创造的无限美好的天堂。之所以说他们的构建需要互补,很明显的是,马克思的文学理想完全建立在对人的绝对依赖的基础上,换言之,就是将人的创造力视为无限的可能,而经验事实告诉我们,人的创造力并不是无限可能的。反之,基督教则将文学的理想完全建立在对上帝的绝对依赖的基础上,换言之,就是将人的创

---

① 《马克思恩格斯全集》(第四十卷),北京:人民出版社,1982年,第822~823页。

造力视为无限的不可能,而经验事实告诉我们人的创造力是有限可能的。于是,我们不能走极端,要取马克思和基督教之间的"中道"而行,既不是绝对肯定,也不是绝对否定,而应是互相补充,即文学的理想性既要人的努力,也要靠一定的机宜(非人为的因素),就如中国古人所谓"天时或地利"因素,没有谁能说只有人为的因素,也没有谁可说只靠"天时或地利"。具体到文学的语境之中,则文学的理想性,既要有现实主义批判、浪漫主义激情或人文主义精神等人的因素,也需要社会环境衬托、历史条件的允许或文化习俗的渲染等非人为因素,事实证明,两者的互补才能完善文学的理想性要求,实现其理想性追求。

　　互补之后,还要互助。中外文学史的事实告诉我们,没有纯粹单一的现实主义、浪漫主义或人文主义;也没有孤立静止的社会环境、历史条件或文化习俗。现实主义只有与具体的社会环境,确切的历史条件或特定的文化习俗融合起来,才能获得现实主义的功用,如"批判""赞美"或"反映"等,我们不能设想一种纯粹的"巴尔扎克式"的现实主义,也不能设想一种纯粹的"十九世纪上半叶法国"的现实主义,就此一文学作品的完整确实的文学功用则只说"十九世纪上半叶法国巴尔扎克式"现实主义,否则还会有"斯丹达尔""梅里美"等的"十九世纪法国上半叶法国"的现实主义,尽管这些不同作家的现实主义有某些共同性,但共同性加差异性才是他们存在于文学之林的根本原因。同理,浪漫主义和人文主义也都一样,只有与具体的社会环境,确切的历史条件或特定的文化习俗融合起来,才获得它们各自的功用。当马克思关于文学的理想性与基督教关于文学的理想有着互助之时,我们对文学理想的建构才是最完整的,只有这样的互助,才能使我们真正建构起文学的现实主义、浪漫主义或人文主义的完整内涵,才能确切获得它们各自的文学功用。

第四章 交织深入：马克思与基督教关系的文学接受论研究

本章着重介绍马克思与基督教关系的文学接受论，具体来说从马克思与基督教关系的文学阐释与文学审美和马克思与基督教关系的文学批评与文学鉴赏两个大的方面来论述。从文学接受的层面，可以发现马克思与基督教各自在文学阐释和文学审美上，都有交织的状态和内涵，这些交织构成了他们在文学接受论上的认识维度与美学体验之融会贯通。后者，则可发现马克思与基督教在文学接受论上的批判力与鉴赏力之融合增效。唯有将文学的接受论放置到马克思与基督教的既冲突又融合、既互补又互助的关系之中，文学的接受论才能彰显其接受美学的活力和意义。

第一节 马克思与基督教关系的文学阐释

一、马克思与文学阐释

马克思对文学的阐释是丰富而深刻的，他的某些经典论述又是独特的。尽管文学并不是马克思的本行和专业，但作为一位革命家、思想家、哲学家、政治家和经济学家，也许没有其他人能像他这样对文学保持终生的兴趣和强烈的爱好。上自古希腊文学、基督教文学，中经文艺复兴时期的文学，再到18～19世纪的文学，他几乎都有阐释和解读。在文学审美方面，马克思在他大量的哲学、政治经济学、历史和宗教等的论述中，包含了许多关于文学审美的论述，例如美的劳动起源、美的规律等。由此,马克思是一位完全有资格且具备相当高的水平的关于文学阐释和文学审美的理论专家。其他的理论专家与马克思比较起来,很少有人像马克思这样终生酷爱文学,并且是博览群书、学识渊深、才华横溢。作为职业革命家,尽管他不得不奔波迁徙,然一旦安定下来,他就会把相当多的时间花在文学的阅读欣赏甚至是模仿扮演之中。弗兰契斯卡·库格曼在《伟大的马克思二三事》中记叙道:"马克思对科学和造型艺术以及诗歌都有极高的鉴赏能力。他的渊博的学识和记忆力同样令人惊叹。他不仅和我父亲一样赞美伟大的古希腊诗人以及莎士比亚和歌德,而且他还喜欢像夏米索和吕凯特这样一些诗人。他引用夏米索《乞丐和他的狗》那首动人的诗。他喜欢吕凯特的语言艺术,同时也喜欢吕凯特出色地译自波斯文的《哈利利韵文故事集》;这些诗篇新颖独特,其他作品是很难与之相提并论的。许多年后,他把这些诗篇送给我母亲,作为这段时期的纪念。"①库格曼的父母与马克思一家有过交往,马克思一家曾来他家访问并一起居住过相当长的时间,他应该对马克思是很了解的。像夏米索和吕凯特这样相对于莎士比亚和歌德来说要少有名声的作家,马克思也是熟悉并喜爱,将吕凯特的诗作赠送给好朋友,可见在马克思的心中这些文学家的地位,马克思的高超的文学鉴赏能力确实是来自他对文学的酷爱和追求。玛丽亚·科明是马克思家的常客,与马克思的女儿有着深厚的友谊,她也与马克思一起参加莎士比亚的作品朗诵会等文学活动。在《我对卡尔·马克思的回忆》一书中,她回忆说:"莎士比亚作品朗诵会规定一般每两周举行一次,而且是轮流在各成员家里举行,但实际上常常在马克思家里举行。马克思和他家里的人一样,非常崇拜莎士比亚并满腔热忱地聆听他的作品。……从装得满满的书架来判断,马克思博士一定对英国文学具有广博的知识,书架上摆有小说。有一次我在他的桌子上发现一本查理·莱尔先生的书,紧挨着是布尔韦尔-利顿的《佩勒姆:一个绅士的奇遇》。我还记得,一次吃午饭时,讨论过维多利亚时代的作家,记得他们全家都很钦佩夏绿蒂·勃朗特和艾米莉·勃朗特,这两位作家在他们看来,远远超过乔治·埃利奥特。"②很明显,马克思的文

---

① 中共中央马克思恩格斯列宁斯大林著作编译局编:《回忆马克思》,北京:人民出版社,2005年,第343页。

② 同上,第362~367页。

学修养来自于他对文学的不竭热情,从青少年时代一直到人生的晚年,纵观马克思的一生,他实质上更像一位诗人,他的许多哲学、政治经济学和社会学的著作,都受这种诗人热情的驱动而完成。因此,马克思的文学阐释,并不是停留在纯粹文学的范式上,更多的是渗透到其他学科之中,把其他的学科知识当作文学阐释的基础和背景。

马克思的文学阐释中包含了丰富的文学审美,他特别喜欢将其他学科的知识当作文学审美的基础和背景,马克思当然并不是要故意这样做,而是他的文学审美并不是作为专门的研究,而主要是作为他哲学研究和政治经济学的研究,甚至是作为他终生关注的宗教批判与研究的附加产品。尽管是附加产品,但并不意味着这样的文学审美就水平低或层次浅,相反,正因为是无意为之,却往往其观点新颖,洞察深刻,意蕴非凡。例如,在《1844 年经济学哲学手稿》中,马克思在深刻论述了"异化劳动"的成因和危害后,紧接着却转入到动物的生产劳动与人类的生产劳动之不同比较,在比较中带入了文学审美的论述。"动物只是按照它所属的那个种的尺度和需要来构造,而人却懂得按照任何一个种的尺度来进行生产,并且懂得处处都把固有的尺度运用到对象;因此,人也按照美的规律来构造。"①这就是著名的"美的规律"的出处,人们也许要追问,马克思为何要在一个经济学和哲学的手稿中加入论述美的规律?其实,马克思的思路是很清晰的,即资本主义的异化劳动的危害性具有深刻的颠覆意义,它是对人的极端摧毁,摧毁到把人转变成动物的程度。人也按照美的规律来构造,说明人的生产劳动本要使人的创造变得更美观,从而使人的生活变得更幸福,使人的生存变得更舒适,但资本主义的"异化劳动"却使人的创造变得越来越丑陋,使人的生活变得越来越悲惨,使人的存在变得越来越艰难。由此,通过这样强烈的对比,马克思要告诉我们:要按美的规律来构造,并不是对美的规律本身来遵循的问题,而是要使美的规律有可实现的社会物质生活条件,人的解放的政治条件。换言之,文学审美的前提是社会历史的客观发展和人自身解放的主观意识。其实,并不存在一种所谓的纯粹的文学审美,文学审美总是社会历史的、具体实在的和不断发展的,没有随意个人的、抽象虚构的和永远固化的文学审美。因此,一个人要理解马克思的文学审美,不要忘记马克思的文学审美总是伴随着他的深刻社会批

---

① 《马克思恩格斯选集》(第一卷),北京:人民出版社,2012 年,第 57 页。

判和强烈政治理想而浸染蔓延的。例如,马克思对资产阶级的批判,其中就浸染、蔓延着他的文学审美。"它把宗教虔诚、骑士热诚、小市民伤感这些情感的神圣发作,淹没在利己主义打算的冰水之中。它把人的尊严变成了交换价值,用一种没有良心的贸易自由代替了无数特许的和自力挣得的自由。总而言之,它用公开的、无耻的、直接的、露骨的剥削代替了有宗教幻想和政治幻想掩盖着的剥削。资产阶级抹去了一切向来受人尊敬和令人敬畏的职业的神圣光环。它把医生、律师、教士、诗人和学者变成了它出钱招雇的雇佣劳动者。资产阶级撕下了罩在家庭关系上的温情脉脉的面纱,把这种关系变成了纯粹的金钱关系。"①可见,马克思强烈的文学审美情感,是与对资产阶级的批判紧密结合起来的。资本主义的邪恶就是将人的审美情感剥夺,以金钱和物质利益为上,成为文学的大敌。马克思赞美莎士比亚对早期资本主义拜金主义形象而深刻的批判,恩格斯赞美巴尔扎克所提供的19世纪上半期巴黎上流社会的卓越的现实主义历史等,实质上与马克思的文学审美精神都是一脉相承的,即文学审美就是对资本主义异化情感的生动批判。

其实,在马克思看来文学阐释与文学审美是密切相联系的。一方面,文学阐释是文学审美的基础,文学审美不是空穴来风、无中生有的审美实践活动,而是在一定的文学阅读之后的文学阐释才能进行的。光有文学阅读,但没有文学阐释,也即没有一定的对文学的认识、评价和批判等阐释活动,文学还是死的东西,不是有生命的创造性的东西。众所周知,马克思正是在阐释了古希腊文学的发展与社会的一般发展不平衡的基础上,提出了"文学不平衡发展规律"和"文学的独立性"的审美命题。同样,马克思也是在阐释了莎士比亚文学对资本主义拜金主义的深刻批判之后,创造性地提出了"莎士比亚化"的文学审美命题,并比照批判了"席勒式"的非文学审美命题。马克思对文学是热情的,也是负责的,没看到马克思先提出文学审美,然后再进行文学阐释的做法。另一方面,文学审美也是对文学阐释的深化。在马克思看来,文学审美就如同是美的情感的光照,能进一步帮助人们认识和理解到文学阐释中的奥秘。当人们接受了马克思提出的"文学不平衡发展规律"或"文学的独立性"的审美命题,就更能阐释古希腊文学经典的崇高性,就更能阐释古希腊文学所表现的

---

① 《马克思恩格斯选集》(第一卷),北京:人民出版社,1995年,第275页。

"童真性";当人们领悟了马克思创造的"莎士比亚化"文学审美命题,或"席勒式"的非文学审美命题,就更能合理阐释文学的倾向性,就更能切实把握无产阶级文学的政治立场。因而,在马克思那里,文学阐释和文学审美是紧密相连的,相互影响的,并不是割裂分离的,是活动交融于一体,而不是静止阻隔为独立体的。

二、基督教与文学阐释

实事求是地说,基督教的文学阐释是一个远比马克思关于此问题要复杂得多的情况,从阐释的主体来说,既包括信徒的,也包括非信徒的;从阐释的历史过程来说,既有古代的,也有现代的;从阐释和审美的对象来看,既有圣经文学的,也有基督教文化的文学作品。这样一来,此所谓的"基督教的文学阐释和审美"范围就很宽泛,其所涉及的具体内容也就博大丰富,难以确定为一个整体性和体系化的研究对象。鉴于此,笔者将所谓的"基督教的文学阐释"限定为圣经文学的阐释。自然,基督教文化的文学阐释远比圣经文学的要宽泛和复杂,例如莎士比亚或是密尔顿等的基督教文学阐释,但圣经文学作为基督教信仰宣扬的释经(exegesis)文学、作为基督教教义注疏的正统文学和作为基督教文化传承的经典文学,无论从哪个方面来说,都要比个人创作的基督教文化的文学作品更可靠。

圣经文学具有不自觉和无意识的文学阐释,《圣经》作为基督教信仰和教义的文本依据,它的文学故事、文学典故、文学人物、文学环境以及文学历史等,都不是有意而为之的,却在不自觉的文学实践中实现了文学理论的自觉。例如"大卫不杀扫罗"的典故中,尽管大卫对扫罗很仁义,但扫罗出于嫉妒、野心和谗言等原因,一直想杀害大卫。在扫罗追捕大卫的过程中,在故事的关键时候,《圣经》是这样叙述的:"到了路旁的羊圈,在那里有洞,扫罗进去大解。大卫和跟随他的人正藏在洞里的深处。跟随的人对大卫说,'耶和华应许你说:'我要将你的仇敌交在你手里,你可以任意待他。'如今时候到了'。大卫就起来,悄悄地割下扫罗外袍的衣襟。随后,大卫心中自责,因为割下扫罗的衣襟。对跟随他的人说:'我的主乃是耶和华的受膏者,我在耶和华面前万不可伸手害他,因为他是耶和华的受膏者。'大卫用这话拦住跟随他的人,不容他们起来害扫罗。扫罗起来,从洞里出去行路。随后大卫也起来,从洞里出去,呼叫扫罗说:'我主,我王!'扫罗回头观看,大卫就屈身脸伏于地下拜。大卫对扫罗说:'你为何听信人的谗言,说:'大卫想要害你'呢?今日你亲眼看见在洞中耶和华将你交在我手里,有人叫我杀你,我却爱惜你,说:'我不敢伸手害我的主,因为他是耶和华的受膏者。'我父啊!看看你外袍的衣襟在我手中。我割下你的衣襟,没有杀你,你由此可以知道我没有恶意叛逆你。'……大卫向扫罗说完这话,扫罗说:'我儿大卫,这是你的声音吗?'就放声大哭。对大卫说:'你比我公义,因为你以善待我,我却以恶待你。你今日显明是善待我,因为耶和华将我交在你手里,你却没有杀我。"(撒上24:3—18)笔者之所以长引此段圣经故事,是要使读者明白圣经文学阐释的一般特性。一是圣经文学常用叙述情节和描述动作等方式来展现人物的心理和思想:此处大卫割扫罗的外袍衣襟而免杀扫罗的故事便是明证,叙述的情节是扫罗在旷野中追捕大卫,至羊圈旁的洞中,扫罗大解,大卫趁机割其衣襟,出洞后大卫呼叫提醒扫罗,扫罗醒悟而忏悔,化解了他们之间的仇怨。这个故事中的主角是大卫,从这个故事的叙述,再观察他的行动,如"悄悄地割下""屈身脸伏于地下拜",读者就可明白,大卫是一个谨慎、谦卑和有爱心的人。就是说,《圣经》是以文学叙事的方式来刻画人物和揭示人物的思想和灵魂,几乎不做主观的评价,而是在客观化的文学叙事中来展现。无论是虔诚孝顺的路得,还是智勇双全的以斯贴,或是神奇而怀大爱的耶稣等,圣经文学无不是以这样的文学叙事来成全其人物的塑造和刻画。

二是圣经文学也常用对话和模仿的方式来推进情节和塑造人物,从而深化人物内心活动。本段故事的对话,先是在大卫和他的随从之间,随从劝说大卫趁机杀了扫罗,而大卫却保持沉默,之后悄悄割下扫罗的衣襟。大卫的沉默过程到割衣襟的动作过程,实质上反映了大卫从犹豫不决到打定主意的过程。从对大卫的现实意义来说,杀了扫罗比放了扫罗要好,但从社会的仁义道德来说,放了比杀了要光明。最终大卫战胜了自己的个人利益,成就了他的高尚道义,所以,圣经文学的高明之处就是将人性的阴暗面以沉默的话语移挪开去,而对人性的光明面,则以反复的话语来强调,如大卫一再对随从口称"我的主乃是耶和华的受膏者",之后再是大卫与扫罗之间的对话,当人物感情达到高潮时,此时他们的称呼以人物之间的关系来呼请,如大卫称扫罗"我主,我王",而扫罗称大卫"我儿大卫",这样彰显了强烈的爱的情感。当大卫要说明他本一直无恶心要杀扫罗,他以转述别人的话语,"大卫想要害你",也是变相的模仿,争取以客观化的描述转来说话;当人物思想发生重大转变时,描述他们的动作,如扫罗的"放声大哭"等,事实上就是向读者模仿故事中人物的动作。这些对话和模仿,事实上就彰显了圣经文学的信仰和教义,所以,基督教的信仰和教义并不一定是要在教堂做弥撒或受神父或牧师的教导才能领悟的,更生动的和更容易接受的方式却是圣经文学的叙事,亦可以说,圣经文学的高明在于以文学故事来演绎信仰教义。无论是摩西在西乃山与耶和华的对话,还是最后晚餐中耶稣的对其徒弟的预言,以对话和模仿来成就人物性格,都是圣经文学叙事的显著特征。

三、马克思与基督教关系的文学阐释

马克思与基督教关系的文学阐释,就其实质来说,是一种交织深入的关系,但这个关系的揭示,并不是从空论中得出的,而是从实际的文学接受论中总结出来的。马克思对文学的阐释是与对文学的审美关联起来的,从前面的论述中可以知道,马克思凭借自己的博学、钻研、创作等具体而丰富的文学实践和学术创作,对文学阐释和审美有着自觉意识的理论总结:文学阐释必须从作家、作品和社会环境等三个方面去阐释,文学审美与人的劳动创造、文化情趣和意识形态等密切关联。就两者的关系而言,文学阐释是文学审美的基础,而文学审美则是文学阐释的升华。马克思在评论拉萨尔的剧本《济金根》时,突出地展现了他关于文学阐释与文学审美的精彩论述。"这样,你就得更加莎士比亚化,而我认为,你的最大的缺点就是席勒式地把个人变成时代精神的单纯的传声筒。"[①]马克思在这里是用正反面的例子,说明文学阐释和文学审美应该如何来进行。从正面的例子,即从莎士比亚的戏剧及其创作来看,文学要构建丰富的情节,刻画个性化的艺术形象,采用生动活泼的语言,才能使读者了解到文艺复兴时期英国资本主义的社会状况,才能使读者领会英国资产阶级的艺术形象;反之,以席勒的例子,指出拉萨尔的剧本《济金根》在文学阐释和审美上的不恰当和不合适,尽管席勒的悲剧很有艺术的倾向性,但他把政治当成了文学,无法使读者从文学的阐释来理解当时德国的

---

① 《马克思恩格斯选集》(第四卷),北京:人民出版社,1995年,第554~555页。

社会状况,领悟德国资产阶级的个性特征,这样的做法,在马克思看来是失败的。

马克思在《政治经济学批判·导言》中,就希腊文艺的发展与社会的一般的物质生产的发展关系做了深刻的阐释,文学之审美除了随着社会的一般发展之外,它还具有其独立性和自觉性,因而希腊文艺之美才能流传千古。"当艺术生产一旦作为艺术生产出现时,它们就再不能以那种在世界史上划时代的、古典的形式创造出来;因此,在艺术本身的领域内,某些有着重大意义的艺术形式只有在艺术发展的不发达阶段上才是可能的。"① 艺术生产,这是马克思就文学艺术的创作所发明的一个术语,但它却牢牢地把握住了文学艺术的创作的特征。文学艺术的创作,是人的劳动创造出来的,但它不是一般的体力劳动,而主要是脑力劳动的结果,但再与一般的脑力劳动不同的是,它是以追求文学艺术审美的脑力劳动,因而与哲学探索的、历史钩沉的、宗教忏悔的脑力劳动不同。就此语境中的文学艺术的审美,马克思洞察了艺术创作与时代发展之间的不平衡性关系,闪耀着唯物辩证法的思想光辉。关于文学的唯物辩证法的思想光辉有两层深刻的含义:

一是文学之审美是人创造的成果,绝不是所谓神创造的,即使是原始的神话时代,神话之文学审美实质上都是人的创造的结果,不管它看起来可能多么的神秘莫测。正如他所言:"大家知道,希腊神话不只是希腊艺术的武库,而且是它的土壤。……希腊艺术的前提是希腊神话,也就是已经通过人民的幻想用一种不自觉的艺术方式加工过的自然和社会形式本身。"② 这难道不是他唯物主义的文学反映论吗?文学最终是对自然和社会本身的反映,尽管它采用了不自觉的艺术加工的方式,如情节的构建、性格的塑造、修辞运用、环境的描绘等等,但浸染其中的难道不是人的创造性劳动吗?这便是它的第二层深刻含义,即辩证法的精髓,人的创造性反作用于环境,人的艺术创造性反作用于文学,形成了人的审美能力,这是动物所无法比拟的。"动物只按照它所属的那个种的尺度和需要来构造,而人懂得按照任何一个种的尺度来进行生产,并且懂得处处把固有尺度运用

---

① 《马克思恩格斯选集》(第二卷),北京:人民出版社,1995年,第28页。
② 同上,第28～29页。

于对象；因此，人也按照美的规律来构造。"①人能按美的规律来构造，这种奇妙能力，并不是因为人的天生或遗传，而是因为人的创造性能力，这样马克思便科学地解答了文学阐释和文学审美的形成基础，也解答了由文学阐释到文学审美的辩证发展原则：作用与反作用的互动。这样，马克思关于文学阐释和文学审美便是一种自觉的、有意识的总结和归纳。

当我们考察基督教的文学阐释时，自然也要关注其与文学审美的联系，然则发现它们在很大程度上都是一种不自觉和无意识般的总结和归纳，这与马克思的是有很大的不同。基督教关于文学阐释，自然要与其圣经文学的许多阐释分不开。《圣经》既是基督教的教义宝典，也是其文学经典，由此所形成的圣经文学，对文学有着许多的见解和认识。例如，《新约》就是具有很强的文学色彩的宗教教义典籍名称。为什么呢？"文学是对现实的形象化表达。它是通过意象、人物角色和故事事件等形象化方式来表达意思的。……假如我们用人们所熟悉的评论经验性作品的文学标准来评判，那么新约就是一部文学作品。它不断通过我们的想象呼唤我们的心智。"②可见，形象化的表达和想象性的启示，都是新约具有文学特征的证据，当我们随意从其中选取两节，是否具有这样的特性呢？

> 耶稣说了这话，就同门徒出去，过了汲伦溪，在那里有一个园子，他就和门徒进去了。卖耶稣的犹大也知道那地方，因为耶稣和门徒屡次上那里去聚集。犹大领了一对兵和祭司长并法利赛人的差役，拿着灯笼、火把、兵器，就来到园里。耶稣知道将要临到自己的一切事，就出来对他们说："你们找谁？"他们就回答说："找拿撒勒人耶稣。"耶稣说："我就是！"卖他的犹大也同他们站在那里。耶稣一说"我就是"，他们就退后倒在地上。（约 18：1—6）

> 没有人点灯放在地窨里或是斗底下，总是放在灯台上，使进来的人见得亮光。你眼睛就是身上的灯。你的眼睛若亮了，全

---

① 《马克思恩格斯选集》（第一卷），北京：人民出版社，2012 年第三版，第 57 页。
② ［美］利兰·肯莱：《圣经文学导论》，黄宗英译，北京：北京大学出版社，2007 年，第 358～359 页。

身就光明；眼睛若昏花，全身就黑暗。所以，你要省察，恐怕你里头的光或者黑暗了。若是你全身光明，毫无黑暗，就必全然光明，如同灯的明光照你。（路 11:33—36）

　　基督教关于文学的审美首先是从圣经文学中可找到形象性的表达或描述，从上例中可看出，如对士兵、祭司长和差役这些人的描述，说他们拿着灯笼、火把、兵器，尽管并没有说是谁拿了灯笼、火把、兵器，但把这些人的角色和行动展现出来，捉人者自然是要拿兵器的，晚上的引路人自然是要拿照明工具的，既然是灯笼和火把都拿上了，就当时的情况来说，是高级的和普通的照明工具都拿上了，对应的是高贵的祭司长和普通的差役都出来卖命了，尽管是对简单的用具的交代，仔细品读使人明白世道的险恶，人心的狠毒，善良的总是被无辜欺侮和屠戮。后面这些，可以说都是一些想象性的启示，是在前面的形象性的描述之后所应然得出来的，并不是随意演绎出来的。第二个例子则更加说明形象性与想象在圣经文学中的交织状态：用灯台上的灯来形象说明位置对灯光照明的重要性，由此类推眼睛对观察了解世界的重要性，最终合理演绎出眼睛就是人的灯的审美想象。前面的形象说明是后面想象性启示的基础，后面的想象性启示则是前面形象性说明的提升，两者互为联系，互为推动，可以说是相辅相成了，这是圣经文学的一种不自觉或无意识的文学阐释和文学审美。

　　由此可见，无论是马克思的文学阐释和文学审美，还是基督教的文学阐释和文学审美，两者都紧紧依据文学作品、文本和经典，做出了合理的文学阐释，建构了生动的文学审美，这是两者的共同点。然则，问题是作为整体的文学阐释和文学审美的活动，无论是马克思式的，即理论家对文学阐释和文学审美的理论性建构；还是基督教式的，即文化传统对文学阐释和文学审美的实践性创造，它们总是交织在一起的，甚至是彼此不分的，没有只有理论性建构的文学阐释和文学审美，也没有只有实践性构造的文学阐释和文学审美，总的来说，文学阐释和文学审美是理论性和实践性的结合。也并不是说马克思式的文学阐释和文学审美纯粹就是理论性的，只是说它已经自觉地或有意识地从实践提升到了理论。也并不能说基督教式的文学阐释和文学审美就纯粹是实践性的，只是说它已经不自觉地或无意识地将理论应用到了实践，切忌以一种二元对立的思维方式，非此即彼，黑白分明，应更多地看到它们的亦此亦彼的互动变化，还应看到它们中间的灰色过渡的变化性和过程性,也即一种辩证的思维方式,将统一、联系、发展等多重因素融合在一起,而不是割裂、孤立和静止的形而上学方式。

鉴于此,马克思与基督教的文学阐释和文学审美应深入下去,在交织的纽带中更深入发展和进一步提升。一是深入到历史的文学经典中去,只有深入到这样的层次,才能对文学的渊源、传承和发展等有着最基本的认识和了解,才能在此基础上对文学做出具有创新性的阐释,对文学审美有着更精深的提升。在这方面,马克思是一个典型代表。正是由于他对古希腊文学的自小研习和终生喜爱,才有他创建出的"艺术生产"这样的文学阐释和关于文学审美的艺术生产范畴。"'艺术生产'理论借助于经济学、社会学、历史学等多学科的融汇,横向打通的视角和理论原则对文学艺术的历史发展过程做出了全新的宏观把握和划分。这样,它也就把马克思主义文艺思想的一个根本观点——历史观点和原则进一步明确化和具体化了。在这一宏观的把握和划分的指导下,马克思主义反对用一成不变的、静止的和非历史的观点看待文学现象,主张用历史的、发展的、变化的观点对不同历史阶段的文学现象做出不同的分析。"[①]可见,由于马克思个人对历史中的文学经典的掌握,才使艺术生产这样的文学理论命题具有马克思主义文艺理论的意义,推而广之,自然也有文艺理论的一般意义。但从基督教文学来看,它体现为一种实践性的文学创作,其所包含的文学阐释和文学审美,也当从历史的经典中才能深入发掘其阐释的可行性和审美的超越性。一个理解的难点是,基督教文学经典中常有对"恶"的描写、对魔鬼的刻画等,这如何来达成文学的阐释和审美呢?"文学召唤魔鬼往往起到这种作用:传唤魔鬼能使魔鬼具有人性,使人们了解他们,并让他们讲话,让他们讲述他们自己的和我们的故事……文学是一种媒介,在这里,文明和作家最容易遇到自己的危险。"[②]这是对德语作家穆施格(Adolf Musch)的采访,他发表关于基督教和文学的职能的高见。确实,文学作为一种媒介,能让人清楚人性的本质和特性,文学描写"恶"和刻画魔鬼等,尽管看起

[①] 李益荪:《马克思"艺术生产"理论研究》,成都:四川出版集团巴蜀书社,2010年,第121~122页。

[②] [德]汉斯·昆、伯尔等:《神学与当代文艺思想》,徐菲、刁承俊译,生活·读书·新知 上海三联书店,1995年,第198~199页。

来是危险的,但却是一种清醒的文学阐释,是一种反思的文学审美。

二是深入到文化的精神血脉中。所有的文学都是生活和浸染在它所在的文化传统之中,文学的精神价值和思想精华都是对其文化的精神血脉的展现和外化,文化的精神血脉又对文学的精神价值和思想精华进行滋养和培育。因此,文学是叶,文化是根,要有文学之叶茂,就必须有文化之根深。优秀的基督教文学,都是深入到其犹太一基督教文化的根中吸取营养,其文学阐释和文学审美因吸取了文化的精神血脉而熠熠生辉。例如但丁的《神曲》,因借用了基督教地狱、人性原罪等范畴而使其诗歌光彩夺目。

> ……
> 看呀,在陡坡差不多开头的地方,
> 有一头"豹",轻巧而又十分矫捷,
> 身上披着斑斓的皮毛。
> 它不从我的面前走开;
> 却那么地挡住了我的去路,
> 我几次想要转身折回。
> 那是在拂晓时分,
> 太阳正和那些星辰一起上升,
> 当"爱"神最初使这些美丽的事物运行时
> 它们是和太阳在一起的:
> 因而一天中的这个时辰,
> 一年中的这温和的季节,
> 都使我对克服这皮毛斑斓的野兽
> 怀着极大的希望;可是并不,我却因看到
> 一头出现在我面前的"狮子"而惊惧。
> 他直挺着头,带着剧烈的饿火,
> 似乎要向我身上扑来;
> 甚至空气也似乎因此而震惊;
> 还有一只"母狼",她的瘦削
> 愈显得她有着无边的欲望;
> 她以前曾使许多人在烦恼中生活。
> 她的容貌之恐怖
> 使我的心头变得这么沉重,

我竟失去了登陟的希望。①

　　这首诗中,但丁生动而形象地将豹的"斑斓"、狮的"狂怒"和狼的"饥饿"描述出来,紧接着叙述了人在面对这些凶猛的野兽时的痛苦和磨难。其实,但丁也不是为写野兽而写野兽,而是将野兽象征为人性中的缺陷与阴暗,以豹子象征情欲,以狮子象征傲慢,以母狼象征贪婪。所以,但丁的文学阐释和文学审美是形象的、生动的、直观的。如果没有基督教的文化滋养,没有其关于人类灵魂的原罪之说的设定,没有其关于人死之后要经过地狱而接受审判而被拯救者将升入天堂的文化设置等,其文学阐释和文学审美将是苍白而无生命的。再如艾略特的《东方博士来朝》的诗歌,直接取自《圣经》中关于东方三博士来朝拜新生的耶稣的故事,但作者在这基础上进行了细致的描述和丰富的想象,其对生命的新生或是信仰的新生的文学阐释和文学审美,却是真正深入到了文化的精神血脉中接受浸染和滋养。

> 黎明时分我们来到一个气候温和的山谷,
> 雪线下很湿润,散发着植物味道;
> 潺潺的溪水推着水车,不断打击着黑暗。
> 三棵树贴着低矮的天边,
> 一匹老白马在草地里越跑越远。
> ……
> 只为生,还是为死?肯定是为了新生。
> 我们有过确证据而且毫不怀疑。我见到过生与死。
> 但认为它们全然不同;这新生
> 却像死亡,我们的死亡,是艰难痛苦的过程。②

　　我们很难想象,艾略特竟然用这样优美的文学环境:温和的山谷、湿润的雪山、潺潺的溪水、晃悠的水车、茂密的大树、矫健的白马,如此陶然欲醉的仙境,来烘托新生的奇妙。无论是生命的新生,还是

---

① [英]麦格拉思编:《基督教文学经典选读》(上),苏欲晓等译,北京:北京大学出版社,2004年,第245~246页。
② [英]麦格拉思编:《基督教文学经典选读》(下),苏欲晓等译,北京:北京大学出版社,2004年,第821~822页。

灵魂的新生,或是信仰的新生等,文学阐释是明确的,文学的审美是启发的,但它们都依托于文化的精神血脉。基督教文学是这样,难道马克思的文学理论不是这样？以前我们都只关注马克思的文学理论,理解其文学理论的深厚根源在其犹太－基督教的文化背景,无论是其犹太血统家族传承,还是其青少年时路德派虔诚笃信,或是大学后对黑格尔基督教哲学的批判等,都显示出文化精神血脉对文学理论的影响,但是我们却忽略了,马克思并不是一开始就进行文学理论的提炼和总结的,相反,他在青年时期是有着丰厚而具体的文学创作的,正是其文学创作,构成了他文学理论的基础,只有在文学创作中,其文化血脉的滋养,其文学批评和鉴赏的活动才得以完成,由是我们转入下节关于马克思与基督教关系的文学批评和文学鉴赏的探讨。

第二节　马克思与基督教关系的文学批评

一、马克思与文学批评

马克思的文学批评并不是空泛的论述,而是从其早年的实在性诗歌创作中逐步形成的,其文学批评和鉴赏要具体落实到其诗歌等的创作与批评实践的交互活动中来的。长期以来,人们认为马克思诗歌创作成就不高,相应地也就忽视了对他诗歌创作的研究。且不论马克思诗歌创作成就到底有多高,忽视了此研究,无疑构成了马克思主义文学研究中的空白。如果马克思没有诗歌创作倒也作罢,问题是马克思不但有大量的诗歌创作的实践,而且这些创作的诗歌被保留下来,这无论是对研究马克思个人还是对研究马克思文艺理论都成了直接和客观的依据,显然具有历史研究和美学批评的价值,因此,研究马克思诗歌创作的意义不在于证明马克思诗歌成就有多高,而在于它对我们的启示:诗歌创作的批评意识和实践精神。鉴此,笔者作如下论述。

（一）马克思诗歌创作的动因

马克思在青年时代是浪漫主义者、愤世嫉俗者和理想主义者,这些都构成了他作为诗人的综合气质和文学情怀,他的文学天赋和创作热情充分体现在他的诗歌创作之中。马克思的诗歌集共有 6 本,前 4 本是马克思亲笔书写的,后两本是他的姐姐苏菲娅书写的,它们的名称分别是:《爱之书》(第一部),《爱之书》(第二部),《歌之书》,《献给父亲的诗册》,《卡尔·马克思的诗》(录自他姐姐苏菲娅的纪念册),《卡尔·马克思的诗》(录自他姐姐苏菲娅的笔记本)。这些诗歌创作于 1833~1837 年间,主要是 1835~1837 年间,在这短短的数年间,马克思创作了这么多的诗歌,是什么鼓舞他有这样的创作热情?

首先是爱情的催发。马克思与燕妮是青梅竹马的伙伴,马克思的姐姐苏菲娅又是燕妮的密友,苏菲娅成了撮合两颗年轻的心的媒人。马克思与燕妮的感情甚笃,1836 年他们秘密订了婚,而马克思从 1835 年秋开始去波恩大学读书,后又转入柏林大学,与心爱的恋人分离,思念之情、爱恋之意自然是强烈而不可抗拒的。"马克思后来告诉他的孩子们说,由于对他们的母亲的爱,他在那些年里简直如痴如狂,而在他得到允许和未婚妻通信以前,他那青春的热情始终无法平静下来。"[①]年轻的马克思不能平静下来,如是他就将满腔爱意灌注到诗歌的创作之中。事实上,《爱之书》和《歌之书》都是献给燕妮的诗歌集,这样大量的诗歌创作,见证了马克思对燕妮炽热火烈的激情和诚挚深厚的爱情,试以此两首为例,前一首选自《爱之书》,后一首选自《歌之书》。

夜
致燕妮
……

假如在你的眼睛里,
痛苦的泪水汪汪流,
假如你双颊淡淡泛现红润,
你眼窝上也将消失黑影。

假如在你的内心深处,
把全部宇宙奥妙锁藏,
沉重的负担不再束缚你,
你能善于打破它的框框。

---

① [德]弗·梅林:《马克思传》(上),樊集、持平校,北京:人民出版社,1965 年,第 18 页。

假如在渺茫的希望中，
你饱尝惊恐、绞断愁肠，
假如痛苦的奇异力量把你的容貌，
格外鲜明地照耀，变得更加美丽。

那么我真想飞到你身旁，
鼓起勇气向你表露衷肠，
说一声：我只对你一个人锺情，
心中燃炽的火焰也象你一样。

……

致燕妮
十四行诗

……

燕妮这名字——个个字母都神奇！
它的每个音响都使听觉着了迷，
它的音乐，借助金弦三角琴
委婉的音响，随处都向我唱吟，
像玄妙的神话里的善神，
又宛如春宵月色荡波心。

……

我能够把千卷万册的书
写满你的名字，不计页数。
愿思念的火焰在里面呼呼燃烧，
愿意志和行动的喷泉涌流滔滔。
愿生活的永恒面目显露，
而整个幻想的境界现出，
愿其中闪耀天国无穷的光辉，
众神的欢乐，还有人间的苦味。①

---

① 《马克思恩格斯全集》(第四十卷)，北京：人民出版社，1982年，第401～559页。

这两首诗都是献给燕妮的,前一首带有肖像描写,从眼睛到眼泪再到双颊的面部描绘,接着是心理描写,从内心深处到饱尝惊恐和绞断愁肠,无疑都表达了马克思对燕妮的强烈思念,但关键的是后面诗人要着手的行动:"飞到你身旁——鼓起勇气——向你表露衷肠——说一声:我只对你一个人锺情。"可见,马克思创作的爱情诗歌,彰显了"实现"的思想光辉,要将精神的思念转化成现实的爱情,实现是马克思爱情诗歌的哲学主题。在马克思看来,他俩的情感是无比真挚的,他俩的爱情是无限美好的,但现实使他们分离,他要改变这个现实,于是疯狂地创作诗歌,也是用此种方式来使理想转化为现实。后一首诗则充满了艺术化的想象,它借助金弦三角琴、委婉的音响、玄妙的神话里的善神以及春夜月色,把对燕妮名字的想象作了符号、声音、意境和色调的审美构想。同样,关键的也不是此审美构想,而是后面的行动:把千卷万册的书写满燕妮的名字——不计页数——把思念的火焰呼呼燃烧——把意志和行动的喷泉滔滔涌流。这样的结果是:整个幻想的境界现出——闪耀天国无穷的光辉——见到众神的欢乐和人间的苦味。这难道不是将意念化为行动、将精神变成物质、将构想变成改造的文学审美描述吗?此时的马克思,还不是黑格尔哲学也不是费尔巴哈宗教人类学的批评者,但其强烈的行动观、执着的改造意识早就在其诗歌创作中表现出来了,诗歌创作实质上就成了他后来成熟的实践哲学观的人生历练场,就此,我们就不难理解马克思为什么要说:"哲学家们只是用不同的方式解释世界,问题在于改变世界。"①他能发出这样的实践哲学口号,其实早在他的文学创作中有了实验,再加上生活的磨炼和革命的需要,因而他的实践哲学观能适应于改变世界。

进而,改变世界也意味对现实的批判,就爱情而言,就是对荒唐婚姻、虚假爱情和庸俗情感的批评。叙事诗《野人未婚妻的怨诉》叙述了狠心的母亲将女儿嫁给野蛮人的故事,世俗而势力、无情而变态的母亲竟乐意将美丽的女儿让野蛮人去折磨和糟蹋。抒情诗《阿尔博特和罗莎蒙德》揭露了阿尔博特杀害罗莎蒙德的父亲而强占她的卑鄙无耻的过程,批判了阿尔博特在爱情和婚姻中的淫欲、虚假和残暴,赞美了罗莎蒙德忍辱蒙垢、追求真爱的高尚情操。

---

① 《马克思恩格斯选集》(第一卷),北京:人民出版社,1995年,第57页。

野人未婚妻的怨诉
叙事诗
……

于是老婆娘
又毕露凶相,
狠盯着女儿,
冷酷难度量。
"哟!你自以为比人俊秀,
比别的女人都高一筹?
不!咱大家有过的命运,
今天你同样也得接受。

要嘛,照我的话去办,
否则,不怕你顽抗,
到了婚礼的时间,
揪着你的辫子去赴宴。"
……

阿尔博特和罗莎蒙德
抒情诗
……

她显出满脸的怒气
狂怒使她扭歪嘴脸:
"用我父亲的头颅作酒杯,
这种玩笑简直是犯罪!

我怎能在他的眼皮底下
硬把这口酒咽下?
他的眼窝已不再闪现
那无穷尽的生命的火焰!
……
咳!你这婊子是瞎了眼,
须知在你生长的地方,
男人见到我影子一幌,

就胆颤心惊魂飞魄荡!

要嘛为我的健康,
你把这杯酒喝干;
要嘛就上地狱去,
永远离开人间!"①

马克思的疾恶如仇是众所周知的,他对资本主义"异化劳动"的深刻批判,对资产阶级剥夺无产阶级创造的剩余价值的深切痛恨,对资本主义社会制度极大不公平、不公正的无比愤怒等,其"仇恨的种子",一种革命人道主义的批评精神,早就孕育在他的诗歌创作之中了。老婆娘对年轻女儿的凶狠冷酷、讽刺打击、霸道野蛮等的恶行,使人联想到那些垂死的社会制度和顽固的反动势力,在他(它)们没有完全退出历史的舞台前,他(它)们就对进步因素和新生力量的极力反对和竭尽灭杀。文学的创作,铺垫了马克思对人类社会发展规律研究的实践之路,对人精神的审美批评,与对社会发展的历史剖析,两者是相辅相成、前后关联的。马克思的研究之路,见证了他从文学审美经验到政治经济学和哲学的批评实践的上升路径,文学审美中的"人",是政治经济学中的"社会发展"的动力因素,"人"与"社会发展"最终又相互协调统一于最高的哲学范畴之中。所以,我们就不难理解马克思为什么要用生动的比拟人的方式来说明枯燥的社会发展规律:"无论哪一种社会形态,在它所能容纳的全部生产力发挥出来以前,是决不会灭亡的;而新的更高的生产关系,在它的物质存在条件在旧社会的胎胞里成熟以前,是决不会出现的。"②他能把此规律论断得如此肯定,以至使用两个"决不会",除了政治经济学的客观分析,他早年的文学创作的实际体会,加上流亡的政治生涯和残酷的现实斗争,他知道"老婆娘"是"决不会"放过她的女儿的。也正如狂傲残暴的阿尔博特不会放过美丽婀娜的罗莎蒙德,他不但强夺了罗莎蒙德的人身,还不忘侮辱她的人格:用她父亲的头颅作酒杯。这简直是资本主义进行海外殖民掠夺的先师,就像英国对中国的鸦片战争和对印度的野蛮统治一样,他们的野蛮征服如同是古代异教神

---

① 《马克思恩格斯全集》(第四十卷),北京:人民出版社,1982年,第416~505页。
② 《马克思恩格斯选集》(第二卷),北京:人民出版社,1995年,第33页。

怪一样,但表面上还要装出仁义道德。"惯于吹嘘自己道德高尚的约翰牛,却宁愿隔一定的时候就用海盗式的借口向中国勒索军事赔款,来弥补自己的贸易逆差。……只有在伟大的社会革命支配了资产阶级时代的成果,支配了世界市场和现代生产力,并且使一切都服从于最先进的民族的共同监督的时候,人类的进步才会不再像可怕的异教神怪那样,只有用被杀害者的头颅做酒杯才能喝下甜美的酒浆。"①马克思喜爱运用"被杀害者的头颅做酒杯"的文学比喻,用这个比喻来说明资本主义的残酷征服、野蛮掠夺和变态嗜血。很明显的是,马克思早年的文学创作审美经验,延伸到了他后来的政治经济分析和社会批评实践之中,这些生动形象的文学术语不但成了他学术成果中的闪亮点,而且贯穿其中的道义精神得到进一步的拓展和深化,由审美批评到社会批评,由人性批评到阶级批评。

其次是思家之苦的寄托。1835 年秋马克思去波恩大学读书时还只有 17 岁,在波恩读书的一年是纵情欢乐的,一年后转入柏林大学他是不适应和不喜欢的。"卡尔·马克思喜欢他的阳光明媚的故乡,而对普鲁士首都则终生都是厌恶的。"②他到柏林后的一年内是郁郁寡欢、离群索居的。"他于 1837 年 10 月 22 日在法律系注册,在离大学不远的密特拉斯朱斯(Mittelstrasse)租了间简朴的房子,不愿意去拜访他父亲给他介绍的有影响力的朋友,把自己隔离出所有社会交往(social intercourse)。他不见任何人也不跟任何人讲话。"③此种离家的孤寂,使得他能将大量的精力投入诗歌的创作之中,正如他的《创作》所证实的:

创作
多么炽热呵,创作的火焰,
它从你的胸口向外蔓延,
我的心很快就和这情火
熔化在一起汇成一片。

---

① 《马克思恩格斯选集》(第一卷),北京:人民出版社,1995 年,第 726~773 页。
② [德]弗·梅林:《马克思传》(上),樊集、持平校,北京:人民出版社,1965 年,第 17 页。
③ Boris Nicolaievsky and Ottto Maenchen-Helfen, *Karl Marx: Man and Fighter*, translated from the German by Gwenda David and Eric Mosbacher, Harmondsworth, Middlesex: Allen Lane The Penguin Press, 1976, p. 31.

情火响起金竖琴的声音,
给心头的火焰披上柔情的罩衫。
我听到,那遥远的阵阵声浪,
已经汇成一支乐曲在回荡。

我看到,万里长空,金光闪闪,
一忽儿上,一忽儿又下降。
我抑制住我内心的矛盾,
把快乐和痛苦注入诗章。①

这里可见马克思诗歌创作欲望的强盛,这种强盛源自于离家之苦,把快乐和痛苦注入诗章则是对离家之苦的寄托,快乐的有对燕妮的思恋,对家人的思念;痛苦的是对现实的不满,进而转化为对现实的批评。马克思是一个关注现实的批评者,他善于将对现实的批评而物化为一种创作,他早年的文学创作到他后来的学术创作,无不彰显他的这种创作实践的特色。他一生丰硕的学术创作成果,仅就其名作而言,从《黑格尔法哲学批判·导言》《德意志意识形态》《哲学的贫困》《共产党宣言》《政治经济学批判》《资本论》《法兰西内战》到《哥达纲领批判》等,无不是对现实的批评,尤其是对资本主义社会及其制度的深刻批判,实际上是承接了他早年文学创作的批评意识,将其文学才华应用到学术创作之中。我们往往为这些学术成果的文采所打动,如"宗教是人民的鸦片""德国哲学从天国降到人间;和它完全相反,这里我们是从人间升到天国""一个幽灵,共产主义的幽灵,在欧洲游荡"等等一切,都见证了马克思的文学才华。"就语言的气势和生动来说,马克思可以和德国文学上最优秀的大师媲美。他也很重视自己作品的美学上的协调性,而不像那些浅陋的学者那样,把枯燥无味的叙述看成是学术著作的基本条件。"②因而,马克思的学术创作彰显出他的文学才华,文学的训练是其以后学术创作的基础。1837年11月10日他从柏林写信给他的父亲,也展现了他的文学创作才华。

---

① 《马克思恩格斯全集》(第四十卷),北京:人民出版社,1982年,第575页。
② [德]弗·梅林:《马克思传》(上),樊集、持平校,北京:人民出版社,1965年,第20页。

第四章　交织深入：马克思与基督教关系的文学接受论研究　　237

亲爱的父亲：

生活中往往有这样的时刻,它好像是表示过去时光结束的界标,但同时又明确地指出生活的新方向。……个人在这样的时刻是富于感情的,因为每一变化,既是绝笔,又是伟大的新诗篇的序曲,这新诗篇力图留住正在渐渐消失的辉煌的色彩。……希望你,亲爱的、永远敬爱的父亲,在考虑我忐忑不安的心情时能原谅我,我经常觉得心慌意乱,是战斗精神在压抑着它;希望你早日完全康复,以便我能紧紧地拥抱你,向你倾诉我的衷肠。①

一封这样普通的家信,寄托了马克思的思父恋家之情,他却用文学的优美笔法来叙述,也许只有朱自清的《背影》才能与之媲美,但朱先生的笔墨是含蓄而平淡的,是平常外表中饱含深情的,而马克思的则是从生活感悟中喷发热情。但喷发热情之中时饱含了他的战斗精神,即批评现实和改变世界的精神。离家之苦的战斗精神,最主要体现在《献给父亲的诗册》诗作之中,这里面有对粗俗的卖艺人、拙劣的音乐家、丑陋的女邻居、自作聪明的数学家、卑鄙的医生、昏庸的德意志人、晦涩的哲学家、保守的作家等,对现实中的丑陋腐朽进行了批评,透过它们,马克思对普鲁士的民风、艺术、医疗、教育乃至整个社会制度都很不满,如下可见一斑:

维也纳猴子戏团到柏林

……
我一声不响坐在那里,
观看着野兽们耍把戏,
演员们的秉性难移,
竟将尿一泡泡撒向墙壁……
突然有人抓住我的袖子:
"从来还没有见过这玩意,

---

①　[法]雅克·阿塔利:《卡尔·马克思》,刘成富、陈钥、陈蕊译,上海世纪集团,上海人民出版社,2010年,第27～28页。

> 还有一位小姐,真希奇,
> 倒在那丑猴子的怀里,
> 闭着眼,对它低声细语:
> ……
> 猴儿进入我的心扉,
> 猴儿使我迷了心窍,
> ……
> 我呼吸困难,眼睛发黑。"①

在这里,马克思对随意撒尿的马戏团演员是憎恶的,不文明的举止反映了普鲁士民风的低俗与纵恶,它竟然允许外国戏团随意污秽自己国家的城墙。抓住我的袖子的人应是一位本地的观众,他(她)明显是没见过世面,竟然也欣赏人兽混乱的俗情表演,乃至兴奋到"呼吸困难和眼睛发黑",可见当时的普鲁士人眼光狭隘,情调低俗,低智昏庸,这样的人正好为19世纪资本主义的"异化劳动"所利用,被资本家奴役成了动物尚且麻木不仁。见此,我们可以理解为什么马克思会在《1844年经济学哲学手稿》中对"异化劳动"进行痛斥,对动物的生产进行客观评价,而对人的创造力和审美力的高度肯定。

> 劳动生产了智慧,但是给工人生产了愚钝和痴呆。……动物只按照它所属的那个种的尺度和需要来构造,而人懂得按照任何一个种的尺度来进行生产,并且懂得处处把固有尺度运用于对象;因此,人也按照美的规律来构造。②

这里又再一次说明,马克思早年的文学创作对他后来学术创作不仅是语言修辞上的铺垫,更是批评实践精神上的铺垫,只有前后的比照关联,才能揭示出这条线索。

再次是学习上的反思。马克思到柏林适应后开始勤奋学习,涵盖了法律、文学、艺术、哲学等方方面面的知识。

> 在第二个学期里,他也吸取了极为广博的各种知识,但是在

---

① 《马克思恩格斯全集》(第四十卷),北京:人民出版社,1982年,第582页。
② 《马克思恩格斯选集》(第一卷),北京:人民出版社,2012年第三版,第53~57页。

第四章 交织深入:马克思与基督教关系的文学接受论研究

他的学习方面,黑格尔的哲学越来越明显地成为变换不息的现象中的一个固着点。……并且加入了青年黑格尔派的"博士俱乐部"。……通过论争……他陷入了"一种真正的讽刺狂"。①

"陷入了一种真正的讽刺狂",是在上述1837年11月10日给他父亲的信中亲自说的,他的性格脾气显露出来,就学习上而言,敢于批评、善于反思是他学习的优点,也在创作的诗歌中自然流露出来。

黑格尔
讽刺短诗

……
我教授的语言,在风云急变中全被搅乱,
每个人要怎么去理解,完全可以随他的便。
……
他可以想一想,就成认识;有所感,便变思维,
所以应任每个人去饮这纯正智慧的仙酒;
我给你揭示一切,我献给你的仍是一无所有!②

马克思这里要讽刺的是黑格尔哲学:其语言的表述是混乱的,其构思的可行性是受怀疑的,其被赞誉的成就是虚假的,其博大精深是空虚的。虽然马克思崇拜黑格尔,也系统学习过他的哲学,但批评和反思往往是马克思的武器,正因此,他最终能在哲学上超越黑格尔,创立辩证唯物主义哲学。虽那是后话,了不起的是马克思在学习上善于反思,最终成就了他一生丰硕的成就。马克思学习上反思的另一特点是,他往往与反动当权者或势力对着干,敢于批评他们的错误,反思流行的观点或说法。例如,保守的路德派新教牧师普斯库亨因遭歌德嘲笑而怨恨歌德,于是模仿创作出与歌德的同名的小说《漫游年代》而险恶攻击歌德,马克思挺身而出捍卫歌德,不惧路德教派的势力。

---

① [德]弗·梅林:《马克思传》(上),樊集、持平校,北京:人民出版社,1965年,第21页。
② 《马克思恩格斯全集》(第四十卷),北京:人民出版社,1982年,第651页。

普斯库亨
(假冒的《漫游年代》)

……
对女人来说,歌德是个讨厌鬼,
因为他的书不适合老太婆唸。
他把本性描写得那么赤裸裸,
也不设法用宗教伦理来遮掩。

他该学一学路德的教义问答,
而后才能写出优美的诗篇。
咳,歌德有时也能写出一点好东西,
可惜他忘记加上"是上帝创造的"。①

马克思在这里对以普斯库亨为代表的保守的路德新教派的讽刺是尖锐的,其反思是深刻的。他们用《圣经》去蒙骗不太识字的老太婆,不敢面对人性的真实心理,把呆板的教义当作优美的文学,强制人去相信"上帝创造论"。其实,马克思在这里除了对基督教的批判,更重要的是借此对基督教做出深刻反思:基督教的民众基础是什么?基督教与人性解放的关系?基督教的教义传播与文学审美的关系?基督教信仰与接受方式?虽然马克思在这里并没作明确答复,但这些问题都郁积在他心里,在他后来的学术创作中,他特别关注宗教的研究并给予解答:如宗教的起源、宗教与人的解放、宗教的意识形态性、宗教的文化传承,实际上其研究的原初动因在其早年的诗歌创作中就有了。

(二)马克思的诗歌创作与批评实践

从以上分析可知,马克思诗歌创作的情调是激越的。诗歌创作已经成为他当年生活的常态,其作品充满了激情,足见他旺盛的斗志和坚强的毅力;他的诗歌读起来激昂荡漾、穿越回响。这样的创作情调,就当时的马克思来说,可以冲抵他因恋爱而萌发的忧伤,可以抚慰他因思家而带来的孤寂,可以激励他因学习而产生的反思。日渐浸染,如此情调明显使他从中受益,培育了他旺盛的斗志和坚强的毅

---

① 《马克思恩格斯全集》(第四十卷),北京:人民出版社,1982年,第654~655页。

力,为他日后投入抽象深奥的学术创作做了充分的准备。我们平凡的人很少能像马克思一样进行如此超常的学术创作。英国的劳伦斯一威赦特出版公司(Lawrence & Wishart)到 2004 年共出版《马克思恩格斯全集》50 卷,如果马克思和恩格斯各占一半,但实质上马克思的著作更多,每人平均 25 卷,如果 16 岁前的创作不算真正意义著作的话,那么马克思在 51 年中创作了 25 卷著作,平均几乎是两年一本书,但我们知道马克思一生中还有相当的流亡岁月,在他短暂的 65 岁寿命中,能有这样丰厚的创作真是一件奇事。这件奇事还是很多人不能干或不愿干的,它的大多数内容是抽象、深奥的学术研究。马克思诗歌创作的情调除了从精神上给予他激励,更具体的是从方法上培育了他的语言修辞能力。以我们熟知的《共产党宣言》为例,诸如"无产者失去的只是锁链""工人无国界""人对人的剥削"等,都是活学活用他人术语的修辞手法,比喻、排比、借代、拟人、反复、对比、设问等诗歌创作中的修辞手法,都运用到学术创作之中,就此而言:"《共产党宣言》几乎就是一部革命修辞(revolutionary rhetoric)的选集,它最有效的一些口号都是借用来的。"[1]活用借用文学典故,使学术文采生动形象,这都是马克思诗歌创作情调在学术创作中的妙用。再如,在《路易·波拿巴的雾月十八日》中,他就以用典故的方式,从具体修辞来说就是"借代"手法,说"洛克就排挤了哈巴谷……退回去追求埃及的肉锅……"[2]这是采用圣经文学的典故,"哈巴谷"指代有诗一般热情的人,与洛克相反;"埃及的肉锅"指代因饮食保证而宁愿过为奴的生活。这类修辞例证在马克思磅礴的学术创作中数不胜数,这是马克思诗歌创作的激越情调的产物。

马克思诗歌创作的情怀是激昂的,这个情怀体现为他创作的一种稳定的心理状态,由于其大量的诗歌创作实践积累,马克思形成了激动昂扬的创作心理,表现为有激情、有兴趣、有毅力和有耐心等,这种心理积淀,为他后来进行宏大复杂的学术创作铺垫了心理基石。试想,仅是《资本论》这样的鸿篇巨制,经历了那么多年的调研、整理、创作、修改和完善等复杂工作,没有对共产主义的激情,没有对资本主义制度研究探索的兴趣,没有完成历史使命的毅力,没有克服生活

---

[1] S. S. Prawer, *Karl Marx and World Literature*, Oxford: Oxford University Press, 1976, p. 148.

[2] 《马克思恩格斯选集》(第一卷),北京:人民出版社,1995 年,第 586~587 页。

困难的耐心等,马克思怎么能完成这部巨著?这样的创作情怀,还体现在面对艰难生活时的不屈不挠的精神。燕妮在1850年5月20日写给魏德迈的信这样来描述自己的丈夫:"在任何时候,甚至是最可怕的时刻,他从来不失去对未来的信心,仍然保持着极其乐观的幽默感,只要看到我很愉快和可爱的孩子向妈妈撒娇,他就心满意足了。"①马克思在物质上特别容易满足,以致他能面对各种困境,充满激情地去进行学术创作。而这些学术创作的完成,相当一些都是在被驱赶、被监视、被监禁等的逃难与流亡中完成的,可以想象的是,没有练就激昂的创作情怀,是无法完成这样丰厚的创作的。这样的激昂的创作情怀,在面对死亡时就是精神的坚毅,克服肉体的痛苦,以文学作为抚慰剂。在去世前,"他受喉炎、支气管炎、失眠和盗汗的折磨,太虚弱而不能读维多利亚时代的小说,而这些小说常常在此时带来安慰(solace)"②。此种可称之为"马克思式"伟大毅力,用精神力量来战胜物质力量,这是马克思所创立的辩证唯物主义的人格阐释,死亡不可抗拒,思想不会灭亡。他人格中所形成的坚毅、顽强的心理,在长久的文学活动中,就会逐步形成激昂的文学创作情怀,并进而影响和形成激昂的学术创作情怀。

就理论而言,萌发了强烈的批评意识和实践精神的马克思诗歌创作,构建成了其文艺理论的经验性和实证性基础。我们在研究马克思文艺理论时的一个失误是:往往要用马克思的哲学、美学、政治经济学、社会学等来说明其文艺理论,这不是间接了或绕道了吗?譬如登山,近道不走取远道。也许正因为近道是泥泞陡峭的,需要我们去开拓。对马克思诗歌创作的研究,正是要我们去开拓的。而通过以上的分析论证看出,除去具体的创作内容和形式,最关键的是,其诗歌创作中灌注着一种批评意识和实践精神,而这种意识和精神构成了他文艺理论的核心。批评意识说明文艺有认识世界和反思现实的功用,实践精神说明文艺有通过人的活动去改变世界和实现理想的目的,而功用和目的相结合,正是文艺的核心所在,它说明了文艺是什么和为什么。因而我们现在探究马克思的文艺理论要说明文艺是什么和为什么,并不要费力地借助于哲学、美学、政治经济学、社会

---

① 《回忆马克思》,中共中央马克思恩格斯列宁斯大林著作编译局编,北京:人民出版社,2005年,第174页。

② Francis Wheen, *Karl Marx*, London: Fourth Estate Limited, 2000, p.381.

学等，而是直接借助于其诗歌创作。就马克思本人来说，其文艺理论形成于其诗歌等的创作经验；就我们来说，其文艺理论又验证于其诗歌等的创作实践，这些都是可靠的基石。

进而，当我们依赖马克思诗歌等创作作为基石去研究其文艺理论，提醒我们不要做以理论对理论的空乏研究。理论对理论的空乏研究的错误在于使理论研究抛开实践的基础，如在空架上种花，花之根不在土壤。马克思文艺理论的土壤是其文艺创作的实践，如诗歌创作、悲剧创作、讽刺小说的创作等，脱离了对这些具体创作的研究，去寻求他的其他知识著作中关于文艺的只言片语，当然找不到其文艺理论的根基，自然会怀疑其文艺理论的科学性和系统性。此外，即使我们已经从其文艺创作实践中找出了其文艺理论的理念，如批评意识和实践精神，但我们要历史地去对待这些理念，合理地去应用，不能做随意的提升和任意的套用，例如，马克思诗歌创作中所体现的批评实践，从他的人生成长经历来说，确实是与他的恋爱、离家和求学有着历史的和实际的关系，尽管这种批评实践作为方法也可应用到对资本主义的批判之中，但其内涵实质是不一样的。因此，对马克思诗歌创作与其文艺理论的问题，我们要用历史的、联系的和发展的眼光去看待。

二、基督教与文学批评

当我们涉及基督教的文学批评时，确实面临着一个很复杂的问题。但是，此问题的解决还是有途径可寻的。其一是从圣经文学去发掘基督教的文学批评与文学欣赏；其二是从基督教文学的作家或评论家去发掘其文学批评和文学鉴赏。前一个层次是不自觉的或无意识的文学理论话语的积淀，需要研究者去充分理解、分析、归纳和提炼等；后一个层面的是自觉的或有意识论述和评价等，需要研究者去辨析、比较、整理和总结等。显然，这两者的区别从来源来说是文本隐含和作者创造，但从它们的联系性来说，它们又是统一互动的，即文本隐含是文学批评的物化形态，而作者创造是文学批评的动因形态；文本隐含本身就是作者创造的结果，而作者创造又是文本隐含的前提；进而，文本隐含为更新的作者创造提供材料，而作者创造又为更深的文本隐含提供来源，所以，这两者是辩证性关系。但我们还是要结合基督教的文学事实，以作家创作和评论家的论断来发掘其文学批评和文学鉴赏，否则就是空洞的理论对理论了，而没有落到实处。

首先看圣经文学的文学批评。圣经文学作为伟大的文学作品，其文学批评总是借景抒情，或是托物言志。由此，其文学批评也就是一种对社会、人生或世界的真实看法。例如《传道书》中这样来描述自然景物和叙述人的行为来阐明其文学的批评观点。"当将你的粮食撒在水面，因为日久必能得着。你要分给七人，或分给八人，因为你不知道将来有什么灾祸临到地上。云若满了，雨就必倾倒在地上。树若向南倒，或向北倒，树倒在何处，就存在何处。看风的必不撒种，望云的必不收割。风从何道来，骨头在怀孕妇人的胎中如何长成，你尚且不知道，这样，行万事之神的作为，你更不得知道。"(传 11:1—5)这基本都是在给人讲人生救济的道理，但圣经文学的高明在于借描述事物来表达其含义，从文学批评的角度来看，就是文本隐含式的文学批评，需要读者借助想象、类推和比喻等文学修辞手法来进行其文学批评。那么，这样的文学批评具有真理性吗？"《圣经》作者所表达的真理往往是有人类经历的真实性构成的。因此，在这些方面，《圣经》展示了它的文学本质。……《圣经》作者还不断地通过启发人们的想象让我们'知道'他们想让我们了解的东西。在《圣经》中，不论我们读到什么地方，我们都会觉得我们时时刻刻都在与真实的人生经历打交道，而不是在接触一些抽象的概念。"[1]由此看来，圣经文学的批评，是一种反映真理的批评，具有强烈的真实性，是活生生的文学批评，不是抽象的批评。所谓《圣经》文本所隐含的文学批评意义，实质上也就是《圣经》作者所隐埋的东西，它是真实世界的反映，期待的是读者把它们发掘出来，就文学批评的风格而论，也就是现实主义的文学特征。"《圣经》作者有一种势不可挡的倾向——描写普通人和事，而且他们把这些普通的人和事牢牢地置于历史的现实之中。他们丝毫不考虑如何避免人物性格和行为动作方面的不理想因素。这种现实主义倾向使《圣经》区别于绝大多数古代文学作品。……《圣经》的现实主义特征使之成为一部普世的必读之作。"[2]于是，《圣经》的文学批评彰显出现实主义的特色，其内涵是真实的，是对生活、人世、世界和人本身的真实反映。

---

[1] [美]利兰·肯莱:《圣经文学导论》，黄宗英译，北京：北京大学出版社，2007年，第503页。
[2] 同上，第504~505页。

其次看基督教文学家是如何来看待基督教文学批评的。自然地,基督教的文学家是在他们的创作及作品中,以强烈的情感、犀利的语言和坚硬的语气等来展现基督教的文学批评。德尔图良(约公元160~225年)是出生于北非的迦太基城的早期罗马基督教作家和护教士,主要作品有《护教辞》《论戏剧》《论冠冕》《论忏悔》等。在其《护教辞》里他是如此来为基督教徒辩护,也见证了基督教文学批评的一些特性。"罗马帝国的统治者们,如果你们位居万民之上,高坐公堂秉公办事,在众目睽睽之下,不敢公然地在世人面前调查探究那些针对基督徒们的指控的真相;如果单在这件事上你们惧怕或耻于行使权力进行谨慎公正的公开调查;如果人民近来在秘密审判中遭受严酷的极刑使我们不能来到你们面前为自己申辩,那么你们肯定不会禁止他们通过小报告的形式悄悄告诉你们事情的真相。"[①]从文学修辞法上来看,此处一连用了三个"如果",实质上就是排比的手法,使语气增强。其次,他用了一些生动的描述辞藻,如"位居万民之上""众目睽睽之下",这样,他就把那些罗马帝国的统治者的昏庸糊涂的形象揭示出来了,如此就设定了其文学批评的必要性,自然而然地,也就将基督教的文学作为批评的武器来使用。陀思妥耶夫斯基的《卡拉玛佐夫兄弟》,以文学批评的方式充满了对世俗社会和宗教机构的深刻批判。试看主角阿辽沙的一段独白:

你说为什么那些耶稣会士和宗教法官会为了肮脏的利益而联合起来?为什么他们中间就没有一个被沉痛和爱的天性所压伤的殉道者呢?假设在那些只追求利益的人当中有一个——哪怕只有一个,像我诗中年迈的大法官那样的人,一个在沙漠中啃着草根,发疯一样克制自身肉体欲望以求获得自由和完美的殉道者,他一生爱着人类,可当他突然睁开眼,却发现得到自由和完美并不意味着获得巨大的精神幸福时,开始深信上帝创造无数生灵仅是为了嘲弄,因为这些生灵永远不可能拥有自由,因为可怜的叛逆者永远不能成为巨人,将塔建成,因为伟大的理想主义者所梦想的和谐,绝不是讲给愚笨之人听的。于是他转回来

[①] [英]麦格拉思编:《基督教文学经典选读》(上),苏欲晓等译,北京:北京大学出版社,2004年,第52页。

加入到聪明人当中,这当然是有可能的。①

　　陀思妥耶夫斯基在这里借阿辽沙之口,对教会人士和宗教组织的肮脏勾当进行了无情的批判,对殉道者的高度赞扬,对自由和完美的清醒认识,对理想主义者的策略性建议等,都彰显了这位伟大的基督教文学家的文学批评之特征,从德尔图良到陀思妥耶夫斯基,基督教的文学家无不将其文学批评自觉地运用到社会批判之中,文学成了他们阐释宗教、政治、哲学和历史等的有效渠道,从批判的角度来看,又是其批判的武器。

　　再次看基督教神学家对基督教文学的评论,作为基督教的思想家、宗教哲学家和宗教理论工作者,基督教神学家对基督教文学的认识和评论等,最能反映基督教文学的专业特色和理论总结。奥古斯丁认为:"那些被称为哲学家的人们,特别是那些柏拉图主义者,如果发表了一些正确的而且也不违背我们信仰的言论,我们就不应该摒弃这些言论,而应该据之为我们所用,同时必须认识到他们是非法占用。"②尽管奥古斯丁在这里把柏拉图当作哲学家来看待,但毫无疑问的是,柏拉图本身也是文学家,柏拉图的哲学言论,如同其文学评论一样,都可为基督教服务,而不是把它们排除在外。这样一来,"奥古斯丁的思想为一种新观念奠定了基础:凡是真善美的东西均可以用来为福音服务。后来在西方教会中占主导地位的就是这种观念,它为基督教作家批评性地利用各种原先并不归属于教会的文学风格提供了神学理论依据。所以,除了教会中已知的和普遍认为完全适合基督教范畴的文学体裁——如讲章和《圣经》注释——之外,还可以加上那些文化起源完全属于世俗的文学体裁,如戏剧和后来的小说文体。"③鉴此,基督教的文学鉴赏,也是对真善美的追求,就文学形式和文学情感而言,是对文学审美的欣赏,审美的鉴赏,可使真理显示,使善良得以张扬,使基督教文学的神圣性更清晰。而相对于世俗文学而言的审美鉴赏,利用世俗文学的优越性:如情感的朴实、内

---

　　① [英]麦格拉思编:《基督教文学经典选读》(下),苏欲晓等译,北京:北京大学出版社,2004年,第741页。
　　② [英]麦格拉思编:《基督教文学经典选读》(上),苏欲晓等译,北京:北京大学出版社,2004年,第10页。
　　③ 同上,第10~11页。

涵的实在、形式的生动等,可被基督教文学进行利用从而化世俗为神圣。基督教作家由于有了这样的实际操作,由于基督教神学的渐进的影响,导致了对基督教文学的鉴赏区别于对一般的文学独特性内涵,其深渊厚重的神学根基,文学是基督教神学根基上的花朵,美丽的文学花朵源于深厚的神学根基,这是基督教文学欣赏不同于其他文学欣赏的地方。

实际上,基督教作家从一开始就有了"上帝即作者"的理念,该理念为他们的文学创作提供了具有实质性的神学理论根据和动力。太初上帝面向混沌的渊面说话,通过话语进行创造。这岂不是指出了话语在基督教理解世界的过程中所起到的至关重要的作用吗?世界语言的渊源和人们所关注的言语、启示、文本、文学以及读与写之间难道不曾存在着一种最自然的联系吗?所以,有些人认为基督教文学的创作是建立在严谨的神学根基之上。①

应该说,现在已经不只是有些人这样认为,越来越多的人开始认识到了这一点,脱离了基督教神学的前提和基础,如果脱离了基督教神学所设定的"道成肉身",或是"三位一体""上帝之国""因信称义"等,何以欣赏基督教文学的审美神圣性?何以了解基督教文学的启示意义?何以阐释基督教文学的救赎追求?如此等等,都告诉我们基督教的文学鉴赏要扎根其神学教义和宗教伦理,正如其文学批评要关联其宗教的社会正义与其道义的现实批判。

三、马克思与基督教关系的文学批评

从以上的论述可以看出,马克思的文学批评与其文学创作实践有着密切的关系,与其马克思主义的学说创造有着实在性关联,与其革命工作和政治斗争有着现实性的指涉;而基督教的文学批评,与圣经文学的批评和欣赏有着直接的联系,与基督教文学家的文学创作和文学批评有着切实性的关联,与基督教的文学评论家(其中很多一

---

① [英]麦格拉思编:《基督教文学经典选读》(上),苏欲晓等译,北京:北京大学出版社,2004年,第3页。

部分是神学家和宗教哲学家等)的文学批评有着学理探究上的联动。如此,两者的文学批评与文学鉴赏,实质上是交织和深入的关系。显然,两者既有交叉叠合的一方面,同时也有交融深入的另一方面。交织是两者显现的关系,深入是两者隐藏的关系。没有交织的初步融合关系,无从有深入的进一步的关系;有了深入的关系,又推进交织的再扩展关系。因此,两者是缺一不可、互相促进的。我们之所以要用马克思与基督教的交织深入关系来阐释文学批评,关键在于这是两种对立的哲学宗教观,即历史唯物主义宗教观和历史唯心主义宗教观之间的辩证性阐释;也是在两种矛盾的神学论,即辩证唯物主义无神论和形而上学唯心主义有神论之间的合成性解释,明确的宗旨是要突破二元对立的思维模式,以辩证合成的思维模式来对待文学问题。文学批评其实并不是如同理论假设的那样,总是在对与错、是与非、美与丑、善与恶等的二元对立的理性思维模式框架下的阐释,文学批评和文学鉴赏,都是活生生的、具体的、实在的活动,融物质性的活动与精神性的活动于一体,是整体的、合成的、系统的活动,不能机械地分割为灵与肉、形式与内容、精华与糟粕等的形而上学的二元对立模式。

难道马克思与基督教的文学批评两者不是交织性的关系吗?当然是的。从前面第一节和第二节的详细论述中可得知,无论是马克思的还是基督教的,他(它)们两者在文学批评基础、文学批评标准、文学批评价值、文学鉴赏途径、文学鉴赏方式和文学鉴赏影响上都有交织的地方。交织则意味着两者在某个或某些方面是相同的或是相似的,这是联结两者的纽带。就文学批评的基础而言,无论是马克思还是基督教,都强调文学批评的基础是文学批评家的自觉意识和社会现实的应然需要这两者的有机结合,也就是一种主观意识和客观需要的统一。当然,即使没有当下的客观需要,评论家也可以有意识、有兴趣地进行文学批评,那么这样的文学批评就把未来的客观需要或是潜在的客观需要现实化了,它的价值和意义还要得到未来的客观需要的验证。反之,有了客观需要但尚且没有文学批评家的自觉和主动的批评相应和,结果可能使文学批评的时机、语境和条件等丧失,即使有后来的文学批评家补上了这样的文学批评,但其融合于时宜的历史意义就不恰当了。当马克思对拉萨尔的剧本《济金根》做出文学的批评,提出了文学创作的"莎士比亚化"现实主义原则,反对"席勒式"的将文学生硬政治化的形式主义创作方法,马克思之所以这样自觉和有意识地做出这样的文学批评,实际上是针对当时流行的"机会主义"和"无政府主义"思想对工人运动和革命斗争所产生恶劣影响的客观现实,以对《济金根》的文学批评来阐释什么是真正的文学倾向性。同样,像 C.S. 路易斯这样伟大的基督教文学评论家,写出了诸如《纯粹基督教》《痛苦的奥秘》等精彩的文学批评,除了他自身作为有责任和有担当的基督教文学批评家之主观因素外,就是他针对第二次世界大战的残酷现实所给人民带来的创伤和痛苦,适应时机地进行了文学批评。虽然像马克思和路易斯这样具有文学批评才华的人在他们的时代还有一些人,但为什么他们却不能像马克思和路易斯那样出名,不是他们的文学批评的才华不够,而是他们适应历史时宜和客观需要的应用实践不够,这也充分说明文学批评的基础是坚固地融合在批评家的主观努力和社会历史的客观需要的统一体中。

就文学批评的标准而言,马克思与基督教的文学批评也是相当接近的,反映出文学批评活动的基本特征和共同诉求。马克思在《1844 年经济学哲学手稿》中就提出了人类活动包括文学创作自觉遵循"美的规律"来构造的著名观点;之后在《〈政治经济学批判〉导言》中又创造性地提出了"艺术生产"的文学原理,并论断出文学的发展与一般社会的发展是不平衡的规律;再之后在《致拉萨尔》的信中,又明确提出"莎士比亚化"的现实主义创作原则和反对"席勒式"的将文学生硬政治化的形式主义创作方法,在相隔不久恩格斯的《致拉萨尔》信中,恩格斯正式提出文学批评要用"美的观点和历史的观点"相统一的标准,恩格斯实质上是继承、发展和总结了马克思主义关于文学批评的标准,由此,马克思主义关于文学批评的标准就是"美的观点和历史的观点"相统一的标准,即评价文学要看它是否有美感的形式、饱满动人的文学情感、精美充实的文学内容,反映出的厚重的历史内涵,折射出的深刻的历史意义,这样的文学在马克思看来就是成功的文学,可以成为文学经典的文学,事实证明马克思的观点是对的。而基督教对文学的批评标准,在美感的形式、饱满动人的文学情感、精美选练的文学内容方面与马克思的是相同或相近的,当我们考察圣经文学、基督教作家的文学,无不发现它们在审美上的追求,从语言的精选、格律的讲究、情节的构建、人物的塑造、修辞的运用、情感的抒发等方面,无不是尽美地描绘、刻画、叙述等。但有区别的是,基督教的文学批评在历史观点方面与马克思的是不同的,马克思采用的是历史唯物主义的哲学观点,其文学批评是以这样的历史哲学观来自觉指导其文学批评,而基督教的文学批评,由于其宗教哲学观、神学观等原因,其历史哲学观是历史唯心主义的,因而所谓的"上帝创造论""恩典论""救赎论""末世论"等都深刻地影响其文学批评,其文学批评中就包含了主观理念的、唯心构想的历史观点,这些与马克思的有着很大的差异,甚至是对立相反的。

就文学批评的价值而言,无论是马克思还是基督教都对之予以肯定和赞赏,这与历史上的一些虚无主义文学思潮和极端否定性的文学批评是不同的,体现出一种正面的、积极的和上进的文学精神和艺术理念。马克思并不是职业的文学批评家,他的文学批评总是间杂在它的哲学批评、宗教批评、政治批评、社会批评、历史批评,乃至是经济批评的活动之中,尽管它们并不是就文学批评而发的文学批评,可能是就哲学、宗教、政治等的批评而发的文学批评,它们往往也就超出了一般常规的文学批评藩篱,它们也就超越只就文学来批评的狭隘范围,在更宽广、更高远的视域中来展开文学批评,因而富有更具延伸的合理性。在《1844年经济学哲学手稿》中,马克思从宏观的历史维度,比较了人类的生产活动和动物的生产活动的本质性不同之后,科学地总结了人类成就了按"美的规律"来构造的创造能力和自觉自为的意识,那么由此推及至从属于人类生产活动的文学创作要遵循此规律也就是必然的逻辑推断。此外,马克思的文学批评还常衍生于特定的语境和阐发于特有的视角,这样使他的文学批评具有独特性和创新性。例如,在《〈政治经济学批判〉导言》中,马克思是在论述政治经济学的语境中,从论述经济发展的条件和动力到社会的物质生产的发展过程中,创新地提出了"艺术生产"的命题,独特地指出文学的发展与一般社会的发展不平衡的规律,而这在前人和当时的文论家都是从未有过的科学论断。基督教的文学批评也不是职业的文学批评,它主要是通过圣经文学的批评、基督教作家的文学或是基督教的神学家或哲学、历史学家等的文学批评来展现其文学批评的特点和内涵。其特点具有浓厚的宗教色彩和神学意蕴,其内涵包括文学与信仰、文学与道德、文学与救赎、文学与恩典、文学与灵显、文学与天国等丰富的宗教文化内容。在这样丰富的宗教文化内容上,与马克思一样,其文学批评总是向善的、积极的、上进的,而不是纵恶的、消极的、倒退的。曾经有一种片面的、形而上学的观点,认为宗教由于是唯心主义的宗教世界观,因而它们总是消极的、倒退的,不管这种观点如何的极端化和扩散化,但我们从基督教的文学批评中获得的是积极的和上进的批评态度,那种对宗教的片面的、形而上学的观点自然会受到有据的驳斥和有力的克服。

第三节 马克思与基督教关系的文学鉴赏

一、马克思与文学鉴赏

马克思一生与文学有着不解之缘,但这种不解之缘呈现出阶段性的区别。青年时期的马克思投身于密集的文学创作,如前所示,他不但创作了大量的诗歌,还创作了悲剧和讽刺小说,此时的他倾向于文学情感的热烈表达、创作欲望的强烈实现。到了中年以后,他主要从事于革命活动和学说创造,虽然文学仍是他的爱好,但此时的他倾向于文学批评的现实关联、文学鉴赏的审美探究。相对于他的文学批评,其文学鉴赏在一个更高的层面,对文学的审美规律、艺术生产和创作原则做出了深刻的论述,这些都构成其文学鉴赏的不同内涵。从前面第一节中我们引用的《回忆马克思》所列举的例子来看,马克思不但熟悉和喜爱古典的文学经典,而且还热衷于学习他所处时代的优秀文学作品,研究其文学大师。他的文学阅读和见识是宽广的,超出了一般常人的范围;他的文学素养和积累是丰厚的,超出了一般读者的水平;他的文学鉴赏和理论是深刻的,超出了一般的文学评论家的视阈,由此,马克思的文学鉴赏中实质上蕴涵了他的文学理论,展现了他从纷繁复杂的文学现象和变化更新的文学活动中所总结的理论成果。从文学鉴赏的提升意义来看,实际上也就是他在文学接受论上的创新发现,虽然文学接受论在马克思所处的时代还不是一个文学理论的专门术语,但马克思在文学鉴赏上所做的工作,实质上已经构成了一种不自觉又自觉的文学接受论,说它是不自觉的,因为时代的限制和历史局限,在他所处的时代,可以说主要是德国浪漫主义文学时代和英国维多利亚文学时代,他不可能或是意识成熟地提出和建构文学接受论的理论范畴,因为那样的文学时代,还处在作者—世界—作品的三维联动关系中,还没有到达作者—世界—作品—

读者的四维联动关系中。但又说它是自觉的,因为马克思所创建的"美的规律""艺术生产"和"艺术创作原则"等都有意识地强调了人作为有创造力和审美意识的读者的重要性和功能性,如"美的规律"就注重人作为通过劳动历史地形成为有自觉审美能力的文学接受者;"艺术生产"从生产的角度隐含了文学从被生产到被消费的接受途径;"艺术创作原则"主要是指"莎士比亚化"的现实主义创作原则,实质上蕴涵了读者如何解读文学倾向性的一般规则,所以,马克思在文学鉴赏方面是很值得我们深入研究的,而且我们以前对马克思的文学理论很少从接受论的视角来研究,事实上,即使是那些众所周知的"美的规律""艺术生产"和"艺术创作原则",都隐含有或潜存有文学接受论的理论内涵。

众所周知,美的规律是马克思在《1844年经济学哲学手稿》中创造性提出的,它的语境是马克思对资本主义的"异化劳动"做出了尖锐、辛辣的批判,进而对资本主义私有制度做出了无情痛斥的批判,在比较了人的生产和动物的生产之不同后,马克思敏锐地洞察了资本主义的异化劳动将工人变成动物的残酷事实,资本的贪婪本性摧毁了人的"类本质",将人的自由自觉自为的创造能力贬损到动物的盲目被动不自觉的程度,因而也损毁了将人的本质力量对象化的审美能力,资本主义的异化劳动是不正常、不合理、不道义的劳动。

> 劳动生产了智慧,但是给工人生产了愚钝和痴呆。……动物只按照它所属的那个种的尺度和需要来构造,而人懂得按照任何一个种的尺度来进行生产,并且懂得处处把固有尺度运用于对象;因此,人也按照美的规律来构造。①

按照美的规律来构造是马克思在文学鉴赏上对文学接受论的一种创新阐释,以前的文论家或是批评家,都已经总结出文学接受中的一些基本规律或原则,如"一千个读者就有一千个哈姆雷特",强调的是读者接受的个体性和多样性;"文学经典不但是过去的——也是现在的——更是未来的"强调的是文学经典在文学接受的历史活动中的普遍意义;"唐诗—宋词—元曲—明清小说",强调的是不同的历史时期文学接受体裁的变迁,如此等等,很少有文论家或是批评家能像

---

① 《马克思恩格斯选集》(第一卷),北京:人民出版社,2012年,第53~57页。

马克思一样透彻地抓住文学接受的核心范畴,即文学接受的本质性要求是什么?而马克思的回答是:按美的规律的创造能力。实质上,"一千个哈姆雷特"的接受结局不就是按每一个体的具体性而活用美的规律的创造结果;"文学经典在过去现在未来中的恒存与更新"不就是针对不同的时代特殊性而活用美的规律的创造结果;"唐诗—宋词—元曲—明清小说"的变迁不就是因循不同的社会历史现实而活用美的规律的创造结果。可见,马克思的文学接受以其"美的规律",开创了他的文学鉴赏的核心范畴。此范畴关涉了文学鉴赏中人作为接受者的主体性,接受者的自主性和能动性,接受活动的历史性和变迁性,接受结果的普遍性与特殊性等等,是一个很值得关注的问题。

马克思的"艺术生产"出自《〈政治经济学批判〉导言》,他在论述物质生产的发展与艺术发展的不平衡关系时所阐述的。

> 关于艺术,大家知道,它的一定的繁荣时期决不是同社会的一般发展成比例的,因而也决不是同仿佛是社会组织的骨骼的物质基础的一般发展成比例的。例如,拿希腊人或莎士比亚同现代人相比。就某些艺术形式,例如史诗来说,甚至谁都承认:当艺术生产一旦作为艺术生产出现,它们就再不能以那种在世界史上划时代的、古典的形式创造出来;因此,在艺术本身的范围内,某些有重大意义的艺术形式只有在艺术发展的不发达阶段上才是有可能的。如果说在艺术本身的领域内部的不同艺术种类的关系中有这种情形,那么,在整个艺术领域同社会一般的发展关系上有这种情形,就不足为奇了。……它们何以仍然能够给我们以艺术享受,而且就某方面说还是一种规范和高不可及的范本。……他们的艺术对我们所产生的魅力,同这种艺术在其中生长的那个不发达的社会阶段并不矛盾。这种艺术倒是这个阶段的结果,并且是同这种艺术在其中产生并且只能在其中产生的那些未成熟的社会条件永远不能复返这一点分不开的。①

从这里可以看出,马克思对艺术生产特征的描述是"划时代的"和"古典"的形式,例如,古希腊的史诗,都是过去时代的古董和经典,

---

① 《马克思恩格斯选集》(第二卷),北京:人民出版社,1995年,第28~30页。

具有相当的特殊性乃至是唯一性。同时,马克思又特别强调艺术生产具有非凡的艺术魅力,这种艺术魅力在它所成长的时代到达巅峰,乃至后来者无可比拟。但它不能再次复现,就如同一个儿童的天真活泼只能在他或她是处在儿童时期才真正具备的。简言之,它的艺术魅力是不可复制和永不复返的,那些产生它的永不复返的社会条件是导致它的艺术魅力的原因。其次,马克思认为艺术生产还是一种艺术的规范,虽然它具有独特的艺术魅力,但同时它也具有永恒的艺术范式,给后来者提供榜样和参考,是融特殊性和普遍性于一体的艺术经典。由此,从文学鉴赏的角度来看,马克思在考察文学作品时很注重它的独特性特征、艺术魅力和普遍性规范。再次,马克思是从生产与消费的经济活动链来理解艺术生产的,既然提出了艺术生产,实质上也就隐含了艺术消费。"在生产中,人客体化,在消费中,物主体化;……生产直接是消费,消费直接是生产。每一方直接是它的对方。"①可以说,生产不仅为主体生产对象,而且也为对象生产主体。艺术生产和艺术消费也无不符合这个生产与消费的最一般的规律。艺术生产不仅生产出了艺术对象,还生产出了艺术主体。这个艺术主体是在艺术生产与艺术消费的联动中实现的,并不仅是少数精英人物,他(她)们是"懂得艺术和具有审美能力的大众"。

> 艺术远不是一次性地得到实现和完成的,在社会的宽阔空间和历史绵延不断的时间序列之中,"艺术对象"每创造出一批"懂得艺术和具有审美能力的大众"之时,它便得到了一次实现和完成。这样看来,艺术,特别是伟大的艺术,的确是永远也"说不尽"的。这实际上已经开了当代"接受美学"的先河。②

因此,从文学鉴赏的角度来看,马克思的艺术生产实际上隐含了艺术消费的联动因素,其艺术生产理论成了发掘的文艺接受理论的基础。

马克思的"艺术创作原则",主要是在1859年4月19日的《致斐·拉萨尔》的信中,马克思从谈论对拉萨尔的剧本《济金根》评价从

---

① 《马克思恩格斯全集》(第四十六卷)(上册),北京:人民出版社,1979年,第26~28页。
② 李益荪:《马克思"艺术生产"理论研究》,成都:四川出版集团巴蜀书社,2010年,第130~131页。

而展开其翔实的论述。

因此,如果你不想把这种冲突简单地化为《葛兹·冯·伯利欣根》中所描写的冲突——而你也没有打算这样做——那么,济金根和胡登就必然要覆灭——因为他们自以为是革命者(对于葛兹就不能这样说),而且他们完全像1830年的有教养的波兰贵族那样,一方面使自己变成当代思想的传播者,另一方面又实际上代表着反动阶级的利益。革命中的这些贵族代表——在他们的统一和自由的口号后面一直还隐藏着旧日的皇权和强权的梦想——不应当像在你的剧本中那样占去全部注意力,农民和城市革命分子的代表(特别是农民的代表)倒是应当构成十分重要的积极的背景。这样,你就能够在更高得多的程度上用最朴素的形式恰恰把最现代的思想表现出来,而除了宗教自由以外,实际上,市民的统一就是你的主要思想。这样,你就得更加莎士比亚化,而我认为,你的最大的缺点就是席勒式地把个人变成时代精神的单纯的传声筒。你自己不是也有些像你的弗兰茨·冯·济金根一样,犯了把路德式的骑士反对派看得高于闵采尔式的平民反对派这样一种外交错误吗?①

很显然,马克思在这里是将社会革命与文学创作关联起来,社会革命是文学创作的来源,而文学创作是对社会革命的反映。文学创作反映的主角是人物,首先要选对社会革命的真正主角,就"像1830年的有教养的波兰贵族那样",济金根和胡登也不是社会革命的真正主角,他们的骑士起义命中注定是要失败的。波兰贵族玩两面派的手段,他们不可能成为彻底的革命者。恩格斯曾毫不留情地诘问过:"1830年的波兰贵族所希望的是什么呢?就是保卫已获得的权利不受帝王方面的侵犯。……农民的农奴身份原封未动,依旧过着非人的牛马生活;犹太人依旧处于屈辱的地位。……直截了当地说,1830年的起义既不是民族革命(波兰的3/4没有卷入起义),也不是社会的或政治的革命;这次起义一点也没有改变人民的内部状况;这是一次保守的革命。"②在了解了这段波兰的历史真相后,恩格斯对其贵

---

① 《马克思恩格斯选集》(第四卷),北京:人民出版社,1995年,第554~555页。
② 《马克思恩格斯全集》(第四卷),北京:人民出版社,1958年,第538~539页。

族起义的本质也就一清二楚,为他深入研究德国农民战争而提供了可比较的对象,在认真比较的基础上他得出了结论:"和1830年的波兰的情形一样,1522年的德国贵族已争取不到农民了。……德国贵族宁肯在诸侯统治之下继续剥削农民,却不愿意公然和解放了的农民结盟来打倒诸侯和僧侣。"①马克思之所以要从社会革命的真正主角的来谈文学创作中的主角定位,在恩格斯丰富的历史论述佐证下,我们开始明白马克思的深刻含义是:文学创作的历史内容要反映历史事件的真相,不能歪曲地解读历史,就像拉萨尔从悲剧创作中把济金根和胡登描述和阐释为社会革命的主角一样,这实质上是强调文学创作要符合历史的观点,但仅符合历史的观点还不够,还要符合"美学的观点",也就是马克思所说的"莎士比亚化"。不是说像济金根和胡登那样的没落垂死阶级的骑士不能成为文学中的主角,歌德的葛兹·冯·伯利欣根也是与济金根和胡登同时代的没落垂死阶级的骑士,但歌德就描述和刻画葛兹很成功,具体来说就是细节逼真,形象鲜明,情节曲折,语言生动,这曾是莎士比亚戏剧创作的成功经验,从文学鉴赏的角度来说,马克思深入到作家创作的内在机制,也就是恩格斯在1859年5月18日《致斐·拉萨尔》的信中同样是谈论《济金根》的剧本所总结道,"从美学观点和史学观点,以非常高的,即最高的标准"②来衡量一部文学作品,其文学鉴赏从作者创作机制延伸到了作品的历史内涵和美学形式。同理,马克思是作为一位严肃认真的读者来评论的,由读者—作品—作者的接受顺序,昭示了其文学鉴赏的层次性、连贯性和逻辑性,具有高超的文学鉴赏水准。

二、基督教与文学鉴赏

基督教的文学鉴赏集中在对圣经文学的鉴赏上,《圣经》不仅是严峻冷酷的教义,而且是生动优美的文学,由此形成的圣经文学,是对人生和世界的真实反映,千百年来人们对它的阅读和赏析,自然慢慢地形成了对它的文学鉴赏。除了教徒,《圣经》作为通俗读物是西方社会的惯例,很多小孩儿从小就是伴随着《圣经》的阅读而长大的。因而,要说对《圣经》的文学欣赏,普通民众其实有其发言权。但问题

---

① 《马克思恩格斯全集》(第七卷),北京:人民出版社,1959年,第439~440页。
② 《马克思恩格斯选集》(第四卷),北京:人民出版社,1995年,第561页。

是普通民众的欣赏往往没有出版成为成果,所以其具体内涵不容易考察,个别的调查也不一定有代表性,由此,我们不得不考察那些专家学者们的意见。克里斯蒂娃在阅读《圣经》后获得了启示,这位语言学家、符号学家、女权主义者、精神分析学家、小说家的阐释超出了一般人的对圣经文学的表浅认识。"《圣经》就是一部将话语植入到我所丧失中的文本。使我能够表达我的失望、思想,使我对这些情绪保持清醒。这种清醒是无意识的。然而它使这个作为《圣经》读者的我与那些生活在边缘的人变得相似,处于自我保护和本身脆弱性的重合和分隔的分界线上。"①可见,克里斯蒂娃从语言学和符号学的角度来分析,《圣经》作为叙事型的文学作品,其本身就是一套完整的话语体系;她又从女性主义的立场来阐释,《圣经》作为对展现女性形象和风采的故事汇集,它又是对被男权所压抑的女性本体丧失的复归;她再从精神分析学的角度来看,《圣经》作为反映人的内心文学作品,其本身又是无意识的产物;她最后还从小说家的角度来分析,圣经文学实质上是苦难人生的描述和边缘人物的传记。当然,《圣经》中的苦难人生记载了犹太人的苦难历程,是早期基督徒被罗马帝国迫害的写实性传记。例如,仅《以赛亚书》的40章中就记载了多重的声音,反映了古代以色列人被俘受掠的凄惨过程。"你们的神说:'你们要安慰,安慰我的百姓。要对耶路撒冷说安慰的话,又要向他宣告说,他争战的日子已满了,他的罪孽赦免了,他为自己的一切罪,从耶和华手中加倍受罚。'"(赛40:1-2)这里,通过神的声音,还有叙述者的声音,将古代以色列人受苦的历程做了声音的描述。这是就一般人的认识,基本都能到达这样的水准,但就圣经文学的专家来说,其解读的意义就不止如此。同样的这40章的《圣经》诗篇,在柯大卫(David J. A. Clines)这样资深的希伯来圣经文学专家来看,则具有超越的意义。

> 对于我们的诗人而言,宗教活在话语的世界中,而不是在祭仪的世界中;它由各种声音——对话,讨论,命令,责备,反诘,提

---

① [法]朱丽娅·克里斯蒂娃:《阅读圣经》,载梁工主编《圣经文学研究》(第四辑),北京:人民出版社,2010年,第41~42页。

问——的交替转换所构成。①

如此一来,经过柯大卫的阐释和启示,使我们认识到《圣经》作为文学的超文学意义。因而,当我们聚焦圣经文学的批评,要关切到它对现实的批评、对社会的批评、对政治的批评和对权贵的批评等;当我们聚焦圣经文学的欣赏,要关联到它作为文学审美的鉴赏、作为文学修辞的鉴赏、作为文学意象的鉴赏等。

说到《圣经》具有文学意象的文学鉴赏,不得不让人一下子就联想到了十字架。十字架不但从外表形式是基督教徒信仰的象征,而且从内在实质上也是圣经文学欣赏的文学意象。其文学意象首先是与其文化寓意紧密相连。

> 十字架能作为一种残酷的古代刑具受到基督宗教的青睐而成为崇拜的对象,根本原因在于它体现了基督宗教的文化精神,是"束缚与解放""死亡与新生"相互依存观念的哲学象征,是"纵组合与横聚合"的基本关系的有机结构的物质显现。②

在其哲学象征的彰显中,其关键的是文化寓意的象征,即"受难与救赎"的生命重生,是犹太-基督教两千多年来的文化寓意。其次是与其文本符号的象征意义紧密相连,以文本符号的属性来表现其文学意象。

> 作为人类精神的一种信仰所寄,"十"字具有前文本和超文本的属性。不过在基督教神学中,有两种最为基本的超越,一种是强调垂直方向的向上超越,一种是强调水平方向的向前超越。前者是空间性的、宇宙论的,后者是时间性的、历史论的。数码"十"便是这两个维度的辩证统一。③

---

① [美]柯大卫:《〈以赛亚书〉第40章中的声音》,载梁工主编《圣经文学研究》(第二辑),北京:人民出版社,2008年,第107页。
② 刘建军:《基督宗教十字架的象征》,载梁工主编《圣经文学研究》(第二辑),北京:人民出版社,2008年,第248页。
③ 同上,第257~258页。

可以说,十字架就是《圣经》的文学意象,通过这个看似十分简单的"十"字,将圣经文学所要反映的苦难、灾难、折磨、救赎和天国等文学内涵都浓缩到了它身上。所以,通过这些专家对圣经文学的深刻解读,使我们对圣经文学的批评有了更深刻的认识,从对外在表象的批评,深入到内在实质的批评,而这些内在实质在根因上要落实到对人的堕落性、虚伪性、软弱性和有限性的批评,也即基督教认为的人的"原罪"的批评。此外,还要落实到由人所建立的社会制度、政权组织和陈规习俗等的批评上。例如人剥削人的私有社会制度,阶级压迫阶级的政权组织,世袭垄断的陈规习俗等,因而,圣经文学的批评实质上是深刻的,但要靠相关的专业知识来支撑。进而,对圣经文学的欣赏也是惬意的,需要审美的愉悦来提升,需要文化的意义来支撑,需要精神的力量来建构,如此等等,圣经文学的鉴赏是影响深远的。

此外,基督教的文学鉴赏并不仅是停留在圣经文学的鉴赏上,很显然的是,大量的基督教文学作品和读物是广大民众进行文学欣赏的材料,也是文论家和评论家进行文学鉴赏的对象,这些材料或对象真是数不胜数,汇成了文学的汪洋大海,从某种程度来说,基督教的思想史,实际也是基督教的文学史,基督教的活动已经和文学的活动分不开了。例如,约翰·班扬(1628~1688)的《天路历程》,就激励了一代又一代的读者,也引发了一个时代到另一个时代的基督教文学鉴赏。"三百多年来,该书启发了无数的基督徒,其中很多是大专院校的学生。几乎每一种文字都有它的译本,这再一次说明了它的感染力。"①这样的感染力,自然是早就进入了文学的殿堂,成了文学鉴赏的经典之作,就此而言,基督教的文学鉴赏具有宽广范围和丰厚的资源,这是任何单一的文论家和评论家所不能完成的工作,而是他(她)们共同完成的工作,并且是一个文学鉴赏史的工作,以《天路历程》为例,从它诞生起,历代对它的文学鉴赏就聚合成一个文学鉴赏的宝库。还应该看到的是,基督教文学鉴赏已不再单纯局限于对圣经文学的鉴赏和对基督教作家的文学作品的鉴赏,它已和政治斗争、民族解放、殖民瓦解、战争动乱和生态危机等重大社会历史事件紧密联系在一起,基督教文学鉴赏成为世界舞台角逐的道具,扮演着越来

---

① [美]阿尔文·施密特:《基督教对文明的影响》,汪晓丹、赵巍译,北京:北京大学出版社,2004年,第346页。

越重要的渲染感人的艺术角色。马丁·路德·金的《我有一个梦想》便是明证:

> 我梦想有一天,这个国家将会兴起,实践它信条的真正意义,我们持有的这些真理是不言而喻的:人人生来平等。我梦想有一天,在佐治亚州的红色山冈上,昔日的奴隶和奴隶主的儿子们能够坐在一起,亲如兄弟。我梦想有一天,甚至连密西西比州——那个没有公义和只有压迫,那个酷暑般统治下的沙漠会变成自由和公正的绿洲。我梦想有一天,就是我的4个孩子将生活在一个不以肤色而只是以品格论人的国家里。①

马丁·路德·金的政治演说文,从修辞到行文,从气势到情感,从用典到释义,本身就是一篇文学的美文。他并没有生硬宣传基督教的教义,如人人生来平等、亲如兄弟、自由和公正和无种族歧视等,但他的精彩辞藻、优美华章、真挚情感和强烈气势都把这些教义说得清清楚楚。所以,基督教的文学鉴赏使我们认识到基督教和文学的血肉关系、基督教的思想史和文学史的交生关系。

三、马克思与基督教关系的文学鉴赏

从文学鉴赏的途径来说,无论是马克思还是基督教都以不同的途径来进行文学鉴赏,他(它)们两者的文学鉴赏途径有着共同之处,也就是他(它)们在文学鉴赏可以交织之处。一者他(它)们都以经典的文学文本来作为文学鉴赏的最基本的途径,例如马克思常年阅读埃斯库罗斯等古希腊诗人的悲剧作品、莎士比亚的文学作品等,由此生发了的文学鉴赏的精彩论述,如前所论的"美的规律""艺术生产""艺术的发展与社会的一般发展不平衡的命题"等,这些都脱离不了马克思长年累月的文学鉴赏活动。而基督教的文学鉴赏,一种最常见的途径就是圣经文学的研读,无论是作为基督教节日的朗诵,还是作为平常的经文阅读等,都是基督教文学鉴赏的基本途径。于此,即使两者所对应的文学经典的文本不同,但他(它)们的途径还是相同

---

① [英]麦格拉思编:《基督教文学经典选读》(下),苏欲晓等译,北京:北京大学出版社,2004年,第875页。

的,采用相同的途径,当然也是我们普通人大多采用的途径,其鉴赏的方式也就基本类同或相似,如文本细读、作家作品分析、知人论世等。此外,马克思还在青年时期研习过圣经文学,其中学毕业的作文中还留有《根据约翰福音第 15 章第 1 至第 14 节论信徒和耶稣的一致,这种一致的原因和实质,它的绝对必要及其影响》这一题目很长的文章。马克思在这里从四个方面来论述信徒与基督保持一致的必要性,即原因、实质、绝对必要和影响四个方面。在此,马克思已和基督教的文学鉴赏交织在一起,共同创建了精彩的文学鉴赏。马克思写道:"……在我们研究各个人的历史,人的本性的时候,我们虽然也看到他心中神性的火花、好善的热情、求知的欲望、对真理的渴望,但是欲望的火焰甚至常把永恒的东西的火焰吞没:罪恶的引诱声淹没着对美德追求的热情,在生活使我们感到它的全部的威力的时候,这种对美德追求的热情受到了嘲弄。"①实事求是地说,尽管这篇文章还仅是马克思中学时期的作文,但从整个行文构思和文笔辞藻来看,已构成了一篇优美的散文。从文学鉴赏的角度看,如果以基督教的文学家或是评论家来鉴赏此文,则明显符合其鉴赏的标准:它将信仰教义的充实内涵与散文表述的优美形式结合交织在一起,作为基督教的文学鉴赏,已经符合标准,能很好地为其教义宣传和信仰追求起到推进作用。从马克思作为创作者而言,尽管他自己不好谈对自己文章的鉴赏,但从他的文学素养、圣经知识、行文能力等来看,他明显是受圣经文学的熏陶,对圣经文学和基督教其他文学的不自觉和无意识的鉴别欣赏才能写出这样的美文的,可以发现马克思和基督教的文学鉴赏是交织在一起的,它们相互影响、互相促进。

  从文学鉴赏的影响来看,马克思和基督教对文学鉴赏的影响都是十分注重的,将它看作关系到社会人生和历史发展的重要事项。马克思是革命家和政治领袖,他对文学的鉴赏,并不是为文学而文学的狭小利益,而是为社会人生的宏大利益。简言之,马克思的文学鉴赏,就是要为无产阶级和劳苦群众摆脱受剥削和受压迫的社会困境所服务的,是为人类的全面解放而服务的。而基督教的文学鉴赏,主要是为其信徒和子民服务的,使他们能创立公平正义的社会,创造美满和谐的人生。由于资产阶级和劳苦大众以及信徒和子民的社会人生事业有交织之处,故两者的文学鉴赏也有交织之处,在对待社会人

---

① 《马克思恩格斯全集》(第四十卷),北京:人民出版社,1982 年,第 819 页。

生的试金石上它们的预见是相通的。进而,马克思把文学鉴赏当作考究历史发展的照衣镜,力图从文学鉴赏中摸索出历史发展的规律。例如他所发现的"文学与社会的一般发展不平衡的规律",就是通过对古希腊的文学鉴赏而总结的历史规律,蕴涵了对资本主义的历史性批判,预见了资本主义必然灭亡的历史过程。就以文学鉴赏来成就历史批判而言,马克思与那些有创造性的基督教文学家和评论家是何其的相似。施特劳斯的《耶稣传》是一部文学杰作,即使是19世纪最具争议的作品,但毫无疑问的是它奠定了《圣经》历史批评研究的基石,彻底批判了圣经文学研究中的超自然主义和理性主义。

> 超自然主义和理性主义的根本问题是二元论,即坚持在上帝和人之间做出明确的区分。经过施特劳斯修正的黑格尔一元论能够提供揭示道成肉身之真义的道路:上帝与人合一的观念,而非这一观念在历史上的表现。因此,基督论并不依赖历史来重构耶稣生平和教导,而是依赖于这种观念。①

施特劳斯的文学创新带给人们的文学鉴赏的思索是深刻的,正如文学的真实不是生活的真实一样,历史的真实也不是历史事件的真实,历史的真实更依赖于历史叙述而产生的真实,依赖于人们思想创新的真实,就文学鉴赏而考察历史规律而言,马克思与基督教的创新作家或评论家都在批判性反思和超越性创造方面有着精神和实践上的交织之处。

一方面马克思与基督教的文学鉴赏有着交织性的关系,另一方面两者还有可进一步深入性的关系。这种关系体现在对文学的现实关怀上的深入发展。无论是马克思的还是基督教的文学鉴赏,他(它)们都有着对现实关怀的必然要求。不过就马克思来说,他会更多地强调"革命"的主题在文学鉴赏上的作用。而基督教则会更加强调"救赎"主题在文学鉴赏上的作用。但革命在一定程度上就是救赎,救赎在一定程度上也是革命。所以,马克思与基督教的关系的文学鉴赏,既可以是革命性的救赎,也可以是救赎性的革命,两者可以在这两个方面深入下去,达到更高的文学鉴赏层次。从革命性的救

---

① [美]史蒂夫·威尔肯斯、阿兰·G.帕杰特:《基督教与西方思想——哲学家、思想与思潮的历史:19世纪的信仰和理性》,刘平译,北京:北京大学出版社,2005年,第73页。

赎来说，文学反映出社会革命的必然要求和现实条件等，从而去救赎那些被压迫和被剥削的人。如果没有革命，无从谈起救赎，因而文学鉴赏要从革命到救赎的因果序列上来理解和加深两者的关系。从救赎性的革命来说，文学蕴涵了拯救人类的目的和理想，从而要以革命的行动方式去实现，而不是以静坐祈祷的被动方式去等待，因而文学鉴赏要从救赎到革命的目的与方式联系上来理解和加深两者的关系。文学鉴赏只讲革命而不讲救赎，那会逐步导致只讲手段不讲目的，其灾难性的结果将是对人的创造力的极端夸大和对人的自我德性的无限崇拜，最终导致人自身的毁灭。或只讲救赎而不讲革命，那也会逐步导致空谈理想而不去行动，最终会导致虚假性救赎，救赎成了反动的统治阶级奴役人民的工具，成了鼓吹统治阶级意识形态的神学依据。

另外，这种关系还体现在对文学的审美追求上的深入发展。从马克思来讲，其文学鉴赏会更加强调朴素自然的审美情调和清新豁达的审美风格；而从基督教来讲，其文学鉴赏会更加强调华彩神秘的审美情调和沉郁顿挫的审美风格，虽然他（它）们的审美情调和审美风格的倾向并不是个个必然如此，但由于"劳动人民"和"基督信徒"分别是他（它）们的审美主体，因而一定的差异性和倾向性是难免的。正因为"劳动人民"也可能是"基督信徒"，"基督信徒"也可能是"劳动人民"，于是就文学鉴赏而言，一方面，"劳动人民"的基督教文化审美，是铺垫其文学鉴赏的基础，特别是对一些有着深厚基督教历史文化传承的国家和民族，不联系基督教的文化审美，是无从探究其文学鉴赏的。另一方面，"基督信徒"的劳动美学观，是提升其文学鉴赏的理论指导。马克思的"劳动创造美""美的规律"以及"美学的观点和史学的观点相结合"等美学理论，是劳动美学观中的核心范畴，以它们为指导，基督信徒能逐步认识到劳动在社会发展中的改造功能，人民在历史发展中的创造者角色，从而有意识地抵制不劳动的统治阶级，自觉地防止以残酷剥削为本性的资产阶级的意识形态的腐蚀。当然，基督信徒的这些有意识和自觉行为并不是要以"席勒式地把个人变成时代精神的单纯的传声筒"的方式，而是要以"莎士比亚化"的方式，也就是要使他们在文学鉴赏上，认识到劳动美学观，并把劳动美学观的美学核心范畴自觉地运用到更多更广的文学鉴赏上来，这可说是马克思与基督教关系的文学鉴赏上的深入发展。

第五章　余论：马克思与基督教关系的未来文学研究

　　从前面的绪论到第一章和第四章，这部分的论述跨越了历史的久远年代，从古希腊神话传说的时期，到基督教的产生时代，跨越中世纪进入近现代历史，重点围绕19世纪马克思的文学活动，延伸到当代的马克思主义文学实践，其话语主体是文学及其理论，然而其所依赖的故事材料却是马克思和基督教的文学理论和实践。这些论证的特色是在一种对立统一、相辅相成的关系中来论述和探究文学理论，从马克思与基督教的显在冲突、潜在融合、互补互助和交织深入的四重关系中来阐释文学理论的基本问题，建构其核心范畴，发掘其理论创新。文学理论的创新在任何时代、对任何研究者来说都不是容易之事，其难点大致有两个方面的：一是发掘到新的内容，二是用新的方法来论证。本书的已有论述兼而有两者。从发掘出新的内容来说，本著作在论述马克思的文学创作，包含其诗歌等的创作研究上发掘出了新的内容，论断出了马克思的文学创作与其学说创造之间的内在关系，这在以前研究中是没有的。从用新的方法来论证方面来看，以马克思这样伟大的思想家、哲学家、政治家和文学评论家来对阵基督教这样源远流长、深厚博大、影响巨大的宗教文化，以一种辩证统一的思维方式，追求在张力互动中来研究活生生的文学理论，相对于常规的静态性研究，不能不说是一种研究方法的创新。而作为全书的结尾部分，本章就要对这些创新研究成果进行总结，对其未来研究进行展望，也使本研究可以画上一个完满的句号。

第一节　新生之旅

一、文学理论范畴拓展

　　如果说本研究可以开辟一条文学研究的新生之旅，其关键是在文学理论范畴上有了拓展。而这些文学范畴就本研究来说包括文学本体论、文学创作论、文学价值论和文学接受论。文学本体论的拓展成了首当其冲的问题，到底有没有文学本体论？从马克思与基督教的相关论述来看，他们的观点竟然是对立的。马克思会认为文学的本质是隶属于上层建筑中的社会意识形式，它是对经济基础的反映，经济基础就是生产关系的总和，生产关系是对应于生产力的政治经济学范畴。但文学区别于法律、政治、宗教和哲学等的反映方式，它是以审美情感的方式来反映生产关系的，进而也是以此种方式来反映社会和人生的。"人们在自己生活的社会生产中发生一定的、必然的、不以自己的意志为转移的关系，即同他们的物质生产力的发展阶段相适应的生产关系。这些生产关系的总和构成社会的经济结构，即有法律的、政治的上层建筑竖立其上并有一定的社会意识形式与之相适应的现实基础。……随着经济基础的变更，全部庞大的上层建筑也或慢或快地发生变革。在考察这些变革时，必须时刻把下面两者区别开来。一种是生产的经济条件方面所发生的物质的，可以用自然科学的精确性指明的变革，一种是人们借以意识到这种冲突并力求把它克服的那些法律的、政治的、宗教的、艺术的或哲学的，简言之，意识形态的形式。"①马克思所说的艺术的，就是指文学和艺术作为意识形态的形式，当然，所谓意识形态的形式，虽然是指人的意识形态的形式，但也不是指单个人的意识形态的形式，而是指整个人类所有的具有社会属性的意识形态的形式，因而也被称为社会意识形式。但即使如此，何以见得马克思关于文学的反映方式是以审美情感的方式呢？甚至在法律，乃至于政治，更不要说宗教和哲学中，

---

① 《马克思恩格斯选集》(第二卷)，北京：人民出版社，2012年，第2～3页。

都可以在一定程度上使用审美情感的方式来阐述问题,但审美情感不是它们最本质和最根本地去反映生产关系的方式。人们认可马克思的这个文学本体论,即文学是具有审美情感的社会意识形式,这就要联系马克思对黑格尔美学的继承与批判,他论述人类生产"按照美的规律来构造",他提出艺术生产的高超性、不可复制性和自觉性,他论证作家创作要莎士比亚化,以及后来恩格斯总结文学批评的最高标准是"美学的观点和史学的观点相统一"等等,所以说,马克思的文学本体论是社会意识形式的审美情感反映论,社会意识形式是其基本属性,审美情感是其独特的也是最本质的属性,反映是其表达方式。同时,审美情感也设定了文学的主体是人,但不是自然的人和生物的人,而是一个社会的人,其原因是人的生存必须建立在人的社会生产的基础上,而在社会生产中必然结成的一定的社会生产关系,在总和的生产关系之上才能竖立上层建筑,包括设施的和观念的上层建筑,也就是马克思所说的"法律的、政治的上层建筑"和"一定的社会意识形式"两个部分,文学就是这个一定的社会意识形式之一员。那么,反推论回去,文学的本质是什么,最终要追回到人的本质。"人的本质不是单个人所固有的抽象物,在其现实性上,它是一切社会关系的总和。"①所以,最终要把人的本质落实到其社会本质,脱离了社会,人是无法生存的;脱离了社会,文学也就成了无本之木、无源之水。马克思的文学本体论是人—社会的审美情感反映论,从哲学的高度来看,是历史唯物主义的审美情感反映论。

相对于基督教而言,什么是文学本体论也许并不是他们直接感兴趣的问题,然则基督教对文学的运用与依赖,使得基督教徒也不得不思考;而对基督教的作家和评论家而言,自然的文学本体论的问题是他们常要思考的问题。实事求是地说,圣经文学对基督教的影响实在是太大了,以至于对基督教的感受和体验在相当大的程度上都依赖于对圣经文学的阅读和赏析。"太初有道,道与神同在,道就是神。这道太初与神同在。万物是藉着他造的;凡被造的,没有一样不是藉着他造的。生命在他里头,这生命就是人的光。光照在黑暗里,黑暗却不接受光。……道成了肉身,住在我们中间,充充满满地有恩典,有真理。我们也见过他的荣光,正是父独生子的荣光。"(约 1:1—14)这段文学叙述,可算作基督教宗教世界观的形象表述,而其文

---

① 《马克思恩格斯选集》(第一卷),北京:人民出版社 1995 年,第 56 页。

学本体论也无不受其影响。这个道,在英文里就是大写的 Word,既然道就是神,还要道干什么呢?关键的是道成了肉身,住在我们中间(The Word became flesh and made his dwelling among us)。由此,道就成了使人能感受、明白和见证的东西,于是就能感受恩典,明白真理,见证父独生子的荣光。如果从文学阐释论的角度来说,圣经文学就是基督教文学的典范,圣经文学也就是道的化身,其他的非圣经文学,虽然不一定宣扬基督教的道,但基督教认定道住在我们中间,无处不在、无时不在,那些非圣经文学实质上是道的另外的化身。所以,如果就着圣经文学来追问什么是文学的本质,那最终只能说是圣经文学的道,是上帝所创造的,它强调人的审美情感,但与马克思的不同是,人的审美情感不是在社会生产实践中创造的,而是上帝为人所创造的。上帝在哪里?这是人依靠经验和理性所不能证明的,只能靠信仰去相信。信仰当然是人的信仰,是对价值确定性的相信,例如博爱、仁慈等,但绝不是对价值否定性的相信,例如仇视、恶毒等。毫无疑问的是,也是事实所摆明的,基督教的作家和文学评论家,最终是从信仰上帝的终极来论证文学的本质,与马克思相同的是,他们也认可文学是审美情感的产物,但关键的是,文学的审美情感不是来自人本身的创造,而是来自上帝的创造,这在历史上一直是以信仰的神圣性来维护的和辩说的,以意想中的上帝创造世界,当然也创造文学作为第一性,是历史唯心主义的审美情感反映论。

　　鉴上,马克思与基督教关于文学的本体论竟然是截然对立的,究竟谁是对的呢?事实上,关于他(它)们两者的文学本体论谁对谁错的问题,并不是这样一个如此简单的问题。马克思的有经验的依据性和事实的可证性,然则基督教的也有超验的可能性和想象的可行性。人们对于有经验的和有事实的好理解,但对于超经验的和需想象的不一定好理解,而基督教将这些不好理解的都交给了信仰。人乃至整个人类的智慧和创造力实际上是有限的,至少人类目前还不能制造一个地球,即使人类有一天能制造一个地球,还不能制造一个太阳系,即使人类有一天能制造一个太阳系,还不能制造一个银河系……如此不断循环下去而无终点,这个毫无终结的循环运动,正如整个宇宙是无边无垠的一样,为基督教的信仰提供了支柱:人是有限的,上帝是无限的;人是可能的,上帝是万能的;人是短暂的,上帝是永恒的。就这样的宇宙观来考察文学的本体论,到底是什么使文学的成了文学以及文学的本质是什么等问题都只能从相对论的角度回答了。如果你一定要执着于绝对有文学本体论,也正因如此而根本无所谓文学本体论;如果你坚决反对所谓文学的本体论,倡议反本质主义的文学论,也正因如此确能构造文学本体论。因此,我们可以说,所谓文学本体论的问题,实质上是一个相对论的问题。宇宙世界的一切都只是相对而言,没有绝对的普遍性。使树成为树的东西,绿叶、枝干、根系,当它们被挪到月球上,根本就不能成为树。文学也是一样,马克思认为的社会的人的审美情感,与基督教认为的上帝创造的人的审美情感,根本就不是一回事,因为它们是生活在两个不同生存圈中的东西,一个在人的世界中,一个在上帝的世界中,根本就不搭界。但如果是谈马克思立足的社会生产的人的审美情感和黑格尔立足的市民社会的人的审美情感,那倒是可确定探究什么是文学的本体论。可见,文学本体论也就是相对论,所谓文学本体论只能是在一定范围的文学本体论,没有绝对的文学本体论。

其次看文学创作论的理论范畴的拓展,也是值得我们深入思考的问题。正如前面所论述的,马克思与基督教各自的文学创作奇迹、文学创作激情和文学审美情感等,无不昭示着此一理论范畴的可拓展性和可发掘性。在文学创作论中,马克思从他青年时期的文学创作的实践经验和爱情、求学和生活等的审美情感的历练中,对作家的文学创作提出了"莎士比亚化"的现实主义创作原则。而基督教关于文学创作,圣经文学是其主要的标志。其他的基督教作家和文学评论家的论断和总结等,都脱离不开基督教的神圣信仰。就文学创作的奇迹来看,马克思更看中的是人的能动性和创作力,而基督教更看中神的万能性和无限性;就文学创作激情而言,马克思将文学创作的激情归结为人的主观能动性在创作实践中的不懈努力和追求,而基督教则会将此激情神秘化而归结为圣灵感召;就文学创作的审美情感而言,马克思会将它视作艺术生产实践的结果,而基督教则会认为是神圣之美对创作者的感应或投射。总之,如此的不同,令人不得不怀疑到底有无一种具有普遍规律的文学创作论。不管这样的看法有多么冲突,我们要抓住的一点是,所有的文学创作,都是由无到有的一个审美情感的创作过程,如果创作的不是审美情感的创作,那将不是文学的创作,可能是哲学的、宗教的或是政治的等其他的创作。文学的创作一定是审美情感的创作,这应是一条不容置疑的普遍规律,无论是马克思还是基督教都会承认的,审美是文学创作的形式特征,使它区别于其他的创作的形式特征,情感是文学创作的动力,虽然情感也可以成为其他创作的动力,但审美情感却是为文学创作所独有。但就文学创作论范畴的拓展来说,文学创作从无到有,其形成的来源是多样的,而不是单一的。如同传统马克思主义者认定的一样,文学创作的形成来源于主体的能动性与客观情形促进的融合;也如同经典的基督教文学所认定的一样,文学创作的形成来源于超主体的预定性与客观情形显示的融合。其实,文学创作的形成来源的丰富性何止这样两类,如果主体的能动性是 A,客观情形的促进是 B,超主体的预定性是 C,客观情形的显示是 D,不但 A,B,C,D 各自能独立自主地成为文学创作的形成来源,而且 AB,AC,AD,BC,BD,CD 每两者的融合,ABC,ABD,BCD,CDA 每三者的融合,以及 ABCD 四者的融合,就有 15 种形成来源。当然,文学创作并不等同于数理论证,只是说逻辑上可借助数理来推断,未必要遵循数理等自然科学的外在形式。从文学创作是对社会人生宇宙的审美情感的反映来说,世界是多样丰富的,文学创作的形式和来源也是多样丰富的。

再看文学价值论,马克思的文学价值论彰显了强烈的政治倾向性,那就是文学为谁服务的问题。在马克思看来,文学就是要为无产阶级进而是广大人民群众服务并最终为整个人类服务。在资本主义社会中,在与资产阶级的对抗和斗争中,文学就要为无产阶级服务。到了社会主义社会,在建设社会主义的伟大事业中,文学就要为广大人民群众服务。而到了共产主义社会,已经消灭了阶级,文学就要为整个人类服务。由此,马克思的文学价值论,从文学倾向性来看,就是逐步实现由阶级到无阶级服务的转变。而基督教的文学价值论,从文学的倾向性来看,其强调文学为其子民服务,为其信徒服务,这是自然之理,无可厚非。基督教教义自古就有训导,"恺撒的物当归给恺撒;神的物当归给神"(太 22:22)。这是基督教政教分离的重要原则,政治和宗教分开,政府和教会脱离,一方面维护教会和教民的正当权益免受政府干预,另一方面也防止强大的教会干预政治事务。这当然是正确的也是理想的,但实际上并不是如此,例如英国国教(Church of England),在英王亨利八世(Henry VIII)时脱离了罗马教皇(Pope)的统治,不归其管辖,从此英国国王或女王成了英国国教的最高统治者。在当今英国,一般由英国首相(Prime Minister)提名,然后由英国女王伊丽莎白二世任命两位英国大主教(Archbishops)和所有主教,当然,这些大主教、主教以及教会对政府和王室也是有帮助的。这表明实际上英国政治和宗教有着千丝万缕的联系,政府和教会也是互利互惠的。由此来看基督教的文学倾向性,很难说有完全的为子民或信徒服务的文学,即使是莎士比亚那样的伟大的基督教文学家,强调的主角还是国王、王子和贵族乃至是正在兴起的资产阶级,基督教的教会为权贵阶级服务乃至是帮助资本主义海外殖民而掠夺被殖民国家,这些都是事实。但同时也有一些基督教的教会和传教士,他们赈济灾民、治病救人、开办学校、帮贫扶困,这也是事实,那么就其文学的服务对象来说,则是子民信徒和普通民众,例如,C. S. 路易斯,他所写的那些文学著作,乃至所做的讲演和广播等,都是第二次世界大战期间的基督信徒和战士而做的。因此,从马克思的文学价值论到基督教的文学价值论,我们发现,谈论文学的价值论,不能笼统一概而论,必须分不同的时期,根据不同的阶级,结合不同的时务。

但我们只能生活在一定的历史时期,在同一个历史时期,既有统治阶级也有被统治阶级,那如何来确定文学的价值倾向呢?"统治阶级的思想在每一时代都是占统治地位的思想。这就是说,一个阶级是社会上占统治地位的物质力量,同时也是社会上占统治地位的精神力量。支配着物质生产资料的阶级,同时也支配着精神生产资料,因此,那些没有精神生产资料的人的思想,一般的是隶属于这个阶级的。占统治地位的思想不过是占统治地位的物质关系在观念上的表现,不过是以思想的形式表现出来的占统治地位的物质关系;因而,这就是那些使某一个阶级成为统治阶级的关系在观念上的表现,因而这也就是这个阶级的统治的思想。"[①]马克思的论述是如此深刻而坚实不可摧,在于他实际上是从唯物主义哲学中物质第一性而精神第二性的基本原理出发的,因而就此来探究文学的价值论,文学就要为统治阶级服务,除非这个统治阶级已经腐朽反动必须被推翻。进而文学为统治阶级服务并不是一种世俗化的奴才主义或是利益化的功利主义,而是文学作为上层建筑中的社会意识形式要服务于经济基础的必然要求。因而在资本主义社会中文学必然以审美情感的方式去宣扬资本主义的价值规范,同样在社会主义社会中文学必然也要以审美情感的方式去宣扬社会主义的价值规范,这样就形成了一种占统治地位的或曰主导的或曰主流的文学意识形态,自然,此文学

---

① 《马克思恩格斯选集》(第一卷),北京:人民出版社,1995年,第98页。

意识形态是对此社会性质的(资本主义的、社会主义的等等)反映。从西方社会的历史进程来看,基督教的文学意识形态既是对奴隶社会也是对封建社会、资本主义的意识形态的反映,也可能成为其对社会主义的意识形态的反映,例如解放神学、基督教社会主义等影响下的文学意识形态。可见,基督教已经不单纯是一种宗教,而是一种强大的历史文化传统,在两千多年的历史风雨中已经铸就了它耐久适应的品性。其文学意识形态不但在西方社会根深蒂固,而且在中国随着改革开放的进程也是日渐发展。自然,马克思的进而提升为马克思主义的文学意识形态是社会主义中国的主导或主流的文学意识形态,然则,基督教的文学意识形态就是从属或非主流的,这是事实的存在,在别的社会主义国家中也存在相类似的情况。由此,就文学价值论而言,它总是要适当地反映出一定的社会属性的具体特征和丰富内涵,绝不是单一的、抽象的社会属性。所以,一定的社会阶段的、国家的、民族的或是地域的文学价值论,总是一个丰厚的整体,这其中既有占统治地位的文学价值论,也有从属的、非主流的文学价值论,再说得通俗点,也就是有主也有次,有中心也有边缘,有重点也有非重点,这样所构成的一个具体而丰富的整体。

　　从朝向未来的眼光来看,人类社会总有走向共产主义的一天,总有消灭阶级的一天,总有消灭城乡差别、体脑差别、发达地区与欠发达地区的一天,到那时,世界文学的真正时代就要到来,世界文学的全面意义就要实现,到那时文学价值论何为呢?这倒要看世界文学是如何形成的。"资产阶级,由于开拓了世界市场,使一切国家的生产和消费都成为世界性的了。……旧的、靠本国产品来满足的需要,被新的、要靠极其遥远的国家和地区的产品来满足的需要所代替了。过去那种地方的和民族的自给自足和闭关自守状态,被各民族的各方面的互相往来和各方面的互相依赖所代替了。物质的生产是如此,精神的生产也是如此。各民族的精神产品成了公共的财产。民族的片面性和局限性日益成为不可能,于是由许多民族的和地方的文学形成了一种世界的文学。"①尽管德文"文学"一词"Literatur"泛指科学、艺术、哲学和政治等方面的著作,但纯粹指严格意义上的"文学"也包含在其中,严格意义上的世界文学的时代也就要来临。物质生产的世界性导致了精神生产的世界性,精神生产的世界性导致了

---

① 《马克思恩格斯选集》(第一卷),北京:人民出版社,1995年,第276页。

艺术生产的世界性,在这种论断中,马克思和恩格斯的坚定的历史唯物主义立场和严密的逻辑推断真是无懈可击。自然,在这样的世界文学时代,文学的价值论上升到一个最宽广的维度,世界的公民学习和构建世界的文学,文学的服务对象将是整个人类,没有阶级、国家、民族和地区的分割,文学的价值规范也突破了阶级、国家、民族和地区的局限,具有最广泛的普遍性和通约性,由此成为一种世界性的文学价值论。在这个世界性的文学价值论的生成过程中,免不了有冲突与融合。相冲突的,通过角逐最终选定最强势的也是最具通约性,例如"文学即是人学"与"文学即是神学"的角逐并最终谁被选定,除了在精神领域的斗争,还最终取决于在物质领域的斗争,看支撑谁的那种物质基础是最强劲的。相融合的,可能使原先专属于某个阶级的、国家的、民族的或是地区的成了世界的,因此我们可以说,阶级文学上升为世界文学,国别文学上升为世界文学,民族文学上升为世界文学,地域文学上升为世界文学。所以,未来的文学价值论,是一个多元与统一、开放与包容、冲突与融合的文学价值论。

最后看文学接受论,也就是从探究文学生产转入探究文学消费。从前面关于马克思与基督教动态关系来寻求,可分解为文学阐释、文学批评和文学鉴赏三个阶段。文学阐释重在探究我们从文学消费中获得什么知识;文学批评重在探究我们从文学消费中获得什么反思;文学鉴赏重在探究我们从文学消费中获得什么审美。就文学阐释而言,马克思作为文学阐释的主体,认可文学是一种知识;或是基督教作为文学阐释的文化背景,隐含着文学即是知识的设定。文学不仅是一种虚构叙事,也不只是想象抒情,而且也是知识。文学作为知识,并不是事实性的知识,如长江在中国,这是容不得改动和虚构的,也不需要深入理解,只要记住了就可以;而贾宝玉是一位反封建礼教、勇于追求自由和爱情的清末贵族青年,则是被作家曹雪芹创造出来的,对于读者而言,是需要理解和阐释的,因此,文学作为知识则是建构性的知识,文学阐释对文学作为知识的阐释就是要使读者理解文学真理的普遍性,以建构性的叙事或抒情,去反映出社会人生的内在逻辑。文学的真实何以能超越生活的真实则是对这个问题的具体化,能使读者明白文学要遵循逻辑的真实和情感的真实,要超越生活的琐碎和偶然。由此,对文学的阐释需要多种学科知识的支撑,自然科学主要支撑其阐释的数理逻辑,社会科学主要支撑其阐释的社会法则,人文科学主要支撑其阐释的情感依据,于此,文学阐释才是全面的、可靠的和可行的,文学接受也才得以着手起步。

　　起步之后,则进一步的是文学批评。文学批评实际上就是从反思的角度对文学接受的一种探究。如果说文学阐释是力图论证某文学哪些方面是知识,而文学批评则是同样力图论证某文学哪些方面不是知识。虽然我们可以从一个整体来谈文学批评,然则如同纯粹抽象地谈文学实质上很难具体感受什么是文学一样,文学批评也总是要结合具体和特定的对象来谈。马克思的文学批评具有强烈的批评意识和实践精神,我们可以看到马克思不但在自己创作的诗歌中抨击普鲁士不合理的政治制度和法律规则,还在诗歌等文学创作之外力图改变这些不合理的政治制度和法律规则。而基督教的文学批评,无论是圣经文学的批评,还是基督教作家或是神学家等的文学批评,都力图批评一些有违背基督教信仰的那些知识,如偶像崇拜的文学叙事、原欲冲动的煽情描述等等所影射的知识。那么,不同的思想家或是不同的文化传统对文学的批评可能是很不一致的,即使是马克思和基督教,他(它)们还同处西方社会犹太－基督教的文化圈,处于不同的文化圈的文学批评则更加不同。不同的文学批评之所以不同,关键是它们各自的文学批评标准是不同的。马克思的是"美学观点与史学观点相统一"的标准,而基督教的是"审美与信仰相统一"的标准。为什么它们的标准不同? 从根本上讲,是它们的哲学文学观的不同,马克思的是历史唯物主义的文学观,而基督教的是历史唯心主义的文学观。如果套用黑格尔的名言"存在就是合理的",那么马克思的或是基督教的文学批评各自也都是合理的。那就不能肤浅幼稚到以马克思的文学批评去抨击基督教的文学批评,反之亦然。然则,在现实处境真还有不少以我之文学批评标准去评定他人之文学批评标准对错的,由此纠缠不清。文学批评是属于人文科学的活动,严格地讲,对人文科学的评价是无对与错的标准,只有应该与不应该的区别。对与错依据的是事实和规律,而应该与不应该依据的是情感与人伦,前者对应的是客观性,后者对应的是主观性。这里出现了一个适得其反的结局:力图将文学批评标准客观化的却导致了主观化,力图将文学批评标准主观化的却导致了客观化。这也许是黑格尔所论事物在其正题阶段要走向其反面或否定性的地方,这对万事万物都是适合的,包括文学批评。但关键是文学批评的正题,也就是出发阶段应是主观性,经过反题,最后到合题,上升到更高的更合理的主观性,所谓主观性是指文学批评针对的是情感和人伦,文学批评的提升最终落实到情感和人伦上的提升。脱离了情感,就脱离了文学批评的对象,无从开展文学批评,进而如果缺乏了审美情感,更不是真正的文学批评;脱离了人伦,文学批评就缺失了主体,无法落实文学批评,进而如果缺乏了社会人伦,更是不可信的文学批评。

文学鉴赏侧重的则是文学接受中获得什么审美,审美是文学以其艺术方式使读者或欣赏者从感情上得到感染和熏陶的过程。马克思的文学鉴赏依托于从古希腊罗马文学到19世纪文学的悠久宏阔的文学史,将文学的审美情感融合于无产阶级的改变世界的使命之中,为了实现这个使命,马克思的文学鉴赏总是自觉地将文学审美与政治批判、哲学批判、宗教批判和历史批判等巧妙地结合起来,文学鉴赏中的政治倾向性、哲学指导性、宗教批判性和历史总结性等都是不露痕迹,但审美悄然促成。而基督教的文学鉴赏,一者依托于圣经文学的鉴赏,既有教会集会的定期宣讲和欣赏,也有信徒自己有意识的欣赏和评定,还包括非信徒的学习与欣赏。二者依托于基督教文学评论家的欣赏和评定,这些专业的欣赏和评定已经超出了圣经文学的局限,将带有基督教思想主题和艺术形式的文学作品都纳入他(她)们的范围,但他(她)们一般倾向于解析基督教思想如何进入了文学。三者是基督教的神学家们的欣赏和评定,虽然他(她)们不是专业的文学评论家,但他(她)们的神学思想对文学的评价具有独到的视野,他(她)们一般倾向与解析如何从文学进入基督教思想。由此,既然文学鉴赏具有如此大的差异性和如此多的个体性,则要求我们要从宏阔的人文科学背景和丰厚的美学思想史来探究文学鉴赏。文学从根本上来讲并不能单独成为文学,它是与构成人文科学的哲学、历史、宗教等紧密相连的。从它们诞生之初,文学、哲学、历史和宗教等人文知识其实都是不分的,只是后来由于社会的发展,导致了精神生产领域分工的日益细密,才有了各自领域的分类。但即使如此,它们的内在关联和相互影响却从没有被切断。试想,人文科学史上,探寻审美的与探求真理的、与解析过去事实的、与追求超验信仰的等,无不是交融汇合,互相推动。没有那种单独的人文科学可以主宰一切和包涵一切,即使在今天人文科学分工很精细和专业性很强的处境中,没有宏阔的整体的人文科学基础,其单一的科学发展生命力是有限的,其前途是短暂的。而马克思与基督教关系的文学鉴赏,正好印证了宏阔的人文科学背景的对此问题乃至整个文学的探究的基础性和可持续性的巨大作用。文学鉴赏的基础在于厚实的人文素养,人文素养囊括了文学、哲学、历史和宗教等丰厚的知识和思想,只知其一而不只其二,那是肤浅和站不住脚的。同时,人文科学内各自之间并不是孤立静止的,而是联系互动、相互促进的。由此,单一的人文科学的发展并不仅是决定于其自身,而是在更大的程度上决定于整体的人文科学。所以,就文学鉴赏而言,它要倚重的是人文科学的宽阔的背景。

此外,文学鉴赏还要依托于丰厚的美学思想史。正如我们在前面所论述的,文学鉴赏更侧重的是一种审美探求,审美探求并不能仅停止在只对此一文学作品或只对某一作家的审美探求,仅停止在只对此一文学作品或只对某一作家的审美探求,那就只有浅层而无深度,只有起步而无延续,只有表象而无实质。由此,文学鉴赏要联系对此一类文学作品或对某一类作家的审美探求,才能将文学审美丰富而深厚的内涵揭示出来。马克思的文学鉴赏,举例来说就依托了古希腊的戏剧美学思想、古希腊的哲学美学思想、古罗马的唯物主义美学思想、德国古典哲学的美学思想等;而基督教的文学鉴赏,可随意举例的是,它依托了柏拉图的美学思想、教父时代的美学思想、中世纪的经院哲学美学思想等,这也正印证了马克思与基督教关系的文学鉴赏是西方美学思想史的产物,已经远远超越了所谓意识形态的纷争和文学政治化或是文学神学化的简单判断和片面认识。进而,我们可以说,文学鉴赏也是沟通马克思与基督教冲突形态的有效途径,文学鉴赏依托于丰厚的美学思想史,其蓄养的审美能力应该能突破意识形态的瓶颈,把冲突转变成融合,把融合提升为理想,这也是自觉遵循了黑格尔的辩证法,是走向未来的审美之路。

二、文艺学思维模式转变

从前面的论述中可知,马克思与基督教关系的文学研究启示我们:作为文学理论科学的文艺学,其思维模式要发生转变,应由二元对立转入辩证统一、由单一系统化转入多项联动化、由文学的单植再生化转入文学嫁接寄生化。正由于马克思和基督教在哲学宗教观上是对立的,一者是无神论,另一者是有神论,于是仿佛两者是对立冲突的,仿佛是生与死、是与非、对与错一般的,是一种非此即彼、不相融合的关系。这就是所谓的二元对立的思维模式,把世界上任何事物都看成是这样截然对立、截然冲突的,对文学也是如此。要么是马克思或马克思主义文学是正确的,要么是基督教文学是正确的。由此思维模式所构成的,在文艺学的诸多理论和实践问题上就会产生许多似是而非的命题。例如,"美的规律"是对艺术根本属性的唯一科学的揭示,阅读《圣经》是见习基督教文学的唯一途径等。其实,马克思所讲的"美的规律"揭示了人类劳动的创造性能与事物固有的属性融洽地结合起来,人类生产实践的自觉性能与被改造对象的合目的性联系起来,这样的劳动才是人类真正意义上的劳动,而不是资本主义的异化劳动,也就是使人感受到美的愉悦和幸福的劳动,这是马克思所揭示的人类劳动的一般特性,并不是作为精神劳动的文学创作的最本质的属性的体现,其乖谬之因在于将马克思或是马克思主义的论述看成是永远绝对真理而其他的都是谬误这样一种二元对立的思维模式。同样,认为阅读《圣经》是见习基督教文学的唯一途径这样的文学实践命题也是站不住脚的,实际上除了阅读《圣经》,见习基督教文学的实践方式还有很多,如阅读基督教作家、思想家、神学家、哲学家等的文学作品,不也是见习其文学的实践方式吗?此种文学实践命题的乖谬之因也在于二元对立的思维模式。

  二元对立的思维模式之所以不是绝对科学的,乃是其绝对化的形而上学方法论所致,事实上,事物之间既有对立冲突的一面,也有融洽统一的另一面。融洽统一的基本条件是,对立的事物之间存在着过渡带或中间区域,就如同是黑与白之间、左与右之间、过去与将来之间一样,不可能就是截然的对立而没有任何的融合的机宜,就像黑和白的融合有各种各样的灰色,左和右的位移产生长短不一的中间位置,过去和将来的时间设定带来不尽相同的特定时期,因而世界上的多数事物都处在融合变化的状态,由此要求思维模式是辩证统一的,即既关注事物矛盾对立冲突的一方面,还应关注它们统一融合的另一方面。对万事万物思维规律如此,文艺学的思维模式也当如此。之前,文艺学的思维模式深受西方传统的文艺思维模式——二元对立的思维模式的制约,总是在物质-意识、表象-实质、抒情-叙事、故事-本事、人物-环境、阅读-接受等等二元对立的模式中去解读文学作品和归纳文学理论,这其实都是狭隘的做法和片面的理解,尽管它们可能有一定的道理,但从整体的和更高的要求来看,它们实质上都还是不全面的。不可能就只有马克思的文学理论是科学的,与之对应的基督教的文学理论也可能是科学的,反之亦然。科学与否,关键看它们是否在某种情境或条件下揭示了文学自身的规律,即使是说有永恒的艺术规律也是不科学的,这就是二元对立思维模式的产物,以永恒来对应短暂,看起来有道理,其实并不然,事物实质上都处在短暂与永恒的不断变化之中。文艺学学科也是如此,没有永恒的文艺学终极真理,不论是文学理论或是文艺学本身,它们都在不断变化、发展之中,这也是辩证统一的文艺学思维模式的反映。

其次,要由单一系统化转入多项联动化。无论是马克思的文学研究还是基督教的文学研究,就其各自方面来说都还是丰富的、全面的,乃至于是系统的,相应地形成了他(它)们各自的文学理论、文学批评范式、文学研究路径等。即使如此,就整体的文学研究而言,还是不丰富的和不全面的。尽管它们各自是系统的,但就整体的文学研究而言,还是各自为政,缺乏联系互动。不是说要生硬地将任何对象关联起来,而是说该要关联的就要关联起来。马克思和基督教关系的文学研究之所以可以关联起来,从文学研究的方法论来说,就是文学文化方法论。马克思所代表的西方文化可描述为探索、自由、革命和实践的人文主义,而基督教代表的则是神秘、虔诚、笃信和博爱的超验主义,那么他(它)们各自所代表的文化内涵对其文学的研究都会产生影响,乃至于研究者们可以把它们归纳成单一的系统化的理论,但这是不足的。因为很显然,悠久深远的西方文化,它不但包含着探索、自由、革命和实践的人文主义与神秘、虔诚、笃信和博爱的超验主义,而且各种因素之间也是相互作用而互动生成的,当基督教的神秘过于垄断时,马克思或马克思主义的探索就可来应对,当探索一时无结果时,神秘也就来填充。当马克思或马克思主义强调自由、革命和实践时,基督教就以虔诚、笃信和博爱来补充,反之亦然。尚且,并不只有马克思或马克思主义才是自由、革命和实践的,基督教也是自由、革命和实践的,只是其角度可能有些不同;也并不只有基督教是虔诚、笃信和博爱的,马克思或马克思主义也是虔诚、笃信和博爱的,只是其方式有些不同。由此,他(它)们所关涉的文艺学思维模式,也应是多项联动化的,而不只是单一系统化的。当然,这样的多项联动,并不是人为地、生硬地去联动,而是它们本有关联性才去联动。例如,当我们谈论文学的实践观时,既要看到马克思式的文学实践论,也要看到基督教式的文学实践论,前者更强调从社会革命去实践,后者更强调从人类博爱去实践,但无论是马克思还是基督教,社会革命和人类博爱实质上都是不可缺的,所以,在文艺学的思维模式上就要多项联动化,否则,就会陷入单一性政治系统或宗教系统的意识形态化,这被证明是片面的、不科学的。

　　再次,由文学的单植再生转入文学的嫁接寄生化的生长模式来看,这里借用植物培育和嫁接的术语来说明未来的文艺学思维模式的转变与创新,例如巨峰葡萄(kyoho)就是欧美基因的杂交品种,苹果梨则是苹果和梨的杂交品种。类此,马克思与基督教关系的文学研究启示我们,文艺学的思维模式也可模仿此种嫁接寄生化的方式,而突破原先那种单植再生化的模式。之前,对马克思的文学研究,总是要从对马克思的哲学、政治经济学、宗教学和历史学等的论述中找出那些被认为是"文学的"因素,然后将它们单独一一再生成文学的范畴或理论,基督教的文学研究也是一样,总是要从其《圣经》典籍、神学、宗教学、教义学、教会学等找出那些被认为是"文学的"因素,然后也将它们单独一一再生成文学的范畴或理论。这样的文艺学思维模式,只会导致文学研究的路径越来越狭窄,因为你总是要从非文学之中找文学的东西,结果会发现能找出的东西是文学的越来越少,此种文艺学的思维模式是剥离再生的方式,它对非文学性载体的作用是不考虑的,是不加利用的,被它所抛弃的东西很多,因而实质上是减殖的过程。而嫁接寄生化的方式,则对非文学性载体的作用是考虑的,被它所利用的东西很多,是合成与利用的方式,因而实质上是一个增殖的过程。由此,此种文艺学的思维模式,只会促使文学研究的领域越来越宽广,文学研究的路径越来越多样,文学研究的理论越来越丰富。例如哲学文学学、圣经文学学、宗教文学学、增殖文学理论、寄生文学理论等等。于是,文学的未来越来越光明,文学研究的前途越来越可观,文学理论的水准越来越高,文艺学思维方式的突破,是文学理论突破的先兆,至于有什么样的文学理论的突破,有待于我们不懈的努力,但我们对文学前程充满希望,这是一条锦绣之程。

第二节 锦绣之程

一、文学研究的前程

当我们预见文学前途是锦绣之程时,立即会遭到一些人的质疑。在他们看来,文学的前途一片黑暗,文学研究的未来是穷途末路。这些人的看法似乎是有道理的,因为从当前文学面临的挑战和文学研究的现状来说,确实也是有些令人沮丧的。就中国目前而言,文学面临的最严重的挑战分别是:市场经济的强大掌控和读者群的逐步丧失。虽然市场经济对社会主义中国经济的发展起到了相当重要的作用,但市场经济的弊端也是十分明显的,追逐利润导致市场经济无孔不入,有如一只强大的黑手掌控市场的起起落落。图书市场也是一样,哪样能赚钱,哪样就充斥在市场;哪样不能赚钱,哪样就被排挤出市场。于是,那些地摊文学、色情小说、暴力描写、变态逸事、刺激故事、庸俗传闻等等就蜂拥而至。尽管政府加强了对图书市场的监管力度,但利益的驱动使得监管查不到、不到位、不得力甚至是不作为。进而,由于图书市场乃至是整个文化市场被利益的掌控,文学读者群在逐步减少。读者难以找到上乘的文学读物,因为逐利的市场难以容下这些不赚钱的上乘的文学读物;即使这些上乘的文学读物在市场存身,也是售价昂贵,许多读者买不起;再加之目前我国公共图书馆系统的不发达和不便利的状况,大众读者要找到这些上乘的文学读物并不容易。这些也许还是一些客观性的因素,就主观因素来说,当今的文学消费者,正在经历着由读者向观众的转变。随着网络多媒体和视觉文化时代的到来,越来越多的人倾向于直接感官刺激的图像消费,而厌弃思考想象性的文本消费。由此,文学的接受者越来越多的是从改编的电影、电视剧等视觉文学来"阅读"文学,传统的靠书本来阅读文学的读者在逐步减少。从教育来讲,它也脱离不了市场经济的强大掌控,越来越倾向于专业技能的培养而轻视人文素养的熏陶。市场对教育的误导就是使广大的受教育者热衷于学习那些有实际用处和带来物质利益的知识,而文学在这方面几乎没有多大用处和能带来物质利益,于是文学读者群逐步减少也就不足奇怪了。

  文学研究的现状,也是不容乐观的。当前文学研究最为突出的两大弊端,其一是重理论,轻实践;其二是多评述,少原创。按理说,文学研究应该是理论与实践并举,研究者们应自觉将自己的研究从实践上升到理论,再从理论还回到实践,如此不断循环,形成一个实践检验理论、理论指导实践的良性循环。但在当前的文学研究中,相当的文学研究者都是重理论轻实践。究其原因,还是搞理论探讨容易些,而进行实践验证难些。改革开放使人们的生活水平有了很大的提高,但一些人因此也就滋长了安乐享受的懒惰思想。一些文学研究者也是如此,不愿花精力去细读、精读和深读作品就赶写评论。同时受市场经济利益驱动的影响,只愿快出成果、多出成果,以求利益最大化。于是,闭门造车的有、炮制学术垃圾的有、空喊口号的有、拿高深理论来唬人的有,等等一切,总之是不扎根于文学作品,不深入生活,不把握时代命脉,用自己的脑子和所谓的理论来决定和验证文学研究。进而,这样的文学研究导致了越来越多的重复性评述,却缺乏具有突破意义的原创研究。就文学理论而言,中外文学理论史上可借鉴的文学理论很多,以理论转述理论就成为一些人成名发迹的捷径,文学研究甚至变成了理论对理论的战场,看似硝烟弥漫,但真正自己动刀动枪去战斗的很少,因为都是拿着别人的武器在挥舞,拿着他人的弹药在挥霍。这其中又以偏重西方文艺理论为最突出,向西方文艺理论一边倒成为一些人赶时髦、抢地盘、争名誉的常规手段,乃至于改革开放以来,中国文艺理论界形成了曹顺庆先生所指出的"失语症",面对强劲的西方文艺理论,中国本土的文艺理论都哑口无言,因为没有真正属于自己所创造的理论可以发声应对,这是中国文艺理论界的悲哀,我们应有勇气和决心来扭转此种僵局。

  如何来扭转上述的种种僵局?我们应坚信文学不会消亡,尽管当今文学面临严重挑战;文学研究不会走上穷途末路,尽管当前文学研究具有积重的弊端。只要有人类的存在,文学就不会消失,文学研究就不会灭迹。随着社会的发展,人将越来越能超越物质空间的限制而进入精神和心灵的无垠空间,人的高级享受将越来越会偏向审美愉悦的享受,由此决定了文学存在的必然性和开展文学研究的可能性。尽管市场经济有着强大的掌控,但市场经济总有消失的一天,也有变得良性的时候。真正的文学经典和文学研究是不会被资本主义的经济浪潮所淘汰的,马克思的基督教文学和文学理论便是明证。

尽管读者群可能在逐步丧失,一旦资本主义疯狂追逐物质利益的私有制度被消灭,人类进入社会主义和共产主义的发达社会,人人都可能成为读者、作家和艺术家,正如马克思和恩格斯所预见的:"而在共产主义社会里,任何人都没有特殊的活动范围,而是都可以在任何部门内发展,社会调节着整个生产,因而使我们有可能随自己的兴趣今天干这事,明天干那事,上午打猎,下午捕鱼,傍晚从事畜牧,晚饭后从事批判,这样就不会使我老是一个猎人、渔夫、牧人或批判者。"①如此,文学的读者群将是整个人类,人人的可能性、参与性、积极性和创造性,将汇集成巨大的力量,文学研究中将不容许懒汉存身,文学研究中将不允许滥竽充数,文学研究中将不接纳空头理论家,人人自由、自觉、自为,"每个人的自由发展是一切人的自由发展的条件"②。所以,在未来文学研究是每个人自由、自觉和自为的行动,是必然、必要和必需的审美实践,我们用不着担心文学研究会灭迹,相反,它会日益繁荣。

然则,我们不可能一下就进入共产主义社会的文学研究,在未来社会的漫长时期,作为到达共产主义理想社会的中间阶段,多元文化背景中的文学研究将是过渡到共产主义之前的一种常态性的文学研究。这实质上已由本课题"马克思与基督教关系的文学研究"所昭示,在这种过渡性的阶段,将有马克思主义的、基督教的、伊斯兰教的、儒家的、道家的、印度教的、巴哈伊教的等等多元文化的共存和互动,文学与文化的关系日益紧密,文学研究渗透到文化研究之中,文化研究覆盖到文学研究之中,这些都将成为常态。多元的文化对文学研究将产生巨大影响,使文学研究能超越狭隘的地域、民族和历史等的范畴,将极大拓展文学研究的宏观领域,有力促进文学研究的整体提升。未来公民的文学素养、文学创作力、文学理论水平和文学鉴赏水准等都要比今天的公民高出得很和丰富得多,这都得益于多元文化对人的影响进而对文学所产生影响。反之,未来的文学也对文化产生动态反应。由于文学的发展与提升,以文学为载体或渠道的文化研究,将使不同文化之间的沟通和交流变得更加广泛和深入,只具有单一或是狭隘文化的人在未来是很难发展和成长的,就如同今天正逐步形成的欧洲一体化,只待在本国或本地区的人将难以得到

---

① 《马克思恩格斯选集》(第一卷),北京:人民出版社,1995年,第85页。
② 同上,第294页。

全面而长久的发展和提升。文学甚至就是文化融合的通道,未来发展了的文学,以其汇合性、包容性和社会性等特征,比任何其他的人文科学,如哲学、宗教、历史等都更具可通融性和可交流性,由此对多元文化的融合起到巨大的作用。

进而,我们不得不考虑全球一体化进程中的世界文学。由欧洲正在进行的一体化进程我们可以预见全球一体化进程的实现,而此一进程中的世界文学正是文学研究前程中浓墨重彩之处。如果说未来文学研究与当今文学研究的迥然差别,差别就在于未来文学研究的对象是完全实现了的世界文学,而世界文学在我们今天还没有真正实现。世界文学是如何实现的,马克思和恩格斯早就作了解答。

> 资产阶级,由于开拓了世界市场,使一切国家的生产和消费都成为了世界性的了。……旧的、靠本国产品来满足的需要,被新的、要靠极其遥远的国家和地区的产品来满足的需要所代替了。过去那种地方的和民族的自给自足和闭关自守状态,被各民族的各方面的互相往来和各方面的互相依赖所代替了。物质的生产是如此,精神的生产也是如此。各民族的精神产品成了公共的财产。民族的片面性和局限性日益成为不可能,于是由许多民族的和地方的文学形成了一种世界的文学。①

在马克思和恩格斯看来,未来再没有民族文学和地方文学了,因为它们被合成为了世界文学。世界文学的形成是全球经济一体化发展所导致的结果,并最终走向了地区融合、民族融合、文化融合、国家融合等大融合的时代。未来的社会可以没有阶级、政权和国家等,但却不能没有文学——世界文学。正因为是世界文学,没有了以前文学的地区差异、民族差异、文化差异和国别差异等,这使得此时的文学更具文学的一般性或普遍性特征,因而此时的文学研究更接近文学的本体论研究,也许正是在这样的处境中,关于文学的一些根本性或本质性的范畴在此时会得到深度发掘和重新认识,但至于具体是什么,我们现在只能设想而不能断定,未来终究会给出答案。

当然,从辩证思维的角度来看,未来的世界文学尽管一方面展现为文学在整体上已无地区、民族、文化和国别等的差异;但另一方面,

---

① 《马克思恩格斯选集》(第一卷),北京:人民出版社,1995年,第276页。

它又包含了这些因地区、民族、文化和国别等差异而导致的相对应的文学的特殊性。就像未来的世界食物并不是一块块干枯乏味而无特色的压缩饼干,相反它包括了饺子、肯德基等丰富多样、特色鲜明的食物总汇,但未来的人们已用不着去关注饺子来源于中国和肯德基来源于美国等来源差异问题,因为它们都变成世界性的食物了。由此,未来的世界文学无论从内容上还是形式上都是最丰富的,它的发展是一个不断共生融合的过程。这不但是歌德所预见的,也是马克思、恩格斯所预见的,正如柏拉威尔所论述的:"……每个民族的文学都因为它的特殊性和差别,因为它加之于世界文学交响乐之中的特殊音色,而受到国外读者的珍视。由于意识到其他民族的特殊贡献以及懂得珍视它们,我们也就懂得珍视我们自己的贡献。确实,我们自己的文学在某种程度上也会由于这样的接触而改变它的性质,但这只会是一种丰富,而由此产生的共生现象……仍然会继续带有独特的民族文化的印记和这些作品的作者的天才和个人性格的印记,通常人们是在本国文化范围之内接受外国的作品的。"①可见,未来的世界文学是不断丰富、不断融合也是不断发展的,这就使得它具有最丰富的特性,但同时又具有最一般的共性,就像今天高科技的新型手机,既包含音乐、QQ、微信、邮件、上网、地图导航、天气预报、购物、照相、照明等一切丰富的功能,同时还具备手机通话的最一般的功能。类此,未来的世界文学既是最丰富又是最集约的文学,只能运用其民族文学而不能把握其为世界文学,或只能把握其为世界文学而不能运用其民族文学,都是片面的。如何来把握未来的世界文学?我们不妨借用马克思最深刻的一个信念:"人们表达自己思想的方式,他们所创造的一切制度,他们所形成的一切社会关系,都是有紧密联系的;因此对这一切的研究应该形成一个整体,一种'人类的科学'。"②"人类的科学"也适应于未来的世界文学,对未来的世界文学的把握,要紧紧扣住"人"这个文学的创造者和接受者、生产者和消费者以及阐释者和被阐释者的辩证关系,从人来阐释世界文学和从世界文学来阐释人都是必不可少的,也是相互促进的,流动、灌注和升华于其中的是人的思想。思想对人来说,对文学的未来来说,都是至

---

① 柏拉威尔:《马克思和世界文学》,梅邵武、苏邵亨、傅惟慈、董乐山译,北京:生活·读书·新知三联书店,1980年,第192页。
② 同上,第562页。

高无上的,而这些都为世界文学所承担,世界文学预示着人类思想交融的未来。

二、思想交融的未来

为什么在我们这个文学研究的课题中要特别强调思想交融的未来呢？从一个纯粹文学研究的角度,无论是文学理论还是文学实践,其后台的支撑实质上都是思想的资源。脱离了对思想的探索,任何人文科学的研究都会简化为对表象的研究,无从把握其实质。思想都是创造和革新的结果,对人类的过去、现在和未来都产生重大影响,但一定社会和阶层的某些人,并不会理解、支持此种创新的思想,这就需要人文社会科学的宣传,而文学宣传是其中最常用的,因为文学宣传是采用审美情感的方式,其效果特别好。文学审美可使创新的思想得以愉悦般地被理解和被接受,文学情感可使思想的创新也变得更加人文化和人性化。故此,无论是中国古代的"文以载道"或是西方古典的"美育思想"等等,实质上都达成了对文学和思想关系的理论总结。但遗憾的是,这种关系都偏重强调文学对思想的作用,而没有充分发掘思想对文学的作用。从本课题的前面论述来看,马克思的思想实质上深刻地影响了其文学活动,无论是其文学创作还是其文学批评或是其文学理论。同样,基督教的思想实质上也深刻地影响了圣经文学研究、基督教作家的创作、基督教的文学批评等,由此可看出思想对文学的影响。思想如何来影响文学？尽管中国古人有"养气说",西方人有"善即美"等说法,但总之都是过于笼统和抽象的。于是,探索一个人乃至一个学派、一种思潮对其相对应的文学的影响；或是一种宗教文化、一定的神学思想乃至一个时代的主流思想、一定社会的意识形态对其相对应的文学的影响,都成了探索思想对文学影响的具体途径。这样的探索尽管具体,但基本都是一一对应的模式,而不是多项交融的模式。尽管它们的探索是深刻的,其研究是有深度的,但其所涉及的广度不够,其视域是受限的,由此造成一种"片面的深刻",反而却削弱了它的深度。因此,本课题探讨马克思与基督教关系的文学研究,是在马克思与基督教的多项交融中,由此形成了"显在冲突""潜在融合""互助互补"和"交织深入"的四重关系,依此来探讨文学研究,这样构成了一种创新型的文学研究。如果还是沿着马克思思想对其文学影响的研究或是基督教思想对其文学影响的研究的老套路,那么是难以创新和深化的,因而,多项交融的研究模式,由于广度宽了,广度上的发掘也会导致深度发掘,有利于克服片面深刻的缺陷。

  我们当今所生活的时代,是一个思想交融的时代。全球经济的合作化和逐步的一体化导致思想交流对话的国际化、全面化和深入化,不同文化背景的思想对话越来越活跃,不同宗教信仰之间的思想探索越来越积极,跨越意识形态的思想交流越来越变得可能。在这样的时代背景和现实处境中,作为研究者应顺应历史的发展潮流,积极投身到全球思想交流的大海之中;作为文学研究者,更应该关注思想交融对文学研究的深层意义。尽管思想创新对文学研究有相当重要的作用,但以前的关注点和聚焦重心都在各自对应上的作用,如马克思的思想创新对其文学创作或研究的作用,基督教的思想创新对基督教作家的创作或文学批评的作用等,而现在要打破这种单一性的对应关系,建立一种互动交融的关系,在这样的思想互动交融中,不同文化背景、不同宗教信仰、不同政治制度、不同意识形态、不同哲学思潮和不同历史时代等等多种思想资源可以互动交融,从而在这样的互动交融中探索它们对文学研究的影响。自然,一方面不同思想资源的互动交融,并不意味着任何思想资源都可以随意拿出来互动交融,而是要它们之间确实有着关联性,例如马克思的思想与基督教的思想。另一方面,在这样的互动交融的思想中确实有对文学的关联性,例如马克思与基督教所形成的"显在冲突""潜在融合""互助互补"和"交织深入"的四重关系,分别可对应演绎出"文学本体论""文学创作论""文学价值论"和"文学接受论"的研究。所以,思想交融与文学研究并不是偶然的组合,而要经过严格的对象筛选和严密的逻辑推论而得出必然组合。

  思想交融对文学研究的作用,不仅只是从文学的外部客观条件可以说明,而且从文学内在的结构主义的理论更可以有效阐释,这就是互文性理论的支撑。"互文性"(Intertextuality,又称为"文本间性"或"互文本性"),这一概念首先由法国符号学家、女权主义批评家朱丽娅·克里斯蒂娃提出,她认为:"互文性表示一个(或几个)符号系统与另一个符号系统之间的互换;……它明确说明从一个指意系统到另一个指意系统的转移需要阐明新的规定的位置性,即阐明的和表示出的位置性。"①也就是说,每一个文本都是其他文本的镜子,每一文本都是对其他文本的吸收与转化,它们相互参照,彼此牵连,形成一个潜力无限的开放网络,以此构成文本过去、现在、将来的巨大开放体系和文学符号学的演变过程。由此,由每一个文本所构成的每一部文学作品,也绝不是单一性的整体。"一部文学作品,不是一件简单的东西,而是由交织着多层意义和关系的一个极其复杂的组合体。"②文学作品中多层意义和关系的构建,实质上就是创新思想的表现,而思想的创新的前提是要有思想的互动交融,不可能是静态化孤立地进行。思想创新将极大地推动文学研究的发展,它将打破文学研究中的陈规陋俗,创立新的范畴和范式;它将突破文学研究中不合时宜的禁区,创造出顺应时代潮流的文学研究领域;它将淘汰和剔除掉旧的文学研究模式和方法,更新和升级出新的文学研究模式和方法。就此而言,思想创新是先期的,是原因,而文学研究是后期的,是结果。当然,所谓的原因和结果并不是一成不变的,在一定的条件下它们可以相互转化,文学研究也可能导致思想创新。然则,无论是思想创新还是文学研究,它们都必须来源于实践,落实于实践和检验于实践,没有空虚缥缈的思想创新,也没有空虚缥缈的文学研究。

思想交融在未来时代比我们今天的范围和模式将会发生很大的变化,这关键是科学技术的进步给人类的生活和交往模式带来了新的变化。从范围来讲,未来的思想交融范围将越来越宽广,人们所能发掘的思想资源越来越多,能利用各种科技手段进行有效的交融。每个人都可以成为思想者,每个人都可以自由地与他者进行思想交流对话,并最终使思想的成果交融而又创新,交融的目的不在于交流,而在于交流之后的创新。不仅是人文科学之间、社会科学之间、自然科学之间,而是这三种科学可以任意组合进行交融创新,所以,我们不难想象,在未来可能有经济文学、数学文学、物理文学等新的科学的诞生,这些新诞生的科学将又进一步推动人类的思想交融与发展。从模式来讲,未来的思想交融模式也与我们今天的要发生重

---

① [英]拉曼·塞尔登编:《文学批评理论——从柏拉图到现在》,刘象愚、陈永国等译,北京:北京大学出版社,2003年,第422页。
② [美]勒内·韦勒克、奥斯汀·沃伦:《文学理论》(修订本),刘象愚、刑培明、陈圣生、李哲明译,南京:江苏教育出版社,凤凰出版传媒集团,2005年,第18页。

大的变革。一是读者与读者的思想交融模式会越来越突出，改变作者与读者的传统性单一模式，因为在未来不但关注思想的生产，而且也很关注思想的消费，思想的生产和思想的消费处在动态的平衡状态，因而读者作为思想的消费者，他（她）们的思想交融也变得越来越重要。二是思想交融的媒介会越来越多地采用图像等多媒体手段，逐步摆脱文字阅读和写作的传统模式，因为图像等多媒体手段使思想交融变得更直观、更具感受性和更生动。所以，人们思想交融的结果不一定再以文字的形式来保存，而更多地会采用声像、图画、视频等模式被保存下来。三是思想交融的过程会越来越具有直接性和迅即性，由于科学的进步，使跨越空间地理区域的直面交流越来越普及，例如远程视频、星际电话等，由此，未来的思想交融不需像传统模式那样有一个较长的传递过程，而是直接交融，是一个个畅快的过程。

参考文献

一、中文文献

《马克思恩格斯全集》(一至五十卷),北京:人民出版社,1956~1985年。

《马克思恩格斯选集》(一至四卷),北京:人民出版社,1995年第二版。

《马克思恩格斯选集》(一至四卷),北京:人民出版社,2012年第三版。

《马克思恩格斯列宁论宗教》,北京:宗教文化出版社,2008年。

《回忆马克思》,北京:人民出版社,2005年。

[英]希·萨·柏拉威尔:《马克思和世界文学》,梅绍武、苏绍亨、傅惟慈、董乐山译,北京:生活·读书·新知三联书店,1980年。

陆贵山:《马克思主义与当代文艺思潮》,北京:高等教育出版社,1992年。

马驰:《西方马克思主义与中国当代文论》,开封:河南大学出版社,2010年。

季水河:《回顾与前瞻:论新中国马克思主义文艺理论研究及其未来走向》,北京:中国社会科学出版社,2009年。

董学文:《马克思与美学问题》,北京:北京大学出版社,1983年。

朱立元:《马克思主义文艺理论中国化研究》,北京:经济科学出版社,2009年。

冯宪光:《马克思主义文艺学的当代问题》,北京:中国社会科学出版社,2008年。

谭好哲:《艺术与人的解放——现代马克思主义美学的主题研

究》,济南:山东大学出版社,2005年。

王杰:《马克思主义与现代美学问题》,北京:人民出版社,2004年。

曾簇林:《马克思恩格斯艺术哲学纲要》,长沙:湖南文艺出版社,1997年。

张永清:《马克思主义文学批评的当代形态》,《学术月刊》2011年第10期。

李夫生:《现代中国文论中的马克思主义话语(1919～1949)》,长沙:湖南文艺出版社,2010年。

卓新平:《马克思主义理论体系中的"宗教"理解》,载《"全球化"的宗教与当代中国》,北京:社会科学文献出版社,2008年。

卓新平:《当代西方新教神学》,上海:上海三联书店,1998年。

卓新平:《当代西方天主教神学》,上海:上海三联书店,1998年。

陈荣富:《马克思主义宗教观研究》,成都:四川人民出版社,2008年。

张一兵主编:《马克思哲学的历史原像》,北京:人民出版社,2009年。

王志军:《论马克思的宗教批判》,北京:中国社会科学出版社,2007年。

叔贵峰:《青年黑格尔派宗教批判的逻辑演进》,北京:人民出版社,2014年。

黑格尔:《美学》(1～3卷),朱光潜译,北京:商务印书馆,1979年第二版。

黑格尔:《哲学史讲演录》(四卷本),贺麟、王太庆译,北京:商务印书馆,1960年。

朱光潜:《西方美学史》(上下卷),北京:人民文学出版社,1979年第二版。

[美]胡斯都·L.冈察雷斯:《基督教思想史》(第一至三卷),陈泽民、孙汉书、司徒桐、莫如喜、陆俊杰译,南京:凤凰出版传媒集团,译林出版社,2008年。

[美]保罗·蒂利希:《基督教思想史——从其犹太和希腊发端到存在主义》,尹大贻译,北京:东方出版社,2008年。

[美]阿尔文·普兰丁格:《基督教信念的知识地位》,刑滔滔、徐向东、张国栋、梁骏译,北京:北京大学出版社,2004年。

［美］威廉·詹姆斯：《宗教经验之种种》，蔡怡佳、刘宏信译，桂林：广西师范大学出版社，2008年。

陶亚飞、杨卫华：《基督教与中国社会研究入门》，上海：复旦大学出版社，2009年。

罗秉祥、江丕盛主编：《基督宗教思想与21世纪》，北京：中国社会科学出版社，2001年。

何云波：《比较文学：跨文化的文学想象》，湘潭大学出版社，2011年。

二、外文文献

Karl Marx Frederic Engels Collected Works (Volume1-50). London: Lawrence & Wishart, 1975-2005.

Karl Marx, *Economic and Philosophic Manuscript of 1844*. New York: Prometheus Books, 1988.

Karl Marx and Frederick Engels, *The German Ideology*. London: Lawrence & Wishart, 1970.

Robert C. Tucker (ed.), *The Marx-Engels Reader*. New York: W. W. Norton & Company. Inc., 1978.

S. S. Prawer, *Karl Marx and World Literature*. Oxford: Oxford University Press, 1976.

David Leopold, *The Young Marx: German Philosophy, Modern Politics, and Human Flourishing*. Cambridge: Cambridge University Press, 2007.

Christopher Rowland, *Radical Christianity*. Cambridge: Polity Press, 1988.

Zoë Bennett and David B. Gowler (eds.), *Radical Christian Vocies & Practice: Essays in Honour of Christopher Rowland*. Oxford: Oxford University Press, 2012.

Andrew Bradstock and Christopher Rowland (eds.), *Radical Christian Writings: A Reader*. Oxford: Blackwell Publishers Ltd., 2002.

Gustavo Gutiérrez, *A Theology of Liberation: History, Politics and Salvation*. London: SCM Press Ltd., 1974.

Shlomo Avineri, *The Social & Political Thought of Karl Marx*. London & New York: Cambridge University Press, 1968.

Francis Wheen, *Karl Marx*. London: Fourth Estate Limited, 2000.

Murray Wolfson, *Marx: Economist, Philosopher, Jew-Steps in the Development of a Doctrine*. London and Basingstoke: The Macmillan Press Ltd., 1982.

Terry Eagleton, *The Event of Literature*. New Haven and London: Yale University Press, 2012.

Terry Eagleton, *Why Marx Was Right*. New Haven and London: Yale University Press, 2011.

Terry Eagleton, *Marxism and Literary Criticism*. London and New York: Routledge, 2002.

J. M. Hawthorn, *Identity and Relationship: A Contribution to Marxist Theory of Literary Criticism*. London: Lawrence & Wishart, 1973.

Terrell Carver, *The Cambridge Companion to Marx*. Cambridge: Cambridge University Press, 1991.

Terrell Carver (ed. & trans.), *Marx: Later Political Writings*. Cambridge: Cambridge University Press, 1996.

David McLellan, *Marxism and Religion: A Description and Assessment of the Marxist Critique of Christianity*. Houndmills, Basingstoke, Hampshire and London: Macmillan Press, 1987.

Denys Turner, *Marxism and Christianity*. Oxford: Basil Blackwell Publisher Limited, 1983.

Herbert Aptheker (ed.), *Marxism and Christianity: A Symposium*. New York: Humanities Press, Inc., 1968.

Roger Garaudy, *The Alternative Future: A Vision of Christian Marxism*. New York: Simon and Schuster, 1974.

Paul Craig Roberts and Matthew A. Stephenson, *Marxs Theory of Exchange, Alienation and Crisis*. Stanford: Hoover Institute Press, 1973.

Tom Rockmore, *Marx After Marxism: The Philosophy of Karl Marx*. Oxford & Malden: Blackwell Publishers Ltd., 2002.

K. Marx and F. Engels on Religion. Moscow: Progress Publishers, 1957.

Alasdair Macintyre, Marxism and Christianity. London: Duckworth, second impression, 1983.

Dale Vree, *On Sythesizing Marxism and Christianity*. New York: John Wiley & Sons, Inc., 1976.

Peter Worsley, *Marx and Marxism*. London and New York: Routledge, 2002.

Roland Boer, *Criticism of Religion: On Marxism and Theology II*. Leiden: Koninklijke Brill NV, 2009.

Roland Boer, *Criticism of Earth: On Marxism and Theology IV*. Chicago: Haymarket Books, 2013.

Roland Boer, *Marxist Criticism of the Bible*. London · New York: Sheffield Academic Press Ltd., 2003.

David MacGregor, *The Communist Ideal in Hegel and Marx*. Toronto and Buffalo: University of Toronto Press, 1984.

David MacGregor, *Hegel and Marx after the Fall of Communism*. Cardiff: University of Wales Press, 1998.

David MacGregor, *Hegel, Marx and the English State*. Toronto Buffalo London: University of Toronto Press, 1996.

Alan Scarfe and Patrick Sookhdeo (eds.), *Christianity and Marxism*. Exeter: The Paternoster Press, 1982.

Andrew Collier. *Christianity and Marxism: A Philosophical Contribution to Their Reconciliation*. London and New York: Routledge, 2001.

Allen Wood, *Karl Marx*. London: Routledge & Kegan Paul, 1981.

Joachim Israel, *Alienation from Marx to Modern Sociology: A Macrosocilogical Analysis*. New Jersey: Humanities Press & Sussex: Harvester Press, 1971.

Barry L. Padget, *Marx and Alienation in Contemporary Society*. New York and London: The Continuum International Publishing Group Inc., 2007.

John Molyneux, More than Opium: Marxism and Religion.

International Socialism. Issue 119, 24 June, 2008.

Nicholas Lash, *A Matter of Hope: A Theologian's Reflections on the Thought of Karl Marx*. London: Darton, Longman and Todd Ltd., 1981.

Ernst Bloch, *Atheism in Christianity: The Religion of the Exodus and the Kingdom*. Translated by J. T. Swann. New York: Hearder and Hearder Inc., 1972.

Jürgen Moltmann, *Theology of Hope: On the Ground and Implications of a Christian Eschatology*. London: SCM Press Ltd., 1967.

E. Rozanne Elder (ed.), *The Root of the Modern Christian Tradition*. Kalamazoo, Michigan: Cistercian Publication Inc., 1984.

David Norton, *A History of the Bible as Literature* (Volume One From Antiquity to 1700 and Volume Two From 1700 to the Present Day). Cambridge: Cambridge University Press, 2004.

Owen Chadwick, *A History of Christianity*. London: George Weidenfeld & Nicolson Ltd., 1995.

Williston Walker and Richard A. Norris, David W. Lotz, Robert T. Handy, *A History of the Christian Church* (fourth edition). New York: Charles Scribner's Sons, 1985.

Ian Bradley, *Enlightened Entrepreneurs: Business Ethics in Victorian Britain*. Oxford: Lion Hudson plc, 2007.

Ludwig Feuerbach, *The Essence of Christianity*. Translated by George Eliot. New York: Prometheus Books, 1989.

Georg Wilhelm Friedrich Hegel, *The Essence of Logic*. Translated and Edited by George Di Giovanni. Cambridge & New York: Cambridge University Press, 2010.

Georg Wilhelm Friedrich Hegel, *Lectures on the Proofs of the Existence of God*. Translated and Edited by Peter C. Hodgson. New York: Oxford University Press Inc., 2007.

Georg Wilhelm Friedrich Hegel, *Lectures on the Philosophy of Religion*. Edited by Peter C. Hodgson, translated by R. F. Brown, P. C. Hodgson, and J. M. Stewart with the assistance of

H. S. Harris. Oxford: Oxford University Press, 2007.

John Hughes, *The End of Work: Theological Critiques of Capitalism*. Malden, Oxford and Victoria: Blackwell Publishing, 2007.

后　记

　　在本著作得以最终完成之际,深感学术研究之艰辛。也许学术研究就如同一场艰苦的长跑赛,有的在起步时鼓劲十足,但后无耐力跑完全程;有的在中途时气喘难熬,却无毅力挺过难关;有的在最后一圈时双腿铅重,惜无蛮力冲过终点。所幸的是,本人跑完了这个全程。但这确实是一个漫长的艰辛之旅。本书是我思考酝酿得时间最长的著作,其研究的思想源头可追溯到 2004 年,期间经历竟然达 13 年;也是我感觉最痛苦的学术创作,期间多次不得不延宕,有时甚至是一字也难写出的窘相;它还是我体验收获最大的学术研究,伴随着我对文学理论、马克思主义和基督教文化的不断认识与逐步提高,对研究马克思文学创作的及时更新和对探究基督教文化文学的合理提升,对构建马克思与基督教关系的文学研究的创新开拓。艰辛之途,也是收获之旅;痛苦之情,亦为幸福之感。

　　尽管马克思主义学说和思想的相当部分来自于马克思的创造,但并不是所有马克思的东西都是马克思主义的。马克思是一个头发浓密、目光炯炯、皮肤黝黑、身体壮实、精通多国语言、异常博学的德国人,常被家人和恩格斯亲切地称为"摩尔"。这个"摩尔"敬佩普罗米修斯、斯巴达克斯等的英雄气概;喜爱埃斯库罗斯、但丁、莎士比亚、狄德罗、歌德、海涅、巴尔扎克等的文学作品;他因以哲学家的"改变世界"的精神而坚信革命真理,乃至被驱逐而流浪他乡,终生贫困潦倒而死于异国,但他一生却经历了从基督徒到无神论者再到共产主义者的发展过程,如同是践行了黑格尔辩证法的正一反一合的过程。当马克思主义被阐释为一种意识形态的思想体系时,同时也就遮蔽了马克思这个主要创造者的一些鲜活的个性形象。当马克思主义文学理论成为一种主导的文学理论指南时,无形中又夸大了马克思关于文学的某些只言片语。当我们热衷于马克思主义的文学创作研究、理论探讨和批评实践时,却又忽略了那些马克思本人早就开展过的文学创作、文学理论的跨学科探讨和政治斗争中的文学批评。鉴于此,就马克思主义的文学研究而言,首当深入探究马克思的文学研究,这是一项严肃而艰苦的正本清源的工作。马克思之所以为马克思,因为他广为人知却最被误解。就其个人形象而言,其底色已经被人涂鸦得模糊不清了,而且还在被往上调色涂抹。由此,当我们要获得关于马克思全面丰富的形象认识时,不但要洗清出其底色,而且还要弄清它是在什么样的光线条件和环境背景中被拍摄出来的。当我们要深入了解马克思的文学研究时,不但要知道马克思自己的文学研究,而且要知道马克思是在什么样的历史语境和文化背景下来进行他的文学研究。历史语境可以通过历史考证搜出坚实的证据,而文化背景则是"软实力",不是速成的,也不是速效的。直言之,马克思的文学研究是成像于西方社会的基督教文化背景中。

作为中国人,要理解西方社会的基督教文化其实并不容易,尽管"景教"在唐太宗时就传到了中国。西方社会不同于东方社会,其差异大矣。对这些差异的理解,很多不是从看书就可知道的,而是要亲身在其中体验过才算真正知道。笔者有幸于2012～2013年在牛津大学神学与宗教系进行访学,目的就是要深化本课题的研究。生活学习于这座古老的大学里,天长日久,你就会慢慢领悟到,宗教是西方社会的文化血脉,神学就是西方知识体系中的"国学"。基督教并不一定是资本主义意识形态的代表,资本主义社会还没诞生,但基督教早已在西方社会存在了。就是在资本主义社会中,帮助穷人、救济困难、扶助教育和支持医疗等义务活动中,基督教是重要的力量之一。虽然恩格斯在《论原始基督教的历史》中早就揭示了原始基督教的历史与现代工人运动的共同点,但若不"身入"且"深入"了解西方社会的历史处境与现实存在,你就会难以理解马克思主义和基督教还有着相通融合的一面,尽管它们在宗教观上是对立的。正因为它们在宗教观上是对立的,给马克思主义与基督教的研究扣上一顶"意识形态瓦解论"的帽子是很容易的,尽管这样的研究在西方自马克思主义诞生之日起就不断被研究者们所开展。但也许作为中国的研究者,在中国的学术语境和现实处境中,再模仿西方仍以马克思主义和基督教为视角来研究,确实不是高明之举。实事求是地说,马克思主义是伟大的思想,但被一些中国的学人们过度阐释得太多了,太远了。要想一时改变他们的"成见",就要改变其研究的视角,不妨从研究活生生的马克思入手,从他在其中生活成长的基督教文化背景来考量,考量出他(它)们之间的互动关系。而正是在这样的互动关系中,他(它)们都有文学的选项,由此在互动关系中来考察文学的基本问题,揭示文学的基本原理,建构文学的基本范畴,是符合辩证法精神的,是切合于文学的基础研究,也是适合于文学的综合研究,特别是跨学科的比较文学研究。

  我衷心感谢那些指导过、帮助过、施惠过、影响过我的人,他(她)们的恩惠往往是不能或无以回报的,由此我只能在内心深处为他(她)们默默地祝福。从完成我的第一部专著《亚里士多德古典叙事理论》到本书的漫长过程中我体会到,要列举那些感谢帮助过你的人确实是难事,正是他(她)们使我的学术视野越来越宽阔,学术研究越来越深入,学术思路越来越清晰。但同时泛泛地感谢他(她)人又显得那么的肤浅和随意。于是,在这样的两难之中,望诸君原谅我不周的致谢。感谢湘潭大学文学与新闻学院以季水河教授为首席专家的马克思主义文学理论研究团队,成员有王洁群博士、罗如春博士、刘中望、黄宗喜博士以及兄弟院校的李胜清、胡铁强、章桉等老师,此团队常被同行称为马列文论研究的"湘军",此书见证了我们的学术友谊和探讨磋商。季老师严谨的学术风格和清晰的学术思路使我受教很多,从学科给予我们的学术会议和专家讲座等的支持也使我增长了学识和见识。前辈学者曾簇林教授对我的学术成长注入了许多心血,她老人家退休后我接手《马列文论》课程教学,十多年来,从课程教学、课题申报、文章修改等方面都给予了我这个后辈不遗余力的帮助。我校哲学系的王向清教授、方秋明博士、朱彦明博士和周骅博士,他们对我的帮助,使我在哲学批判和理论思维上受益匪浅。马驰研究员,虽年长我许多,但仍乐意我称之为兄,他横贯中西的学养,睿智洞察的才思,敏捷老辣的学术创作,丰富博识的社会实践经验,可以说是使我见一面受一教、谈一心长一智。特别珍贵的是他在马克思主义文艺理论研究和文化研究立场上的斗士雄风、直言批判和坦荡磊落,不但是我,还有其他学人都视其为诤友。杨慧林教授是引导我进入基督教文化研究的专家,十多年间我参加他所主持的"人文学与神学"国际暑期研讨会,以及2010年我们共同组织的"西方马克思主义与神学"国际暑期研讨会,使我从一个基督教文化研究的门外汉转变成为一个研究者。卓新平研究员虽然我与他见面不多,但读他的基督教宗教研究著作有着专业性的启发,他平易近人、推举后学的风范使我深怀敬佩。张永清教授我常在学术会议和讲座中见到他,他对马克思主义文艺理论文献的深入发掘、精细分析和创新阐释,时时都是我学习的榜样。我还多次参加王杰教授主持的"中英马克思主义美学双边论坛",承蒙他多次以学术著作相赠,他在马克思主义美学研究上的杰出成就,朴实的作风,卓越的领导能力,都令我深深敬仰。此外,还要感谢陆贵山教授、李思孝教授、张玉能教授、姚文放教授、冯宪光教授、胡亚敏教授、燕世超教授、张文初教授、何云波教授、汪正伦教授、罗宗宇教授等,还有我的博士生导师李咏吟教授,他(她)们或通过信函、邮件、面谈等方式,对我的学术创作和课题申报提供了许多宝贵意见和不吝指导,还有许多国内专家和学者,恕不能一一道来致谢。

外国专家中首先要感谢我在牛津大学访学期间的合作导师Christopher Rowland教授,作为一位享有盛誉的解放神学研究专家,他却是如此平易近人,乐于助人。在牛津一年的时间里,他与我见面磋商指导学术达二十多次。尽管他很忙,严格的守时作风和准确的约谈计划竟然使见面没有缺过一次,而这些工作完全是没有报酬的。1.9米的瘦高身材,在典礼时穿上牛津的传统礼袍(gown),显现出英伦学者的典雅风范。为了落实我的访学计划,我们合写了一篇名为《希望:马克思主义与解放神学的聚合与分离》论文。每次商讨这篇论文的写作细节时,他因右耳有点背,就让我侧对他左边把文章朗读给他听,如果有必要深入探究的地方,他就跃身去从他办公室四面环墙的书架上抓出四五本书要我回去读,这使我感觉仿佛回到古代的塾馆教学时代。他对电子修改文章的软件很熟悉,回复很多具体的修改意见,甚至包括词句语法的纠正。投稿两年后,其中又经过多次修改,我们的合作文章最终发表在《今日神学》(A&HCI源刊)上。此外,在学术探讨和交流中,牛津大学的Paul Fiddes教授对我在基督教神学辨析上、David Leopold教授对我在马克思主义研究上,都以他们的专业知识对我启发很大。Roland Boer教授是我在"人文学和神学"国际暑期研讨会上认识的,作为知名的马克思主义与宗教的研究专家,两次应邀来湘潭大学讲学。基于共同的学术兴趣和见解,我们合写了一篇名为《对中国的社会主义和资本主义的阐释:乌托邦和反乌托邦的辩证法》,该文经过一年半的修改,最终发表在宾夕法尼亚大学出版的《乌托邦研究》上。David MacGregor教授是有名的研究黑格尔和马克思的专家,他因我在《今日神学》上发表的论文引用了他的著作而与我有了学术联系。2013年底我受学校委托邀请他来参加我校主办的"纪念毛泽东诞生120周年国际学术研讨会",承蒙他赠送给我他的三部关于黑格尔和马克思的著作,对我的本课题的研究很有帮助。波恩大学的Andreas Pangritz教授虽然至今还没跟他见过面,但他给我电邮来了一些关于马克思主义与卡尔·巴特神学前沿研究资料,在对我研究的马克思主义与巴特左派的问题上发表了长达11页的专家意见。耶鲁大学的Chloë Starr教授,从不吝啬对我英文论文的批评修改意见,字句不妥则一一改之。自然,还有很多的外国专家值得我感谢,限于篇幅,也不能一一致谢。我希望自己在不久的将来能完整地写作一部英文的学术著作,以此来感谢他(她)们对我的指导和帮助。

最后,我要诚挚感谢河南大学出版社张云鹏社长和张珊责任编辑,没有他们的着力支持和不懈操劳,拙著可能还不能面世。诚然,我也要衷心感谢教育部人文社会科学规划对此课题的立项。不好意思的是,完成这个项目竟然延期了这么久,实在感到自己的研究能力有限,本课题在某些地方的思想层次还可发掘得更深,在某些问题上的理论水准还可提得更高。最遗憾的是,因自己长期执着于阅读和翻译英文的论著,以及写作英文论文实践经历,竟然习惯了用长而复杂的句子来表达思想,时不时就忘却了中国文学的辞藻华章和文采润色。呜呼!"信"可信之,"达"亦达之,"雅"尚求之。

李志雄

2013年1月初稿于牛津大学社会科学图书馆

2015年8月修订稿,2017年4月再修稿于湘潭大学寓所北窗书屋